榎　一　江　著

近代製糸業の雇用と経営

吉川弘文館

目次

図表目次

序章　課題と方法

はじめに

雇用労働の歴史を考察する本研究は、日本製糸業を素材として、「製糸工女」をめぐる雇用関係の分析を行う。具体的には、戦前期を通して多くの女子労働者を雇用し続けた一つの経営に焦点をあて、その経営資料をもとに、雇用関係とそれを規定した諸要因を明らかにすることを目的とする。対象となる郡是製糸株式会社（現グンゼ㈱）は、一八九六年京都府何鹿郡の「郡是」として成立し、第一次大戦期を通して経営規模拡大を遂げ、多工場経営を行ったことで知られる。経営規模を拡大させた大正期には、その「労働政策」が注目を集め、昭和恐慌期には多くの製糸経営が破綻する中で拡大を続けた「製糸独占資本」であり、戦後にも経営を存続させる数少ない製糸経営でもあった。世界市場の動向に翻弄された日本製糸業の盛衰と、その中で発展を遂げた一つの製糸経営について考察することが本研究の主たる課題ではない。そうした経営において形成された雇用関係がどのような変遷をとげたのかを実証的に解明し、その基盤について考察を深めることが本研究の課題である(1)。

近年、企業経営に関する資料の分析を通して、「労働」の歴史を考察する論考は多い(2)。ただし、こうした試みが認められるのは、特定の経営に限られていた。例えば、中西洋が長崎造船所の労資関係を軸に「日本近代化の基礎過程」

を論じるとき、事実の「発見」が重要視され、膨大な資料に裏打ちされた史実そのものによって、日本が辿った産業化・資本主義化の道程が明らかにされることに違和感を覚える者は少ないだろう。[3]田中洋子がドイツのフリードリヒ・クルップ製鋼所を事例として、企業と労働者の関係を描くとき、同社がこの問題に関して、ドイツ大企業に対する主導的・先導的影響力をもっていたことが前提となっている。[4]禹宗杬が、国鉄の事例を通して戦後日本の雇用慣行の形成を論じるとき、国鉄労組の激しい運動を省みれば、そこに現在へとつながる雇用慣行の起点を見出すことも困難ではない。[5]こうした諸研究に比べれば、本研究の分析対象は一つの民間企業に過ぎない。業界のトップ企業でもなければ、異業種の他企業に対して大きな影響力をもっていたとも考えられず、ましてや国家の労働政策に直接的に関わっていたわけでもない。なんらかの代表性を主張するにはいささか頼りない事例と思われるかもしれない。しかし、ここから描出される問題領域は、近代日本の労働を考察する上で、欠くことのできない論点を含んでいる。そのため、本研究が依拠する先行研究の成果を確認し、この事例をめぐる問題の所在を明らかにすることをもって本研究の端緒としたい。

一　雇用労働の歴史

1　労働史研究の現在

かつて、近代日本の労働を考察することは、資本賃労働関係としての労資関係を分析することを意味した。近代資本主義社会では雇用関係の実体は資本賃労働関係に他ならず、労資関係は資本主義の基軸的な階級関係であり、資本賃労働関係の解明は自ずと資本主義の特質を描くことにつながる。この問題領域の重要性は自明であったから、あえて説明を要しない時代が続き、多くの研究が蓄積された。(6) こうした伝統的な立場を正統に受け継いだ研究書として、「労資関係史」を掲げたものに、西成田豊『近代日本労資関係史の研究』（東京大学出版会、一九八八年）や荻野喜弘『筑豊炭鉱労資関係史』（九州大学出版会、一九九三年）がある。日本資本主義の労資関係の歴史的展開過程を究明する前者は、資本の蓄積構造に規定された労資関係の展開を探るという視角を堅持しつつ、国家の労働政策をも含む総括的把握を試みた。後者は、筑豊を対象として、納屋制度から直轄制度、従業員団体の形成へと至る炭鉱労資関係の展開を解明した。ここでは、経済史研究としての理論的な枠組みを継承しつつ、厳密な実証研究が展開された。興味深いことに、こうした問題領域において、新しい理論枠組みの構築を目指した研究は「労資関係史」をタイトルに掲げることはしなかった。東條由紀彦『製糸同盟の女工登録制度——日本近代の変容と女工の「人格」——』（東京大学出版会、一九九〇年）や佐口和郎『日本における産業民主主義の前提——労使懇談制度から産業報国会へ——』（東京大学出版会、一九九一年）がそれである。いずれも、現代社会の労資関係を基点として日本の経験を再構築し、労資関係史の新たな地平を切り開く研究であった。製糸同盟や産業報国会という実在の組織を対象として、その制度的変遷を実証的に解明しつつ、前者は独特の歴史認識を展開し、後者はJ・T・ダンロップの労使関係論、A・グラムシのヘゲモニー論を援用して新たな見地を示した。本研究は、これら近年の労資関係史研究に多くを負っている。

しかしながら、今、われわれは「労働社会」の終焉が叫ばれて久しい地点に立っている。(7)「労働」表象をめぐる検討は、労資関係が雇用関係の特殊な形態にすぎず、その生成はそれほど古くなく、またそれほど強固であったわけでもないことを明らかにした。「雇用」よりも「労働」をひろく観念し、社会的きずなの中心に位置づける思考は、「経済学」によって補強されたが、今日においては新しい社会形成を阻むものとして糾弾されているのである。また、イギリスの労働政策を検証した森建資は、近代市民社会の労資関係が市民間の契約行為ではない、身分としての関係に立脚することを示し、産業革命期に近代的な賃労働の観念が形成される過程を跡付けた。(8)雇用関係の本質を解き明かす試みは、近代資本主義における労資関係の把握に新しい視座を提供しているといえよう。もとより、本研究は「労働」表象の分析を意図するものではない。ただ、実態把握において、労働という行為のあり方を分析する視角が、特定の概念によって歪められてきたのではないかという危惧をもっている。労資二項対立の構図は、多くの重要な事実を覆い隠してきたのではないかという危惧は、近年の労働史研究にも当てはまる。

かつて、隅谷三喜男が賃労働の史的分析を労働史研究と称したとき、それは、労働者階級の形成史を意味していた。(9)それをどう描くかという問題は、現実の労働運動との緊張感をはらみつつ検討されてきた。アメリカ労働史学の新境地を切り開いたハーバート・ガットマンは、労働者の生活や心性、文化に深く切り込み、社会史としての労働史を確立した。(10)さらに、それはエリック・ホブズボームやエドワード・P・トムソンによるイギリス労働史研究の成果に触発されたものであった。(11)翻ってみれば、『足尾暴動の史的分析』を著した二村一夫も労資関係についての理解が著しく経済主義的であったことを指摘し、労働者の主体的要因の分析の重要性を示唆した。(12)そこでは、日本労働史研究の立ち遅れが指摘されていたのだが、現在、労働に関する歴史研究は広く労働史と呼ばれるようになったにもかかわらず、大きな前進があるようには思われない。(13)少なくとも、経済主義的な理解に修正を迫るものは少ない。このような現状に鑑み、本研究は、経済主義的な理解に多少なりとも別の見方を提示したいと考えている。

ただし、労働者階級の形成を描く歴史研究とはやや異なる関心をもつことも予め説明しておかなくてはならないだろう。階級形成史においては、「前近代社会から引き継がれた伝統の問題」が強調され、工業化以前の社会における労働慣行や労働組織、民衆の価値観などが工業化後の組織や運動に及ぼした影響の検討がなされる。例えばガットマンは、労働者が有する伝統的価値を強調し、そこに階級的成長の萌芽を見出そうとした。二村一夫が鉱山労働者の主体性に着目したのも同様である。しかし、労働者をとりまく「変わらないもの」を強調する立場は、刻々と変わる新しい状況に適応する側面を見逃すことにもなる。本研究が着目するのはこの適応の側面であり、各主体の相互作用によって互いに変容していく意識の問題である。(14) 工業化過程における労働者は、どのような現実の中で、どのように自己の労働を意味づけていったのか。この点に焦点を当て、雇用労働の歴史を考察することが本研究の目的である。付言すれば、労働者意識という問題は、戦後労働問題研究で多くの論者が触れてきた領域であった。例えば氏原正治郎は、「大工場労働者の性格」のなかで、労働者のなかにさえ存在する労働者蔑視の観念と、労働者たることを運命としか受けとらないところの職業意識の消極性を見出し、労働者意識を、このような運命を甘受しなければならない社会経済的必然性のもとにおかれた下層階級の意識ととらえた。(15) 同時にそれは、労働者独自の職業意識や階級的意識の不在を示しており、日本の労働者の階級的脆弱性をもたらす要因とも考えられた。(16) こうした把握が、新しい視点によって再検討される余地はなお十分にある。(17)

2　本研究の課題

さて、問題はその方法である。本研究は一つの民間企業における労務管理の形成と変遷から、労働者をどのような意識の持ち主としてとらえ、どう対応したのかを明らかにすることによって、上記課題に接近する。(18) その意味では、労務管理史研究と位置づけるべきかも知れない。(19) この分野で興味深いのは、アメリカの労務管理制度をめぐる歴史研究である。内部労働市場の形成過程を描いたS・M・ジャコービィは、純経済的な要因によってではなく、社会的文化的要件や政治的配慮などを組み込んで、様々な主体の対抗関係のなかで雇用制度の確立過程に迫る。(20) 多くの共通性を持ちながらも、個別経営に即して、大企業と労働者との多様な関係を描き出す試みもある。(21) 本研究は、アメリカ企業を対象とした近年の研究に多くの示唆を得ている。

日本について、最も包括的な叙述は、社会学の立場から経営資料を渉猟した間宏『日本労務管理史研究――経営家族主義の形成と展開――』（御茶の水書房、一九七八年）であろう。(22) 副題にもあるように、それは「経営家族主義」的労務管理の特徴に重点がおかれていたために、等閑に付された問題も多い。(23) 生産現場の管理の実態、権力構造などがそれであり、近年では同じく社会学の立場から、人間関係の社会的側面を重視して生産現場の歴史にアプローチする研究も見られる。(24) 本研究も、こうした側面に注意を払いつつ、生産現場の実態を明らかにする。経営史では、「日本的経営」への注目を受け、その連続と断絶をさぐるといった戦間期の分析が進んだ。重要なテーマの一つは、職員・職工間の身分格差であった。大東英祐は、第一次大戦期に大企業で労務管理の専門家が「労働問題」への対応を開始した時期と、一九三〇年前後のいわゆる産業合理化の時代に画期を求め、とりわけ後者の過程で高学歴の「職員」と低学歴の「工員」との間に明確な境界をもうけた企業組織の弱点が明確になり、それへの対応から戦後の日本企業の特徴とされる「現場主義」的な管理システムが生まれる可能性を示唆した。(25) また、菅山真次は、日立製作所日立工場の事例から、企業経営の官僚制化、中・高等教育の拡大に伴い、学歴と密接に対応する形で上級職員―下級職員―労働者という階層的差異が確立する過程を実証的に明らかにし、学歴主義的階層秩序のもとで実施された三〇年代初頭の大量解雇の分析から戦間期における「終身雇用」の実態を明らかにした。(26) さらに、なお工場秩序の根幹をなしていた職工員の身分制度が、総力戦の遂行と占領体制下の民主化という激動を経て変容し、いわゆる日本的雇用関係を形成する過程についても、考察を加えている。(27) 一方、工場管理の近代化に着目する佐々木聡は、一九二〇年代の芝浦製作所と三菱電機の事例から、日本の現場主義を基盤とするコミュニケーションのあり方が、新しい改革を促進する組織的な能力を培養し、これが、工場管理の近代化を促進する効果をもたらしたと見る。(28)また、鐘紡や東洋レーヨンの事例から、生成期の大企業における役職員の強い現場指向性も指摘されている。(29)こうした議論が、ともすれば、経営側の議論に終始してしまうのに対し、兎宗杭は、戦前における国鉄の身分制度の変化と、それに対する労働者の主体的営みを描出した。(30)主に男子労働者を対象としたこれらの研究は、戦間期の生産現場において、産業・企業により多様な対応が見られたこと、労働者の主体的対応もまた多様であり得た事を如実に示している。女子労働者を中心とする繊維産業においても個別企業に即した分析がなされるべきであろう。

ところで、一般的には、第一次大戦を期に労働者構成が変容し、労働者の組織化が進むなか、労働争議の活発化が労資関係再編の契機となったことが知られる。しかしながら、その中心に、雇用労働者の大部分を占めた若年女子の姿はない。製糸業を含む繊維産業で多く雇用された女子工場労働者（女工）については、次のような客観的条件があったためと考えられている。(31)まず、第一次大戦期以後の労働力需要の増大とともに若年女子労働力の保護規定を設けた工場法の施行によって労働市場の逼迫感が一層強まるなか、募集難が生じた。とくに活況を示した紡績業では、移動率の高い女工を賃金など労働条件の改善によって確保する必要に迫られ、女工側に有利な状況が生まれた。女工には、より良い条件を求めて、移動する余地もあった。一方、工場法の施行に伴う労働条件の漸次的な改善が労働生産性の上昇に結びつき、賃金上昇圧力を緩和していたことも、募集費を含めた労務費負担の増加をある程度吸収することを可能としていた。とりわけ、一七年から上昇傾向に入った製糸・紡績女工の賃金が、一八年下期から急上昇したことは、農村経済の活況が、農家経営の維持と不可分の関係にあった出稼女工の賃金上昇に結びついていたことを示しており、賃金を急速に引き上げる効果をもたらした。こうして、労働条件を改善する客観的条件が成熟しつつあったこの時期、労働力不足から賃金の引き上げが続く限り、女工の組織的な運動が生まれる可能性は小さかったわけである。

以上の見解によれば、労働運動の高揚にもかかわらず、女工の組織化が進まなかったのは、単に彼女らの意識が低かったからではなく、組織的な運動を無用とする客観的条件が存在していたからであると言い得る。こうした観点から言えば、同じく賃金が引き上げられていくなかで、紡績女工と製糸工女との賃金格差が拡大していったことが注目される。(32) 大戦前には相対的に高水準にあった製糸工女の賃金は、募集難から引き上げられていく紡績女工の賃金水準に引き離された。つまり、労働市場をめぐる募集難や賃金上昇などにおいて、紡績業ほど変化が顕在化しなかった製糸業の場合、製糸工女の組織的運動を無用化する条件は先の理解とはやや異なっていた可能性がある。この点については、一九一五年から一九一八年の間に製糸工女が八万人以上も増加した事実を踏まえて考察する必要がある。まず、経験工の賃金上昇にもかかわらず、新工女の増加が平均賃金を押し下げたであろう。とくに、製糸業の後発地域、例えば九州で工女数がこの間二・三倍に増えたように、工場の分散が製糸業全体の賃金上昇を抑えた側面もある。いずれにせよ、この時期の製糸業に生じた変化は、すでに東條由紀彦が指摘したように、必ずしも小さなものではなかった。(33)製糸工女の実質賃金は、大正期を通じて二倍になったし、企業内養成・教育制度も整備され、多くの工場で労働時間が短縮されるなど労働条件の改善がある程度進んでいった。重要なことは、こうした施策が、先進的大経営で実践され、多くの中小零細経営との間に格差を生じていたことである。大経営においては、企業内養成制度の充実によって賃金の高騰する経験工ではなく新工女の採用を円滑化し、新しい地域に工場を分散させた。また、労働条件の改善も労資関係の安定に寄与したであろう。このような認識のもとに、この時期の製糸業一般を問題とするのではなく、急速に巨大化する経営に焦点を当て、自らの雇用労働者との関係をどのように形成したのか、がここでの関心となる。それは、若年女子労働者を大量に雇用することを通して、その後の女子労働者をめぐる雇用関係のあり方を規定したと考えられるからである。

本研究は、製糸業の中で大企業化していく経営に焦点をあて、生産現場における労働過程の実態とともに、生活過程をも含む多様な権力関係に注意を払いつつ、労務管理の形成と変容を明らかにする。生活過程に着目するのは、それが労働過程と不可分なものとして労務管理に組み込まれていたことを重視するからである。(34)こうした分析から、工業化過程における労働者の意識に迫ることが本研究の課題であり、その対象は製糸工女である。改めて、雇用労働の歴史を考察するうえでの製糸工女の位置づけを確認しておこう。

3　製糸工女の位置づけ

近代日本の雇用労働を振り返るとき、近代産業部門における工場労働に焦点をあてることに異議を唱える者はいないであろう。(35)「在来産業」と「近代産業」の区分により、地域的な「工場」労働者の分布を検討した西成田豊によれば、一八九九年と一九〇九年の二時点において、製糸業・紡績業を双軸とする近代産業「工場」労働者の圧倒的な優位は変わらず、製糸工女は、近代産業で働く工場労働者の代表的存在であった。(36)ただし、こうした産業分類によって区分されるほど、在来産業／近代産業とそこでの労働のあり方は明確に区別されるものではない。近代日本の社会移動をテーマとする佐藤（粒来）香は、就業形態や日々の働き方によって、伝統的セクター（「生業の世界」）と近代的セクター（「職業の世界」）を設定した。(37)おおむねこれは、農村と都市に対応している。移動という観点から設定されたこの図式を援用すれば、製糸工女の多くは農村という伝統セクターにおいて、近代産業に従事したのであり、両セクターの中間に位置したと見られる。

農村社会で育った彼女らは、工場労働を通じて最初に近代資本主義の洗礼を受けた。それゆえ、資本がいかに彼女らを搾取・収奪し、その蓄積基盤に組み込んでいったのか、が厳しく問われてきた。また、地主的土地所有と資本主義の関係を議論する伝統的な立場は、なぜ、彼女らが賃労働者とならざるを得なかったのかという労働力の給源に関する検討を行い、「出稼型」労働力の特質を論じた。ただし、そこでは、農村社会にくらす人々の規範が、工場の生産過程にまで影響を及ぼすとは考えられなかった。現実には、彼女らは工場労働に農村社会の労働観を持ち込む存在であり、製糸工女を送り出した小農の規制力は容易に否定されることはなかったし、農村社会のあり方に規定されつつ、工場労働が編成される側面もあった。(38)農村に立地した製糸工場の多くは、原料繭と労働力の供給をめぐって、農家の経営戦略と密接に結びついていたからである。本研究が描くのは、そうした相互関係の中で形成された雇用関係のあり方と、その変容過程である。(39)それは、「在来的経済発展」の道筋を描く研究が織物業とのかかわりで重視した農家の労働力配分をめぐる問題が、近代産業部門においても大きな規制力を発揮していたことを示している。こうした見方は、産業化過程における家族の役割に注目し、家族と近代的工場との相互作用を重視する立場とも通じている。(40)その意味で、製糸工女の働き方は、「在来的経済発展」の論理と近代的な産業発展とを切り結ぶ検討課題といえる。(41)

そこで、荻野喜弘の整理に従って、統計データから「製糸工女」の位置づけを確認しておこう。(42)まず、一九一〇年の有業者の構成を見ると、農林業が五八％と多数を占め、ついで工業一三％、商業一二％が続く。(43)このうち工業部門有業者（二三二万人）で、産業中分類別に最も多数を占めるのが「紡織工業」（一〇二万人）であった。(44)このとき、「紡織工業」における男女比は三対七、工業部門全体では六対四で、概ね有業者全体の比率と同じであった。ところで、別の統計によれば、一〇人以上雇用の工場（以下「工場」）における従業者の男女比は工業全体で四対六となっており、「工場」においては女性の雇用が相対的に多かった。さらに、女性の多い産業を小分類であげると、製糸業、織物業、紡績業、煙草業の順になる。つまり、女性の多くは「紡織工業」の「工場」で雇用され、なかでも最も多かったのが製糸業に従事した「製糸工女」であった。この時期、「工場」で雇用された者の多くが女性であったという事実は、強調しておく必要がある。それは、彼女らの働き方が「工場」で働くことの意味を社会的に規定していたと考えられるからである。とくに、多くの女性が何らかの形で労働に従事していたにもかかわらず、雇用労働の多くが若年女子に限定されてきたことは、雇用労働市場への参入条件が、社会的規範なり社会構造のあり方に大きく規定されていることを示している。それゆえ雇用労働の歴史は、社会的な規範形成の問題として考察されなくてはならないのである。

ところで、第一次大戦期の重工業の発達は、日本の産業革命を牽引した紡績業、製糸業の比重を若干低下させたものの、工場労働者に占める女子の比率はなお五割を超えていた。量的な重要性にもかかわらず、戦間期の女子労働が十分に省みられなかったのは、重工業大経営における労資関係の展開をもって、したがって男子労働者を主体として日本資本主義における労資関係の展開に迫ることが正統な研究であると認められていたからである。[45] 現在では、通説的に主張されてきた労資関係の重工業基軸説も仮説の提示にとどまっているとみなす見解もあり、十分な根拠があるとはいえない。[46] また、「日本的経営」への関心の集中も、戦間期の女子労働とその雇用のあり方が看過される一因となっていた。労務管理史研究においても、紡績業などについての言及はもっぱら経営者の思想・理念に焦点が集まり、生産過程の実態や具体的な管理のあり方などは等閑に付されてきた。[47] 日本的雇用関係として想定されたのが年功賃金・終身雇用・企業別組合に特徴づけられた大企業の男子労働者に見られる雇用慣行であったことと無関係ではなく、そうした雇用のあり方の連続／断絶を探ろうとすれば、男子労働者を多く雇用した特定の産業に分析が集中するのは当然とも言える。しかしながら、それは多くの女子労働者を雇用し続けた繊維産業の分析が無意味であることを意味しない。[48] 論点となった身分という点に限っても、日本企業は、学歴と結びついた職員／職工の格差以上に性別に基づく男／女に明確な区別を設けていたのであり、労働市場形成過程に着目するジャネット・ハンターは、このことが日本の工業化を特徴付けていたと指摘する。[49] 繊維産業で働く女子労働者は、工業化過程における日本の労働市場のあり方を規定する位置づけを与えられているのである。こうした視点に立てば、産業資本確立期以降、雇用労働の一定部分を占め続けた製糸工女の存在形態を改めて検討する意義も明らかであろう。特殊な労働としてではなく、近代日本における労働の一つの典型として、製糸労働の変遷を分析しなければならないのである。

4　製糸労働の研究

製糸労働に関する研究は多く存在する。(50) ここでは、近年その水準を大きく引き上げた東條由紀彦『製糸同盟の女工登録制度―日本近代の変容と女工の「人格」―』（東京大学出版会、一九九〇年）の検討からはじめよう。製糸同盟（一九〇三年結成）とは、長野県諏訪郡を中心とする製糸家たちによって結成された団体で、男女工の登録制度を実施することによって職工の移動を禁止した。(51) 過酷な労働条件に対する抵抗としての移動・逃亡という手段を奪う製糸同盟の職工登録制度は、しかし様々な「女工」の「抵抗」によって、形骸化された。同書はこの過程を、「女工」の「人格」的成長を軸に分析し、新たな歴史的枠組みを実証的かつ理論的に展開した。

東條は、複層的市民社会からなる「近代社会」から単一の市民社会からなる「現代社会」への移行として資本主義社会の展開をとらえ、労資関係の枠組みもまた転換したと見る。「近代社会」（日本においては一八四〇年代はじめから一九二〇年代中葉）の特徴は、「家」が労働力の所有主体であるために、資本家的経営がその労働力を自律的には編成しえない点にある。こうした「近代的枠組」はやがて、「外なるモノ」としての労働力の公正な取引」関係を基軸に、その「所有」者をも構成員とする単一の市民社会を構成する「現代的枠組」へと転換した。このような転換が、いつ、何故、どのようにして引き起こされていったのか、が同書の根底を流れるテーマとなっている。諏訪の実態に即してやや乱暴に言えば、離職率の高い労働者の経営間移動抑止のメカニズムが、製糸同盟の登録制度による「大勢的抑制」

の機構から、「現代」的な「労働者の経営間移動回避」によるものへと「転換」したことになる。その質的変化の意味を、同書は効果的に示した。強調されるのは、そうした新しい状況が、大正末期に「個々人としての女工の意思による『無差別的流動状況』＝ほとんど無制限といってよい労働力移動状況に引き戻された上でもたらされた」点である。[52]製糸工女は、「無差別的流動状況」を経て、経営内において形成された自発的移動回避の規範を持つ「現代」の労働者として自己形成していったという。ここでは、「無差別的流動状況」が女工の「人格」的主張の、一つの表現として重視される。

この議論に対し、すでにいくつかの批判が寄せられている。松村敏は、この時期の諏訪において、多少移動率に上昇が見られたとしても、無差別的流動状況に陥ったとは考えられない点を実証的に示した。[53]この場合、同書が主張するほどに、「転換」に歴史的・論理的な飛躍性があったとは言えず、それがなし崩し的に進行していたと見るほかない。[54]そもそも、同書には、「転換」の契機が十分説明されていないとの批判もある。[55]同書は、契機としての〈産業技術上の進歩〉を否定し、それを「各生産当事者諸主体（国家機関の『担い手』をも含む）の相互的な主体的諸行為の直接の所産である」としたが、やはり説明不足の感は否めない。[56]おそらくそれは、主たる分析対象を個別経営ではなく諏訪の製糸同盟に置いたことによる限界であった。例えば、同書は本研究が対象とする郡是製糸についても検討を加えている。しかし、その断片的な分析結果は、製糸同盟の女工登録制度と同様に理解され、「経営間移動回避のメカニズム」として読み直される。製糸同盟が工女の経営間移動を処理するために組織されたことを考えれば当然とも言えるが、その問題に引き付けて製糸経営の諸問題を解釈すれば、自ずと無理も生じよう。本研究は、郡是製糸を事例とし、個別経営に視点を定めた動態的把握を行うことで、こうした限界を克服しようとするものである。同書が、製糸労働のみならず、労資関係の枠組みそのものへの理解において、問題の核心を捉えているると思われるからである。ただし、「近代社会」から「現代社会」への移行という同書の理論枠組みをそのまま継承するものでないことをあらかじめ断っておく。それは、雇用関係の形成と変容を考察する本研究の射程外にある。

ところで、工女の離職率をめぐっては、やはり諏訪製糸業を素材として興味深い議論が提起されている。神林龍は、等級賃金制の導入と同時期に工女の離職率が低下したという史実を踏まえ、「製糸計算簿」（岡谷蚕糸博物館所蔵笠原組資料）の分析から、「等級賃金制度が労働者の離職行動に一定の役割を果たしたか否か」という仮説を検証した。その結果、工女が離職者の平均的な能力は低いと予想する場合には等級賃金制のような相対賃金を導入することにより、工女の自発的な離職率が低下することがあり得ること、二〇世紀初頭の諏訪で現にそのメカニズムが働いていたことを明らかにした(57)。等級賃金制度による離職行動の抑制メカニズムが機能するか否かは工女の予想がどのように形成されるかに依存しているという結論は、「工女の予想」に影響を与える諸制度の重要性を改めて強調した。労働市場の成立には諸制度が関与し、その要に工女の予想あるいは規範といった要素が存在することが重要な論点として提起されたといえよう。

等級賃金制を労働者諸個人の情報処理と、それに基づく賃金最大化行動を前提とした誘因体系とする中林真幸も、その作用は工女の意識が「近代化」されたことに依存していたと見る。もっとも、この場合、近代的な意識をもった労働者とは「労働時間内において貨幣所得の最大化が効用の最大化に一致する効用関数を持ち、かつ、家族や村落共同体といった団体ではなく、自然人個人を単位として、すなわち、文字通りの個人として、高い情報処理能力を用いて最適化行動をとる労働者」であり、こうした労働者を組み合わせ、制御する仕組みを形成することによって、「資本主義的な組織」が効率性を獲得したという(58)。諏訪製糸業において、上記のような「自由で独立した人格を持つ近代人」に工女が育っていたかどうかはともかく、資本主義的な経済発展における制度と組織の形成を重視する立場においても、労働者の意識のあり方が変化したことが議論の前提になっているのである。

しかしながら、意識のあり方に注目して、工女自身の予想やそれを支える規範の形成という問題に踏み込んだ検討はそれほど進んでいるわけではない[59]。例えば、中林真幸は等級賃金制の誘因体系が現実に作用していたことを検証することによって、工女の意識が「近代化」されていたことを確認したが、何ゆえ工女自身がそうした意識を獲得するに至ったのか、その過程で生じた諸個人の葛藤については知る由もない。先述の東條由紀彦も、「労資関係の新たな枠組への『同意』形成過程で生じた、具体的な緊張関係、とりわけ労働者諸個人の側に即した、その内面的な自己形成と行為の検討」を残された課題の第一に挙げている[60]。実際のところ、記述資料などほとんど残さない製糸工女自身に即して、具体的緊張関係の検討を行うことは非常に困難というほかなく、その試みも始まったばかりである[61]。本研究は、これに結びつく作業として経営資料の分析を行う。ここで言う経営資料とは、生糸の生産や販売に関する営業資料や幹部による会議の記録だけでなく、工女に直接対峙した教育係や看護婦、工場での管理者である教婦によって記された記述資料と若干のインタビューを含む。郡是製糸が教育に力を入れたことはよく知られているが、その内実を知ることは、上記課題の究明にも有益であろう[62]。分析の際に重視するのは、農村社会に存立した製糸経営をとりまく地域の雇用慣行と、工場で働くことの意味をめぐって繰り返される交渉の過程である。そのため、従来省みられなかったような些細な出来事に関心を寄せつつ、雇用関係とそれを支える仕組みについて検討を加え、製糸工女の意識のあり様に接近を試みることになる。

製糸工女の働き方に筆者が何を見出そうとしているのかは、以上のとおりであるが、日本経済史において最も研究蓄積の多い産業の一つである製糸業を取り上げるために、いくつか留意すべきことがある。とりわけ、本研究が分析対象とする製糸経営をめぐってはすでに多くの言及が見られるため、先行研究を整理した上でこの事例の位置づけを明確にしておきたい。

二　蚕糸業史の研究――郡是製糸の位置づけをめぐって

1　二つの製糸家類型

まず、石井寛治『日本蚕糸業史分析』（東京大学出版会、一九七二年）をとりあげよう。産業資本確立過程の分析を通して日本資本主義の特質を解明するという視角から、蚕糸業の階級構造について「製糸資本の蓄積様式」の分析を中心に解明した同書は、結果的に労働について最も有益な示唆をもたらすことになったからである。(63)同書の特徴は、日本蚕糸業の重層的な階級構造を把握すべく、製糸経営の二類型を構成した点にある。(64)これによると、郡是は「欧米絹織物業において経糸に使用されうるような『優等糸』の生産に努力を傾けた製糸家」（第Ⅰ類型）に位置づけられ、「おもに清国製糸業と競合する緯糸用の『普通糸』の生産を方針とした製糸家」（第Ⅱ類型）とは区別される存在であった。この時期、日本製糸業を主導したのは後者であり、その代表的経営は片倉と想定された。(65)生産する商品の差から客観的に規定された経営のあり方を論じるという手法は、二つの製糸経営における様々な差異を浮き彫りにした。製糸工女の存在形態については、『生糸職工事情』を利用して、一九〇〇年前後の時期について検討が加えられた。(66)それによれば、「普通糸」製糸家（第Ⅱ類型）の典型である長野県諏訪郡の製糸経営においては、工女は一年以内の雇用契約を結び、職工争奪は激烈をきわめたのに対し、他の地域では雇用契約は三～五年を通例として、激しい職工争奪はみられなかった。労働時間も第Ⅱ類型において夜間への延長を含め一四時間を超えるのにたいし、第Ⅰ類型では夜業は行わず相対的に短かった。寄宿舎等については、関西各県の方が比較的良好であり、工女教育を実施しているのも第Ⅰ類型製糸家であった。一見して、第Ⅰ類型製糸家の下にある工女の方が有利な労働条件を与えられていたように思える。しかしそれは、「優等糸」を生産するための、すぐれて「資本家的な配慮」によるものであったという。

中林真幸は、ここで抽出された差異がそれぞれの生産過程に対して有した合理性を検討し、大規模器械製糸業の確立期に形成された労資関係の類型的把握を再定義した[67]。これによると、郡是は品質志向的（低生産低蓄積）な「優等糸」生産体制とそれに適合的な「権威主義的労資関係」を形成した名望製糸家に位置づけられる。この特徴は、学校擬制などにより製糸場を荘厳化する点にあり、その目的は教育の実効ではなくむしろ帰属意識の涵養、「主従的関係」の維持にあったという。伝統的農村社会に孤立的に存在した「優等糸」製糸家は、家父長制的な社会秩序との連続性を保持し工女を確保するため、長期契約を前提とし、「権威主義的」な労使関係を形成した。「優等糸」製糸家が発する「国家の為め」などという名望家的言動をも経済合理性を有するものであり、既存の社会秩序や制度を経営資源として動員する戦略の一環であるとした。

両者の議論は、郡是製糸を諏訪製糸業の対極にある経営と位置づける点で一致していたものの、決定的に異なる展望をもっていた。当初、石井寛治が類型論を提起し、日本製糸業を先導した第Ⅱ類型製糸家とは別の製糸家類型を強調したのは、その「生産力水準」の高さに一九一〇年代以降の日本製糸業発展の鍵を見出したからに他ならない[68]。一方、中林真幸が諏訪製糸業を近代産業の魁ととらえるとき、一九〇〇年代末までの優等糸製糸家を、資本主義的な経済発展を先導する諏訪の製糸家に比し停滞的な経営として位置づけ、社会が近代産業になじむまでの一定期間の存在であるとみなした[69]。このように、異なる展望が導き出されたのには理由がある。そもそも、類型論を提起した石井寛治も第Ⅰ類型製糸家については立ち入った個別経営分析を行っておらず、今後の課題としていた[70]。その後も、資料的限界から優等糸生産に関する研究が立ち遅れたのに対し、(71)諏訪製糸業については精緻な分析が克明に発展の道筋を描くことに成功しているからである。(72)

もっとも、優等糸製糸経営に関する立ち入った分析を欠く両者の議論は、おなじく類型論の罠に陥っているように思われる。本研究は、諏訪製糸業の対極に位置づけられた郡是製糸を分析対象とすることによって、優等糸生産の実態に製糸労働の側面から迫る。ただし、製糸家類型論に与して、生産する商品の差から客観的に規定された経営のあり方を論じるという手法をとらないし、その労資関係がいかに優等糸の生産体制に適合的であったかを論ずるものでもない。それらは、各経営において生じた雇用関係の差異を際立たせ、類型化するのには有効であったとしても、個別経営における雇用関係の形成と変容を説明するものではないと考えるからである。もちろん、郡是製糸における雇用関係のあり方が、優等糸の生産様式と密接に結びついていたことは重要な論点である。それが、諏訪製糸業とどのように違っていたのかも明確にする必要があろう。しかし、雇用関係の形成と変容を、それを支える仕組みに焦点をあてて究明する本研究では、雇用関係が生産する商品の違いによって生じる資本蓄積の構造に直接的に規定されるという立場を取り得ない以上、製糸家類型論とそれに付随する労資関係の把握とは一線を画することになる。(73)

にもかかわらず、産業資本確立期における製糸家類型に言及したのは、郡是製糸が優等糸製糸経営として諏訪製糸業の対極に位置づけられてきたことを確認し、議論の混乱を避けるためである。さしあたり、同社の事例が各地に点在した後発の製糸経営、とくに優等糸製糸経営を代表するものであること、それはよく知られている諏訪の事例とは異なっていたことを前提に議論を始めたい。ただし、この点を強調すると、一九一〇年代以降をも射程とする場合、新たな混乱が生じる可能性がある。近年の研究によれば、同社は他の優等糸製糸経営とは異なる経営展開を見せ、その意味で例外的な経営とされているからである。そのため、一九一〇年代以降の日本蚕糸業の展開を踏まえ、一応の見通しを示しておきたい。

2　一九一〇年代以降の日本蚕糸業

まず、蚕糸業の展開について概観しよう。一九一〇年代以降については、「普通糸」から「優等糸」へと「生産力水準」を上昇させるとする石井の想定を批判的に継承した研究が進められた。「中等糸」生産体制の形成を論じた上山和雄によれば、第一次大戦直前の製糸業の発展は、アメリカ市場における絹織物の大衆化、織機の高度化に対応して日本製糸業全体が糸質を改善しつつ、中位の糸格を中心とする「中等糸」を相対的に安価に供給しえたことによっていた。(74)「中等糸」生産を可能としたのは、日露戦後の養蚕・製糸業に見られた生産過程の変化であった。具体的には、夏秋蚕普及による低繭価が生糸価格の低下と急激な増産を可能にし、糸況に応じて「中等糸」へシフトする製糸家を多く生み出した点、そうした実態を踏まえた中央・地方レベルでの蚕糸業政策がこのシフトをより円滑化する条件を整えた点が指摘されている。(75)また、第一次大戦期以降においては、養蚕における一代交雑種と製糸における煮繰分業の普及により、日本製糸業が全体的な品質向上と能率増進を果たしていったことが知られている。製糸業に関しては、近年、第一次大戦後を対象とした実証的研究が進み、諏訪を中心とする製糸地帯の状況やそこから展開した片倉の経営が検証されてきた。(76)

この間、高格糸（靴下用超高級品）への移行が始まる一九二〇年代半ばまでは、様々なタイプの製糸企業が存在していた。(77)製糸企業の多様性に注目する花井俊介は、この時期の製糸企業を生産糸によって四つのタイプに分類した。(78)①高度化する経糸需要に対応せず、「普通糸」生産を主体とした企業群、②イタリー糸と対抗しうる優等糸を生産する企業群、③経糸需要に対応した「中等糸」を生産する企業群、④「中等糸」生産を拡大しつつ、「優等糸」生産を行うようになる企業。繰り返しになるが、石井は①から②への移行期としてこの時期をとらえていたが、近年の研究は③を重要視し、諏訪系製糸大企業の先導性を強調する傾向にある。(79)この設定に従えば、郡是製糸は②ということになり、依然として少数派たる「優等糸」製糸経営を代表する経営に位置づけられる。もっとも、生産糸の多様性にもかかわらず、製糸経営のあり方は多くの共通性を持つようになったと見るべきであろう。アメリカ市場での生糸需要の変化に対応して、日本製糸業は品質向上と能率増進の両立を迫られていったからである。たとえば、諏訪製糸業で確立された等級賃金制が各地に普及したことは、その一例である。(80)一九二〇年前後の段階においては、郡是製糸においても、賃金制度が等級賃金制（現実相対効程制度）への変化を見せていたことが確認されている。(81)もちろん、依然として現実絶対効程制度の痕跡も残されていたから、諏訪製糸業の賃金制度そのものを採用したわけではなく、利点を取り入れつつ独自の賃金制度を確立しようとしたと見られる。逆に、各地の優等糸製糸経営によって実施され、郡是製糸が大規模に採用した施策が諏訪製糸業に導入された例もある。蚕種供給や養蚕指導によって一定の原料繭を確保することを目指した特約取引の形成と普及がそれである。(82)こうした経営のあり方に付随して、雇用関係を支える仕組みもまた相互に取り入れられたと考えられる。加えて、工場法をはじめとする労働法制の整備も各地の雇用慣行を統一的な方針のもとで整序するのに一定の役割を果たした。(83)経営規模の拡大を通して多くの雇用労働者を抱えた経営にあっては、共通する施策が採用され、その雇用関係を支える仕組みは中小経営との間で差異を形成したと考えられる。(84)したがって、一九一〇年代以降の郡是製糸は、大規模製糸経営の代表的事例とみるべきであろう。

ところで、一九二〇年代後半以降のアメリカ生糸市場は、靴下用超高級糸需要へと転換していく。その新しい市場動向に対応できた代表的経営は、先述の②のタイプにありながら例外的に規模拡大に積極的であった郡是製糸と、諏訪系大製糸企業の中で「優等糸」生産への転換を果たした④の片倉製糸であった。ここにいたって、生産糸による区別は意味を成さなくなり、製糸経営のあり方をめぐっては組織形態（営業製糸／組合製糸）がより重要な論点となってくる。大島栄子は、一九二〇年代における高格糸生産の担い手が片倉や郡是のような「大製糸」ではなく、「養蚕農民と特殊な関係を結んで優良繭と熟練女工を確保し得た地方製糸と、組合製糸が大半であった」とし、地方農村における低利資金の供給が組合製糸の高格糸生産に寄与したことを指摘した(85)。これは、各地に品位向上を目指す経営が広範に存在したことを示唆する重要な指摘ではあったが、一九二七年の各工場「目的糸格」を立論の基礎とした点で問題もあった(86)。現在のところ、一九二〇年代後半以降の靴下用高格糸生産の中心的役割を担ったのは片倉・郡是のような大製糸と一部の組合製糸とするのが妥当であろう。多くの製糸経営が廃業に向かうなか、営業製糸／組合製糸という形態に関わらず、養蚕・製糸の一元的経営を達成した経営のみが発展的展望をもち得たのである(87)。

3　日本蚕糸業と郡是製糸

日本蚕糸業の展開を踏まえるとき、営業製糸たる片倉・郡是が「特約組合」による養蚕農民の組織化を達成していた点を重視するならば、各地に点在した優等糸製糸経営が始めた施策が、一九三〇年代の高格糸生産を準備したと言うことができる(88)。先述の石井寛治も、この意味で、第Ⅰ類型製糸家の「生産力水準」の高さを想定していた。しかし、優等糸製糸経営の多くは、品質管理問題から原料繭と労働者の確保に支障をきたすような規模拡大を志向せず、巨大化の道を歩まなかった(89)。それゆえ、巨大化し、かつ特約取引を積極的に展開した郡是製糸は他の優等糸経営とは異なっていた点が注目される。この場合、郡是製糸の事例を単に優等糸製糸経営の代表的存在として位置づけることはできず、同社を念頭においた製糸家類型論の射程は思いのほか短いというしかない。この類型によってのみ特徴づけられてきた同社の事例は、よりニュートラルな実証研究のために位置づけ直される必要がある。同社を分析対象とした先行研究を踏まえ、一応の見通しを示しておこう。

同社の成立は、諏訪製糸業において大規模独立工場が設立される時期と時を同じくし、共同再繰結社から独立したという点でも同様の過程を辿っていた[90]。とくに、同社の設立に関しては、優等糸製糸経営の多くが資力豊かな設立者によって設立されたのに対し、株式会社形態を採用して資金調達を行った点でやや異例であったことが知られる[91]。輸出糸の製造を目論む同社は、資金調達に苦しみながらも大規模工場として独立したが、その規模は諏訪製糸業とは比べものにならないほど小さく、大量出荷は不可能であったから、少量でも特別な品質の糸だけを生産することで商標を確立しようとするのは理にかなっている。一八九〇年代半ば以降の日本製糸業においては、アメリカ市場をにらみつつ、同じく工場制の効率性を追及しながら、それまでの蚕糸業の展開に規定されて別の戦略が採られたに過ぎない。このように見れば、同社の事例は諏訪製糸業に見られた近代的工場制の効率性を諏訪とは別の形で追及したものであったと考えられる。それは、諏訪製糸業の先導性に規定されていたとはいえ、発展の経路を閉ざされていたわけではなかった。

経営のあり方に見られる特徴は、原料繭の特約取引に象徴されるように農村社会を基盤とする点にあり、それは労働力の調達や労働組織の形成にも影響を及ぼしたと考えられる[92]。生産糸については、大正末期に「成行約定」など特徴的な販売方式を生み出し、さらに販売戦略を構築していく過程が明らかとなっている[93]。高級糸の生産に成功した同社は、一九三〇年代には「製糸独占資本」としての位置づけも与えられる[94]。しかしそれは、養蚕農家の組織化によって達成された原料繭の改良・統一に依存する側面が強い。いずれにせよ、同社の経営展開は養蚕業と製糸業との密接なかかわりをもつ日本蚕糸業の発展を最もよく示す事例と位置づけることができる[95]。本研究は、こうした製糸経営のあり方を前提とし、そこで形成された雇用関係の特質とそれを規定した諸要因を追求することになる[96]。

三　本研究の構成

郡是製糸を事例とする本書は、序章、内地工場を対象にした第一章から第四章、朝鮮工場を対象とした第五章、終章からなる。各章の要旨は以下のとおりである。

第一章は、蚕糸業史研究の蓄積に学び、「優等糸」生産体制の確立とそこで形成された雇用関係の特徴を明らかにする。まず、雇用関係を規制する法制度の不在が各地に独自の雇用慣行を成立させたことを踏まえ、創業に先立つ当該地域での蚕糸業の展開から、地域の雇用慣行を確認し、大規模製糸場の成立が雇用関係にもたらした変化を究明する。同社成立前後の雇用慣行の断絶・連続の諸相を明らかにし、企業内養成制度の成立までを描く。

第二章は、「模範的工場」の内実を明らかにする。優良糸の生産で名声を得た郡是製糸は、第一次大戦期の経営規模拡大を経て、日本有数の製糸経営に成長した。とりわけ注目を集めたのは独特の「労働政策」であり、日本社会に労資関係の動揺が進むなか、同社本工場は「模範的工場」と呼ばれるようになった。「一大家族的生活」と称された工場生活の内実から、何鹿郡の社会経済的環境を基礎として形成された雇用関係が、どのように展開したかを探る。なお、寄宿舎を分析対象とするにあたっては、寄宿舎制度に関する先行研究との違いを明確にしておく必要があるだろう。例えば、賃労働史研究では、隅谷三喜男が寄宿制を「資本の賃労働確保のための手段、賃労働の拘置制に外ならなかった」と規定し、その「本質」と形成過程を明らかにした(97)。また、清川雪彦は労務管理政策としての側面、すなわち、寄宿舎制度が厳格な時間管理や早朝からの長時間労働等を可能にするだけでなく、集団規律訓練の場や企業への帰属意識形成の場、あるいは夜間補習教育の場として機能することに着目した。そして、寄宿舎制度が「日本的な、すなわち集団統制の強い労働強化的労務管理体制を生み出す一つの主要な基盤となっていたこと」を指摘した。(98) これらは、寄宿舎制度の本質や特徴を見事に示してはいるが、寄宿舎で生活する工女の実態を把握することなしに、寄宿舎の存在自体が寄宿舎制度の機能を保障するかのように考えられた点に問題がある。(99) 残念ながら、製糸工女の就業実態や行動様式に関する事実については、なお不明な点が多いように思われる。(100) ここでは、寄宿舎生活の実態から「模範的工場」の内実を探り、雇用関係を支えていた仕組みについて考察を深める。また、「寮務日誌」の分析から、一九二〇年恐慌後に顕在化した多工場経営の問題をめぐって、「模範的工場」が再編される過程を描く。

第三章は、雇用労働の再編をねらった「職工改革」の過程を追い、採用管理の形成を論じる。一九二〇年代半ばに実施された「職工改革」は、社内養成工の採用年齢を二歳引き上げ、養成期間を六ヵ月から四ヵ月に短縮することで養成人員の増加を図るものであり、焦点となったのは、いかに「優等工女」となりうる素質をもった工女を選別するか、という問題であった。そこで、社内養成工の採用審査規定の変遷を追い、採用審査を通じて工女に内面的価値規範の形成を促す技法が導入されたことを指摘する。それが企業内養成制度とともに確立されたことの意義を考察する。

第四章は、日本製糸業の多条機導入を事例として、「機械化」と雇用関係の問題を考察する。アメリカ市場における靴下用高格糸需要の高まりは、生糸市場における取引制度の変更をもたらし、生糸生産のあり方にも影響を及ぼした。同時期、日本製糸業で進行した「機械化」は、製糸労働の質をどのように変え、雇用関係のあり方にどのような影響を及ぼしたのだろうか。これまで、製糸労働の分析には具体的な労働のあり方、とりわけ産業技術との関わりでそれを把握する視点が希薄であった。(101) そのため、昭和初期に普及した多条機については、一つの「技術革新」として少なからず言及されてきたものの、その労働実態はなお不明な点が多い。(102) 資料的限界から十分に解明されていないこの課題に、工場の生産過程に踏み込んで検討を加える。

第五章は、同社朝鮮工場経営の失敗から、雇用関係の編成様式における社会構造の重要性を探る。同社は、一九二六年に大田、一九二九年に清州に工場を設置し、朝鮮での製糸業経営に着手したものの、一九三〇年代半ばまでは欠損を抱えていた。朝鮮工場の経営的失敗を通して、同社の雇用関係を支える仕組みが朝鮮の農村社会において機能不全に陥ったことを明らかにし、朝鮮人製糸工女の働き方に着目するのが本章のねらいである。朝鮮工場経営の検討は、これまで見てきた同社の雇用関係が、その誕生の地における農村社会との密接なつながりを基盤として形成されたこと、そうした基盤を欠く工場では同様の施策が弊害とすらなりうることが明らかとなる。

終章は、これまでの検討を踏まえ、日本製糸業における雇用関係とその基盤について考察を深め、郡是製糸の事例から得られた知見を敷衍して述べる。とくに、製糸工女の働き方に焦点をあて、農村社会を基盤とする雇用関係の形成から通年操業による雇用関係の変化、さらには機械化による影響を振り返ることによって、工業化過程における労働者の意識に迫る。製糸工女の働き方を通時的に分析することにより、近代日本における雇用関係の変遷がより明確になるだけでなく、近年のジェンダー史研究にも一石を投ずることができるであろう。(103)

註

(1) 製糸業の雇用関係に着目した大石嘉一郎は、諏訪製糸業における「雇用契約書」の歴史的変遷を辿ることで、「雇用関係から見た製糸業賃労働の歴史的特質とその段階的な形態変化(及びその限界)」を解明しようとした(大石嘉一郎『日本資本主義の構造と展開』東京大学出版会、一九八八年、一四四〜二〇九頁)。この場合、雇用関係は資本蓄積の様態と国家規制に対応した三つの段階に応じて形態変化を遂げ、一定の「改善」を果たすと見られた。これに対し、雇用関係の変遷そのものに焦点をあてる本研究は、「契約書」に現われた変化を雇用関係の変化と見なすのではなく、雇用関係の展開を支える社会的基盤について考察することによって、その実態を把握しようとするものである。

(2) たとえば、西成田豊『経営と労働の明治維新——横須賀製鉄所・造船所を中心に』(吉川弘文館、二〇〇四年)は、「経営労働史」

という視点を明確に打ち出した。同書は、幕末に創設され明治維新政府に引き継がれた横須賀製鉄所・造船所を対象に、その経営と労働の歴史を分析することによって、明治維新とはいったい何であったのかを考察する。労働の歴史研究において経営資料の重要性を示すものといえよう。

(3) 中西洋『日本近代化の基礎過程下――長崎造船所とその労資関係：一八八五～一九〇三年』東京大学出版会、二〇〇三年。

(4) 田中洋子『ドイツ企業社会の形成と変容――クルップ社における労働・生活・統治――』ミネルヴァ書房、二〇〇一年。

(5) 禹宗杬『「身分の取引」と日本の雇用慣行――国鉄の事例分析』日本経済評論社、二〇〇三年。

(6) それは近世の雇用労働史研究についても同様であったという。近年の研究は、近世の雇用労働に関して賃労働とは異質なあり方を示し、その展開過程を展望した（森下徹『日本近世雇用労働史の研究』東京大学出版会、一九九五年）。残念ながら、そのことが、「日本における近代賃労働の成立にどのような規定を及ぼしたのか」（四頁）は不明である。

(7) ドミニク・メーダ（若森章孝・若森文子訳）『労働社会の終焉――経済学に挑む政治哲学――』法政大学出版局、二〇〇〇年。

(8) 森建資『雇用関係の生成――イギリス労働政策史序説――』木鐸社、一九八八年。とくに、日本の労働契約論についても言及し、資本主義的経営の下において労働契約の果たしている機能について、労働契約を単純な債務的契約ではなく身分的契約とする末広厳太郎の説を支持している（六〇～六八頁）。なお、現代日本の問題に即した雇用関係概念の再構成については、同「雇用関係の変化をどのようにとらえるか」（社会政策学会編『雇用労働の変貌』法律文化社、二〇〇三年三月、三～二五頁）が参考となる。

(9) 隅谷三喜男『日本賃労働の史的研究』御茶の水書房、一九七八年。

(10) ハーバート・ガットマン（大下尚一・野村達朗・長田豊臣・竹田有訳）『金ぴか時代のアメリカ』平凡社、一九八六年。

(11) エドワード・P・トムスン（市橋秀夫/芳賀健一訳）『イングランド労働者階級の形成』青弓社、二〇〇三年。なお、この議論に対しては、ジョーン・W・スコット「『イングランド労働者階級の形成』のなかの女たち」（『ジェンダーと歴史学』平凡社〔増補改訂版〕、二〇〇四年）による痛烈な批判も興味深い。

(12) 二村一夫『足尾暴動の史的分析――鉱山労働者の社会史――』東京大学出版会、一九八八年、三四三～三四六頁。この指摘は、社会史ブームにも共鳴して多くの影響を与えたものの、社会史の手法が生かされた研究はそれほど進んでいない。市原博『炭鉱の労働社会史――日本の伝統的労働・社会秩序と管理――』（多賀出版、一九九七年）は、蓄積のあつい炭坑労働研究に社会史の視座を持ち込んだものである。

(13) 一九八〇年から二〇〇〇年における「労働史」研究のサーベイとしては、市原博「戦前期日本の労働史研究」(『大原社会問題研究所雑誌』五一〇、二〇〇一年五月)が参考となる。なお、山本潔『日本における職場の技術・労働史一八五四～一九九〇年』(東京大学出版会、一九九四年)は、近年の労働史研究において生産過程への関心が弱すぎるとの疑問を提起し、産業技術史的視角からの分析を行った貴重な成果ではあるが、その史的職場類型は著しく経済主義的である。また、松村高夫・解学詩・江田憲治編著『満鉄労働史の研究』(日本経済評論社、二〇〇二年)は、これまでの植民地研究に欠けていたのは植民地労働者の労働史研究であるとして、労働者の衣食住を含む興味深い史実を示したが、その結果明らかになるのは、「日本帝国主義の満州支配が崩壊に向かわざるを得なかったその必然性」(一九頁)であり、植民地支配の本質を把握するための一作業に過ぎない。

(14) 例えば、本書は大野昭彦『アジアにおける工場労働力の形成――労務管理と職務意識の変容――』(日本経済評論社、二〇〇七年)と共通の関心を有している。なお、経営資料の分析から意識を探るという点では、社会史として、人種意識の形成を論じた樋口映美『アメリカ黒人と北部産業――戦間期における人種意識の形成』(彩流社、一九九七年)が参考となる。

(15) 氏原正治郎『日本労働問題研究』東京大学出版会、一九七一年、三五一～四〇一頁。なお、これは日本の労使関係の発展について、原型、その解体と再編成、戦後へと至る理論的仮説を提示した論考であり、『京浜工業地帯調査報告書――産業労働篇総論』『同報告書参考資料』(神奈川県、一九五二年六月)をもとに、労働者意識を分析したものである。

(16) この問題を、社会学の立場から分析したのは松島静雄『労働社会学序説』(福村書店、一九五一年)所収、「労働者意識の研究」であった。ここでは、農業労働者との比較により労働者一般の意識が考察され、さらに交通労働者、工場労働者、鉱山労働者、日傭労働者の諸類型による差異、歴史的変遷によって把握された労働者意識の特質が何ゆえに発生したのかが総括的に考察される。その本質は不安定性にあり、「成熟段階の若さ」と「脱落者性」という特質は、いまだ労働者の大部分の生活基盤が農村にあることに影響されていると考えられた。

(17) 戸塚秀夫は、日本の労資関係の枠組に関して、近年の歴史研究が「単に支配体制側のむきだしの抑圧を指摘するだけでなく、そのイデオロギー的なヘゲモニィに注目し、日本の労働運動自体にどのような弱点が内在していたか、それが日本の労働者のメンタリィティといかに関わっていたかという、かつて戦後労働問題研究の第一期に多くの論者がふれていた領域に斬新なメスがおよんでいる」と見る(戸塚秀夫・徳永重良編著『現代日本の労働問題――新しいパラダイムを求めて――』ミネルヴァ書房、一九九四年、八頁)。なお、八〇年代の新しい研究動向については、萱山真次「労使関係」社会経済史学会編『社会経済史学の課題と展望』

有斐閣、一九九二年、一一八～一三一頁参照。

(18) こうした方法は、ラインハルト・ベンディクス（大東英祐・鈴木良隆訳）『産業における労働と権限――工業化過程における経営管理のイデオロギー』（東洋経済新報社、一九八〇年）に依拠している。

(19) 近年の研究としては、植民地における炭鉱経営の本質究明を目指した庾炳富『満鉄撫順炭鉱の労務管理史』（九州大学出版会、二〇〇四年）がある。

(20) S・M・ジャコービィ（荒又重雄・木下順・平尾武久・森杲訳）『雇用官僚制――アメリカの内部労働市場と〝良い仕事〟の生成史――』北海道大学図書刊行会、一九九四年。同（内田一秀・中本和秀・鈴木良始・平尾武久・森杲訳）『会社荘園制――アメリカ型ウェルフェア・キャピタリズムの軌跡――』北海道大学図書刊行会、一九九九年。

(21) 平尾武久他編著『アメリカ大企業と労働者――一九二〇年代労務管理史研究』北海道大学図書刊行会、一九九八年。

(22) ここでは、製紙業、紡績業、重工業、鉱業の事例が取り上げられている。

(23) この点は、市原博「生産管理システムの日本的展開と労働者」（『二一世紀の社会保障―戦後五〇年の総括と展望―』御茶の水書房、一九九七年）を参照。

(24) 山下充『工作機械産業の職場史一八八九―一九四五――「職人わざ」に挑んだ技術者たち』〔新装版〕早稲田大学出版部、二〇〇四年。

(25) 大東英祐「労務管理――戦前の労働力管理を中心として――」中川敬一郎編『日本的経営』日本経済新聞社、一九七七年、一九〇～二一六頁。同「身分制度と職場組織の変遷――戦間期の経験の評価をめぐって」大河内暁男・武田晴人編『企業者活動と企業システム――大企業体制の日英比較史――』東京大学出版会、一九九三年、二二一～二四四頁。ここで、具体的な身分制度の変遷が概観された三井鉱山については、一九二〇年代に鉱夫の定着化が進む要因を探った研究も見られる（長廣利崇「戦間期大規模炭鉱企業における鉱夫の定着化――三井田川・山野鉱業所の事例」『社会経済史学』六八―五、二〇〇三年一月、四七～六七頁）。

(26) 菅山真次「一九二〇年代重電機経営の下級職員層――日立製作所の事例分析――」『社会経済史学』五三―五、一九八七年一二月、五五～九〇頁。同「戦間期雇用関係の労職比較――『終身雇用』の実態――」『社会経済史学』五五―四、一九八九年一〇月、一～三三頁。

(27) 菅山真次「日本的雇用関係の形成――就業規則・賃金・〈従業員〉――」山崎広明・橘川武郎編『日本経営史4　「日本的」経営

の連続と断絶』岩波書店、一九九五年、一九二〜二三一頁。なお、戦後を対象として、労働問題や労使関係の研究者が労使関係論的方法で人事労務管理制度を分析した佐口和郎・橋元秀一編著『人事労務管理の歴史分析』（ミネルヴァ書房、二〇〇三年）もある。

(28) 佐々木聡「工場管理システムの近代化と組織能力――外資系電気機械企業を中心に」由井常彦・大東英祐編『日本経営史3　大企業時代の到来』岩波書店、一九九五年、一四八〜一八一頁。同『科学的管理法の日本的展開』有斐閣、一九九八年も参照。

(29) 由井常彦・島田昌和「経営者の企業観・労働観」由井常彦・大東英祐編『日本経営史3大企業時代の到来』岩波書店、一九九五年、二七四〜三一〇頁。

(30) 禹前掲書、四一〜一三八頁。

(31) 以下は、第一次大戦期の労資関係の変化をもたらした諸条件を究明した武田晴人「労資関係」（大石嘉一郎編『日本帝国主義史Ⅰ』東京大学出版会、一九八五年、二七三〜三一〇頁）による。

(32) 高村直助「資本蓄積（1）軽工業」前掲『日本帝国主義史Ⅰ』一五六・一七六頁。

(33) 東條由紀彦『製糸同盟の女工登録制度――日本近代の変容と女工の人格』東京大学出版会、一九九〇年。

(34) 日本の大経営が労務管理施策としてもっとも積極的に推進したのは、福利施設の充実であり、それを活用した労働者の組織化であった。これは、労働者の生活組織が、労働者意識を形成する上で無視できない重要性をもっていることの裏返しであり、それは労働者団結にも密接な関係を有する。このような認識に立つ荻野喜弘は、労働力の再生産、および労働者の統合という観点から、生活面での労働者組織に着目している（荻野喜弘『筑豊炭鉱労資関係史』九州大学出版会、一九九三年、五・六頁）。

(35) もちろん、在来産業部門における雇用労働のあり方がどのような変遷を遂げたのかを明らかにすることは重要である。この点では、在来産業から近代産業へと脱皮する過程に焦点をあてた大川裕嗣「在来産業の近代化と労使関係の再編（一）（二）―大正期の銚子醤油醸造業――」（『社会科学研究』四二―六、四三―二、一九九一年）が参考となる。

(36) 西成田豊『近代日本労働史』有斐閣、二〇〇七年、四三〜七二頁。ちなみに、近代産業は製糸業、綿糸紡績業、機械工業、印刷（出版）製本業の四種、在来産業は綿織物・絹織物業、マッチ製造業、タバコ製造業、酒造業、木竹製品業、金属品製造業の七種、半在来産業は窯業、製紙業の二業種となる。この間、在来産業「工場」労働者が業種別内部構成の変化を伴いつつ急速に増加したことが指摘されている。

(37) 佐藤（粒来）香『社会移動の歴史社会学――生業／職業／学校』東洋館出版社、二〇〇四年、二二三〜二二五・五五頁。

(38)　日本の製糸工女に即して、この問題の重要性を的確に指摘したのは東條由紀彦「日本近代女性雇用労働の起点——『キカイ』と『年季者』の遭遇」（吉田恵子・斉藤哲・東條由紀彦・岡山礼子『女性と労働——雇用・技術・家庭の英日独比較史研究』日本経済評論社、二〇〇四年）、一九一〜二一一頁である。なお、これは、先に発表されたアジア女性史国際シンポジウム実行委員会編（林玲子・柳田節子監修）『アジア女性史』（明石書店、一九九七年）の同名論文を転載したものである。

(39)　農村社会の変容そのものについては、第一次世界大戦から一九二〇・三〇年代の民衆像に迫る大門正克『近代日本と農村社会——農民世界の変容と国家——』（日本経済評論社、一九九七年）が参考となる。

(40)　タマラ・K・ハレーブン（正岡寛司監訳）『家族時間と産業時間』早稲田大学出版部、二〇〇一年。同書は、二〇世紀はじめに世界最大の織物会社（アモスケグ社）で働き、この会社によってつくられた都市（ニューハンプシャー州マンチェスター市）で生活した労働者の経験に焦点を当て、膨大な史料の分析により、職業と家族の生活史を再構成したものである。

(41)　「在来的経済発展」については、谷本雅之『日本における在来的経済発展と織物業——市場形成と家族経済』名古屋大学出版会、一九九八年。

(42)　荻野喜弘「国家権力と労働世界」石井寛治・原朗・武田晴人編『日本経済史2産業革命期』東京大学出版会、二〇〇〇年、二五七〜二七一頁。

(43)　産業大分類による。その他は、家事使用者、交通業、土木建築業、鉱業の順であった。

(44)　ついで、「木竹類製造業」（五五万人）「食料品工業」（四六万人）が続き、軽工業優位の産業構造を示すものの、「金属工業」（二九万人）「機械器具工業」（一六万人）の重工業部門も一定の有業者を抱えていた点が注目される。

(45)　この意味で大きな影響を与えたのは、兵藤釗『日本における労資関係の展開』（東京大学出版会、一九七一年）であろう。西成田豊（『近代日本労資関係史の研究』東京大学出版会、一九八八年）も重工業基軸説を継承し、大経営労働者の企業内包摂を示す「工場委員会体制」の成立と、大経営労働者の一定の階級的成長を示す大経営労働組合運動の展開という対立的なイメージを統一することによって、労資関係の総体的把握を試みている（第三章）。

(46)　荻野喜弘『筑豊炭鉱労資関係史』九州大学出版会、一九九三年、一一頁。

(47)　例えば、岡本幸雄『明治期紡績労働関係史——日本的雇用・労使関係形成への接近』（九州大学出版会、一九九三年）は、労務管理に関して、経営・管理層の出自に着目し、儒教との関係を指摘した。西沢保「大正期の労使関係思想——武藤山治（鐘淵紡績）

と大原孫三郎（倉敷紡績）」伊丹敬之他編『日本企業の経営行動1　日本的経営の生成と発展』一九九八年、一九四～二二〇頁もある。なお、鐘紡については、桑原哲也「日本における近代的工場管理の形成――鐘淵紡績株式会社武藤山治の組織改革一九〇〇～一九〇七」（上『経済経営論集』二七―四、一九九三年三月、四七～七五頁、下、二八―一、一九九三年六月、一七～四三頁）、同「日本における工場管理の近代化――鐘淵紡績会社における科学的管理法の導入一九一〇年代」（『国民経済雑誌』一七二―六、一九九五年一二月、三三～六二頁）、同「日本における工場管理の近代化――日露戦後の鐘淵紡績会社」（『国民経済雑誌』一七四―六、一九九六年一二月、四九～七八頁）が詳しい。

(48) 例えば猪木武徳は、二〇世紀初頭の日本の工業化を担った紡績業、製糸業の女工を中心とした職工の待遇を概観して、その募集、福利施設を含めた処遇の形態が、かなりの程度、その後の日本の諸産業を支配した方式であった点を指摘している（猪木武徳『学校と工場――日本の人的資源――』読売新聞社、一九九六年、六六頁）。

(49) Janet Hunter, Women and the Labour Market in Japan's Industrialising Economy: The textile industry before the Pacific War, Routledge Curzon, 2003. その意味で、同書は、従来別々に分析されてきた製糸・紡績・織物の三部門を統一的に把握することによって、労働市場形成に農村との結びつきやジェンダーの視点を導入することに成功している。

(50) 近年の研究をあげれば、労働争議に関しては松本衛士『製糸労働争議の研究――岡谷・山一林組争議の一考察』（柏書房、一九九一年）がある。また、玉川寛治『製糸工女と富国強兵の時代――生糸が支えた日本資本主義』（新日本出版社、二〇〇二年）や山崎益吉『製糸工女のエートス――日本近代化を担った女性たち』（日本経済評論社、二〇〇三年）が、製糸工女の光と影を綴っている。

(51) 製糸同盟の成立に伴う職工登録制度の構築に関しては、その目的が職工の工場間移動の抑止ではなく、効率的な移動の実現にあったとする議論も提起されている（中林真幸「製糸業における工女の取引制度――諏訪製糸同盟の成立に関する考察――」『歴史学研究』七三四号、二〇〇〇年三月、同「製糸工女取引の公的統治と私的統治」岡崎哲二編『取引制度の経済史』東京大学出版会、二〇〇一年、九九～一六〇頁）。

(52) 前掲『製糸同盟の女工登録制度』九七頁。

(53) 松村敏『戦間期日本蚕糸業史研究――片倉製糸を中心に』東京大学出版会、一九九二年、二四八～二五一頁。

(54) 「近代社会」から「現代社会」への移行が、なし崩し的に進行していたのではないかという疑問は池田信によっても提起されている（同「書評 東條由紀彦『製糸同盟の女工登録制度――日本近代の変容と女工の「人格」』」『社会政策学会年報』三五、御茶の水書房、一九九一年、二二三～二二七頁)。

(55) 市原博「書評：東條由紀彦著『製糸同盟の女工登録制度』」『経営史学』二六―二、一九九一年、八二～八六頁。

(56) 前掲『製糸同盟の女工登録制度』二八一頁。「産業技術上の進歩」と「労働力の編成様式」をめぐる東條の議論に対し、荻野喜弘は、「同じ技術レベルにありながら労働力編成のあり方がたとえば各経営によって異なってくるという現実の展開を、経営諸主体の意思と行為とによって説明しうるものであり、その限りで有効な説明原理である」とした上で、技術の変容をともなわない労働力編成の再編がどこまで新しい質をもちえているかは検討の余地があると指摘した(前掲『筑豊炭鉱労資関係史』四頁)。

(57) 神林龍「賃金制度と離職行動――明治後期の諏訪地方の製糸の例――」『経済研究』五一―二、二〇〇〇年四月。なお、同「等級賃金制度と工女登録制度――製糸工女労働市場の形成――」(岡崎哲二編『取引制度の経済史』東京大学出版会、二〇〇一年、一六一～二三五頁)も参照。

(58) 中林真幸『近代資本主義の組織――製糸業の発展における取引の統治と生産の構造――』東京大学出版会、二〇〇三年、四一四～四二〇頁。

(59) 例えば、天皇制イデオロギーと民衆意識を統一的に把握しようとする試みとして、「自己主張などありえないものとして考えられていた女工」に焦点をあてたものに、竹下景子「明治・大正期における女工意識の一考察――『忠』『孝』分析を基軸として――」(『史論』(東京女子大学読史会)二五、一九七二年、三七～六二頁)がある。ここでは、天皇制イデオロギーの中核をなす「忠」「孝」が、予想されるほどに女工意識に浸透しえなかったことが確認されるのみである。

(60) 前掲『製糸同盟の女工登録制度』二八四頁。

(61) 一例として、これまでもよく利用されてきた資料を読み直すことによって、工女自身の言葉で物語を構成しようとした試みがある(パディ・ツルミ/荻野美穂訳「いまなぜ、明治の女工の研究なのか」『女性学年報』一四、一九九三年一〇月、二四～三八頁)。なお、E. Patricia Tsurumi, *Factory Girls: Women in the Thread mills of Meiji Japan*, Princeton University Press, 1990も参照。ただし、こうした試みが「もう一つの物語」を描くことに成功したとしても、既存の研究による歴史像を再構築するものではないという限界がある。

(62) 教育史の観点から同社の教育を分析した田中卓也の一連の研究がある(同「郡是における女性教師養成」『教育学研究紀要』四五―一、一九九九年、一五一～一五六頁、同「郡是における企業内教育の展開――技術教育を中心に――」『広島大学教育学部研究紀要第Ⅰ部教育学』四六、一九九七年、一五七〜一六六頁、同「川合信水における工女教育の思想形成——郡是教育係赴任以前を中心に——」同前四五、一九九六年、一七一〜一七八頁、同「産業革命期の郡是における企業内教育」同前四四、一九九五年、四三〜五二頁)。また、花井信『製糸女工の教育史』(大月書店、一九九九年)は、長野県の製糸工女に対する特別教育の実施状況を明らかにしている。ただし、従来の教育史では、製糸経営による教育が生産に直接寄与することを前提に議論が進められる傾向があり、この点は疑問と言わざるを得ない。教育の成果が自明であれば、どの経営も同様に教育を実施したであろう。経済や社会との関わりで教育システムを読み解く試みは、望田幸男・広田照幸編『実業世界の教育社会史』(昭和堂、二〇〇四年)などで始まったばかりである。なお、長野県埴科郡旧五加村に視点を定め、学齢児童の実態から学校制度の成立過程を把握した土方苑子『近代日本の学校と地域社会——村の子どもはどう生きたか』(東京大学出版会、一九九四年)は、女子の就学実態との関係で製糸労働に言及しており、興味深い。

(63) 議論の出発点には、山田盛太郎『日本資本主義分析』(岩波書店、一九三四年)における日本資本主義の「軍事的半農奴的型制」をめぐる蚕糸業部門の重要性がある。

(64) 石井寛治『日本蚕糸業史分析——日本産業革命研究序論——』東京大学出版会、一九七二年、五七〜八二頁。

(65) 片倉と郡是の対比は、石井寛治「明治中期における製糸経営——片倉と郡是——」(『経営史学』三—一、一九六八年、九〜二七頁)においてより明確である。なお、片倉は一九一〇年代には第Ⅰ類型製糸家へと転換した経営に位置づけられる(前掲『日本蚕糸業史分析』四二八頁)。

(66) 前掲『日本蚕糸業史分析』二五四〜二五七頁。

(67) 中林真幸「製糸業における労資関係の形成」『史学雑誌』一〇八—六、一九九九年。

(68) その過程は、「一九〇〇年代後半から、それまで細々ながら経糸用の『優等糸』生産を行ってきた製糸家が、急速に勢力を拡大し始めると同時に、それまで『普通糸』生産を通じて資本蓄積を進めてきた巨大製糸家の一部も、『優等糸』生産を行う製糸家の生産力を導入しつつ、『優等糸』生産を部分的に開始することになる」と描かれる(前掲『日本蚕糸業史分析』四九、五〇頁)。この場合、日本蚕糸業は『「普通糸」中心の生産力段階から、より高度な「優等糸」中心の生産力段階へ』というふうに、生産力水準の上昇を果たすと見られてきたが、この「生産力」とは、狭義の繰糸器械にとどまらず、蚕種の改良や特約取引など原料繭に関する施策をも含む特殊な概念となっている。

(69) 前掲『近代資本主義の組織』四〇九頁。なお、諏訪製糸業の先進性を強調する中林真幸は、「『優等糸』はむしろ、後進地域における労働集約的な製品として生産されていた」とし、前註(68)の「生産力」を狭義の繰糸器械に置き換えて、先の見解を批判している（同書一七九、一八〇頁）。

(70) 前掲『日本蚕糸業史分析』四四一頁。

(71) 森芳三『羽前エキストラ格製糸業の生成』（御茶の水書房、一九九八年）は、優等糸生産に焦点をあてた研究であるが、「もう一つの製糸業史」（八頁）という位置づけが示すように、諏訪製糸業との違いを強調することによって、その特徴を浮き彫りにしようとする手法をとっているため、限界がある。また、西日本の優等糸生産について論及した井川克彦『近代日本製糸業と繭生産』（東京経済情報出版、一九九八年、一五三〜一七二頁）も興味深いイメージを提供したが、仮説の域を出ていない。

(72) 諏訪製糸業は、市場が拡大しつつあるアメリカの動向に対応した生産組織をいち早く形成した。アメリカ絹織物業においては、大衆消費市場をねらった機械化が進み、それに耐えうる繊度の均一性を生糸に求めた。そうした要求に応えるべく結成された共同再繰結社では生糸検査を内部化し、それによって蓄積される多次元の品質情報を用いた誘因制御の仕組みをつくり、品質管理を行うことに成功した。しかし、繊度の均一性に対する要求がさらに高まると共同再繰結社の限界も明らかとなり、一八九〇年代半ば以降、それを克服すべく独立大規模工場が設立された。開明社から独立した合資岡谷製糸会社は、再繰工程を含む一貫生産を実現し、最大の出荷量によって自己の商標を基準格とするに至ったのである（前掲『近代資本主義の組織』第四章）。

(73) その意味で、製糸労働を対象とする東條前掲書が製糸家類型論に依拠していないのは、当然とも言える。この点を記すのは、製糸同盟を扱う同書に対して、郡是・長井工場が叙述に含まれる点に異議を唱える見解もあるからである（前掲『羽前エキストラ格製糸業の生成』五四〜五七頁）。

(74) 上山和雄「第一次大戦前における日本製糸の対米進出」『城西経済学会誌』一九―一、一九八三年、三九〜一〇三頁。

(75) 上山和雄「蚕糸業における中等糸生産体制の形成」高村直助編『日露戦後の日本経済』塙書房、一九八八年、二四七〜二八五頁。

(76) 前掲『製糸同盟の女工登録制度』、松村敏『戦間期日本蚕糸業史研究』東京大学出版会、一九九二年。

(77) アメリカ市場の動向と日本製糸業の発展については、松井一郎「一九二〇年代の日本製糸業」（『経済学研究』一七、一九七四年一二月、二七〜三九頁）が整理している。

(78) 花井俊介「製糸結社から大製糸企業へ」経営史学会編『日本経営史の基礎知識』有斐閣、二〇〇四年、九四・九五頁。

(79) そのため、花井俊介は依然として生糸生産に大きなウエイトを占めた①や、一九二〇年代後半以降の高格糸生産を先導した②が存立し続けた根拠、③④における「中等糸」生産企業間の相違にも注意を喚起している（前註）。

(80) 従来主に単純な労働強化に限定されていた等級賃金制の機能については、新しい見解も提出された。それによれば、等級賃金制は労働生産性、原料生産性、製糸品位といった要素を体系的に制御し、労働力支出を最適化する機能としての誘因体系として確立されたという。また、罰金についても、情報開示機能を有していたことが明らかにされ、賃金制度の理解は深まっている（中林真幸「『等級賃金制』の確立――諏訪製糸業における誘因体系――」『社会経済史学』六五―六、一九九九年）。

(81) 前掲『日本蚕糸業史分析』三四九頁。

(82) 特約取引の発生については、前掲『日本蚕糸業史分析』四二二～四三九頁。また、一九一〇年代以降の展開については、花井俊介「繭特約取引の形成と展開――一九一〇―二〇年代の郡是製糸の事例に即して」（『土地制度史学』一一八、一九八八年）を参照。

(83) さしあたり、工場法成立過程における製糸家の異なる対応については、石井寛治「工場法成立過程の一断面――製糸業との関連――」（高橋幸八郎・安藤良雄・近藤晃編『市民社会の経済構造』有斐閣、一九七二年、三九三～四一三頁）を参照せよ。

(84) こうした見通しは、炭鉱経営において、労資関係の地域的な類型が第一次大戦期を通じて規模別の類型へと展開すると見られているのと同様である（前掲『筑豊炭坑労資関係史』二七三～二七九頁）。

(85) 大島栄子「一九二〇年代における組合製糸の高格糸生産――長野県上伊那郡組合製糸地帯における農業構造と低利資金の意義」『歴史学研究』四八六号、一九八〇年一一月、四一～五八頁。

(86) 第一に、靴下用高格糸需要の高まりに伴い、片倉など大製糸がその生産を本格化させたのが一九二七・二八年頃であったことから、一九二七年段階で靴下用高格糸の生産主体を議論するには無理がある点（前掲『戦間期日本蚕糸業史研究』二一五頁）。第二に、「目的糸格」ではなく、実際の生産糸に対する糸価において郡是レベルの高糸価を実現できたのは一部の組合製糸に限られていたのであり、多くの組合製糸はそれを実現できなかった点（平野正裕「一九二〇年代の組合製糸――高格糸生産の問題について――」『地方史研究』三八―二、一九八八年四月、三二～五一頁）。

(87) 上山和雄「両大戦間期における組合製糸――長野県下伊那郡上郷館の経営――」『横浜開港資料館紀要』六号、一九八八年三月、一～三六頁。

(88) 片倉製糸における繭特約取引については、前掲『戦間期日本蚕糸業史研究』（一八六～二五五頁）、高梨健司「片倉製糸の東日本における繭特約取引の展開」(『専修大学社会科学年報』三八、二〇〇四年、一四七〜一六六頁)を参照。

(89) 上級糸を専門的に生産することを目指しつつ、中小規模にとどまった斎木製糸所もその一つである。同所は、一定の金融的条件を具備していたにもかかわらず、巨大化の道を歩まなかった(公文蔵人「戦間期における優等糸製糸経営の一形態と製糸金融市場」『三井文庫論叢』三一、一九九七年)。

(90) 経営資料に基づく同社成立期の分析としては、公文蔵人「明治中期の優等糸製糸経営——郡是製糸の革新性について」(『横浜経営研究』二二—二・三、二〇〇一年、一一五〜一二九頁)、関順也「明治期における製糸資本の成立基盤」(『社会経済史学』二六—二、一九六〇年)がある。また、前田正名の町村是運動に連なる地域経済振興計画の理念、いわば〃地域主義〃ともいうべき経営理念を軸に郡是製糸の成立を描くものに、祖田修「波多野鶴吉の地域計画——郡是製糸成立の歴史的意義——」(『社会科学研究年報』七、一九七六年三月、五〇〜六八頁)がある。理念の具体化として実態をとらえるため、実態把握としては問題がある。

(91) 前掲『日本蚕糸業史分析』六七〜六九頁。同社とともに三重県の関西製糸株式会社がやや異なるケースとなっている。

(92) 原料繭に関しては、花井俊介「繭特約取引の形成と展開——一九一〇・二〇年代の郡是製糸の事例に即して」(『土地制度史学』三一—三、一九八八年、一〜一九頁)に詳しい。

(93)「成行約定」については、加藤幸三郎「大正末期・郡是製糸における『成行約定』の歴史的性格」(『専修史学』二、一九七〇年、一〜一九頁)。販売政策については、花井俊介「大正末・昭和初期における巨大製糸経営の一段面——対商社関係の変化と生糸販売戦略の構築——」(『三井文庫論叢』二四、一九九〇年一二月、七五〜一七七頁)、上山和雄「両大戦間期における郡是製糸の販売政策」(『国史学』一四二、一九九〇年、一〜四九頁)が詳細に分析している。

(94) 高梨健司「一九三〇年代の片倉・郡是製糸の高級糸市場における地位——『市場独占』の検討を中心にして」『土地制度史学』三一—三、一九八八年、一九〜三七頁。

(95) 近代経済学の立場から製糸業の発展要因に関する数量分析を試みた新谷正彦は、製糸業の発展が養蚕業の発展に負うところ大であるという一般的認識を数量的に裏づけ、一九二〇年代までは量的に養蚕の発展の貢献が絶大であったこと、それ以降にあっても生糸生産量の増加の半分も貢献していたことを示した(「製糸業の発展過程に関する生産関数分析——長野県製糸業の事例研究——」『経済学論集』〔西南学院大学〕一〇—三、一九七六年三月)。

(96) したがって、農村社会そのものの構造については、先行研究に多くを負っている。さしあたり、製糸業を軸とする「在村工業型農村」の変容について、長野県小県郡を対象として農村社会運動の展開に焦点をあてた西田美昭編著『昭和恐慌下の農村社会運動――養蚕地における展開と帰結』（御茶の水書房、一九七八年）が参考となる。また、本研究が対象とする近畿北部農村の実態については、荒木幹雄『日本蚕糸業発達とその基盤――養蚕農家経営――』（ミネルヴァ書房、一九九六年）が、明治期から昭和戦前期を通した分析を行っている。

(97) 隅谷三喜男『日本賃労働史論』東京大学出版会、一九七五年、二〇六頁。寄宿制は、工場規模の拡大に伴って必然化する労働力の不足問題に対し、遠隔地募集を可能にし、徹夜業・交代制の実施上重要な意味を持つに至る。さらに他経営からの職工争奪をふせぐためにも「拘置制」としての寄宿制が経営に意識されるようになり、明治後期に寄宿舎制度が確立するという。その後寄宿舎は社会状況の変化に伴い「福利施設的性格」を有するようになるのだが、その本質は変わらないと考えられている。

(98) 清川雪彦「製糸業における広義の熟練労働力育成と労務管理の意義」『経済研究』四〇―四、一九八九年参照。清川は本格的な寄宿舎制度をもたなかったイタリアやフランスあるいは中国やインドなどの製糸業と比較して、このような見解を述べている。

(99) 前掲『日本賃労働史論』においても、寄宿舎制度の確立は工場が寄宿舎を設置することと同様にとらえられている。

(100) 大正中期における諏訪製糸業の工女の就業実態、行動様式の具体相を読みとる試みを行ったものに、松村敏「大正中期、諏訪製糸業における女工生活史の一断面――合資岡谷製糸会社の一、二の資料から――」（『商経論叢』三五―二、一九九九年一二月、二七～六〇頁）がある。松村は、製糸業が農閑余業的な操業から通年操業に移行していくにつれ、工女が工場により拘束的になっていく過程に注目し、戦前期の諏訪製糸業は熱効率の悪い厳冬期の一、二月は操業しなかったが、そうした操業体制の中でも操業期間をフルに就業する工女はむしろ少数に過ぎない点を指摘した。工女らは、「逃走」「養蚕」「農事」「家事」「病気」等様々な理由で「帰国」していたという。

(101) 製糸技術による時期区分を行い、各期の労働者状態を概観したものに、庄司吉之助「製糸労働者史序説（一）（二）――製糸業の発達と製糸労働者の状態――」（福島大学経済学会『商学論集』三二―一、二、一九六二年）がある。また、中村政則／コラード・モルテニ「製糸技術の発展と女子労働」中村政則編『技術革新と女子労働』（東京大学出版会、一九八五年、三三～七〇頁）は、幕末・維新期から一九〇〇年代までの製糸技術の発展と製糸労働者の実態を諏訪地方の事例を中心に紹介している。

(102) 製糸業が多条機の導入をもって「器械」から「機械」へ、あるいは「マニュファクチュアから機械制工場の段階へ」移行した（西成田豊「女子労働の諸類型とその変容――一八九〇年代～一九四〇年代――」中村政則編『技術革新と女子労働』東京大学出版会、一九八五年、二一頁）と指摘されるが、その内実にいかなる変化が見出せるのかは明らかでない。

(103) 興味深い事実の掘り起こしに成功した六〇年代の女性史に始まり、アカデミズムにおいても家族、戦争、女性運動などの研究が活況を示す一方、九〇年前後から女性労働史は低調となっていたという。これに対し、「ジェンダーの労働史」は、漸く停滞状況から抜け出しつつある（姫岡とし子『ジェンダー化する社会――労働とアイデンティティの日独比較』岩波書店、二〇〇四年、一〇～一六頁）。ジェンダーの視点を組み込んだ研究としては、加藤千賀子「戦間期における女子労働者と労働政策」（大口勇次郎編『女の社会史一七―二〇世紀――「家」とジェンダーを考える』山川出版社、二〇〇一年、二八九～三一〇頁）が、言説分析を試みている。言説分析による興味深い考察結果を踏まえ、適切な実証研究の蓄積が必要であろう。

第一章 「優等糸」生産体制の確立

はじめに

郡是製糸株式会社の設立に関しては、社史をはじめ既に多くの記述がある。本章の課題は、京都府何鹿郡蚕糸業の展開を踏まえて郡是製糸株式会社の設立へといたる過程を概観し、ここから「優等糸」生産体制が模索される過程を明らかにすることである。主たる関心は、同社が製糸工女との間にどのような関係を構築しようとしたのか、それは生糸生産のあり方にどう関わっていたのかという点にある。

ところで、「優等糸」の産地はいくつかに分類される。例えば、郡是製糸が位置する京都から愛媛にかけての地域で生産された「優等糸」は、「関西エキストラ」と総称された。山形県の「羽前エキストラ」に関しては、煮繰分業沈繰法という独特な繰糸技術の存在が生糸生産の特徴として指摘される(1)。それが、製糸技術そのものにおいて優れていたのとは対照的に、製糸技術に取り立てて注目すべき点がなかった西日本において、「優等糸」の生産はいかに実現されたのであろうか。上山和雄は、「関西エキストラ」を代表する愛媛県の器械製糸工場が解舒良好な原料繭や低賃金で豊富な労働力の確保おいて有利な条件を得ていたことを指摘した(2)。さらに、井川克彦は一八八〇年代半ば以降に養蚕・製糸業が本格的に普及していった西日本に代表される新興地での優等糸生産について、「本質的には養蚕労働をも含めた労働の価格の小ささを根拠としており、器械設備などの差に負うところは小さかった」との見解を示した。(3) すなわち、「廉価労働」を根拠として、養蚕においては薄飼（蚕箔一枚当りに少ない蚕頭数を飼育する方法）が選択され、製糸においては豊富な優良繭の多投によって、易々と優等糸が生産されたというイメージを提供した。この場合、生糸単位あたりの投下労働量は育蚕四に対し栽桑一、製糸一程度と試算され、地域性の発現においては、むしろ養蚕業のあり方が製糸業のあり方を規定した点が強調される。(4)

本研究も基本的にはこうした「関西エキストラ」のイメージを踏襲している。その場合、論点は二つある。第一に問題となるのは、製糸工女の「熟練」をめぐる議論である。一般に優等糸製糸家は工女を雇用する際に長期契約を結ぶ傾向があるが、その経済的要因は、特定品質の優等糸を製造するために、同一工女の継続的雇用によって形成される企業特殊的な熟練が求められたためとされる。(5) 果たして、工女の熟練に依存した優等糸生産のイメージは、郡是製糸においても妥当するのであろうか。第二に、「関西エキストラ」が優良な原料繭の多投によって優等糸生産を実現していたとしても、そうした素朴な生糸生産がすぐに限界を迎えたであろうことは想像に難くない。生産様式の変容過程と、それに即した雇用関係のあり方が問題となるだろう。例えば、徳島県の筒井製糸では、明治末期に山形県まで沈繰りの提唱者を訪ね、一九一二年にはその長所を部分的に取り入れ、一九一六年から本格的に沈繰りを採用した。(6) 郡是製糸においても、一九一〇年代には煮繭工を配置して煮繭分業を実施し、沈繰法を採用するなど製糸技術上の改良に着手する。したがって、同社の雇用関係の特徴とその変遷は、こうした生産様式の変化とともに理解する必要がある。

以上の点に留意しつつ、同社が「優等糸」生産体制を整え、さらに、企業内養成制度の確立へと至る過程を明らかにするのがここでの課題である。

一　郡是製糸の成立過程と雇用関係の形成

1　何鹿郡蚕糸業組合と雇用規制

(1)　何鹿郡における蚕糸業の展開

京都府蚕糸業については、養蚕農家経営の視点から北部養蚕農村の展開を追った荒木幹雄の研究が詳しい。(7)養蚕農村の社会構造そのものについても、すでに詳細な分析がなされている。これを踏まえて、製糸経営の視点から何鹿郡に焦点をしぼり、郡是製糸設立にいたる過程を概観することにしよう。そのさい、極めて重要な位置を占めるのが蚕糸業組合の存在である。まずは、雇用慣行の継続と断絶の諸相を明らかにするために、同社設立に先立つ組合活動から当該地域の製糸工場における雇用状況を確認しておこう。

そもそも丹波地方の蚕糸業は、古くから発達していた。とりわけ、三丹地方独特の手挽製糸は、明治初年に伝わった座繰製糸の普及によっても駆逐されず、生産糸は西陣や丹後縮緬の原糸として流通した。(8)もっとも、品質も粗悪で不正手段も横行しており、西陣機業や丹後縮緬の振興を目論む京都府にとって、府下製糸業の改良は急務となっていた。(9)折しも、農商務省令蚕糸業組合準則が発布され、京都府は蚕糸業組合の設立を指示し、一八八六年に何鹿郡蚕糸業組合が結成された。組合員は、三〇六六（養蚕業二七三九、蚕種業七二、製糸業九七、その他一五七）人に及び、郡総戸数の三二・四％に相当した。(10)付言すれば、一八八三年の同業組合準則にもとづく一般の同業組合が任意団体として価格規制・雇用規制・取引規制を一応否定されたのに対し、輸出産業である茶業と蚕糸業を対象とした同業者の組織化は取締所の設置と強制加入制を認めるなど、趣を異にしていた。京都府では、一八八七年六月、甲第二四九号京都府違警罪を改正し、同業者のうち、両組合に加入しない者やその規約に従わない者に対する罰則規定を設けた。(11) 例えば、船井郡蚕糸業組合規約も「府令一五九号違警罪抜写」を添付し、違反者が二日以上五日以下の拘留または五〇銭以上一円五〇銭以下の科料に処せられる旨を明示していた。(12) 京都府の蚕糸業組合が罰則規定を伴って組織されたのに対し、全国各地の蚕糸業組合は必ずしも十分な機能を果たせず、蚕糸業組合中央本部は一八八九年にその事務を停止し、各府県の蚕糸業組合も相次いで解散した。(13) 京都府においては、この組織が当初の方針のまま強い指導力を発揮し続けた点は特筆すべきであろう。

何鹿郡蚕糸業組合の成立とともに組長に就任したのは、のちに郡是製糸を設立する波多野鶴吉（当時二八歳）であった。(14) 当初、郡内同業者は梅原製糸場（五〇釜）を経営する梅原和助を組長に推薦したが、梅原は専心蚕糸業に没頭するためこれを固辞し、組長たるべき人は「相当学問の出来る人」かつ「相当名門の人」でなければならないと考え、波多野鶴吉を指名した。当時の波多野は放蕩の結果養家波多野家の財を失い、実家羽室家に寄寓していた。実兄の羽室嘉右衛門は、高倉平兵衛と合同して羽室組（三四釜）を経営し、郡是製糸創立後初代社長となる人物である。梅原、羽室らは、古くから手挽や座繰で製糸業を営んでいたが、このころ器械製糸に転じた郡内有数の製糸家であった。(15) 彼らの指導、援助を受け、何鹿郡蚕糸業組合の組長となった波多野鶴吉は、一八八八年には京都府蚕糸業取締所副頭取、一八九一年には頭取として府下蚕糸業を指導することになる。そこで、蚕糸業組合の活動をもとに、何鹿郡製糸業の展開を見ておこう。

何鹿郡製糸場の状況を示した〈図1〉によると、蚕糸業組合設立の一八八六年において、釜数でもっとも多くを占めたのは手挽製糸であった。しかし、翌年には糸価高騰と丹後縮緬の細糸需要により器械製糸が利益を上げたため、

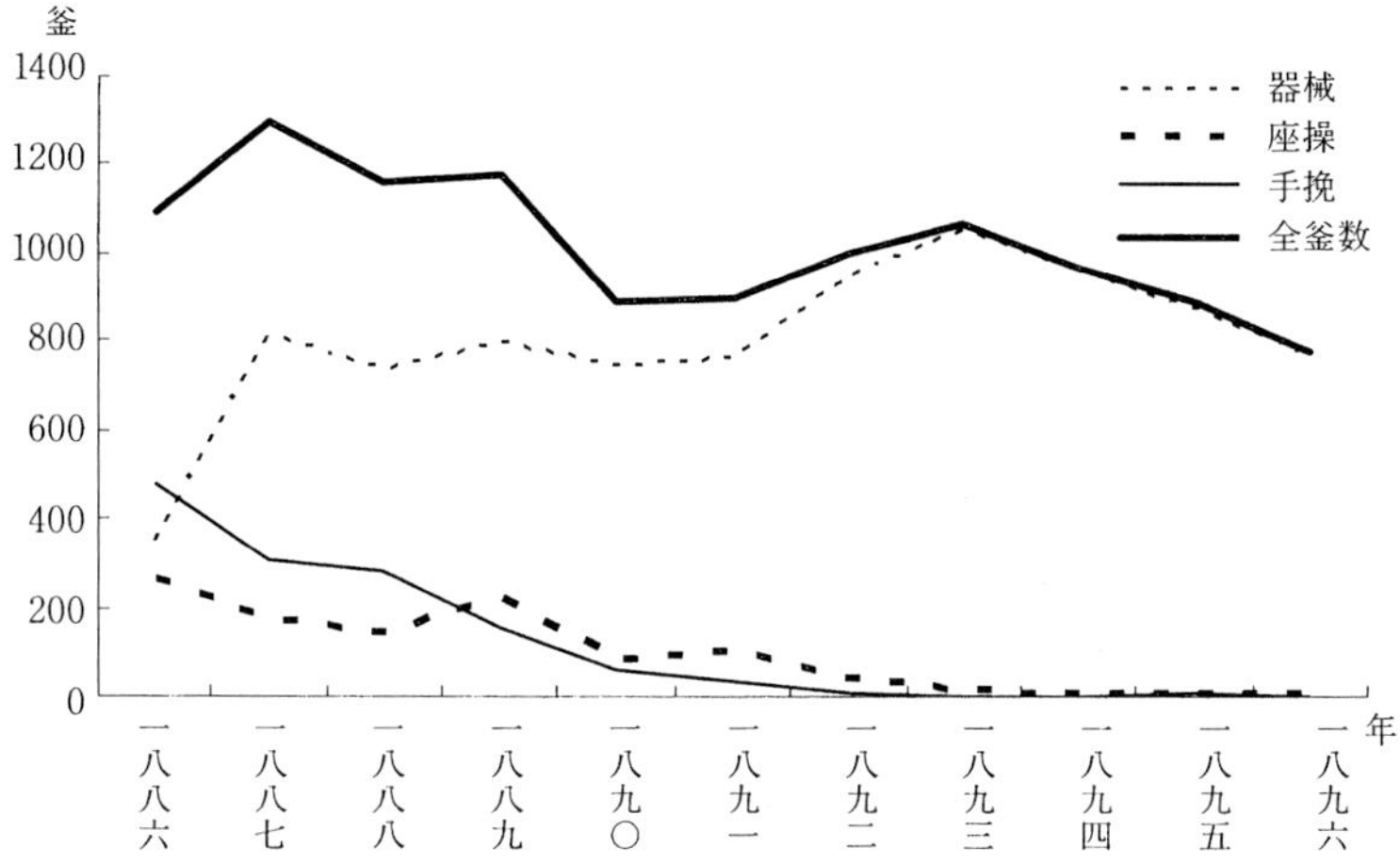

図１　何鹿郡における釜数の推移

資料）何鹿郡蚕糸同業組合『何鹿郡蚕糸業史』1933年，77頁.

器械製糸に転ずる者が急増した(16)。ただし、この場合の器械とは、「蒸気機械模倣木製水車運転炭火ケンネル式器械」と呼ばれた「炭取」や丹波独特の「烟気取」を指す(17)。単独製糸の「炭取」に対し、「烟気取」は煮繭分業の集合製糸であったが、「左官を三四日頼めば忽ち二十釜くらいの製糸工場が出来る」といった簡易なものであった(18)。それゆえ、器械製糸への転換は顕著で、手挽製糸は急減し、数年のうちに消滅した。組合創立にあたり、三年間のうちに手挽を廃止し、器械製糸または座繰製糸に改善する方針を定め、座繰製糸をも器械製糸に改めるよう奨励したのだが、それはおおむね達成された。こうした急速な器械製糸への移行が見られたのは、同郡に特異な現象であった。京都府内においても、丹後縮緬の原料供給地として有利な與謝郡では、この間、各戸で生産した繭を各戸で製糸する「毎戸製糸」釜数が急増したのに対し、何鹿郡では「毎戸製糸」が姿を消すという対照的な動きを見せた(19)。これは、輸出糸への転換を見据えた組合の強い指導に基づくものであったが、何鹿郡の養蚕農家が「毎戸製糸」を手放したとすれば、その意義は大きい。それは、同郡の製糸業が、繭価変動に対する緩衝基盤である「自宅製糸」を原料生産農民から切り離すことに成功していたことを示すからである。平野綏は、一八九〇年代後半には諏訪の製糸家でさえも組織的、体制的に養蚕農民に対峙しえていないとし、その根拠の一つに、原料生産農民の「自宅製糸」の問題を指摘した[20]。その意味では、諏訪製糸業をも為し得ていない資本による養蚕農民支配を確立する機能が、何鹿郡蚕糸業組合の活動に見られたことになる。同郡では、養蚕農民をも包摂した何鹿郡蚕糸業組合の決議に基づいて「毎戸製糸」の廃絶が達成されたのであり、この組織の強い指導力の一面を示すものといえよう。

表1　製糸工女の年齢構成

年	種別	～15歳	15歳～	20歳～	25歳～	30歳～	合計
1888	器械	97	370	170	80	18	735
	座繰	2	27	72	29	14	144
	手挽	0	0	28	84	167	279
	比率%	8.5	34.3	23.3	16.7	17.2	1,158
1889	器械	116	418	192	91	20	837
	座繰	3	43	115	46	22	229
	手挽	0	0	15	48	95	158
	比率%	9.7	37.7	26.3	15.1	11.2	1,224
1890	器械	65	398	207	70	15	755
	座繰	0	9	30	36	10	85
	手挽	0	0	12	17	32	61
	比率%	7.2	45.2	27.7	13.7	6.3	901

資料）何鹿郡蚕糸同業組合『何鹿郡蚕糸業史』1933年，71，72頁．

　ところで、急激な器械製糸への転換は、郡内製糸工女の多くが身につけ、家内工業的に行ってきた手挽の技術を無用とし、彼女らの現金収入を奪った[21]。この間、工女数は釜数に相当したから、一八八七年をピークに九〇年まで減少し、九三年にかけて微増したのち、急速に減少した。郡内製糸工女の年齢別調査〈表1〉によると、器械製糸工の六割以上が二〇歳未満であったのに対し、手挽製糸工はすべて二〇歳以上で、その中間に座繰製糸工が位置した。おそらく、器械製糸の普及に伴い、新たに入職する低年齢者を中心に器械製糸工が編成されたためと思われる。手挽製糸は廃止されつつあったから、二五歳以上の者が漸減し、二五歳未満の者が増えていった。いま使用工女数による器械製糸工場の規模を示せば、〈表2〉のように、一八八八年時点では工場数八三のほとんどが一〇人未満の零細な経営で、三〇人以上の工場は三工場であった。器械製糸の先進地たる長野県諏訪郡では、一八八七年の器械製糸工場一一〇のうち、一〇釜以下は二工場に過ぎず、三一釜以上は三〇工場に上り、何鹿郡には存在しない五〇釜以上の一二工場も含まれていた(22)。何鹿郡で器械製糸への急速な転換が進んだとはいえ、それは小規模なものにとどまっており、工場数は一八九三年まで増加した。

(2) 蚕糸業組合の雇用規制

製糸業の先進地域では、蚕糸業組合の規約のうちに「工女取締」に関する詳細な規定を定める傾向があった。山梨県の場合、「生糸組合規約」において、通勤工が多く比較的自由に雇用主を変えるといった従来の雇用慣行を改め、工場への拘束を強める規定が設けられた(23)。例えば、工女の都合による解雇の場合は六ヵ月、不都合の所為による解雇の場合は一年にわたり、他の雇用主がこれを雇うことを禁止した。さらに、工女に対する罰金制度を設け、一ヵ月の罰金徴収限度を賃金同額までとした。製糸家たちの取り決めに基づく労働強化が直接的なきっかけとなり、規約制定直後の一八八六年六月から八月にかけて、雨宮製糸をはじめとする複数の工場でストライキが勃発したことはよく知られている。

生糸組合のもとで製糸家が結集した山梨県の事例に対し、長野県の場合、諏訪の製糸家によって組合無用論が唱えられた(24)。長野県では、県庁から下付された「工女使傭規程」が一九項にわたり詳細に工女の使用に

表2　工女数別器械製糸工場数

年次＼工女数	～10	10～	20～	30～	40～	50～	合計
1888	69	9	2	2	1	0	83
1889	53	14	2	1	2	0	72
1890	51	16	1	1	2	0	71
1891	49	25	3	1	2	1	81
1892	44	40	1	1	1	1	88
1893	35	55	2	1	0	2	95
1894	30	50	3	1	0	2	86
1895	20	46	2	2	0	2	72
1896	10	31	2	2	1	2	48
1897	8	22	2	1	1	2	36

資料）何鹿郡蚕糸同業組合『何鹿郡蚕糸業史』1933年，78頁．

関して規制した。(25) これに対し、長野県蚕糸業組合取締所の創立会では、雇主に工女教育を義務付けた一三項「就業時間外ト雖モ可成工女ノ外出ヲ停メ裁縫及習字等ヲ授ケ傍ラ平易ノ修身ヲ談シ努メテ婦徳ヲ涵養スヘシ」の削除が要求され、規程違反への違約金の額が問題となったが、これらの規定は変更されなかった。(26) その結果、効力をもった「工女使傭規程」が事実上周辺地域からの工女吸収を制約したため、諏訪の製糸家たちは蚕糸業組合規則に強硬に抵抗し、八九年には同規則自体を廃止に追い込んだのである。(27)

以上のように、組合規約に見られる雇用関係の規定は、地域の現状を反映するものとなっていた。すでに器械製糸業が発達していた地域に対し、後発の京都府何鹿郡においてはどのような規定が設けられたのであろうか。「何鹿郡蚕糸業組合規約」（一八八六年認可）では、第六章「製糸方法」のうちに工女に関する次の規定があるのみであった。

第三十四条　器械并ニ座繰製糸家ハ其使役スル所ノ工女ノ年限ヲ定メ約定書ヲ取置クベシ

第三十五条　甲製糸家ノ工女ヲ乙製糸家ニテ雇使セントスルトキハ甲製造家ニ頼談シテ承諾ヲ得ルニアラザレバ仮令工女ノ望ミニテ行クトキト雖モ決シテ雇使スルヲ得ズ(28)

組合事務所に工女を登録するといった手段もなく、「工女取締」の具体的な規定もなかったから、実効は期待できなかったのであろう。翌年に規約全般の大改正（全九五条、三月改正、四月認可）を行った際には、第七章で「工女取締」について格段に詳細な規定が設けられた。

第四十八条　工女取締ノ為メ事務所ニ於テ左ノ雛形ノ証票ヲ交付スベシ　但シ年限ヲ定メザル日雇工女ハ此限リニアラズ

第四十九条　工女証票手数料ハ毎年通常会議ニ於テ其額ヲ定メ雇主ヨリ徴収スルモノトス

第　五十　条　工女ヲ雇使セントスルトキハ適宜年限ヲ定メ父兄又ハ親戚連署ノ約定書ヲ取置クモノトス　但シ年

限ハ七ヶ年ヲ超ユベカラズ

第五十一条　工女ヲ雇入ルルトキハ其住所姓名及ビ雇ヒ年限等ヲ記シ事務所へ届出デ証票ヲ受ケ解雇スルトキハ之レヲ返納スベシ　但シ証票ハ毎年三月限リ事務所ノ検印ヲ受クモノトス

第五十二条　甲製糸家ノ工女ヲ乙製糸家ニ雇使セントスルトキハ甲製糸家ノ承諾ヲ受クルモノトス

第五十三条　他人雇中ノ工女ヲ陰ニ雇入ノ手段ヲ施シ他人ノ工事ヲ妨グルヲ得ズ

第五十四条　工女中不正怠惰ニシテ他人ヲ煽動シ其他不都合ノ所為アリテ雇主之ヲ放逐シ其旨事務所へ届出タルトキハ事務所ハ之ヲ取締所及組合へ通牒シ其通牒ヲ受ケタル製糸家ハ之ヲ雇使スルヲ得ズ　但シ前雇主ニ於テ改悛ノ体ヲ認メ再雇スルトキハ其旨事務所へ届出ヅベシ

第五十五条　雇主ニ於テ不正若シクハ酷薄ノ所為アルトキ及毎年証票ノ検印ヲ受ケザルトキハ前約ハ無効タルベシ(29)

「工女取締」を目的にした証票の交付によって、「日雇工女」以外の工女については、組合事務所で雇用関係の把捉が可能となった。しかし、七年という約定年限（第五十条）を示していることからも、長期的に雇用される傾向が強く、工女争奪が切実な問題とはなっていなかったようである。(30)むしろ、ここで注目すべきは、第五十四条に記された不良職工の排斥に関する規定であろう。雇主が「放逐」し、その旨届出た場合、他の製糸家はその工女を雇用することができない。この場合、「不正怠惰ニシテ他人ヲ煽動シ其他不都合ノ所為」によって解雇された工女は、他経営での就業機会も奪われることになる。先述の山梨での規定が一年間の期限を設けていたのに対し、何鹿郡においては、他で働くことが出来ない工女は「改悛」して元の雇主に雇用されるほかなかった。労働力不足の深刻化していない地域において、雇用規制は「工女取締」の手段として、もっぱら不良職工の排斥のために設けられたと推測される。もちろん、これが工女に対し移動の自由を奪うものであったことは言うまでない。[31]

この頃、何鹿郡の製糸工場では、主として工場付近の者を雇用し、通勤者が多く、普通一日四枠挽上げをもって一人前の工程としたため、早く挽揚げたものは自由に帰宅する風習もあったという。一部の遠隔地出身者らは製糸家の家に居住し、「下男下女の如く一部の室を寝所に充て家庭的雑用をも手伝はしむ状態」であった。[32] こうした雇用慣行は、蚕糸業組合の設立、器械製糸への転換に伴って一定の変容を遂げたであろう。ただし、先に見たとおり、経営規模は依然として一〇釜ほどが中心であったから、工女は通勤できる範囲で、特定の製糸家との関係を維持していたように思われる。そうした雇用慣行を一変させたのは、企業勃興に伴う大規模製糸場の設立であった。

2　郡是製糸株式会社の成立

(1)　「優等糸」生産の開始

何鹿郡の生糸は多くが内地向けであったから、輸出糸への転換には生糸の改良が不可欠であった。一八九〇年、郡内製糸家は共同揚枠所有光社を綾部町に設立し、商標を統一して共同販売を開始した。[33] 有光社では、組合からの補助金を得て、製糸家の子弟を見習生として受入れ、経営技術の向上を図る取り組みも実施された。[34] こうした有光社の活動により漸次輸出糸の生産は増加したが、歩調一致を欠く状況に、「一大機関製糸場」の設立を企図するに至る。[35] それは、日清戦争の勝利に沸き、「一般ノ人心亦俄然奮興シテ各種ノ事業當ニ一時ニ起ラントスルノ」時であった。[36] 一八九五年一一月一一日、輸出生糸の生産を目的として、郡是製糸株式会社第一回発起人会が開かれた。事業規模は、当時の郡内産繭三五〇〇石を一手に引き受け繰糸すると仮定して一六八釜とし、翌年六月郡是製糸株式会社が操業を開始した。実際には、起業熱により、一八九五年には志賀郷村に共同製糸場簡茗社が結成され、一八九六年六月には口上林村に圓山製糸合資会社（四〇釜）、口上林村是製糸会社（三五釜）等も設立され、郡内すべての製糸場が郡是製糸に合流したわけではなかった。

公文蔵人は、郡是製糸を事例として、優等糸製糸経営の発生過程に言及した。[37]それによれば、郡是製糸が成立するまで、何鹿郡の製糸経営は普通糸市場で諏訪製糸経営と競合する弱小経営に過ぎず、原料市場においても諏訪製糸経営の圧迫を受けていた。そのため、鉄道（京都—綾部—舞鶴）開通によって購繭競争が激化することを予想して、群小製糸工場を統合した同社設立が計画されたという。そのさい、優等糸を生産すれば、すでに「大量斉一」な製品を出荷していた諏訪製糸業と直接競合せず、「少量」生産でも対応できる。また、優等糸生産には特定品種の繭を必要とするため原料繭が割高となったが、繭価格の高さが障壁となり、低価格の繭を利用する諏訪製糸業の侵入を防ぐことが期待できる。つまり、製品市場の棲み分けによって、原料市場での競合を回避する方法として、優等糸生産が選択されたのである。明治中期における優等糸製糸家の集中的な出現は、横浜生糸売込問屋の原資金前貸に支えられた諏訪製糸業の主導性の確立によってもたらされたと見る公文の議論は、後発の養蚕地帯に点在した先見的な経営において優等糸生産が選好された理由を明らかにした。これを踏まえて論じたいのは、優等糸生産を選択した後発製糸経営における生産過程のあり方である。

同社は早くも一九〇〇年関西府県連合共進会において金賞牌を、同年フランスでの万国博覧会では金牌を得て、名声を博した。[38]優等糸の生産を目論む同社工場は、何鹿郡にあった既存の工場とは異なる組織を形成したと考えられるため、他工場との差異に注目しながら、創業期の工場組織に注目しよう。創業時の規定によれば、〈表3〉の通り、工場の組織は事務員、現業部員、雑務員により構成された。現業部員の掛員はすべて男子で、原料に関しては、繭倉掛のほか繭選別掛として六人が配置され、厳密な選繭が実施された。繰糸に関しては、繰糸、再繰、仕上の各作業の他、

表3　創業期の工場組織

職務	人員	年俸・月給・日給		職務	人員	年俸・月給・日給	
支配人	1	年俸	120円	火　夫	2	月給	9円，6円
書　記	1	月給	8円	教　婦	1	年俸	120円
小　使	1	月給	2円	助教婦	3	月給	5〜6円
現業長	1	年俸	150円	繰糸工女	185	日給	平均9銭
教　師	1	月給	10円	再繰工女	15	日給	平均9銭
繭買入掛	無定員	日給	0.2〜1円	口留力糸掛	2	日給	4〜6銭
繭倉掛	1	月給	7円	手挽工女	5	日給	10銭
繭選別掛	6	月給	3〜5円	真綿掛工女	1	日給	12銭
繰糸場掛	1	月給	7円	夜　警	1	月給	6円
再繰場掛	1	月給	6円	農　夫	1	年俸	25円以下
仕上掛	2	月給	9円，7円	賄　夫	3	月給	3.5〜4円
成績採点掛	2	月給	3〜5円	看病婦	1	月給	4〜5円
デニール掛	1	月給	6円	門　衛	1	月給	2円
屑物掛	2	月給	3〜4円	合計	242		

資料）グンゼ株式会社社史編纂室編『グンゼ株式会社八十年史』1978年，66頁．
註）繰糸工のうち17人は予備．再繰工女2人は予備．農夫は薪炭掛兼務．支配人以下小使までの事務員3名，現業長以下真綿掛工女までの現業部員232名，夜警以下門衛までの雑務員7名．

成績採点や糸の太さを調べるデニール検査にも掛員が配置された。この頃、糸価を決定するための検査はもっぱら問屋が行ったから、掛員による検査は主として賃金算定のために実施された。工女は繰糸工女と再繰工女に別れ、数人の予備工も含まれていた。何鹿郡の工場では、工女数は釜数に一致し、空釜が生じることも珍しくなかったから、空釜を生じさせない方針がとられたことは特筆に値する。また、器械製糸に従事する工女のみならず、手挽工女も配置されていた点も興味深い。彼女らは薄皮繭を手挽で繰糸し、その糸は縮緬の耳糸用として販売された。同様に、選繭によって出された器械製糸に適さない原料繭は、達磨と呼ばれる足踏繰糸機での賃挽に廻された(39)。このように、同社生糸生産の特徴は、一定量の不良な繭を排除する点にあり、それは多くの男子掛員によって実施された。繰糸では、予備工を含む多くの工女を確保することによって空釜をなくし設備効率を高めるものであった。そして、排除された繭を手挽や達磨で繰糸することによって、原料を有効利用する生産様式が採用されていたといえよう。

繰糸技術は、教師という名目で入社した新庄倉之助と羽室組にいた教婦国松いまによって、統一が図られた。[40]創立当時の繰糸法は、共撚式二口、器械は全部木製で、繰糸釜は円形であった。繰糸機は撚掛抱合装置により、品質ではフランスの共撚式が、能率ではイタリアのケンネル式が良いと考えられていたから、当初から優良糸の生産を目指したことが分かる。[41]しかし、繰糸は浮繰で、煮繭は繰糸者が自分で行い、工程〔繰糸工一人一日繰糸量〕は三五、六匁を出なかったため、生産能率の向上が求められた。一八九八年には繰糸機を内擦ケンネル式に改め、緒数を三口に増やし、繰糸釜を半円形にした。その結果、工程は平均五〇匁ほどになったという。こうした繰糸技術の改善を促す指導者は、同社において極めて重要な位置を占めていた。〈表3〉によると、教師一名は月給一〇円、教婦一名は年俸一二〇円であったから、現業長の年俸一五〇円に次ぎ、支配人の年俸に並ぶ給料を支給されたことになる。さらに、教婦の元には三人の助教婦が配置された。

一般に、製糸場での監督業務は熟練工女によるものが多かった。これに対し、長野県のみ男子が「見番」の役を勤めていたのは、それが技術指導を任としていないためと考えられてきた。[42]しかし、実際には、「見番」が女性繰糸労働者に対する規律面の監督とともに、技術的な指導を行う工場もあったという。[43]監督者の性別に関わらず、品質管理に関心をもつ工場では、技術指導の任にあたる監督者が求められたと見るべきであろう。ここでの問題は、その具体的な方法である。同社においては、当初、新入工の養成にあたる教婦に対し、通常の業務には「検査工女」が配置されたようである。先述の新庄倉之助が残した「工場管理法要項」によって、「検査工女」の任務をやや詳しく検討しよう。[44]まず、検査工女は「技術品行年齢等道徳に於て、工場の模範たるべきもの」でなければならず、工女に対しては、「親切公平にして、よく細事に注意し、工女の心を平穏快活ならしめ、安んじて業に就かしむるを第一とす」とあった。しかし、その業務は精神面でのサポートにとどまらない。技術指導については、「技術の発達を勉め（中略）偏癖の習慣に陥るの傾向あるもの、又未だその意を得ずして未熟なるもの等を教授すること」、「デニールの均一の責に任じ、繭変の際は試験繰を行い（中略）特別の心得等、親切にその旨を教示すべし」とあり、検査工女の指導如何が製品の品質を左右すると考えられていた。この点は、各工女の不注意について次のように記していることからも明らかであろう。

各工女、業務の去就の際、或は常時に於ても、工女の不注意に出ると、止むを得ざる事情よりするも、臨時の出来事に成るも、その何れを問わず業務上の損害となり、或は工女一個の不幸を来すこと等に注意し、可成敏活に処置し不利なからしむべし。

つまり、理由の如何に関わらず起こり得る「工女の不注意」は業務上の障害になるため、検査工女によって敏活に処置される必要があった。その要務は、「各工女の技術を統括し、煮繭を掌るを以て了る」とし、工女二、三〇人に一人は検査工女が必要とされていた。ただし、適任者を得ることは困難であったため、「不完全なるものを以てこれに任ずるよりも、寧ろ漸次養成することを勉むべきなり」とも記していた。

重要なことは、同社の検査工女が、繰糸工の生産した糸を検査するのではなく、原料繭を検査した点である。検査工女は、試験繰によって原料繭の変化に応じた適切な繰糸方法を見極め、繰糸工に教示して正しく繰糸させ、最終的にはデニール均一の責任を負う。したがって、繰糸工はその指示に忠実に繰糸すればよいのであって、各自の判断は必要ない。それでも工女の不注意は防ぎ得ないため、その対処をも検査工女の任務とする。このような「検査工女」を中核に据えた労働組織の形成こそが、同社生糸生産の特徴の一つをなしていたと思われる。この点を強調するのは、従来の研究が優等糸生産の根拠として繰糸工一般に企業特殊的熟練を想定してきたためである。もちろん、継続雇用によって蓄積された経験の重要性は否定できないが、少なくとも同社において、経験によって培われた各自の判断に任せた生糸生産が追及されたことはなかったように思われる。それは、同社創業期の製糸工女が他経営での経験者を中心に編成されたことにも関係していたであろう。

(2) 創業期の製糸工女と夜学の開始

創業時の工女は、他経営から引き継ぐことによって確保した。郡是製糸の創業にあたっては、第一回発起人会で、「本郡内現在ノ製糸家ニシテ廃業ノ上当会社ノ株主トナルモノハ其職工ハ相当養成料ヲ交付シ当会社へ引継ク事」が合意された。(45) 例えば、一八八七年に小間物雑貨商から生糸製造に転じた以久田村の村上藤吉は、数人の工女を雇って手挽工場を経営していたが、一八九三年に器械製糸に転じ、郡是製糸創立に伴い廃業した。工場で働いていた藤吉の長女は村内から通勤していた工女五名とともに同社の工女となり、藤吉自身は三反の田畑と四反の桑園を経営する養蚕農家になったという。(46)「入場工女名簿」によれば、村上藤吉〔一〇釜〕から八人の他に梅原製糸〔五八釜〕から四〇人、羽室組〔三二釜〕から二四人、由良新左衛門〔一六釜〕から一三人、大槻伝之丞〔一〇釜〕から九人、堀利七〔一二釜〕から九人など計一二の製糸家から工女を引き継いでいた。(47) これらの工場では、廃業に伴い使用工女のほぼ全員が同社に引き継がれたと見てよいだろう。

「郡是製糸株式会社工女規程」によれば、他の製糸場出身の経験工を「甲種工女」とし、三年以上の雇用契約を結んだのに対し、新たに同社で修業する者は「乙種工女」とし、五年以上の雇用契約を結び、修業期間中は食料の外に給料は支給されなかった。(48) いま、その構成を示せば、〈表4〉のようになる。乙種工女は全体の一割ほどで、工場規模〔一六八釜〕から見れば余剰人員に相当するが、多くは郡内出身者で占められており、郡内工女を育成する伝習機関としての同社の位置づけを窺うことができる。新庄倉之助によれば、同社の工女養成には単に繰糸技術を教授するだけでな

表4　創業時の工女編成　(人)

出身地	乙種	甲種	1〜3	3〜5	5〜7	7〜10	10〜	不明	合計
何鹿郡	21	151	36	51	43	8	2	11	172
天田郡	3	16	4	11	0	0	0	6	19
その他	0	13	2	4	0	1	0	1	13
合計	24	180	42	66	43	9	2	18	204

資料）関順也「明治期における製糸資本の成立基盤」『社会経済史学』26―2，1960年，20頁より作成．

註）甲種工女は，「他ノ製糸場ニ於テ就業シタルモノ」，乙種工女は，「新タニ本業ニ従事スルモノ」（郡是製糸株式会社工女規程第1条）．乙種工女の数は訂正した．甲種内訳は経験年数．

く、「善良の発達」に対する教育的配慮を要した。(49)

「養成の順序」では、まず第一に「工女の心得べき大要を納得せしむること」が肝要であり、規則の説明、交際の風儀、舎内のことなど必要なことを周知させるところから養成がはじまる。第二に「技術の見習をなさしむること」で、教婦に接近して繰糸を見習い、繭や屑物の取り扱いなど一通りの作業を心得させる。繰糸作業を理解したうえで、はじめて第三の「技術を教授すること」により、技術を習熟させる。その後は、第四に「必要の道理を会得せしむること」が重要で、繭、技術の得失、織物に及ぼす利害について道理を教授する。しかし、工女に必要なのは技術的な知識だけではない。最後に、「修身の道に誘導すること」が掲げられ、講話などの方法により、工女を善導することを求めた。このような養成を受ける間給料は支給されなかったものの、工女らも賃金を得ることより教育を受けることを目的としており、同社乙種工女の家ではすぐに現金収入が必要ではなかったと推察される。(50)就業中は夜学が用意され、退社にあたっては、「乙種工女ニシテ満期退場スルモノハ、特ニ相当ノ時日ニ於テ機織、裁縫、家政等ヲ専修セシムルコトアルベシ　但シ甲種工女ト雖モ、勤続功労ニヨリ同様ノ待遇ヲ受クルコトアルベシ」（第一八条）との規定があった。この乙種工女に対する施策が、同社養成・教育制度の原型をなすことに留意しておきたい。

生糸生産の即戦力として、繰糸に従事したのは他製糸から引き継いだ甲種工女であった。前掲〈表4〉によれば、経験年数は三年から五年が最も多く、なかには一〇年以上の経験をもつ者もいた。(51)そうした経験者のなかには、拘束性の強い大規模工場に適応できない者もいたようである。「郡是製糸株式会社工女規程」によると、「工女ハ凡テ場内ニ寄宿セシムルモノトス」(第五条)とあり、そこでは「結髪、服装等凡テ本場ノ制定ニ従フモノトス」(第八条)となっていた。また、「凡テ工女ハ自家ノ遠近ニ関ハラズ、止ムヲ得ヌ事実アルノ外、休日ト雖モ猥リニ帰宅ヲ許サズ　但シ帰宅ヲ許ス場合ニ在テハ、父兄ノ届出ヲ要スルモノトス」(第一六条)とあり、「父兄ノ届出」がない限り、自由に帰宅することはできなかった。(52)工女の日常生活を管理した岩城きぬは、一九一四年一二月に退社するまでの一八年間の活動を通して、同社における「伝統的な躾教育や寮舎管理の基礎づくりの功労者」となった。(53)賄部主任岩城長兵衛の妻で、夫とともに入社して賄部の仕事をしていたきぬは、その後、舎監となって工女の保護にあたり、行儀作法にも厳しかったという。当時の「舎則」によれば、「寄宿舎ハ一室毎ニ室長ヲ置キ、全舎ニ舎頭ヲ置ク」(第一条)体制がとられた。工女の日常生活に関しては、「夜間ハ十時ニ就眠シ、覚眠ハ掲示ノ時間ニ従ヒ、汽笛ヲ以テ之ヲ報ス」(第五条)、「病気ノ節ハ舎頭ニ告ゲ、係員ノ指揮ヲ待ツベシ」(第六条)、「金銭ノ貸借、物品ノ取遣等ノ事アルベカラズ」(第七条)、「外出ヲ要スルトキハ、室長、舎頭ニ告ゲ、係員ノ許シヲ受クベシ」(第八条)と定められた。(54)こうした状況の中、創業時に採用された経験工のうち、一割が寄宿舎に入舎せず、入舎しても逃亡する者が相当に出たという。(55)

もっとも、〈表5〉に示すとおり、営業日数は一六〇日に過ぎなかったから、労働力の不足が深刻化することはなかったと推察される。空釜が生じても、原料繭の消化期間を多少延ばせば事足りたであろう。何鹿郡における工女賃金(日給、賄費は雇主負担)も、一八九八年から一九〇六年にかけて上昇せず、上等工女二五銭、中等工女一七銭、下等工女一三銭のままであった。(56)このとき、郡是製糸の工女の賃金分布を示した〈図2〉によれば、一八九六年の最高

表５　本工場営業日数の推移

年度	釜数	始期	終期	営業日数
1896	168	７月29日	12月８日	160
1897	168	６月16日	12月29日	179
1898	168	６月14日	12月27日	177
1899	168	６月８日	２月15日	221
1900	168	６月12日	２月20日	222
1901	168	６月13日	３月17日	247
1902	168	６月14日	３月21日	246
1903	168	６月10日	３月27日	267

資料）　グンゼ株式会社社史編纂室編『グンゼ株式会社八十年史』1978年，96頁．
註）　終期の２～４月は翌年．

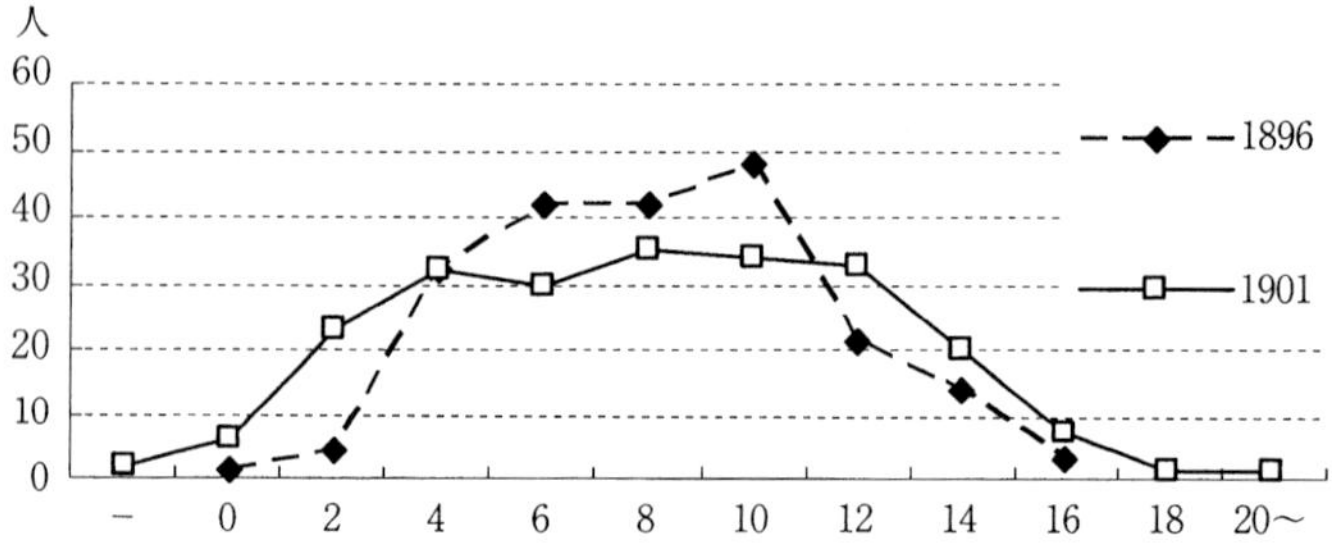

図２　郡是製糸の日給分布

資料）「累年一覧表」（グンゼ株式会社編『グンゼ100年史』1998年，62頁）．

註）　1896年207人の平均日給９銭，1901年224人の平均日給８銭．

なお，明治期の繰糸成績採点法は以下の通りである．

		難易等	点数　賞罰	備考
糸量点	太糸（14中）	「易」 「普通」 「難」	12点 16点 20点	各糸の難易は，解舒（試験繰工女が10時間に何匁繰れるか）による．解舒67匁以上で「易」，50匁で「普通」，40匁で「難」．この他，細糸（11中）の場合，糸量点は「易」で16点，「普通」で20点，「難」26点．解舒50匁以上で「易」，40匁で「普通」，30匁で「難」．
歩合点	試験繰定量より上下するもの		糸量点の５倍に相当する増減点	
品位点	原繭より上	優等	糸量点の10分の１の賞	
	原繭に相当	１等	賞罰なし	
	原繭より下	２等	糸量点の10分の１の罰	
デニール点	目的通り		糸量点の10分の１の賞	
	前後１デニール以内		賞罰なし	
	１デニール以上		半デニール毎に 糸量点の13分の１の罰	
功労点	年限満期後勤続のもの		糸量点の10分の１	

資料）「郡是製糸株式会社繰糸成績採点例則」より作成．

日給は一六銭であり、同社に「上等工女」はほとんどいなかったことになる。この五年後には、日給二〇銭以上の工女や逆にマイナスとなる工女も存在し、工女の賃金分布は広がりを見せたから、競争的な賃金制度が試されていたと推察される。いずれにせよ、繰糸成績は原料繭の変化に応じて評価されていた。

ところで、営業日数は収繭量の増大に伴い長期化し、季節産業と見られていた製糸工場も年間操業に近づきつつあった。ただし、一九〇四年度末（一九〇五年五月）時点で、営業日数二〇〇日を越えていたのは何鹿郡に三工場のみで、他の工場は一七〇日程度であったから、等しく営業日数を延ばしたわけではなかった。[57] このことは購繭力の差を示すと考えられるが、工女にとってみれば、どこで働くかによって勤務形態に大きな差異が生じることになる。まず、日給水準に変動がない状況では、営業日数の延長はそのまま稼得賃金の上昇につながる。工女の中には、営業日数の長期化を喜ぶ者もいたかもしれない。逆に、同じく製糸労働に従事しながら、他工場よりも長く拘束されることに不満を持つ者もいたかもしれない。いずれにせよ、他工場が終業しはじめる一〇月以降に郡是製糸で実施された夜学には、営業日数長期化への対応という意味合いが含まれていたように思われる。

創業の翌年（一八九七年）、「毎年十月からは夜学を設け、習字、読書、算術、裁縫など望みに任せて教授するものとす」（工女規程一七条）との規定に基づき、毎日一時間半の教育が開始された。[58] 当初は、同社職員が教科、養蚕法、裁縫を教授したが、一八九八年には吉美小学校教師を嘱託として招き、修身、読書、算術の授業を始めた。ちなみに、一八九一年の何鹿郡書記による郡長への報告によれば、学齢児童に対する就学生の割合は、最も高い吉美村で男八六／女五三％、最も低い東八田村で男五二／女一四％に過ぎず、とりわけ女児に対する教育は遅々として普及しなかったという。[59] 就学督励の結果、一八九九年末の時点で京都府全体の就学率は七七％まで上昇したが、女子の不就学率は三二％に達していた。[60] 女子に対する教育が立ち遅れ、不就学者も多かったこの頃、同社の教育は最低限の補習教育的なものであったと推察される。一九〇一年の実施状況によれば、一〇月一日から二月二八日まで夜学が開かれ、読書、作文、算術の教科は習熟度別で甲乙組にわかれ、隔日で授業を行った。甲組九八人、乙組三一人であったから、全員が教科教育を受けたわけではなさそうである。教室は、繭置き場を使用した。一方、裁縫は教師を定めず、年長者について学ぶ方式がとられ、他に「現業」と「修身」の講話が月三回開催された。(61) 一九〇三年の裁縫科設置により、昼間の授業が開講され、十日に一日与えられる休番時に、希望者への裁縫教授が実施された。一九〇四年には、裁縫科専任教師を採用し、教育制度の整備が進んだ。

こうした教育の実施は、「『優等糸』を生産するためになされるすぐれて『資本家的な配慮』によるもの」と把握されてきた。(62) 実際、優等糸製糸家の多くは、工女の取り扱いに細心の注意を払っていた。しかし、「優等糸」生産を目指すか否かに関わらず、長野県が下付した「工女使傭規程」で問題となったように、雇主に就業時間外の工女管理や婦徳の涵養を義務づけるといった発想は、行政的に広く共有されていた。諏訪の製糸家による削除要求が受け入れられなかったように、製糸家の多くにとっても、雇用関係に付随して当然為すべきことと受けとられた観さえある。むしろ、そうした責務を否定した諏訪の製糸家こそが、この段階にあっては特異な存在であったと見るべきであろう。郡是製糸においても、工女教育は否定しがたい雇用主の責務として設けられたがゆえに、その実施には何らかの理由づけが必要であった。夜学は、郡内他経営とは異なる拘束期間の長い工場生活を正当化するものとして開始されたのであり、その意味で、すぐれて「資本家的な配慮」によるものと見られる。生糸生産と直結するものとして、教育が積極的に利用されるようになるのは、もう少し後のことであった。

二　多工場経営による規模拡大

1　何鹿郡製糸業の再編と郡是製糸

(1)　生糸相場と何鹿郡製糸業

製糸業の経営成績は、生糸相場の変動に大きく左右される。輸出生糸相場と何鹿郡製糸業の動向を概観しながら、郡是製糸の経営状況を確認しておこう。郡是製糸が創業を開始した一八九六年の日本製糸業は、前年の活況に伴う生産増のため横浜に多くの在荷を抱え、糸価が暴落した。加えて、何鹿郡地方を襲った大洪水は、郡是製糸を含む多くの製糸家に被害をもたらした。もっとも世界的に見れば、イタリア、中国がともに蚕作不良ということもあり、翌年には糸価も上昇し、輸出も前年比六七・六％の増加を見せた。(63)この年の一〇月金本位制が実施され、為替相場の変動に伴う生糸相場の変動をなくしたことは輸出増進の条件ともなった。好況と不況を繰り返すなか、一八九九年の糸価は高騰し、同年七月の生糸輸出税廃止も輸出増進に寄与した。しかしその反動もあり、主としてアメリカの不況によって、一九〇〇年の糸価は崩落した。何鹿郡において、一八八八年に三九工場（五九六釜）まで減少した工場数は、一九〇〇年には五四工場（七一〇釜）まで増加したものの、一九〇一年には四九工場（六七九釜）に減少した。このとき、一工場あたりの釜数は、一四釜前後で推移したから、工場数の変動はそのまま何鹿郡製糸業の盛衰を示していた。

郡是製糸の業務成績は、創業時の水害なども重なり、最初の二年間こそ欠損金を生じたものの、三年目には利益を計上し、四年目には欠損を償却して一割の配当を行った。一九〇〇年の糸価暴落に際して、再び欠損金を計上したのちは安定して利益をあげ、経営的に成功したといえる。これは何鹿郡蚕糸業組合設立の効果と考えられている。

支配人以下各職工ハ何レモ彼ノ組合ノ企画ニ係ル有光社揚枠所製糸講習所等ニ於テ一定ノ方針ノ下ニ養成セラレタルモノ大部分ヲ占ムルヲ以テ管理上利便少カラザルノミナラズ殊ニ原料ハ組合設立以来伝習所ノ巡回教師等ノ指導ニ依リ著シク改良ヲ加ヘタルモノナルヲ以テ其成蹟自ラ良好ナリ(64)

何鹿郡をはじめ京都府においては、費用負担の問題から多くの地域で十分に展開されなかった蚕糸業の奨励策が機能していたことが、同社設立の基盤となっていた。しかし、郡内には依然として小規模経営も存続していた。それは、郡内産繭の消費を意味し、郡是製糸はその理念にもかかわらず、総使用量の半分ほどしか郡内産繭を調達できず、不足分は天田、加佐、船井（以上京都府）、氷上（兵庫県）の近接各郡から購入した(65)。何鹿郡における原料繭の移出入状況によると、一八九八年には移出量一一五五石、移入量七五四石の出超であったものが、一九〇六年には移出量三九二石、移入量三四五九石の入超となっていた(66)。何鹿郡製糸業の急速な発展が窺えるが、その多くは郡是製糸の発展によるものであった。同社は、一九〇四年八四釜の増設を行い、一九〇五年、一九〇七年にも拡張を続け設備釜数は三八九釜となった。

経営規模拡大に伴い、同社は一九〇四年には工女の契約期間を五年から七年に延長したものの、まもなく五年に改正した(67)。この点については、やや説明が必要であろう。まず、職工の増員にさいして契約期間を延長することの意味については、工女を送り出す側で契約期間の長い会社を選ぶ傾向があったため契約期間を延長して対応した可能性がある。むしろ工女側に規定されて契約期間の延長が実施されたとすれば極めて興味深い。一般には、契約期間の延長は制限される傾向にあったからである。同社もまもなく五年契約に戻した。この時期、労働者の募集に関しては、各府県レベルで対応の違いがあった(68)。同社の購繭地盤でもあり隣接する兵庫県では、「職工営業主及紹介人取締規則」

（一八九六年発布）が「職工就業年限ノ契約ヲ為ストキハ満三年以内トシ、満期後雇ヲ継続スルトキハ毎回二年以内ニ限ルヘシ」との制限を設けていた(69)。一方、京都府では「職工募集取締規則」（一九〇〇年府令第五〇号）で契約年限を含む事項に関しては「募集地管轄警察署ノ認可」が必要であったが、「府下ノ工場ニシテ其所在市郡内ニ於テ募集スル場合ハ此限ニアラス」という但し書を設けていた。同社の場合、郡内の工女募集に関しては、とくに制限がなかったことになる。ただし、当時、雇用全般を律するのは一八九六年民法（一八九八年七月一六日施行）であり、その第六二六条は「雇傭ノ期間カ五年ヲ超過シ又ハ当事者ノ一方若クハ第三者ノ終身間継続スヘキトキハ当事者ノ一方ハ五年ヲ経過シタル後何時ニテモ契約ノ解除ヲ為スコトヲ得」と定めていた。五年を超える雇用契約は事実上、意味を成さない。ただし、これには「工業見習者ノ雇傭ニ付テハ之ヲ十年トス」との但し書きがあったから、それに該当する場合、契約期間を七年とすることも可能であった。しかし、工場の増釜に伴って必要なのは見習工ではなく経験工であり、五年を超える契約期間はすぐに見直されたものと推察される。

この間、何鹿郡においては、製糸工場数は一層減少したにもかかわらず、生産額は著しく増大した。それは「無能力ナル製糸家ノ自然淘汰セラレテ斯業ノ整理セラルル顕象ニ外ナラズ(70)」、同社は郡内対抗勢力の買収に乗り出した。一九〇六年に買収した口上林工場は、一八九六年設立の口上林村是製糸会社を引継ぎ、一八九七年圓山製糸合資会社となっていた工場であった(71)。先述の通り、口上林村是製糸は郡是製糸と同時期に創業したものの、この地方を襲った大洪水により解散を余儀なくされ、後継会社も破綻した。一九〇七年に買収した中上林工場は、上林地区の小規模製糸家として福井伝兵衛らが設立し、のちに一〇〇釜に拡張して赫耀館と称した(72)。同工場は、何鹿郡初の器械製糸場とともに郡是製糸に対抗してきたが、一九〇二年、伝兵衛の没後に弟の角山東吉が経営を引き継ぎ、翌年の不況によって休業した。郡是製糸はこれを買収し、角山を分工場主任とした(73)。いずれも、郡内有数の設備を有する製糸場であった。

生糸相場は一九〇七年八月の高騰を経て、一〇月から翌年の四月まで暴落した。製糸業者は多大な欠損を抱え、廃業者が続出する事態となったが、下半期には糸価も回復して上昇に転じ、以後第一次大戦が始まる一九一四年七月までは、稀に見る安定状態が続いた。この間、同社は郡外への進出を開始した。何鹿郡の「郡是」を旗印に同社の経営がなされていたことを想起すれば、郡外工場の買収は経営方針の転換を意味していた。同社は、一九〇九年に三工場、翌一九〇一年に二工場、一九一二年に二工場を設置した。ただし、工場設置地域は兵庫県の宍粟郡、城崎郡、京都府の天田郡、船井郡、与謝郡であり、先述の購繭地域を中心とした近隣各郡への工場進出は、養蚕農家との密接な関係を形成しつつ実施された。一九〇九年から開始された原料繭の特約正量取引によって繭取引の公正を期す取り組みは、工場進出地域でも実施された。同社が急速に経営規模を拡大させつつあったこの時期、郡内の製糸工場数は、一九〇七年の三一工場（七九八釜）から一九〇九年には二三工場（九三〇釜）となっていた。工場数の減少にもかかわらず釜数は増加し、一工場あたりの釜数は二五釜から四〇釜へと増大しており、何鹿郡では小規模経営の淘汰が進んでいた。加えて、総釜数の増加は工女需要の高まりを意味した。

(2) 同業組合と雇用規制

労働力需要が高まる中で注目されるのは、同業組合の雇用規制である。蚕糸業組合は、先述の蚕糸業組合準則に基づく組織から一八九七年の重要輸出品同業組合法、一九〇〇年の重要物産同業組合法に基づく組織へと転換していった。とくに興味深いのは、各府県の同業組合取締規則が職工取締規程の制定を促し、すでに同業組合の多くがそれを具備していたにもかかわらず、重要輸出品同業組合法も重要物産同業組合法も職工取締規程に関する条項を設けていなかった点である。[74] そのため、同業組合の雇用規制に関しては、各府県の対応に任されていた。例えば、長野県諏訪郡の製糸家は、雇用規制機能のない長野県諏訪生糸同業組合を設立する一方で、私的組織として諏訪製糸同盟を結成した。[75] 諏訪製糸同盟が中小製糸家を執行権力から排除し、大製糸家の労働者取引を効率化するための組織として出発したとの議論も提起されている。[76] 京都府何鹿郡の場合を見てみよう。

まず、一八九七年の重要輸出品同業組合法に伴って京都府何鹿郡蚕糸同業組合が発足した。長野や山梨といった製糸業の先進地帯では、同業組合は生糸商および製糸業者による生糸組合と養蚕家および繭商による蚕業組合に分かれて組織されたが、京都府の場合、文字通りの蚕糸業組合を維持した。そのため、何鹿郡の総戸数に占める組合員の割合は改組後も高まり、一九一九年には六割に達した。養蚕農家を包摂した組合活動は、この地域において極めて重要な位置を占め続けていたと見られる。蚕糸同業組合発足時、役員に選出された五人はいずれも郡是製糸の株主であった。いま一九〇七年の株主名簿から持ち株数、順位、一八九八年の同社での役職を示すと、組長波多野鶴吉〔四五〇株、第一位、取締役社長〕、副組長片山金太郎〔一八〇株、第二位、支配人〕、評議員遠藤三郎兵衛〔一一〇株、第五位、取締役〕、同山室亀太郎〔一〇株、なし〕、同高倉平兵衛〔一一八株、第四位、なし〕という具合になる。[77] 同社社長、支配人、取締役を含むこの組織において、同社の意向が反映されたであろうことは想像に難くない。

新たに発足した京都府何鹿郡蚕糸同業組合定款（一八九八年）には、組合の業務に「製糸工男女取締ヲナス事」はあったが、具体的な雇用規制に関する規定は見当たらない。その意味では、長野県諏訪郡の製糸家と同じように、雇用規制機能を定款に定めない組織を結成したといえる。ただし、それは労働力移動の円滑化を目論むというよりも、京都府の方針に従ったのではないかと推察される。そもそも、同業組合が雇用規制規定を設けることについては異論があった。京都府勧業課は一八八七年五月以降、同業組合準則（農商務省、一八八四年十一月）に基づく同業組合に対して、「雇用規制機能を否定すべく規約の修正を指示していた。[78] 具体的には、「雇人が雇主に対し欺きて解約したるもの或は承諾を得ずして家出したるものは甲雇主が承諾の上に非ざれば乙雇主が之を使用するを得ず又其雇人が家出せし後自立営業を為す時も前雇主が承諾なき以上は取引せざる等の項は総て削除」せよ、という指示であったという。農商務省において、職工条例案と職工徒弟条例案を脱稿する直前のこの時期、職工移動の自由や職業選択の自由を阻害する雇用規制を問題視する同省の方針を受けてのことであった。もちろん、ここで規約修正のために集められた同業組合に蚕糸業組合準則に基づく蚕糸業組合は入っていない。しかしながら、一八九七年に同じく重要輸出品同業組合法に基づく組織となった蚕糸同業組合は、京都府の同業組合取締規則に則り、定款から雇用規制をはずす必要に迫られたものと思われる。

ところで、蚕糸同業組合は一九〇〇年の重要物産同業組合法による組織変更を行った。京都府では、何鹿郡蚕糸同業組合を含む一一の蚕糸同業組合が一九〇二年に京都府蚕糸同業組合連合会を組織し、その組長に波多野鶴吉が就任した。こうした状況下で、府下全域を覆う同業組合の雇用規制が新たに成立した点は特筆すべきであろう。一九〇二年の「京都府何鹿郡蚕糸同業組合定款」は、定款第十章に「製糸工男女取締」を設けた。このとき提出された「組合定款変更理由書」によれば、製糸工男女取締に関しては「京都府蚕糸同業組合通則」と称する連合会の規程を設け、遵守することにはなっていたものの、不便なため定款に加えたという。「本定款ノ精神ハ従来ノモノト敢テ異ナル処ナシ」と説明されており、次に見る「製糸工男女取締」は、連合会発足時の「通則」と同様のものであったと推察できる(79)。その内容を確認しよう。

第百一条　生糸製造業者ニシテ工男女ヲ雇傭セントスルトキハ適宜年限ヲ定メ父兄又ハ親族連署ノ約定書ヲ取リ組長ニ届出デ其登録ヲ受クベシ

第百二条　前条ノ登録ヲ受ケタル工男女ヲ解雇シタルトキハ直ニ其旨届出デ登録ヲ取消スベシ

第百三条　生糸製造業者ハ本府下製糸業者ノ登録ヲ受ケタル工男女ヲ其雇主ノ承諾ナクシテ雇使スルコトヲ得ズ
第百四条　工男女中怠惰其他不都合ノ所為アリテ解雇シタルトキハ其旨組長ニ届出ヅベシ
第百五条　前条ノ届出アリタルトキハ組長ハ事実調査ノ上連合組長ヲ経テ本府下一般製糸業者ヘ通知ヲナスベシ
前項ノ通知ヲ受ケタル製糸業者ハ其取消アルマデ之ヲ雇使スルコトヲ得ズ
第百六条　雇主ニ於テ相当ノ給料ヲ与ヘザルガゴトク若クハ酷薄ノ所為アリタルトキハ其工男女又ハ父兄親族ヨリ登録ノ削除ヲ組長ニ申請スルコトヲ得
第百七条　前条ノ申請アリタルトキハ組長ハ事実ヲ調査シ本件ノ登録ヲ削除スルコトアルベシ　此ノ決定ニ対シテハ不服ヲ申立ツルコトヲ得ズ(80)

先に見た何鹿郡蚕糸業組合一八八七年の定款第七章「工女取締」規定との違いに注目すると、まず、「日雇工女」の例外規定がはずれ、工男にも適用されるなど適用範囲が拡大したことが目を引く。また、規制の範囲も、郡内のみならず府下全域へと広がった。職工の登録は府下全域で有効となったから、郡をまたぐ移動にもこの規程が適用されることになった。また、「怠惰其他不都合ノ所為」によって解雇された者は、雇主が取り消すまで府下全製糸業者によって排除される仕組みとなり、逆に「相当ノ給料」を与えないか「酷薄ノ所為」のある雇主には、職工側から登録の削除を求めることができた。なお、違反者には五〇銭以上五〇円以下の過怠金が科せられた(81)。これらは、何鹿郡において、一貫して工女の争奪を抑止することと、および不良職工の淘汰に注意が払われていたことを示している(82)。

(3)　蚕糸業組合の工女対策

〈表6〉に示すように、これまで一定水準に保たれていた工女賃金は、一九〇七年から上昇を開始した。とりわけ一九一〇年以降、「上等工女」の賃金が顕著に上昇していることがわかる。一九一一年の調査によれば、郡内製糸工場に働く工女一六三五人のうち、郡内出身者は一〇二二人、天田郡二五一人、氷上郡一五九人、加佐郡一一二人、船井郡四二人、その他となっており、郡外出身者も増大していた(83)。郡内における製糸業の再編が、工女賃金の上昇と郡外出身工女の増大を招いたといえよう。郡是製糸の三工場で働く工女は七四五人に及び、先述の郡をまたぐ雇用規制が重要な意味を持ったことも示唆している(84)。

何鹿郡において、製糸工女に対する施策が講じられたのもこの頃からである。まず、組合では、一九一一年に旌表規程を設け、「同一工場ニ満八ヶ年以上勤続スルコト」や「品行方正技術優等ニシテ他ノ工男女ノ模範タルベキモノ」に対して、表彰することにした(85)。ちなみに、一九一一年一一月二三日に表彰された四二人のうち一等賞を得たのは、勤続一五年以上の郡是製糸の工女であり、彼女は創業時からいたことになる(86)。一九一三年一月第二回の受賞者二〇人の内訳は、勤続一三年で村上製糸の工男一人が表彰されたほかはすべて工女で、勤続九年で郡是製糸二人、ついで勤続八年には、郡是製糸一〇人のほか、有光社の村上製糸二人、戸祭製糸二人、渡辺製糸・河田製糸・岸田製糸が各一人となっていた(87)。郡是製糸のみならず、他経営においても同一工場に勤務し続ける工女が珍しくなかったことが確認できる。ところで、勤続九年で表彰された郡是製糸の工女は、口上林工場の工女であった。同工場は、一九〇六年に郡是製糸が買収した工場であったから、それ以前から勤めていたことになる。ここでは、「同一工場」での勤続が、経営の異同に関わらず適用されていることに注意しておきたい。このような表彰は、各製糸家が独自に勤続者の優遇方法を講じることになり、以後廃止された。

表彰に先立ち、製糸工女の繰糸技術にも関心が集まるようになっていた。組合は一九〇九年から、製糸競技会を開催した。競技は一ヵ月間、各工場同一原料を用い、工女数に応じて選抜された工女によって行われ、結果は生糸の品位、糸歩、一人一日平均繰糸量、繊度を中心に審判された。公平を図るため、審判官が各工場に出張して調査するほか、巡回教師の調査成績も加味された。工場には優勝旗が与えられ、その目的は、「郡内一般工場ノ管理者及工女ヲシテ常ニ油断ナカラシメ適当ノ趣味ヲ以テ業務ニ従事セシムルト共ニ、大ニ勇気ヲ鼓舞シ互ニ研究的思想ヲ以テ技術ヲ練磨シ長ヲ採リ短ヲ捨テ益々業務ノ改善ヲ計ル」ためと説明された(88)。興味深いのは、郡是製糸が三回目まで、この優勝旗を逃している点である。第四回競技会（一九一二年）において、参加工場一五、同工女五一の中で本工場が優勝旗、口上林工場が甲勝旗を授与された(89)。ここに至るまで、第一回の最優等工女を出した松井製糸〔一五釜〕は水力、第二、三回の優勝旗を得た岸田製糸所〔一五釜〕はいまだ人力を用いた工場であったが、工女によっては好成績を上げることも十分可能であった。郡是製糸の工女は、こうした小工場の工女に比し、隔絶した成果を挙げる条件をもっていたわけではなかったのである。

組合の調査によれば、工女一人一日の繰糸量は工場によって大きく異なっていた。例えば、一九一〇年の春繭で八六・六匁に達した「松井」と四〇・六匁に過ぎなかった「田中」とでは、差が倍以上に開いていた(90)。この松井製糸は、同調査の秋繭では一〇〇匁に達し、同業者を驚嘆させた。この時、郡是製糸を指すと思われる「羽室」では、春繭四三・九匁、秋繭でも五五匁であったから、松井製糸の半分程度になる。もちろん、一概に同社の工女が劣っていたと見ることはできない。品位を重視する同社の繰糸法が、一日あたりの繰糸量を犠牲にしていた可能性があるからである(91)。

表6　何鹿郡工女賃金の推移

年	上等	中等	下等
1905	25	17	13
1906	25	17	13
1907	26	18	14
1908	27	20	14
1909	27	21	13
1910	29	22	14
1911	31	22	14
1912	35	25	15
1913	36	25	15
1914	39	28	16
1915	37	25	15
1916	41	28	17
1917	45	31	21
1918	60	44	29

資料）何鹿郡蚕糸同業組合『何鹿郡蚕糸業史』1933年，217・376・377頁．

この頃、同社の生糸生産と他製糸のそれとは、顕著な違いを示すようになっていた。製糸工場調査で数値の再確認を郡長に指示した京都府によれば、同社のデータは標準値を逸脱していた(92)。船井郡長は「郡是製糸会社園部分工場外二工場ニ対スル糸量ニ比シ屑物ノ少ナキ件右ハ乾燥ノ充分ナルト繰糸法其宜シキヲ得タルノ結果ニシテ他ニ何等ノ理由無之」と、何鹿郡長も「本会社〔郡是製糸株式会社〕ハ繰糸ヲナス前ニ於テ撰繭ヲ特ニ注意スルヲ以テ繭量ニ対シ糸分多量ナルニヨリ」と説明し、その数値が間違っていないことを回答した(93)。同社生糸生産の特徴は、使用する繭量に対し糸量が多く、屑物が少ない点にあり、それは原料繭に対する厳密な撰繭と十分な乾燥、繰糸法によって実現されていた。無理に工程をあげることは、品位の低下のみならず糸量の減少を招く恐れがあるため、忌避されてきたのである。しかし、製糸競技会を通して繰糸量の増大を図る必要が認識され、技術的改良が模索されたと推察される。同社は一九一一年から煮繭を分業し、煮繭工を一〇釜に一人の割合で置いた。繰糸工と対面する形で煮繭工を配置することにより煮繭の統一が図られ、煮繭作業から解放された繰糸工のなかには緒数を四口に増やす者も現われた。糸量の増大をもたらす煮繭工の配置は、同社独特の考案であったという(94)。

一方、郡内他経営でも製糸技術の向上は急務となっていた。一九一〇年には、郡是を除く製糸業者が匿名組合を組織し、模範工女養成所〔三〇釜〕を綾部町に設けた。この設備をもとに、個人経営製糸が合同して、広く養蚕家を株主とする株式会社の設立が目論まれたことは特筆すべきであろう。一九一三年四月、模範工女養成所の設備を一〇〇釜に拡張して、綾部製糸株式会社が創立された。中心となったのは、上林地区に工場を有する福井大蔵〔福井製糸場〕や松井力太郎〔松井製糸場〕であり、綾部町で郡是製糸に隣接して操業を開始した綾部製糸は、反郡是色の強い製糸場の集合体となった(95)。このような対抗勢力の団結が、工女養成を通じて実現したことを考えれば、繰糸技術の統一が製糸経営の課題となっていた事がわかる。それは、郡内において「上等工女」の賃金上昇が顕著であったこととも整合的である。

(4)「美　談」

ところで、生糸相場は、一九一四年の第一次大戦開戦直後から暴落し、蚕糸業救済のための糸価維持が実施され、まもなく回復した。郡是製糸は、積極的な分工場の設置もあって、糸価急落に伴う経営危機に陥った。当時払込資本金二六万円、積立金一五万円の同社は、一九一四年度には三一万円の欠損を出したが、勧銀からの工場担保年賦償還の借入金とともに増資によって切り抜けた。この時、同社は賃金を二割引下げる措置をとったのだが、きっかけは従業員一同からの上申書であったとされる。一一月一七日、男子代表一七名、女子および教婦一一名、工女代表一五名の連署で社長波多野鶴吉宛に提出された上申書は、世界情勢と日本製糸業への理解を示した後、次のように言う。

規模大なる我会社の被りつつある影響の大なる実に想像以上なるべく、社長の御心労如何ばかりなるや、誠に察するに余りあり。斯くの時期を逸して何れの時にか社恩に報ひん。吾々は私を捨てて力の及ぶ限り社恩に報ひざるべからず。各自業務に奮励努力し励精に励精を加へて此困難窮泥を共にするは勿論、随時待遇の如きも社長の如何に取り計らはるるも、秋毫も厭はず、心身を賭して会社の為に尽くす覚悟なり。吾々は此災厄に会して袖手傍観するに忍びず、茲に謹而微衷を上申す(96)。

工女を含む従業員一同が、同社の危機に際して「会社の為に尽くす覚悟」を示したこの上申書は、同社従業員と社長との関係のあり方を示す一つの「美談」として語り継がれてきた。この文章自体は工女の手によるものでないとしても、これに賛同して署名した工女の存在は、本研究の趣旨からも極めて興味深い。彼女らは蚕糸業の状況を把握し、心労を重ねる社長に同情を示し、待遇の変更も厭わなかったからである。ただし、こうした行動が引き出された経緯は、もう少し慎重に把握される必要がある。

興味深いのは、すでに、一一月一一日に開催された府下製糸業者協議会で、時局に対する善後策として、職工賃金の引き下げ、具体的には一一月一日から二割の減給を行うことが製糸家間で合意されていた点である。さらに、協議会ではその実現に向けて、「組合事務所ヲ煩シ各製糸家現時ノ状況ヲ察シ同情ヲ以テ各工場ヘ出張職工一同ニ対シ勧誘ヲ請フコト」を決議していた(97)。おそらくは「組合事務所」の勧誘を経て、先の上申書が提出されたものと推測される。事態の収束後、何鹿郡蚕糸同業組合の製糸部会では、「昨年組合ノ斡旋ニテ工男女側ヨリ工賃ノ減額ヲ申出テサセタルモ既ニ事業モ年度変リトナリタル以テ従前通リニ復活スルコト」とあり、組合の斡旋によって「工男女側ヨリ工賃ノ減額ヲ申出テサセタ」ことが明確に記されている(98)。つまり、先の上申書は、同社工女と社長との関係によって自然発生的に提出されたものではなく、製糸家間の決議にもとづき、蚕糸同業組合の斡旋を経て実現したものであった。なぜ、このような迂回的施策が必要とされたのであろうか。

まず、製糸家間の取り決めによってのみ、一方的に賃金を削減できる状況になかったことを確認しておく必要がある。賃金の削減は、職工側から申し出させることによってはじめて実現するものであり、「会社の為に尽くす覚悟」を示した先の上申書はその手続きの一環として引き出されたものであった。加えて、そうした文言を引き出す役割を担っていたのが、蚕糸同業組合であった点も重要である。工女らは同業組合の構成員ではなかったが、その指導力は工女らにも及んでいた。もちろん、同社の場合、波多野鶴吉をはじめ多くの関係者が蚕糸同業組合の幹部におり、やや複雑な事情もあるのだが、「組合事務所ヲ煩」す必要を製糸家が認識していたように、職工賃金の削減は各経営内部で個別に処理できる問題ではなかった。同業組合は、雇用関係を支える社会的基盤ともなっていたのである。

2　企業内養成制度の確立

(1)　生産様式の統一と教婦養成

一九一五年には、郡内に郡是製糸株式会社の三工場（六五五釜）、綾部製糸株式会社（一一五釜）の他、個人経営の塩友製糸場（六〇釜）と五工場（一〇〜二五釜）を残すのみとなり、総釜数は九〇七釜となった。[99] 同社は、郡内釜数の七割以上を占めていたことになる。さらに、第一次大戦期にも継続して規模拡大を遂げた同社の工場設置地域は、岐阜、岡山、福岡、宮崎の各県に及んだ。買収・合併した工場の多くは、糸価の暴落に伴い経営困難となった企業であり、同社は生産設備、購繭基盤、職工をそのまま引き継ぎ、工場長など数人の職員を派遣して分工場経営を行った。そのさい、各工場の生産体制は、郡是製糸のそれへと転換を迫られることになる。教婦・検査工女といった女性監督者を中心に編成された労働組織に同社生糸生産の特徴があった点を想起すれば当然とも言えるが、生産体制の統一としてもっとも端的に現われたのは、各工場に配置された教婦の数であった。

そもそも、創業時には「助教婦」「検査工女」と呼ばれていた繰糸場の監督者も、のちに教婦という呼称で統一され、その数は増えていった。創業時、教婦と助教婦を合わせると、教婦一人当たり釜数と繰糸工女数はそれぞれ四二釜、四六人であったが、一九一一年度には本工場の教婦一人当りの釜数は一六・七釜、同工女数は一六・七三人となっていた。[100] 経営内において、教婦の重要性がいっそう高まったものと推察できる。そうした傾向は同社のみならず、全国で確認される。一般には、模範演技を示し実技指導ができる女性監督者に対する需要は高まり、教婦という専門職が確立され、男性監督者に置き換えられていったという。[101] こうした事態を反映して、農商務省の製糸工場調査は第六次調査（一九一一年度）から教婦数を調査対象とし、第八次調査（一九一七年度）では、「教婦トアルハ国道府県又ハ団体ノ教婦養成所卒業者若ハ之ト同等以上ノ学識経験アル者」という定義を示した[102]。この頃には、教婦を配置する工場も多くなってきたが、なかでも郡是製糸は最も顕著な事例に数えられた。この教婦の任務が、先に見た「検査工女」と同様のものであったとすれば、教婦を中核に据えた労働組織の精緻化が一層進んでいったと見られる。それは、同社他工場でも実践された。

〈表7〉は、一九一四年以降に同社分工場となったものにつき、旧経営と比較したものである。まず、城崎工場（兵庫県城崎郡）、

表7　買収工場の教婦配置

期	工場名	創業年	郡是製糸		前経営	
			A（人）	B（釜）	A（人）	B（釜）
Ⅰ	城崎	1912	10	15.0	3	33.3
	八鹿	1914	6	20.0	2	60.0
	本工場			16.9		
Ⅱ	津山	1916	12	26.7	5	28.0
	梁瀬	1917	6	28.0	6	28.0
	本工場			22.0		
Ⅲ	養父	1918	4	32.0	3	108.7
	成松	1919	1	54.0	1	68.0
	美濃	1918	7	52.9	1	480.0
	宮崎	1920	6	21.3	1	124.0
	本工場			29.8		

資料）農商務省農務局『全国製糸工場調査表』（各年度）．郡是製糸株式会社『郡是四十年小史』1936年，64～68頁．

註）Ⅰ期：前経営は第6次調査（1911年），郡是製糸は第7次調査（1915年），Ⅱ期：前経営は第7次調査，郡是製糸は第8次調査（1918年），Ⅲ期：前経営は第8次調査，郡是製糸は第9次調査（1922年）による．Aは教婦数，Bは教婦一人当たり釜数．郡是製糸に合併する予定で新設された福知山製糸株式会社，舞鶴製糸株式会社を合併した福知山・舞鶴工場，郡是製糸の経営方針に則り経営された築上製糸株式会社を合併した宇島工場は，除外した．

八鹿工場（兵庫県養父郡）は前経営を引き継ぐと、大幅に教婦を増員した。教婦一人当たり釜数も本工場と同程度になっており、生産体制の統一が図られたことが窺える。津山工場（岡山県津山市）や梁瀬工場（兵庫県朝来郡）では、教婦一人当たり釜数は変化していないものの、津山では規模拡大に伴う大幅な教婦の増員が実施された。同工場は、買収後生産を行いながら近隣に一二〇釜の工場を新築し、翌年にはこれを二四〇釜に拡張して旧工場を閉鎖した。新工場は、同社初の沈繰工場でもあり、多くの教婦が配置されたものと推察される。山形県で形成された沈繰法は、煮繭を完全に分業し、煮繭場を繰糸場から独立させるものであり、煮繭機の導入など若干の設備変更を要したが、これに

より緒数は、通常四口となり、五緒、六緒へと進む者も出てきて製糸能率の向上を実現した。この後、数年のうちに同社全工場は沈繰に統一された。興味深いことに、以後買収した養父工場（兵庫県養父郡）、成松工場（兵庫県氷上郡）、宮崎工場（宮崎県宮崎市）は、すべて沈繰を採用した工場であり、生産様式の連続性も工場買収の判断材料の一つとなっていた。これらの工場では、養父のように使用釜数を減少させ適正な生産規模を実現するか、美濃や宮崎のように大幅に教婦の増員をはかることによって、教婦一人当たり釜数を大幅に減少させていたものの、本工場の水準に達することは困難だったようである。本工場においても、一九一〇年代を通して教婦一人当たり釜数は増大傾向にあったから、急速な生産規模の拡大に伴う教婦の不足が指摘できるかもしれない。

　創業期においては、一八九八年に国松いまを農商務省蚕業講習所に派遣し、郡蚕業講習所製糸部の教婦養成科に工女を入所させるなどして、教婦の養成を図った。(103) 後者は、城丹蚕業講習所と名称を変えたのち、「修業期ヲ三ヶ月トシ専ラ教婦又ハ検査工女ヲ速成スルヲ目的トス」る別科と「修業期ヲ三ヶ月トシ女生ヲシテ本科へ入学ノ予備ヲ納メシムルヲ以テ目的トス」る予備科を製糸科に設け、女子の教育を行った。(104) この城丹蚕業講習所製糸科における何鹿郡の入所生数を確認しておこう。〈表8〉によると、一八九八年の創立から一九一〇年までの間に七三人が養成を受けていた。一九一一年時点で、何鹿郡の教婦は四一人で、うち郡是三工場の教婦は三九人に及び、わずかに二工場が各一人の教婦を置いていただけで、他の工場は教婦を配置していなかった。(105) このとき、他郡の工場をも含めた郡

表8　城丹蚕業講習所における教婦養成数

年次	(人)	年次	(人)	年次	(人)	年次	(人)	年次	(人)
1898	4	1903	2	1908	14	1913	5	1918	2
1899	4	1904	1	1909	0	1914	6	1919	7
1900	4	1905	10	1910	9	1915	7	1920	3
1901	6	1906	9	1911	6	1916	6	1921	16
1902	1	1907	9	1912	5	1917	5	1922	6

資料）　何鹿郡蚕糸同業組合『何鹿郡蚕糸業史』1933年，134，135，255，256頁．

註）　製糸科（女）の入所生数．1905年以降は本科と予備科の合計．予備科上年生を除く．1913年以降は入学者数．1923年には製糸部廃止．

是製糸の教婦数は六三人で、そのほとんどがここで養成されたとすれば、城丹蚕業講習所製糸部は事実上郡是製糸の教婦養成機関となっていたといえる。もっとも、同社は、一九一三年一一月に見習教婦養成講習会を開いて教婦の社内養成に取り組み始めた(106)。煮繭工の配置など独自の取り組みを開始し、分工場の増設による教婦需要の高まりに対処するためであろう。同社全体での教婦数は一九一四年に八九人、一九一七年に一一七人と急増した。一方、何鹿郡の他経営でも教婦を配置するようになり、郡内工場の教婦数は一九一四年に四九(うち郡是は三一)人、一七年度に五六(同四〇)人となっていた(107)。

(2) 郡是女学校の設立

経営規模の拡大に対応するため、郡是製糸では一九一七年に社則改正を実施し、会社組織を改めた。それまでは、本工場に対し分工場が加わるという形態で工場の増設を行っていたため、本社というものがはっきり独立しておらず、本社と本工場との区別が明瞭でなかったという(108)。そこで、社長波多野鶴吉のもと本社に総務部(遠藤三郎兵衛)、営業部(片山金太郎)、工務部(片山金太郎)、教育部(川合信水)をおき、さらに各工場が同列に位置づけられた(109)。この組織改革にもかかわらず、やはり本社と本工場との機能上の曖昧さは解消されなかったと思われる。実際には、本工場長の小野蔵三は本社工務部の工務課・職工課・研究課長を兼任し、本社教育部の教育課長清水重治は本社総務部衛生課長と本工場の男子寮長を兼任していた。しかし、会社組織の再編は、それまで自治的に実施されていた新入工女への教育を制度化する契機ともなった(110)。

そもそも、未経験の工女は乙種工女として無給で技術習得を目指していた。おそらくは、工場内の雑用をこなしつつ、仕事を覚えたのであろう。一九一五年春に一三歳で本社に入社したという元工女は、「本社で手つけてもらい、そ

表9　郡是女学校時間割

科別	教科目	始業時間	終業時間	備考
工女養成科	修　身	6:00	6:30	
	珠　算	7:00	7:45	
	読　書	8:00	8:45	
	習　字	9:00	9:45	
	製糸法	10:00	10:45	
	体　操	11:00	11:30	
	製糸実習	13:30	18:00	10分休憩
裁縫科	修　身	8:30	9:00	
	裁　縫	9:00	12:00	
教婦養成科	修　身	13:00	14:00	日曜日のみ
	工場管理法	8:00	9:00	
	製糸法	14:00	15:00	
	製糸実習	6:00	18:00	他科目時間，中間休憩時間を除く

資料）「私立学校設置ニ関スル件（1917年3月23日、郡是女学校設立者波多野鶴吉→京都府内務部長佐藤勧宛）」(学務部「大正六年　私立専門学校　実業補習学校　各種学校」〔京都府庁文書大6—44〕).

註）衛生係養成科，教育係養成科授業時間割は省略．工女養成科生徒の残り半分は，午前中に製糸法実習を行い（但し中間30分の朝食時間あり），午後1時から修身以下の学科を教授された．

れから工場生活がはじまって、はじめは新工女で中回りという事で、当時はまだランプを朝夕つけて仕事をするので、ランプのホヤの掃除や油さし・工場の掃除・サナギ・ツマミ等をあつめる事でした。二年目位からぼつぼつ糸を引かしてもらったものです。[111]」と回想する。工女の一括養成は、一九一六年七月の養成部設置に始まり、郡是女学校工女養成科へと引き継がれた。同校は、義務教育修了者を対象とした工女養成科（六ヶ月間）、養成を終えた工女を対象とした裁縫科（四年間通年制）、「業務に精進し工女を指導すべき徳望を有するもの」を対象とした教婦養成科（六ヶ月）、「高等女学校卒業以上の学徳を有するもの」を対象とした教育係養成科（二年間）、衛生係養成科（二年間）からなっていた[112]。

同社は、一九一七年二月に「私立学校設立認可申請書」を京都府に提出し、京都府内務部長からの問い合わせに再度回答を提出した[113]。うち、時間割の詳細については、〈表9〉に示すとおりである。工女養成科では修身、珠算、読書、習字などの他に製糸法に関する授業もあったが、半日は実習と称する繰糸作業に従事した。また、養成を終えた工女に対する教育は修身と裁縫であった。学業と就業との関係について、「裁縫科生徒ハ平素生糸製造ニ従事シ休日ニ於テ授業スルモノニ有之」と説明しており、授業は休日に行われた。次に、授業中断時期については、「裁縫科生徒ハ五月ニ其本職タル製糸業終了スルヲ以テ一時帰宅シ六月ハ新繭買入ノ業務繁忙ニシテ授業ノ余裕ナキニヨリ中止スルモノニ有之教育係衛生係養成科生徒ハ五月ニ製糸業終了シ新繭買入ノ準備雑務繁多ナルニヨリ授業ヲ中止スルモノニ有之候」と説明した。本業である製糸業が中断する五、六月に授業を中断する必要があったのは、新繭買入れ等の業務に教育担当職員のみならず、教育係・衛生係・養成科生徒らも各種の雑用に充当されていたことを示唆している。また、教室の数が少なすぎるとの指摘に対しては、「教室ハ少数ナルモ授業時間ヲ繰合セ不便ヲ補ヒ近キ将来ニ於テ完全ナル教室及ビ屋内体操場ヲ建設スル積ニ有之候」と回答した。郡是女学校は、川合信水を校長とし、修身に池田猷、製糸法・製糸実習に甲斐肇、女性教員として裁縫に三人、国語習字算術体操に二人、製糸実習に九人を配置して発足した。(114)「女学校」の名を付した教育施設の整備は、地方農村にも顕著であった「女学校熱」のたかまりを反映したものと推察される。(115)

ところで、〈表10〉に見られるように、同校は交付金によってまかなわれた。歳出の過半は俸給にあてられ、生徒手当てを含む人件費がそのほとんどを占めた。ただし、備考として記されているように、本来計上すべきいくつかの項目がない。本社職員を兼務する教員の俸給、職員の慰労金等は会社が支給し、また、製糸実習に使う原料繭も会社から供給され、製糸実習で生産された糸の売却代金も会社の収入に組み入れられた。当初、郡是女学校の養成釜は本工場の一部を利用したため、経理も未分離とならざるを得なかったのであろう。いずれにせよ、〈表9〉によれば、教婦養成科生徒は午前・午後に一時間ずつ工場管理法や製糸法の授業を受けたほかは基本的には製糸実習を行い、工女養成科生徒も繰糸作業に半日を費やしていた。その生産糸を販売できれば、郡是女学校設立のコストは、思いのほか小さかったように思われる。

一般には、第一次大戦直後から、重工業大経営が企業内養成施設による教育を開始したことが知られる。それは、生産技術の発達にともなう工学的知識の付与にあわせて、企業ごとの技術体系に見合った熟練の養成と経営帰属意識の育成を意図していたという(116)。同様に郡是製糸においても、一九一一年以降独自の分業制度を実施し、沈繰法の採用に伴う新しい繰糸技術への統一が、工女養成の制度化を促したといえる。ただし、技術養成とは別の思惑もあったことを「郡是教育史」は伝えている(117)。当時、工女に対する教育は成果を見せていたものの、年長の「旧工女」を入れると、そのために工女が悪感化を受け、社風が破壊される。したがって、新しい工女を入れ、精神と技術とを教育した方が良いと考えられたという。この説明には、注意が必要であろう。第一に、他経営での経験を有する「旧工女」が同社工場で必要とされていた点。同社の生糸生産において、文字通りの企業特殊的熟練ではなく、繰糸経験が一定の意味をもっていたことが分かる。一九一五年の本工場では一〇七七人の工女の内、四一八人が何鹿郡内出身者であったが、天田郡の出身者も一九五人にのぼり、以下加佐、氷上、養父、朝来、その他郡外出身者も多くなっていた(118)。当然、「旧工女」も多く含まれていたと考えられる。「旧工女」に対する需要の高まりは、同郡において一九一〇年以降「上等工女」の賃金が顕著に上昇していたことからも

表10　郡是女学校費予算

	内訳	円
歳入	郡是製糸株式会社交付金	2,764
歳出	俸　給	1,464
	雑　給	1,150
	備品費	75
	消耗品費	9
	図書費	6
	印刷費	15
	運搬通信費	20
	雑　費	15

資料）「大正六年度郡是女学校費歳入歳出予算書」(学務部「大正六年　私立専門学校　実業補習学校　各種学校」〔京都府庁文書大6—44〕).

註）俸給は職員月報33円給1人，20円給2人，17円給1人，12円給1人，10円給2人，雑給は生徒手当一人1ヶ月平均2円50銭350人分，同帰宅旅費一人平均50銭200人分，175円生徒賞与費で計算．なお，備考として，「生徒製造品売却代ハ歳入雑収入トシテ計上スベキ性質ナルモ是ハ会社ノ収入トシテ整理セラルルヲ以テ編入セズ　学校長及ビ衛生係養成科教員製糸法実習教員ノ給料ハ会社ヨリ支給スルニヨリ計上セズ　教員ノ慰労金ハ会社ニ於テ支給スルニヨリ計上セズ　製糸法実習用繭ハ会社ニ於テ供給スルニヨリ計上セズ」とあり．

明らかである（表6）。第二に、そのことが「旧工女」の自由な振舞いを許すことに繋がった点。社風の破壊を危惧する声は、生産の現場で「旧工女」が必要とされ、実際に力を増してきたことの表れとも取れる。いずれにせよ、企業内養成制度の形成を、同社の生糸生産に特殊な熟練形成が求められたことのみに帰することは出来ない。「旧工女」を忌避した工女養成策は、繰糸技術もさることながら、郡是の職工たる基礎を作ることに主眼があり、分工場の工女たちを一括して本社で養成することに意義があった。分工場で募集した新工女を本社に招集し、寮舎生活の基本を教え、郡是の職工たる基礎を作って工場に帰すという仕組みが要請されたのである。では、郡是の職工たる基礎とは、如何なるものであったのか。

養成工に訓示される「工場心得」は、「工場の生活にかかわると同時に先ず今迄の考えを一変して全く工場の人となり仕事に従事して居る時は勿論寮舎に居ってもそれぞれ定められて居る規則に従い良く守り決して之を破らない様に心掛けて貫はなければならない[119]」と説く。同社の「工場心得」は他の工場にも利用可能なものとして紹介されており、一般的な工場のそれと大差はなかった。ただし、養成工に「工場の人」となることを求めた同社は、工場だけで通用する人格形成を目指したわけではない。「郡是女子寮管理法」によれば、工女に意識変革を迫る工場生活は、一方で工女を「家庭ニモ社会ニモ適応シ得ザル所謂工女気質[120]」に陥らせる危険性を持っていた。教育係には、新入工女に対し、「工女気質」に陥らせないように配慮し、環境の激変にうまく適応させるため「慈愛」による対応を求めた。教育により、家庭や社会にも適応できる人格形成を目指したのである。若年女子労働者に実施される教育の方向は自ずと花嫁修業的な女子教育となる。「農家の妻女」としてふさわしい教育を受け、同社を勤め上げて嫁いでいく。これが理想的な工女の存在形態であり、そうした同社の職工たる基礎を作るのが工女養成科であった。それは、同社の経営が工女を送り出す養蚕農家との密接な関係に依拠していたことと無関係ではない。したがって、このような企業内養成施設による教育の開始は、製糸業一般に見られたわけではなかった。

この時期の製糸業においては、工場法の施行に伴う義務教育未修了者に対する教育の整備が注目されてきた。例えば、長野県諏訪郡においては、片倉が私立片倉尋常小学校を一九一七年八月に開校した(121)。同校は、六年間の修業年限で修身、国語、算術、日本歴史・日本地理、理科、体操・唱歌、図画（男子）・裁縫（女子）を教授し、義務教育の課程を修了する私立小学校令に基づく学校であり、その入学条件は、「片倉組従業者中義務教育未修了者」であった。これに対し、郡是女学校は、義務教育修了者を対象とし、工女養成を目的として製糸法・製糸実習を中心としている点で大きく異なっていた。養成を終えた工女は、裁縫科に入り、修身、裁縫を教授された。教婦、教育係、衛生係の養成をも実施する郡是女学校は、技術養成だけでなく、社風の維持を目的とした女子従業員の教育機関として成立したといえよう。

おわりに

京都府何鹿郡における蚕糸業の展開を基礎として、郡是製糸株式会社が設立され、優等糸生産体制を整えるまでを通して、同社が地域の雇用慣行を前提としつつ製糸工女との間にどのような関係を構築しようとしたのか、それが同社の生糸生産にどのように関わっていたのかという点について考察してきた。とくに、蚕糸業組合（のちに蚕糸同業組合）の活動に注目したのは、この組織が地域における養蚕・製糸業の相互関係に大きな影響を及ぼし、製糸工女のあり方をも規定していたと考えられるからである。製糸工女の働き方に即して、その過程を改めて振り返っておこう。

何鹿郡の蚕糸業は蚕糸業組合の統制のもとで急速な発展を遂げ、広く営まれてきた手挽を廃止して器械製糸へと移行した。数年のうちに器械製糸への移行が達成された何鹿郡では、製糸労働の担い手が変わったことに留意する必要がある。手挽から器械へと移行した工女も存在したであろうが、多くの手挽工女は職を失うか、他郡へ移動するしかなかった。そのため、一八八〇年代半ば以降、高齢者の淘汰により比較的若年層を中心に編成された製糸工女をめぐっては、その雇用関係も新たに編成された可能性が想定される。しかしながら、一〇〇釜を越える大規模工場が設立されるまでは、製糸工女の働き方に大きな変化は見受けられなかった。依然として、郡内工場の多くは一〇釜ほどの規模にとどまっており、それ以前と同様に近隣の工女を確保できていた。

郡内最大の工場として設立された郡是製糸において注目されるのは、当初、郡内製糸工場で働いていた工女らを引き継いだ点である。そのため、優良糸の生産に向けて、生産様式の統一を果たすべく、「検査工女」を中心とする労働組織が模索された。のちに教婦と呼ばれる彼女らの業務は、各工女の熟練形成を促すというよりも、原料繭の変化に伴う繰糸上のカン・コツを的確にとらえ、繰糸を統括する点に重きがあった。教婦を配置した繰糸場で各工女に求められたのは、経験によって蓄積された各自の判断ではなく、指導に従う従順さであったように思われる。それは、工場での生産過程のみならず、寄宿舎での生活過程においても要求された。工女らは、同社の指定する方法で繰糸作業に従事するばかりか、全員が寄宿舎で生活しなければならず、指定の服装・髪型を守るよう指導された。付言すれば、当時の製糸場は「女の世界」であり、生糸生産の現場への男性の介入はきわめて限定的であった。それゆえ、同社は服装・髪型などの外観を統一することに並々ならぬ力の入れようを見せたように思われる。その模範となる教婦は、工場と寄宿舎の双方において、経営上極めて重要な位置を与えられていたといえる。このように経験のある工女に生産と生活の場で工女管理を任せる方式は、諏訪以外の製糸経営に広く見られたものであった。同社が他経営と異なっていたのは、工女の中から優秀な者を選抜し、さらに専門の教育を受けさせていた点にある。その養成機関たる城丹蚕業講習所が近隣にあったことは同社設立に先立つ蚕糸業組合の活動によるものであったが、一八九八年の製糸部設置により、積極的にこれを活用することによって必要な人材を確保していた。それは、一九〇四年から〇七年にかけて実施した増釜による規模拡大や一九〇六・〇七年の工場買収によって同社の経営規模が急拡大する時期に、城丹蚕業講習所における教婦養成数が急増している事からも明らかである〈表8〉参照)。このように、当初から教婦の養成に力を入れていた同社ではあったが、繰糸工に対する施策はやや遅れて着手された観がある。

何鹿郡において一定水準に保たれていた工女賃金は一九〇七年から上昇を開始し、各種の工女対策が実施されるようになったのもこの頃からであった。重要なことは、この時点で同社工女と郡内他経営の工女との間に、明確な技能水準の格差が見られない点である。製糸競技会で明らかになったように、同社工女は水力や人力に依存する小経営の工女に比し、隔絶した成果を上げる条件を持っていなかった。逆に言えば、それまで同社が実施してきた施策は大規模工場特有の諸問題への対応と見られ、工女に対する施策も生糸生産に直結するものではなかったし、技術優秀な熟練工女によって優等糸生産が実施されていたとの憶測も根拠のないものであった。郡内他経営との製糸競技会を経て、同社は生産性の向上を企図し、煮繭工を配置する煮繭分業を開始し、沈繰法を採用するなど製糸技術上の改良に着手した。工女に対する本格的な企業内養成制度が整備されたのも一九一〇年代半ばのことであり、それはこの時期に見られた新しい状況下で制度化が要求されたものと考えられる。

そもそも、同社の工女養成は創業期から確認できた。無給で雇用された「乙種工女」がそれである。彼女らは一年間ほど工場内での雑用をこなしながら仕事を覚え、二年目から糸を挽くようになる。五年以上の雇用契約を結んだ彼女らが他経営に引き抜かれる心配がなかったとすれば、工場労働に馴致させるための費用は、経営にとって限りなく小さかったと推察される。この点については、蚕糸業組合の雇用規制が一定の意味をもったであろう。さらに言えば、一八八七年の規定で確認されたように、不良職工として解雇された工女は郡内他経営に移動することができず、製糸工女としての就業機会を奪われた。一九〇六年の規定では、その区域は府下全域に及び、こうした状況下では、不良職工として排斥されず、製糸工女であり続けることそのものが優良職工の証明となる。労働者の自発的移動を抑える仕組みは同業組合規則の中に埋め込まれており、年長の工女に対する評価はきわめて高くなっていった。工女らも、製糸工女であり続けることに一定の価値を見出し、経営間移動を行う余地はきわめて小さかったのである。しかしながら、雇用者／被雇用者の関係は、一九一〇年代を通して急速に不安定化しつつあった。郡内のみならず、郡外への分工場設置に伴う「旧工女」の増大が、本工場で形成された安定的な雇用関係を根底から揺さぶったからである。この時期、何鹿郡において「上等工女」の賃金上昇が顕著であったことを鑑みれば、同社においても他工場での経験を有する「旧工女」の需要は高まっていたと考えられる。もちろん、その中には同社分工場の設置に伴い、旧経営から引き継いだ「旧工女」も多く含まれていた。彼女らが、他の工女へ及ぼす悪感化や、社風の破壊を心配した教育担当職員の指摘を踏まえるならば、「旧工女」の少なからぬ人々が郡是の工女として振舞うことに価値を見出していなかったことが窺える。郡是女学校の設立と本格的な企業内養成制度の開始は、文字通りの企業特殊的熟練の形成を目指すものというよりも、「旧工女」の増大に伴う同社雇用関係の危機に対する対応策であったといえよう。

註

（1） 森芳三『羽前エキストラ格製糸業の生成』御茶の水書房、一九九八年。なお、「羽前エキストラ」に関しては、伊田吉春「明治期における『羽前エキストラ』生糸生産の展開――東置賜郡漆山村・多勢吉郎次家の経営形態」（『地方史研究』四八-六、一九九八年、一～一六頁）も参照。

（2） 上山和雄「筒井製糸と四国の蚕糸業」横浜市史編纂室『市史研究よこはま』三、一九八九年三月、六八～八八頁。ちなみに、ニューヨーク生糸市場における日本糸の格付けによれば、伊予糸の評価は高く、最高格のSpecial Grand Extra（\1,020）の四工場に河野製糸「金亀」が入り、次ぐExtra Extra A（\980）の一二工場に程野館「舞姫」、伊予製糸「劔」、白瀧製糸「魚」が郡是製糸「山鳥」と並んで名を連ねていた（大日本蚕糸会横浜支所調査『紐育生糸市場に現はれたる日本生糸の格』内外蚕糸業通信所、一九二一年）。

（3）井川克彦『近代日本製糸業と繭生産』東京経済情報出版、一九九八年、一六二頁。なお、具体的な製糸経営に即して検討された、同「愛媛県器械製糸業の発展要因――摂津製糸を中心として――」（『愛媛大学経済論集』二一、一九九三年、一一一～一三四頁）も参照。

（4）同前一六三頁。

（5）中林真幸「製糸業における労資関係の形成」『史学雑誌』一〇八‐六、一九九九年、六頁。とくに、森芳三は前掲書で、工女の熟練に依存する経営のあり方が「優等糸」製糸経営の特徴であるとしてこの点を強調するが、どれほど依存していたかは不明である。なお、石井寛治も「優等糸」生産のためには高度の熟練が必要であり、そのためには工女を養成して長期に使用することが不可欠と見ていたが、その熟練が文字通り「企業特殊的」であったとは想定していない（石井寛治『日本蚕糸業史分析』東京大学出版会、一九七二年、六二～七二・二五七頁）。

（6）前掲「筒井製糸と四国の蚕糸業」。

（7）荒木幹雄『日本蚕糸業発達とその基盤――養蚕農家経営――』ミネルヴァ書房、一九九六年。

（8）奥州座繰や上州座繰が伝来し、丹後では後者を改良した眞名井座繰が盛んに用いられた。なお、群馬県における開港以来の一連の製糸改良については、差波亜紀子「初期輸出向け生糸の品質管理問題――群馬県における座繰製糸改良と器械製糸」（『史学雑誌』一〇五‐一〇、一九九六年九月、四〇～六一頁）が詳しい。

（9）郡是製糸株式会社調査課編『三丹蚕業郷土史』一九三三年、一二四～一三六頁。

（10）京都府何鹿郡蚕糸同業組合（清算事務所）編『何鹿郡蚕糸業史』一九三三年、三七頁。

（11）上川芳実「明治十年代県勧業政策の特質――京都府を素材とする予備的検討」『社会科学』（同志社大学人文科学研究所）三五、一九八五年、八八～一二五頁。

（12）具体的には、府令第一五九号第六項「製茶及養蚕製糸業ニ従事シ準則ニ従ヒ設ケタル組合ニ加入セサル者」（但し、自家用に供する者を除く）、第八項「製茶及繭糸ニ不正ノ重量ヲ附シ販売シタル者」、第九項「製茶及繭糸ニ組合一定ノ標章又ハ印紙ヲ貼用セス且其製造人若クハ取扱人ノ氏名ヲ記サス販売シタル者第拾項茶業及蚕糸業組合員ニシテ其組合ノ証票ヲ携帯セサルモノ」が処罰の対象となった（京都府船井郡蚕糸業組合編『京都府船井郡蚕糸業組合規約』一八八八年、四三・四四頁）。

(13) この間の事情は、上山和雄「明治前期における同業者組織化政策の展開――蚕糸業組合中央部と長野県取締所との紛議を中心にして――」（『史学雑誌』八三-九、一九七四年）に詳しい。なお、上山によれば、蚕糸業組合で長野県と同規模の奨励的行為を展開していたのは京都府のみであり、多くの組合は経費の問題から奨励施設を独自に設けることが困難であったという。後述する積極的な組合活動が、全国的に見れば特異な事例であった点は留意されなければならない。

(14) 前職は教員であり、一八八二年一月から月給五円で地元の小学校教員として四年余りを過ごしていた。（四方洋『宥座の器――グンゼ創業者波多野鶴吉の生涯――』あやべ市民新聞社、一九九七年、七六頁）。なお、社史においては波多野鶴吉が後述の羽室組で製糸経営に携わっていた点が強調されている。

(15) 前掲『三丹蚕業郷土史』三五七～三五九頁。

(16) 前掲『何鹿郡蚕糸業史』六八頁。なお、一八八八年には丹後縮緬の流行が止み、細糸需要が落ち込んだため損失を蒙った製糸家も多く、工場を閉鎖する者もいた。

(17) 前掲『三丹蚕業郷土史』三六六～三七一頁。

(18) 同前二二一頁。

(19) 同前三五五頁。一八八六年から一八九七年にかけて、與謝郡の「器械」釜数は二五釜から一一四釜への増加にとどまり、「毎戸製糸」釜数は二五八六釜から四〇三六釜へ増加した。

(20) 平野綏『近代養蚕業の発展と組合製糸』東京大学出版会、一九九〇年、三六頁。

(21) 何鹿郡綾部町で糸引きに従事した者には、のちに大本教の教祖となる出口なおもいた。何鹿郡で急速に手挽製糸が廃絶されつつあったこの頃、彼女は亀岡、篠山、和知などの遠隔地に赴いて糸引きに従事した。社会経済の急速な変化の渦中にあった同郡では、一八九一年だけで二八人の発狂者があったとも言われ、なおがはじめて神がかりしたのもこの頃であったという（安丸良夫『出口なお』朝日新聞社、一九八七年、六〇頁）。

(22) 長野県蚕糸業組合取締所『長野県蚕糸業組合取締所第二回年報』一八八七年、二六七頁。

(23) 以下、山梨県の事例は、米田佐代子「明治一九年の甲府製糸女工争議について――日本における最初のストライキ」（『歴史評論』

一〇五号、一九五九年）による。なお、山梨県における生糸組合規約に先立つ工女取締に関する試みについては、上笹純夫『製糸女工と生糸組合規約――山梨県における製糸業の発展と生糸組合規約をめぐって――』（一九八八年度内地留学研修報告書、一九九一年）に詳しい。ただし、生糸組合規約の「工女に関する規定」、第五項「他人雇入の工女にして其雇期間中雇主の都合に依り解雇したるものの外工女の事故に依り解雇したる者はさらに六ヵ月を経るに非されは雇入るを得す」に関して、「工女の事故」を「工女の都合」と読み違えたとして先行研究を批判しているが（同書五八、六〇頁）、やはり自己都合による解雇と読むべきであろう。

(24) ただし、一八八七年一一月に蚕糸業組合無用論を唱えた諏訪郡製糸家の秘密決議においては、工女問題は主たる議題となっていない（江口善次・日高八十七編『信濃蚕糸業史』下巻、一九三七年、六六八～六七〇頁）。

(25) 長野県蚕糸業組合取締所『長野県蚕糸業組合取締所第一回年報』一八八六年、四四～四八頁。なお、翌年には「工男女使傭規程」となる（前掲『長野県蚕糸業組合取締所第二回年報』三〇～三二頁）。

(26) 前掲「明治前期における同業者組織化政策の展開」三三五頁。

(27) 中林真幸「製糸業における工女の取引制度――諏訪製糸同盟の成立に関する考察」『歴史学研究』七三四号、二〇〇〇年三月、一八頁。ただし、長野県における蚕糸業組合規則の廃止は諏訪郡の製糸家のみならず、小県郡の蚕種業者の意向も強く働いていた。両者は、自らの発展にとって桎梏となる規制すべてに反対したのであり、工女の引き抜きのみが争点となっていたわけではない。

(28) 前掲『何鹿郡蚕糸業史』二四頁。

(29) 前掲『何鹿郡蚕糸業史』七二、七三頁。

(30) 同様の「工女取締法」を定めた京都府船井郡蚕糸業組合規約にはこの但し書きがなく、長期雇用の慣行があった何鹿郡においてのみ但し書きが加えられたと推察される（京都府船井郡蚕糸業組合編『京都府船井郡蚕糸業組合規約』一八八八年、一二一～一二五頁）。ちなみに、「芸妓娼妓解放令」として知られる太政官布告第二九五号（一八七二年一一月二日発布）には、「一、農工商ノ諸業習熟ノ為メ弟子奉公為致候儀ハ勝手ニ候得共年限満七年ニ過ク可カラサル事　但双方和談ヲ以テ更ニ期ヲ延ルハ勝手タルヘキ事」「一、平常ノ奉公人ハ一ヶ年宛タルヘシ尤奉公取続候者ハ証文可相改事」との規定があり、通常の年季奉公以外に七年までの徒弟年季奉公が認められていた（矢野達雄『近代日本の労働法と国家』成文堂、一九九三年、二六～三二頁）。七年という年限を設ける必要性が生じていたといえよう。

(31) 京都府において、蚕糸業組合と同様に不良職工の排斥を目的として職工証票のない職工の雇入を禁ずる雇用規制を設けたものに、西陣織物業組合規約がある（千本暁子「職工問題対策からみた明治期雇用関係」『社会科学』〔同志社大学人文科学研究所〕三五、一九八五年、一二六〜一七七頁）。

(32) 前掲『何鹿郡蚕糸業史』七〇頁。

(33) 共同揚返場の設立が生糸品質の改良につながったことはよく知られているが、そのメカニズムについては、中林真幸「製糸資本の勃興――蚕糸業再編期の開明社――」（『土地制度史学』一五〇、一九九六年一月、一八〜三七頁）が詳細に解明している。諏訪製糸業による開明社の成功は各地の製糸家を大いに刺激したであろう。

(34) 前掲『何鹿郡蚕糸業史』七〇頁。

(35) こうした動きは、前田正名の「町村是」運動に直接的な影響を受けている。さしあたり、長幸男「ナショナリズムと『産業』運動――前田正名の思想と活動――」（長幸男・住谷一彦編『近代日本経済思想史（Ⅰ）』有斐閣、一九六九年、八五〜一三三頁）を参照。

(36) 『郡是製糸株式会社創立沿革』一九〇五年、二頁（藤原正人編『明治前期産業発達史資料別冊（六二）Ⅳ』明治文献資料刊行会、一九七〇年所収）。

(37) 公文蔵人「明治中期の優等糸製糸経営――郡是製糸の革新性について――」『横浜経営研究』二二―二・三、二〇〇一年。

(38) 前掲『何鹿郡蚕糸業史』二一九頁。公文蔵人も、遅くとも一八九九年度までには同社が優等糸の生産を実現していたことを確認した（前掲「明治中期の優等糸製糸経営」）。

(39) 『郡是四十年小史』郡是製糸株式会社、一九三六年、一〇六頁。この達磨繰糸は、のちに、退社工女たちによる農閑期の副業として発展した。

(40) 同前九九頁。

(41) 明治期の製糸業における技術移転については、玉川寛治「繊維産業」（中岡哲郎他編『産業技術史』山川出版社、二〇〇一年、二四五〜二六二頁）参照。

(42) 例えば、前掲『日本蚕糸業史分析』二五六頁。

(43) 片倉組の工場では、「見番」が巡回して、技術指導を行う様子が報告されている（中林真幸『近代資本主義の組織――製糸業の発展における取引の統治と生産の構造――』東京大学出版会、二〇〇三年、二四九・二七九頁）。

(44) 検査工女については、新庄倉之助「工場管理法要項」(稿本「郡是教育史」所収)。以下、本書で使用する郡是製糸関係史料は、特に断らない限りグンゼ株式会社所蔵とする。なお、「検査工女」の任務と、別の箇所で記された「教婦の責任」は一致しており、呼称上の区別はまもなく「教婦」に統一されたものと思われる。
(45) 前掲『郡是製糸株式会社創立沿革』四頁。
(46) 関順也「明治期における製糸資本の成立基盤」『社会経済史学』二六‐二、一九六〇年、九頁。なお、『第一次全国製糸工場調査表』(一八九五年)によると、村上藤吉工場の起業年月は一八九三年六月、一〇釜、年間生産額一五六斤の工場であった(藤原正人編『明治前期産業発達史資料別冊(六三)Ⅰ』明治文献資料刊行会、一九七〇年)。
(47) グンゼ株式会社『グンゼ100年史』一九九八年、一一頁。( )内の釜数は、前掲『第一次全国製糸工場調査表』。
(48) 関係する規程をあげておこう。第一条「工女ヲ分ケテ甲乙ニ種トス　甲種工女ハ他の製糸場ニ於テ修業シタルモノ　乙種工女ハ新タニ本業ニ従事スルモノ」、第四条「甲種工女ハ三ヶ年以上、乙種工女ハ五ヶ年以上ノ契約ヲナシ別紙書式ノ証書ヲ差出スモノトス」、第七条「乙種工女ハ授業中、食糧ノ外別ニ給料ヲ支給セザルモノトス」。
(49) 新庄倉之助「工場管理法要項」(前掲「郡是教育史」所収)。
(50) 同社工女の「出身農家に自作農(「大百姓」!)がかなり含まれ、『小遣い』を家から送ってもらう者すらかなりいた」という事実も指摘されている(前掲『日本蚕糸業史分析』三五〇頁)。
(51) 同社では、明治期を通して、手挽に熟練した工女を一〇人ほど雇っていたから、その人員も含まれている可能性がある(前掲『郡是四十年小史』一〇六頁)。
(52) 「郡是製糸株式会社工女規程」(前掲「郡是教育史」所収)。こうした規程は、寄宿舎の「拘置制」を示すものであったが、「父兄ノ届出」により自由に帰宅できた可能性も示しており、実態は不明と言うほかない。
(53) グンゼ株式会社社史編纂室編『グンゼ株式会社八十年史』一九七八年、一一五・一一六頁。
(54) 「舎則」(前掲「郡是教育史」所収)。
(55) 前掲「明治期における製糸資本の成立基盤」二二頁。
(56) 前掲『何鹿郡蚕糸業史』二一七頁。なお日給は、毎年五月から一〇月までの六ヵ月間平均見込給料を示したもの。
(57) 農商務省農務局『第四次全国製糸工場調査表』一九〇七年六月(藤原正人編『明治前期産業発達史資料別冊(六三)Ⅱ』明治文

献資料刊行会、一九七〇年）。
(58) 前掲『グンゼ株式会社八十年史』一一五頁。
(59) 丹波青年社編『丹波及丹波人』丹波青年社、一九三一年、四四九～四五二頁。
(60) 一八九九年京都府訓令第一八四号（『明治三十二年中京都府令達全書』一九〇〇年、二四八頁）。
(61) 前掲『グンゼ100年史』六三・六四頁。
(62) 前掲『日本蚕糸業史分析』二五六頁。
(63) 農林省編『繭糸価格安定制度六十年史』中央蚕糸協会、一九七七年、二三七頁。
(64) 前掲『郡是製糸株式会社創立沿革』六頁。
(65) 前掲『何鹿郡蚕糸業史』八三頁。
(66) 前掲『何鹿郡蚕糸業史』二一四頁。同社の購繭地域が依然として何鹿郡近隣農村であったのに対し、片倉製糸の購繭範囲は、一九〇五年で関東地方（埼玉、千葉、茨城、東京、神奈川）を中心に、北海道、東北（青森、宮城、山形、福島）から中部地方（長野、山梨、新潟）、さらに四国（徳島）まで拡大していた（高梨健司「片倉製糸の購繭活動と原料繭輸送――片倉製糸紡績株式会社考査課『考査時報』第三巻第三、四号を素材として――」『社会科学年報』〔専修大学社会科学研究所〕三五、公人社、二〇〇一年、七九～一三八頁）。なお、諏訪製糸業の県外進出に関しては、埼玉県の事例を考察した葉山禎作「二〇世紀初頭における大規模製糸場の成立条件（Ⅰ）――諏訪製糸資本の進出による埼玉県製糸業の変質について――」（『社会科学論集』〔埼玉大学〕二七・二八、一九七一年三月、七一～八四頁）がある。
(67) 前掲『グンゼ株式会社八十年史』二〇五頁。
(68) 募集に関する規制の全国的な統一は、労働者募集取締令（一九二四年内務省令）まで待たなければならなかった。
(69) 工場法制定前のこの時期にあって、こうした制限を設けていた数少ない事例の一つであった（岡實『改訂増補工場法論全（一九一七年版の復刻版）』有斐閣、一九八五年、一七四～一七七頁）。
(70) 前掲『郡是製糸株式会社創立沿革』七頁。
(71) 前掲『郡是四十年小史』六三頁。
(72) 同前。

(73) 角山は、一九一七年まで工場長を務めた。

(74) 藤田貞一郎『近代日本同業組合史論』清文堂、一九九五年、八八頁。

(75) 前掲「製糸業における工女の取引制度――諏訪製糸同盟の成立に関する考察」。なお製糸同盟の成立過程については、武田安弘「製糸同盟成立過程の検討」(北島正元編『製糸業の展開と構造――幕末・維新期諏訪についての調査報告――』塙書房、一九七〇年)に詳しい。

(76) 前掲『近代資本主義の組織』三一〇頁。

(77) 職工・徒弟条例制定問題については、矢野達雄『近代日本の労働法と国家』(成文堂、一九九三年、二四~八六頁)を参照。

(78) 前掲『近代日本同業組合史論』二三~六一頁。

(79) 「蚕糸同業組合定款」(一九〇一~一九一七年)〔京都府庁文書大六-六七〕所収、「京都府何鹿郡蚕糸同業組合定款」(一九〇二年四月一日より改正施行)。

(80) 同前。

(81) 第一一六条によれば、違約処分の具体的な対象は「登録ヲ受ケタル工男女ヲ解雇シ其届出ヲ怠リタル者」、「他ノ登録ヲ受ケタル工男女ヲ雇使シタル者」、「停止ノ通知ヲ受ケタル工男女ヲ雇使シタル者」となっている。

(82) ただし、「重要物産同業組合定款変更認可ニ関シ各地方長官ヘ通牒ノ件」(一九〇九年六月二日文發第五一号)によれば、注意事項の一つに「一、既ニ解雇セラレタル雇人ト雖モ前雇主ノ承諾ヲ経ルニ非レハ他ノ組合員ヲシテ之ヲ使用スルヲ得ザラシメ之ニ違背シタル者ヲ違約処分ニ附セントスルガ如キ規程ヲ設ケシメサルヲ可トス」とある。先に見た違約処分はこれに抵触するため、取り消されたようである。一九三二年の解散時のものと推察される「京都府何鹿郡蚕糸同業組合定款」には、何らかの不正によって解雇された工男女の雇入停止の規定はあるものの、それに対する違約処分は規定されていない(前掲『何鹿郡蚕糸業史』四七二~四八三頁)。

(83) 前掲『何鹿郡蚕糸業史』二一七頁。

(84) 農商務省農務局『第六次全国製糸工場調査表』一九一二年(藤原正人編『明治前期産業発達史資料(六三)Ⅲ』明治文献資料刊行会、一九七〇年)。

(85) 前掲『何鹿郡蚕糸業史』二〇七頁。

(86) 同前二一〇頁。
(87) 前掲『何鹿郡蚕糸業史』三七一頁。
(88) 前掲『何鹿郡蚕糸業史』二〇七頁。
(89) 前掲『何鹿郡蚕糸業史』二〇九頁。
(90) 前掲『何鹿郡蚕糸業史』二一五・二一六頁。「 」内は製糸場経営者の姓。
(91) 一九〇〇年代までの優等糸生産は、優良な原料繭を選び、丁寧に繰糸することで高品質の生糸を生産するものであり、生産性を犠牲にして可能となる類のものであった（前掲『近代資本主義の組織』四一〇頁）。
(92) 農務課「蚕糸業」（一九一一〜一九一二年）（京都府庁文書明四四‐一一〇）。
(93) 同前所収、船井郡長後藤善二（一九一一年一二月二五日）、何鹿郡業藤正路（一九一一年一二月二八日）による内務部長横山三郎宛報告書。
(94) 前掲『郡是四十年小史』一〇二頁。
(95) そのため、購繭競争が激化し、春繭は前年の二〇％引き上げられた（前掲『グンゼ株式会社八十年史』一三一頁）。相対的に安価な原料繭に依存した生糸生産は、見直しを迫られたといえよう。
(96) 前掲『グンゼ株式会社八十年史』一三四・一三五頁。
(97) 「時局ニ関スル蚕糸業関係書類」一九一四年（京都府庁文書大三‐六二）所収、「山崎技師復命書（十一月十一日開催府下製糸業者協議会）抜粋」。
(98) 「蚕糸同業組合一件」農林課、一九一六年（京都府庁文書大五‐五六）所収、京都府何鹿郡蚕糸同業組合「第十八回京都府何鹿郡蚕糸同業組合業務成績報告」（一九一六年四月）。なお、製糸部会についての記事は、一九一五年六月五日の協議事項。
(99) 農商務省農務局『第七次全国製糸工場調査表』一九一六年（藤原正人編『明治前期産業発達史資料別冊（六三）Ⅳ』明治文献資料刊行会、一九七〇年）。なお、データは一九一五年五月現在。
(100) 前掲『第六次全国製糸工場調査』一九一二年。なお石井寛治は、同資料を用いて第Ⅰ類型二〇製糸家と「普通糸」産地五県（長野・愛知・山梨・岐阜・埼玉）製糸家とで労働者編成の比較を行い、前者において「教婦」と「其他」女工の数が多いことを確認している（前掲『日本蚕糸業史分析』三四一頁）。

(101) 製糸工場における教婦の役割と意義については、清川雪彦「技術知識を有する監督者層の形成と市場への適応化――日本製糸業において学校出教婦の果たした役割――」(『社会経済史学』五四―三、一九八八年)に詳しい。同論文では、明治末期頃まで、「教婦の多くが当時はまだ検査工女と呼ばれていた」(五頁)とあり、郡是製糸の事例とも整合的である。

(102) さらに、第九次調査(一九二一年度)では、「教婦」の他に、「技師」(「専門学校卒業者若ハ之ト同等以上ノ学識経験ヲ有スル者」)や「現業員又ハ検番」(「教婦」「技師」に該当しない作業監督員)が新たに設けられ、第一〇次調査(一九二四年度)では、「技師」に該当しない作業監督員を「現業員又ハ検番」とし、その男女別人数を調査しており、「現業員又は検番」の「女」が「教婦」に当ると考えられる。

(103) 前掲『グンゼ株式会社八十年史』九〇頁。なお、蚕業講習所は、京都府蚕糸同業組合連合会立高等養蚕伝習所を改組し、製糸部を併置して一八九八年に設立された。一八九九年に京都に農商務省立京都蚕業講習所が設置されるのに合わせ、名称を城丹蚕業講習所と改めたが、何鹿郡に設置されたため人材養成に便益を得たという。

(104) 「蚕糸同業組合定款」(一九〇一〜一九一七年)(京都府庁文書大六―六七)所収、「業務規定変更届」(一九〇一年一二月二〇日付)。ただし、別科生の人数は把握されておらず、本科生と予備科生をもって入所者数とするなど不明な点も多い。

(105) 前掲『第六次全国製糸工場調査表』。データは一九一一年七月現在。

(106) 前掲『グンゼ100年史』一三六頁。

(107) 前掲『第七次全国製糸工場調査表』、データは一九一四年度。農商務省農務局『第八次全国製糸工場調査』一九一九年(藤原正人編『明治前期産業発達史資料別冊(六四)I』明治文献資料刊行会、一九七〇年所収)、データは一九一七年度。

(108) 前掲『郡是四十年小史』五六頁。

(109) 一九一八年、波多野の死去に伴い経営陣は社長遠藤三郎兵衛、専務片山金太郎、教育部長川合信水という新経営体制に引き継がれた。

(110) 一九一〇年に結成された「淑女会」は、教婦、室長、衛生係による新入工女の教育を自治的に実施していた(拙稿「大正期の工場看護婦」『大原社会問題研究所雑誌』五五四、二〇〇五年一月、二八〜四二頁)。

(111) 長井淳太郎編『私達の自分史　娘時代グンゼに勤務した業生・教婦・教育係の記録』一九八九年、三三五頁。グンゼ(株)社員であった長井氏は、山本茂実『あゝ野麦峠』に感動し、同社で働いていた人々の追跡調査を思い立ったという。元工女らの手紙は、誤字脱字も含めてそのまま掲載されている。

(112) 前掲『グンゼ株式会社八十年史』一九八頁。

(113) 「大正六年　私立／専門学校・実業補習学校・各種学校」学務部（京都府庁文書大六‐四四）所収、「私立学校設置ニ関スル件」（郡是女学校設立者波多野鶴吉→京都府内務部長佐藤勧）、一九一六年三月二三日付。

(114) 学務部「大正七年私立各種学校」（京都府庁文書大七‐四五）。

(115) 地方における「女学校熱」のたかまりについては、天野郁夫編『学歴主義の社会史――丹波篠山にみる近代教育と生活世界――』有信堂、一九九一年、一〇三～一一七頁。

(116) 兵藤釗『日本における労資関係の展開』東京大学出版会、一九七一年、四〇四～四四一頁。

(117) 「工女養成科新設」（前掲「郡是教育史」所収）。

(118) 一九一五年現在本工場出身地別表（前掲『グンゼ株式会社八十年史』五二九頁）。

(119) 「養成工に対する工場心得の訓示（郡是製糸養成部）」『職工問題資料Gの四』工業教育会、一九一七年。

(120) 清水重治「郡是女子寮管理法」（一九二〇年二月）。

(121) 花井信『製糸女工の教育史』大月書店、二〇〇二年、二〇六～二〇九頁。なお、翌年には川岸村三沢地区同業者の児童も受入れ、校名も私立三沢尋常小学校と改めた。ちなみに、工場法施行令（一九一六年八月勅令第一九三号）第二六条は、「尋常小学校ノ教科ヲ修了セサル学齢児童ヲ雇傭スル場合ニ於テハ工業主ハ就学ニ関シ必要ナル事項ヲ定メ地方長官ノ認可ヲ受クヘシ」とあり、違反すれば「二百圓以下ノ罰金」が科せられた。

第二章　大正期の「模範的工場」

はじめに

製糸業の本場から遠く離れた郡是製糸が全国的に知られるようになったのは、まず、生産糸の品質によってであった。一九〇〇年頃には二〇九番館（ドイツ・バヴィエル商会）との間で「成行約定」を結び、糸価変動時にも一定の利益を確保する取引方法を確立した。(1)この取引方法を前提として、一九〇二年には米国スキンナー商会から輸出生糸の一手取引の申し出を受け、以来一九一四年まで取引関係が継続した。一九〇九年に同商会代表ウィリアム・スキンナーが米国絹業協会会長として来日し、郡是製糸を訪問したことは、業界での知名度を著しく高める契機となった。スキンナー商会からの品位要求にこたえるために同社は生産糸の改善と量的拡大を実施したといっても過言ではなく、生産量の増大にともない、最優等格を「郡是格」と称するほどになった。この間、日本企業のランキングによれば、従業者数は一九〇七年一三八位（六二七人）から一九一九年四三位（五二五八人）、一九二一年二五位（九三二四人）へと飛躍的に伸び、同社は一二位（一九六二九人）の片倉製糸紡績株式会社につぐ巨大製糸経営となっていた。(2)いつしか、その本工場も「模範的工場」として知られるようになっていたのである。

生産糸の優良さに根拠をもつとはいえ、同工場が「模範的工場」たるゆえんは、独特の「労働政策」にあった。とりわけ、教育制度の充実は、見学者をして「表は会社、裏は学校」と言わしめた(3)。また、一九一七年一一月に貞明皇后の訪問を受けたことは、民間企業で例のない栄誉とされた(4)。一例を挙げれば、『職工問題資料G拾弐』(工業教育会、一九一七年)が「皇后陛下の行啓を仰ぎし郡是製糸会社の教育施設」と題して、「郡是製糸会社の光栄と女工の優良」を賞賛した(5)。もっともこの場合、工女の「優良」とは、規則正しく働き、礼儀正しく振る舞う工女の姿を指しており、生産性の高さや繰糸技術の優良が注目されたわけではなかった。同社でも、病気や身体に異常のある者やわき見癖のある者を排除し、切れた糸をつないだあとに指をなめるのは見苦しいと習慣を改めさせるなど、統制ある繰糸作業を演出するのに余念がなかった(6)。

　このようにして規律ある労働力の形成に成功した同社の社会的評判は高まり、同社の工場教育を「労働政策」とみなすことによって、その指導者川合信水を第四回国際労働会議の労働代表に選出する事態をも引き起こした(7)。これらは、もっぱら創業者である波多野鶴吉のキリスト教倫理に基づく経営理念によるもの、と見られてきた(8)。もちろん、経営理念の重要性は否定すべくもないが、それが直ちに制度に結実するわけではない。「模範的工場」の「労働政策」は、何鹿郡の社会経済的な環境の中で形成された雇用慣行とともに一定の合理性を有していたのであり、それゆえに、社会経済的な環境の変化に伴い変容しうるものでもあった。この問題を、「労働政策」の場として注目された寄宿舎における工場生活の実態から考察することがここでの課題である。まずは、規模拡大を遂げつつあった同社における本工場の位置を確認した上で、大正期の「模範的工場」について、その内実を探ることにしよう。

一　本工場の「労働政策」

1　本工場の位置

まず、工場の設置過程を概観しておこう。これまで見てきたように、何鹿郡の「郡是」として発足した郡是製糸株式会社は、郡内工場の経営にとどまらず、一九〇九年以降郡外への進出を開始した。とはいえ、工場進出地域は購繭地域を中心とする近隣農村に限定されていた。それは、取引関係のある郡内養蚕家を中心とする同社の株主構成によるところが大きく、他地域への工場進出は創業の理念からの飛躍を意味したから、容易ではなかった。同時に、この株主構成は株式所有の零細性や同社との利害共同体的な関係に規定されて、配当が低下しても直ちに売却しない株主層を意味していた。興味深いのは、一九一七年に発生したテイクオーバー問題である。花井俊介によれば、一九一七年三月末の同社株主名簿には突如大阪在住の大株主が第一位と第三位に登場しており、郡是株の集積を進める両者に対し、同社は三菱銀行の融資によって買戻しを行ったようである。翌一八年三月末には両者の株式所有がわずか一〇〇株にまで激減し、この問題は解決された。重要なのは、養蚕家株主の一部が高い株価に釣られて郡是株を売却していた点であり、従来の株式所有構造が流動化しつつあったことがわかる。そのため、同社は株主に継続保有のインセンティブを与えるべく、配当性向を増大させたことが指摘されている。「共存共栄」の理念にもかかわらず、その実現には経済的なインセンティブを要するようになったのである。同時期、同社は他地域への工場進出を本格化させている。

表11　新設工場設置過程

工場	所在地	操業開始年	釜数	
			創業時	1925年
本工場	京都府何鹿郡綾部町（新設）	1896	168	570
口上林	京都府何鹿郡口上林村	1906	33	50
中上林	京都府何鹿郡中上林村	1907	100	160
山　崎	兵庫県宍粟郡山崎町	1909	100	284
雲　原	京都府天田郡雲原村	1909	54	—
萩　原	京都府天田郡上六人部村	1909	72	200
園　部	京都府船井郡園部町	1910	50	334
和　知	京都府船井郡和知村	1910	70	146
江　原	兵庫県城崎郡日高町	1912	100	490
宮　津	京都府與謝郡宮津町	1912	100	230
八　鹿	兵庫県養父郡八鹿町	1914	120	330
津　山	岡山県津山市二宮	1916	140	480
梁　瀬	兵庫県朝来郡梁瀬町	1917	168	276
美　濃	岐阜県加茂郡古井町	1918	370	384
養　父	兵庫県養父郡養父市場村	1918	300	200
成　松	兵庫県氷上郡成松町	1919	52	54
長　井	山形県西置賜郡長井町	1919	280	320
宮　崎	宮崎県宮崎市権現町	1920	124	384
舞　鶴	京都府加佐郡舞鶴町	1920	128	264
福知山	京都府天田郡福知山町	1920	128	312
宇　島	福岡県築上郡三毛門村	1921	128	256
三　成	島根県仁田郡三成村	1920	200	80
今　市	島根県簸川郡鑒冶村（新設）	1922	128	256
学　院	誠修学院内（養成用）	1917	120	154
玉　糸	京都府何鹿郡綾部町	1917	178	240

資料）「工場別設備釜数調査」〔郡是製糸株式会社〕.
註）所在地は『郡是四十年小史』（郡是製糸株式会社、1936年）による.
（新設）以外は買収・合併等により他経営から引き継いだ工場.

〈表11〉によると、一九二〇年前後には東北・九州への展開が見られ、新設工場の集中が確認できる。とくに、舞鶴・福知山・宇島工場は、設立当初より同社が将来合併することを予定して設立されたものであり、同社が積極的な規模拡大を企図していたことが分かる[9]。これに伴い、〈図3〉の従業員数・釜数・生糸生産高も、急速な拡大傾向を示しており、従業員数の増加も著しかった。この労働力の確保に関する全社的なとりくみは次章で検討することにして、本章ではこの時期の本工場に焦点を当てよう。

本工場は、創業以来一貫して同社一の生産規模を備えていた。しかし、経営規模の拡大、とりわけ工場数の増加にともなって、生産量に占める本工場の重要性は徐々に低下していった。工務統計によれば、本工場の繰糸量は一九一二年度に同社全体の約三八%を占めたのに対し、一九一八年度には約一八%まで低下していた[10]。また、本工場の生産性は同社工場平均かそれ以上ではあったが、他の工場に比し、ずば抜けて高かったというわけでもない。例えば、一

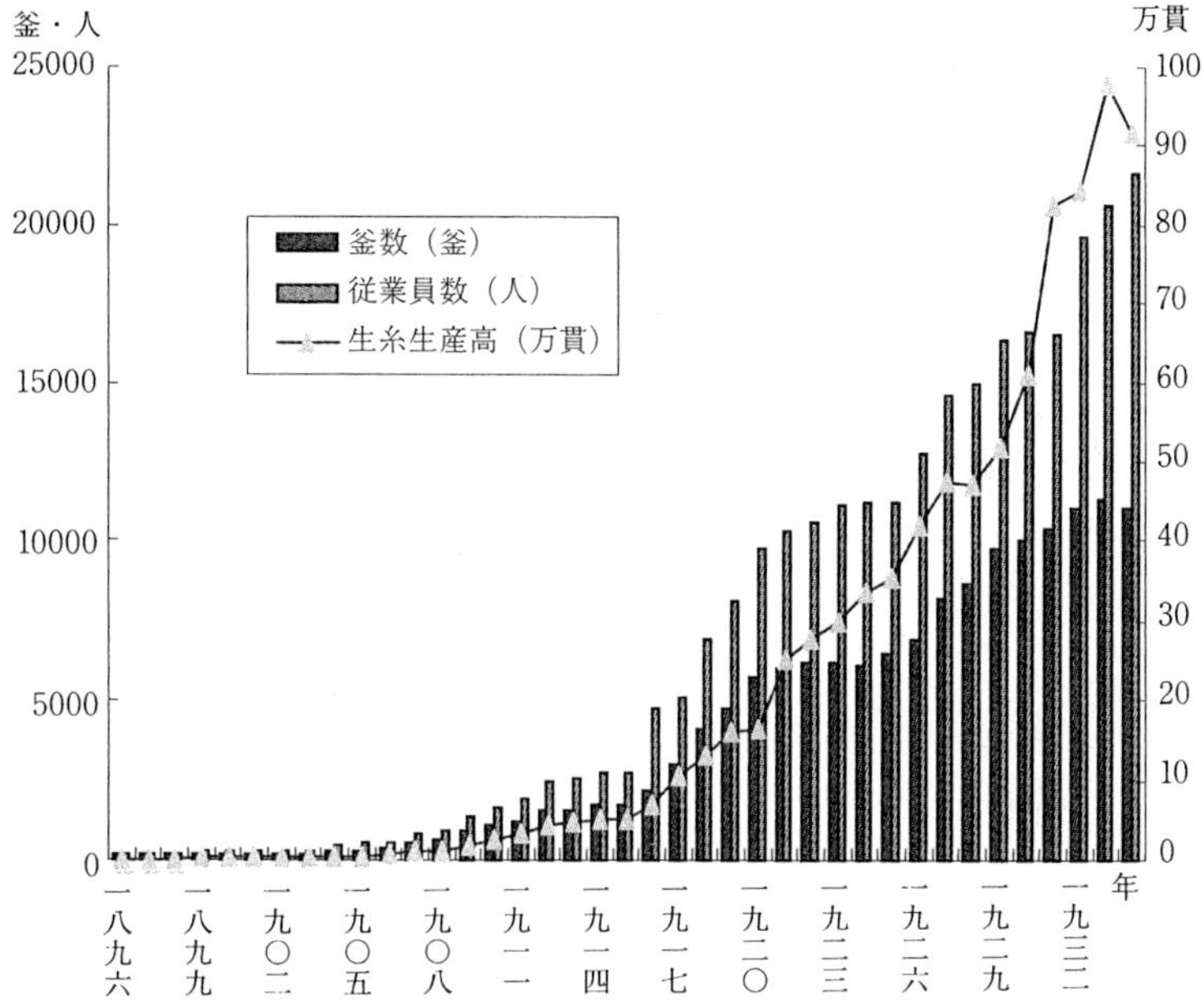

図3　釜数・従業員数・生産高の推移

資料）生糸生産高は『郡是製糸株式会社六十年史』（郡是製糸株式会社，1960年）より，釜数・従業員数は「郡是製糸株式会社年次別営業参考統計表」より作成．

九二二年度の「一人平均繰匁」を見ると、本工場（一一・一匁）より、新設の舞鶴工場（一二九・二匁）、養父工場（一二五・五匁）、福知山工場（一二一・四匁）の方が多くなっていた。大規模工場であるがゆえのコストは、営業成績を悪化させてもいた。ただし、「共存共栄」という養蚕農家との関係に見られるような同社のビジネスモデルを実現し、郡是糸のブランドイメージを代表する優良糸を生産した本工場は、同社内部において重要な位置を占めるとともに、外部に対して同社の工場を代表するものとなっていた。

2　工場生活と工女教育

(1)　一大家族的生活

『職工問題資料』は「郡是製糸株式会社の職工訓練法」のなかで、同社の特徴を「一大家族的生活」に求めた(11)。その特殊な点としては、①工女は全部寄宿舎に収容し、たとえ工場の門先にある家の娘でも一旦入社すると必ず寄宿舎に入れ、同社には通勤女工というものは皆無といってよい点、②男工は全部社員待遇であるがこれも寄宿舎に入れる点、③社長以下社員職工全部が毎食時必ず同一の食堂で会食する点、④給料は社員も職工も皆年一回の支払いである点、⑤修身講話の励行（隔月一回宛本社教育部長の各工場巡回講話）、⑥社員職工の日常用品は概ね会社より配給する点を指摘している。この「一大家族的生活」に関して、工場長小野蔵三は、一九一〇年に郡是に入社した当時を「初めこの工場生活は随分きついものであった」と回想している。[12] 群馬県出身で前橋中学を経て東京蚕業講習所を卒業したばかりの小野にとって、綾部での工場生活は厳しいものであった。しかし、職員もほとんどが何鹿郡内出身者で、創立当時からの人も多かった本工場では、皆が同一の工場生活を当たり前のように送っていたと思われる。[13] 起床時間や労働時間、食事といった工場での生活条件は基本的に統一されており、こうした施策は、創業以来何鹿郡で細々と実施されてきたものでもあった。しかし、経営規模を拡大させた同社の動向は、第一次大戦後の労資関係の動揺に際し、特色ある「労働政策」として注目されるようになったのである。最も目を引いたのは、職工に対する教育制度の充実であった。

(2)　女子教育の意義

そもそも工女に対する同社の教育制度は、一九〇九年に川合信水が入社し、教育部が設置されて以降、順次整備されていった。まず、「女学会」が組織され、修身、国語、家事、生理、算術、習字、唱歌、裁縫の九科目を毎月三回休業の半日および冬季夜間に教授し、六年で卒業することになった。[14] 教科目から見て、義務教育未修了者に対する補習教育的なものと考えられる。波多野鶴吉が記した「女学会」開設の趣旨を引用しよう。

当会社の工場に働いて居る女工たちは、いづれも年の若い、教育を受けねばならぬ身分の人ばかりであります。

此の大切な教育期に、工場に働いて賃金だけを得ればそれでよいかといふに、決してさうではないと思ひます。親の身になって考えて見れば、読書も、算術も、習字も、裁縫も、一と通り教へて、嫁入の後に一家の主婦として差支のないやうにしたいと思ふのは当然であると信じます。当会社では、此の親心を以て、此の沢山の娘たちの生涯を考へ、業務の余暇、日常の生活に必要な学科と技芸とを授け、親のもとを離れて居る人々に、親のもとにあると同様の世話をいたし、さうして一つには、働く本人の将来の為をはかり、二つには愛する娘たちを当会社に信任して置るる父兄方のお志に報いたいと存じます。(15)

こうした教育の整備が、技術養成ではなく、むしろ「嫁入の後に一家の主婦として差支のないやうに」するためのものであったことは注意を要する。それは、本人のためであると同時に、娘を送り出す父兄の要望でもあった。加えて、同社の場合、株主の期待と言い換えても良い。波多野鶴吉の言葉は、同社の統治構造を踏まえた経営者としての配慮を示すものと読むべきであろう。それは、工場がともすれば地域社会から隔絶した空間となってしまうことへの対応でもあった。

このような対応を迫られたのは、同社ばかりではなかった。当然ながら、同じ地域にあり、同じく養蚕家を株主とした綾部製糸株式会社でも、職工に対する教育は特別に配慮されていた(16)。京都府の調査(一九二〇年)によれば、職工に対する教育方法は次のように回答された。

補習教育ヲ施スヲ以テ目的トシ業務ニ従事スル傍一般普通ノ智識技能ヲ授ケ優良ナル一家ノ主婦タルヘキ性格ヲ陶冶センコトヲ期シ新入者ノ教育ハ入社後一ヶ月間ハ毎日七時間之ヲ行ヒ其他ノ者ニ対シテハ十日ニ一回一時三十分宛之ヲ行フ其教科目左ノ如シ　修身、国語、算術、体操、家事裁縫トシ新入者ノ為メニ殊ニ養蚕法、製糸法及製糸実習ヲ課ス(17)

この問いは、都市部に立地する紡績、織物工場の多くが義務教育未修了者を雇用していたため、義務教育の実施状況を問うものであったが、綾部製糸が回答したのは義務教育修了者を対象にした教育内容であった。[18]実際、職工の教育程度は、綾部製糸が尋常小学校卒業程度七一八人、高等小学校卒業程度四一人、中等以上が七人、郡是製糸が尋常小学校卒業程度一六五〇人、高等小学校卒業程度四一人と回答しており、いずれも尋常小学校を卒業した者を採用していたから、普通教育として実施されたのは、ある種の花嫁教育であった。もっとも、そのための教授内容は必ずしも明確でない。ここでの教育は、「優良ナル一家ノ主婦タルヘキ性格ヲ陶冶センコトヲ期シ」、「一般普通ノ知識技能」を授けるものであったから、具体的な家事技術の習得というよりも様々な教育を通した人格の陶冶に主眼があったように思われる。それは、農村における女学校での教育が追及していたものと類似していた。郡是製糸での教育も、当初、一般的な人格の陶冶に重きがあったようである。例えば、一九一六年から本工場女子寮長を務めた池田猷は、退社職工の父兄から「嫁にやっても役に立たぬ」との苦情を受けていた。[19]ご飯の炊き方も知らず、鉄瓶を磨き粉で磨いて姑に叱られたなど種々の苦情を受けて、農村に相応しい基礎的な割烹教授を研究したという。人格の陶冶を主眼とする会社側に対し、役に立つ教育を求めはじめた父兄との温度差はあるものの、何鹿郡においては、こうした教育こそが工場に求められ、企業統治の文脈でその実現を見たのである。

そこで、興味深い記事を取り上げよう。それは、「郡是出ノ御嫁様」の離縁が多くなったことを問題視する『淑女の友』（一九二二年）の記事である。ちなみにこれは、郡是産婆学校生徒で構成する淑女会の機関紙で、彼女らは看護婦として工女に接することになる。[20]

七八年前ニハ郡是デ居タ女ハ割合ニ世ノ中カラ悦バレタモノデアッタノニ近来郡是出ノ御嫁様ノ離縁スル数ガ増加スル傾キニナッテ居ルソウデス、〔中略〕郡是ノ御嫁様達ハ会社カラ余リニ大切ニサレテ忍耐力ヲ養フベキ機会

ノナクナッタ事ハ其最大原因デアルト思ヒマス(21)

ここでも、第一次大戦期をはさんで「郡是出ノ御嫁様」の評判が落ちたことが示唆されている。さらに、一九二〇年代には離縁の増加傾向が指摘され、その最大原因が、娘を甘やかす「会社」にあると見られていた。同社に入社しただめに、地域社会や家庭に適応できない娘が増加することは、「会社」と地域社会との摩擦を意味する。この摩擦に焦点をあてて考察を進めよう。このような変化をもたらした要因の一つは、年間操業への移行にともなう工女教育の形骸化にあった。

3　年間操業と工女教育

第一次大戦後、アメリカの消費増加に伴い生糸輸出は急激に増大し、同社も一九一四年度の経営危機を切り抜けた一九一五年度以降、生産を急拡大させていった。本工場について、大まかに振り返っておこう。〈表12〉によれば、一九一四年度の本工場は、営業日数三二〇日程であった。これは、前年度終了後の五月の初めから六月にかけての休業期間を経て、六月中旬に始業したためであり、一九一五年度にも同様の休業期間があったが、翌年の五月下旬まで操業が続き、一九一六年度も五月下旬まで操業した(22)。このように終業期の延長により、営業日数は延びていった。〈表12〉によれば、一九一七年度の本工場は、浮繰六六〇釜に対し、工女数一〇八〇人であった。新たに整備された養成用の一二〇釜と養成工を算入したために、通常一釜に一人配置される繰糸工がかなり多い(23)。また、営業日数も長く、通年操業の開始が確認できる。ただし、「営業日数多きは工女の交替勤務による」と注記されており、依然として特例措置であったことが窺える。空釜を防ぐため、釜数より多くの工女を確保することは、創業期以来同社の特徴ともいうべき施策であった。

表12　郡是本工場の生糸生産

年度	釜数(釜)	教婦(人)	工女数(人)	繰糸	揚返	その他	生産量(貫)	営業日(日)	A(匁)
1914	506	30	583	506	24	53	13,145	320	81
1917	660	30	1,080	920	70	90	24,162	345	106
1922	566	19	1,068	915	100	43	28,722	356	142

資料）農商務省「第７次全国製糸工場調査表」1916年，同「第８次全国製糸工場調査」1919年，同「第９次全国製糸工場調査」1923年．

註）Aは営業日１日１釜生産量．繰糸釜は，1914年度，1917年度は浮繰，1922年度は沈繰．ただし，同社資料による設備釜数は1916年に530釜となり，1918年以降540釜となる．1917年度の釜数には，養成用の120釜が加算されているが，養成工場は本工場から独立したため，1922年度には加算されていない．

ところで、これまで同社統計資料において製糸年度は五月にはじまり翌年四月に終わっていた。通常五月は休業し、六月に始業式を行っていたが、一九一九年度以降は四月にはじまり翌年三月に終わっている。流感による職工の疲弊もあり、「職工ノ休養ヲ図ル必要上事業ハ四月一杯トシ新繭迄ハ休養スル様」に計画が練られたもの(24)、本工場で五月の休業はなく、購繭・乾繭期の六月に半月ほど休業した。終業式後は、「在留者ニ対シテハ専ラ裁縫ヲ修メシメ帰省者ニ対シテハ努メテ家庭ノ炊事ニ従事セシムルコト」が教育部から注意された(25)。家庭での炊事訓練をも同社教育部が指示しており、この休業期間が工女教育の要となっていたことが分る。一九二〇年度には、後述のように製糸業の一斉休業が実施されたため、一二月から翌二月にかけて七〇日余りの休業期間があった。そのため、一九二一年度には、これまで確認された休業を廃止し、営業日数を確保した。〈表12〉によると、一九二二年度には、繰糸釜はすべて沈繰となり、養成工場の分離により一〇〇釜ほど減少して、教婦数も減員されたものの、繰糸工はほとんど減少していない。揚返工も増員され、生糸生産量も伸びており、沈繰法の採用による製糸能率の上昇が窺える。Aによると、一釜あたりの生産量は急増し、製糸能率の上昇が第一次大戦後の生産拡大を支えていた。さらに営業日数も一層長期化し、通年操業による生糸生産は常態化していた。

この間、同社は労働時間を漸次短縮した。一九一六年の工場法施行時には一三時間であった実労働時間が、一九二一年には一一時間半、一九二二年には一一時間に短縮され、病気欠勤率は前年比三％の減少をみたという。(26) 製糸業では、一九二〇年恐慌の操業中止を期に、労働時間を短縮する経営が相次いだ。それは、不況期を増産で対抗した製糸経営にあっては、ある程度の労働条件を保障しつつ生産性を高める方向性の定着を意味していたという。(27) 同社の場合、労働時間の短縮を操業期間の延長とともに実施し、多くの労働者を動員することによって、釜あたり生産量の大幅な増大を実現していた。このことが工女の働き方に及ぼした影響は、小さくなかったと思われる。

そもそも、製糸業は季節産業であったが故に、工場法の適用除外を受ける産業であった。(28) 同社においても、創業期の営業期間は半年ほどで、労働時間も日照時間に準じて半月ごとに設定され、最長一三時間二五分から最短九時間一〇分となっていた。(29) 創業期の工女教育を担当した新庄倉之助も、教育の観点から短期営業の製糸場における利点をあげていた。

短期営業の製糸場にあっては、翌年開業期迄、各自の望みに従い、教養を受くる便利を有するものなり。之に反して、終年営業の製糸場に在りては、その便利を有せず、故に業務整頓し、経済上余裕を生ずる場合に至らば、冬季休業期を以て教育専門に充つるを良しとす。(30)

工女への教育が当初から「教養」を授けるものであった点も興味深いが、それは休業期間の多い製糸場でこそ容易であった。しかし、年間を通して操業する工場では教育期間の確保が困難となるため、休業期間を利用して専門的に教育をする必要があるとの指摘は、第一次大戦後の同社に当てはまる。新庄は、先進製糸地帯の例に倣って冬季休業を想定していたが、同社は五、六月の休業を実施していたから、これを工女教育に当てればよい。この休業期間をも廃止する通年操業が、工女教育を困難にしたことは想像に難くない。一方で、養成釜を具備した工女養成の本格化は、工女の技術養成を推進した。とくに沈繰法への転換は、新たな繰糸様式の徹底を図る上で、養成の意義を高めたであろう。さらに、会社が利益を得れば一般職工に利益配当を行う方針のため、一九一九年度には、年間給料の四割が賞与として支給された(31)。こうした生産重視の体制が、人格の陶冶を目的とした生活訓練を含む工女教育を不要とみなし、寄宿舎での放任を求めていった(32)。生産への貢献を第一とする工場に対し、地域社会が工場に求めたのは花嫁教育の充実であったから、その乖離は決定的となっていたのである。「郡是出ノ御嫁様達」についての先述の記述は、こうした事態をとらえたものであった。そこで、経営環境の変化に伴い工女教育が形骸化しつつあったこの時期における、工場生活の実態に迫るため、「寮務日誌」の分析に移ろう。

二　「寮務日誌」にみる工女の行動様式

1　寮舎生活の概観

『生糸職工事情』に「寄宿舎ノ設備ハ関西各県ニ於テハ概シテ稍々整頓シタルモノ多シ(33)」とあるように、一般に関西の寄宿舎は長野・岐阜等に比べて体裁を整えているものが多かった。とくに京都府に位置する郡是・本工場では、名称を寮舎に改めるなど一般の工場寄宿舎とは異なる運営がなされていた。そこで、「寮務日誌」の検討をはじめる前に、寮長の清水重治が著した「郡是女子寮管理法」を中心に、同社における寮舎の位置づけを確認しておこう(34)。まず、寮舎には室長や組長と呼ばれる女子管理者が配置されていた。各室は同地方・同年齢の者で編成され、一五畳の部屋に一〇人の工女を収容し、その中から適当な人物を室長に任命した(35)。また、組長には工場で工女を指導・監督する教婦を当て、各室の調和を計り、寮風興起の任にあたらせた。本工場の場合、室長や組長の上に教育係職員が存在し、さらにこれを統括する寮長が置かれた。「寮舎ノ任務」は、次の六点にあるという。「女子寮ハ教育部ノ目的ヲ貫徹シ女子ノ心霊、身体、財産、ヲ保護シ幸福ナル生活ヲ営ムベキ基礎教育ヲ施ス処ナリ、女子寮ハ寮生ニ平和、従順、感謝ノ心ヲ生ゼシメ勤倹親愛ノ美風ヲ発揚セシムル処ナリ、女子寮ハ寮生ニ助言スル処ナリ、女子寮ハ寮生ニ善キ満足ヲ与フル処ナリ、女子寮ハ寮生ノ煩悶苦痛疲労ヲ解除シ之ニ善良ナル慰安ヲ与フル処ナリ、女子寮ハ会社ノ名誉ヲ発揚スル処ナリ」[36]と。同社において寮舎は、教育の場として位置づけられていた。この点を確認した上で、ここでは、本工場の女子寮すなわち明倫舎・淑徳舎・清心舎・正行舎を管理する教育担当職員によって書かれた「寮務日誌」（一九二〇年、一九二一年）から工女の行動様式を観察する。

「寮務日誌」の人員データは、「現在人員」「入社」「退社」「帰社」「帰宅」からなる。〈図4〉は一九二〇年から一九二一年にかけての日々の「現在人員」の推移を、〈表13〉は各月の入退社数を、〈図5〉は帰社・帰宅した工女の延べ人員を月ごとに集計し、その趨勢を示したものである。[37]これらの図表から、当時の寮舎生活を概観しておこう。まず、〈図4〉によると、一見して一九二〇年と一九二一年の間で人員数が大きく減少している。また、小刻みな人員変動は

表13　月別入退社数

	入社	退社
1920年4月	267	0
5月	0	0
6月	4	3
7月	52	6
8月	5	0
9月	13	2
10月	11	1
11月	0	1
12月	314	0
1921年1月	274	0
2月	3	10
3月	2	4
4月	12	0
5月	0	8
6月	3	1
7月	1	0
8月	0	3
9月	119	3
10月	28	3
11月	3	2
12月	1	7
合計	1112	54

資料）「寮務日誌」〔郡是製糸株式会社〕.

註）1920年9月までは養成科生徒を含む．1920年4月と21年9月の「入社」は養成工．「入社」数には，1920年7月長井工場の工女（21人），12月津山工場の工女（50人），各工場の教婦・室長（263人）等を含む．

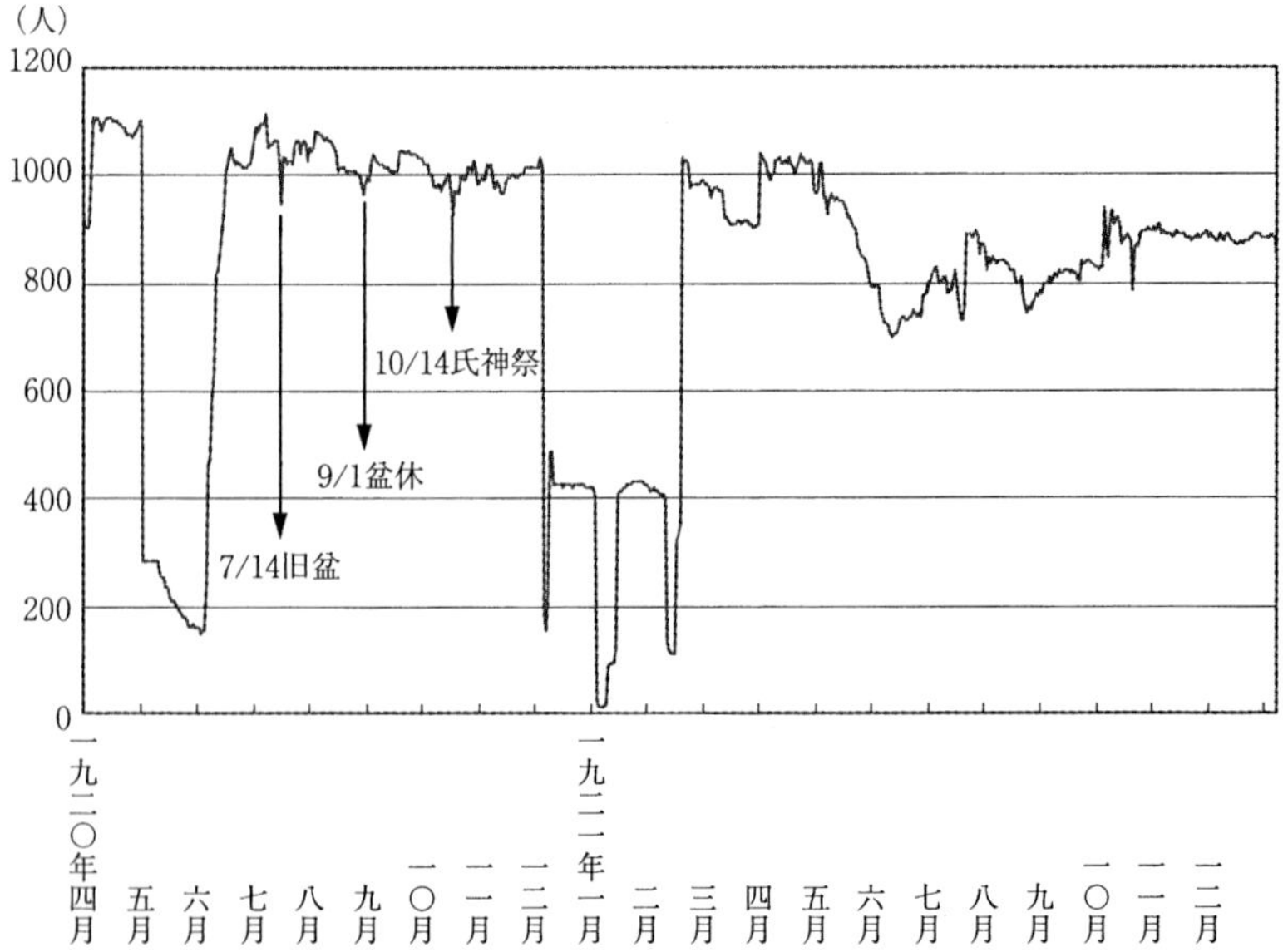

図4　寮生数の推移（1920－1921）

資料）「寮務日誌」〔郡是製糸株式会社〕.

註）　寮生のうち養成科生徒を除いた工女の数.

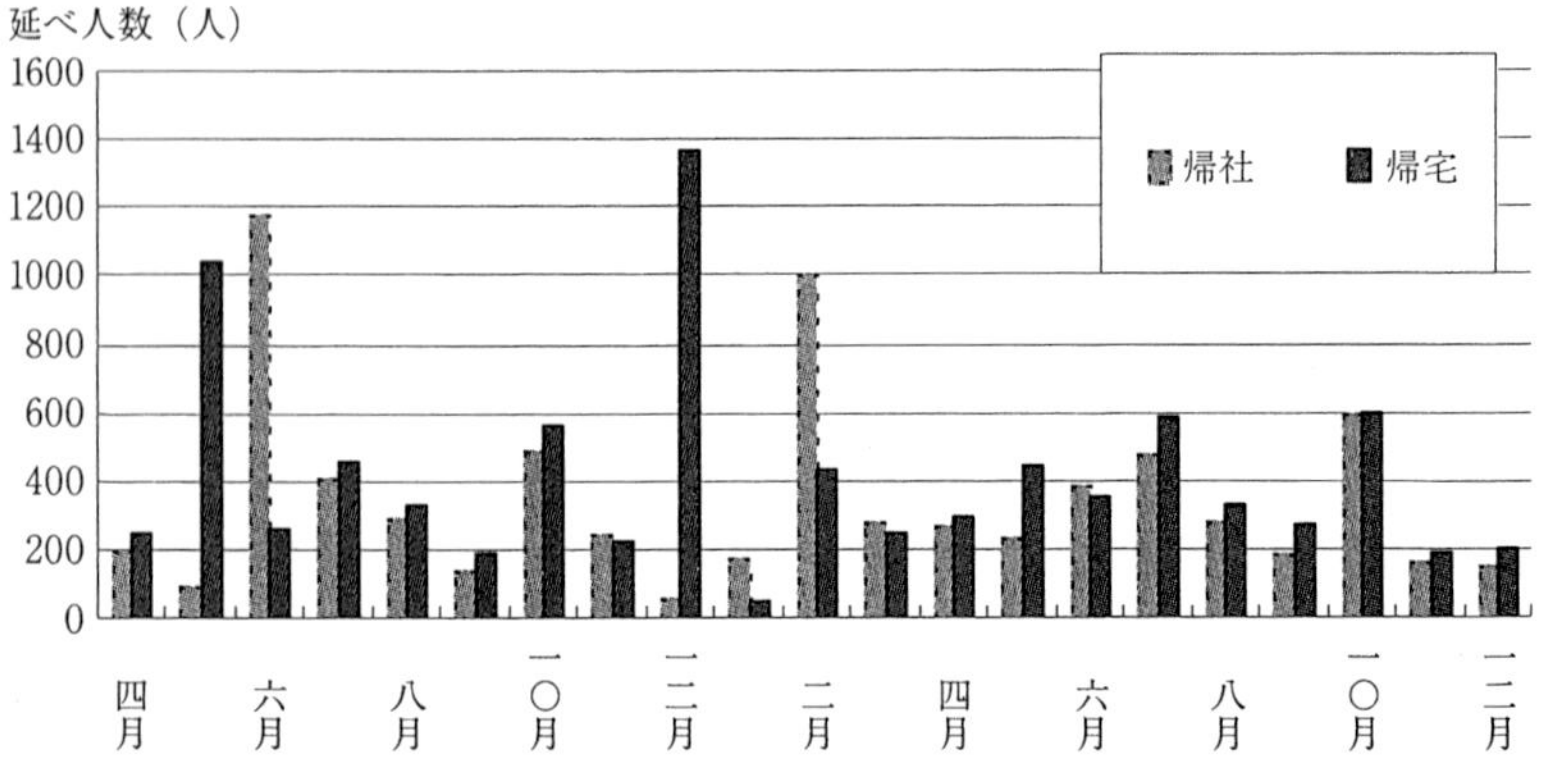

図5　月別人員変化（1920－1921）

資料）「寮務日誌」〔郡是製糸株式会社〕.

註）　寮生のうち養成科生徒を除いた工女の数．ただし，1920年９月までは養成科生徒を含む.

いくつかの谷を形成し、「現在人員」がこの期間を通して必ずしも安定していない様子がうかがえる。次に、日々の人員変動を示す他のデータに注目しよう。〈表13〉によると、「入社」者の多さに対し、「退社」者はきわめて少ない。これは、同社他工場から来た工女を「入社」にカウントしたのに対し、「退社」は、文字通り辞めた数をカウントしたためである。(38)新たに雇い入れられたという意味での「入社」に当るのは、一九二〇年四月と一九二一年九月に「入社」した寮生であり、同社他工場からの「入社」を除くと、養成科を経ずに「入社」した工女はごく少数となり、郡是女学校の入学に合わせた工女の定期採用を実現していたことが確認できる。(39)

ところで、一九二一年の大幅な人員減少や日常的な人員変動の激しさを考慮すれば、これらが工女の「退社」に起因するものでないことは明らかである。そこで注目すべきは、「帰社」「帰宅」という項目である。〈図5〉によると、帰社・帰宅者の多さは、工女が頻繁に移動していることを示しており、少なくとも郡是の寮舎が「拘置制」(40)としての機能を文字通りには果たしていない点を指摘しなくてはならない。ただし、寮生の外出は基本的に禁止され、無断外出は一つの事件であった。一九二〇年七月二四日、二人の寮生が無断で外出した際には、直ちにそれぞれの家へ電報を打ち、寮生が帰宅しているかを問い合わせた。翌日、両者が帰宅していないことが確認され、一人の父兄が来社している。「寮務日誌」に記された無断外出事件は、この一件のみであるから、寮生が無断で外出することはまずなかったと推察される。しかし、これは、外出禁止を守っていた寮生らが、操業中の工場から離れず労働に従事していたことを直ちに意味するわけではない。〈図4〉の寮生の減少は、工女が工場から離れたことを示しており、それは正当な理由を有していたのである。工女らは、何を理由に工場を離れ、経営はそれをどう処理したのだろうか。以下、〈図4〉を中心に、各データを参照しながら日々の人員変化を確認することにしよう。

2　一九二〇年の人員変化

【四月・五月】

「寮務日誌」は一九二〇年四月一日から記載されているが、四月は年度の最終月となっており、ここで前年度が終了する。折しも、日本経済は第一次大戦後の戦後ブームの頂点から一九二〇年恐慌へと突入し、生糸相場も暴落したため、例年よりも早い休業となった。五月一日午前一〇時から終業式が行われ、翌日工女らは寮舎を去った。[41]〈図5〉によると、多くの工女が一斉に「帰宅」していることが分かる。そのなかで、休業中にもかかわらず若干の寮生が寮舎に残っている点に着目しよう。この内訳は、福知山・舞鶴両工場付工女が一三四名、残りの一五〇名が講習のために残留した者であった。[42]福知山・舞鶴両工場は、一九二〇年六月から一二八釜で操業開始予定の工場であり、本社に集められた工女らは、操業開始に向けて訓練を受けたものと思われる。また、一五〇名が参加したのは、休業中の家事講習会であり、五月五日から三一日まで女子寮で裁縫・料理・学科の教授が行われた。講習会最終日の「寮務日誌」には、以下の記述がある。

当講習ハ最初百五十人ナリシモ期農繁ニ際シ家庭ノ事情上帰宅スルモノ多シ然レ供残留者ハ至極熱心デ而モ甚大なる《ママ》喜ビヲ以テ実講セル模様ナリコレ偏ヘニ教師諸君ノ洋キ熱心ノ致ス処ナラント感謝ニ堪ヘザルモノアリ[43]

〈図4〉によると講習期間を通じて寮生の数は減少傾向を示しており、「家庭ノ事情」で帰宅する工女も多かった点は注意する必要がある。[44]それでも休業期間を利用した家事講習会は、先述のとおり、同社工女教育の一環として実施されていたことを確認しておこう。

【六月～一〇月】

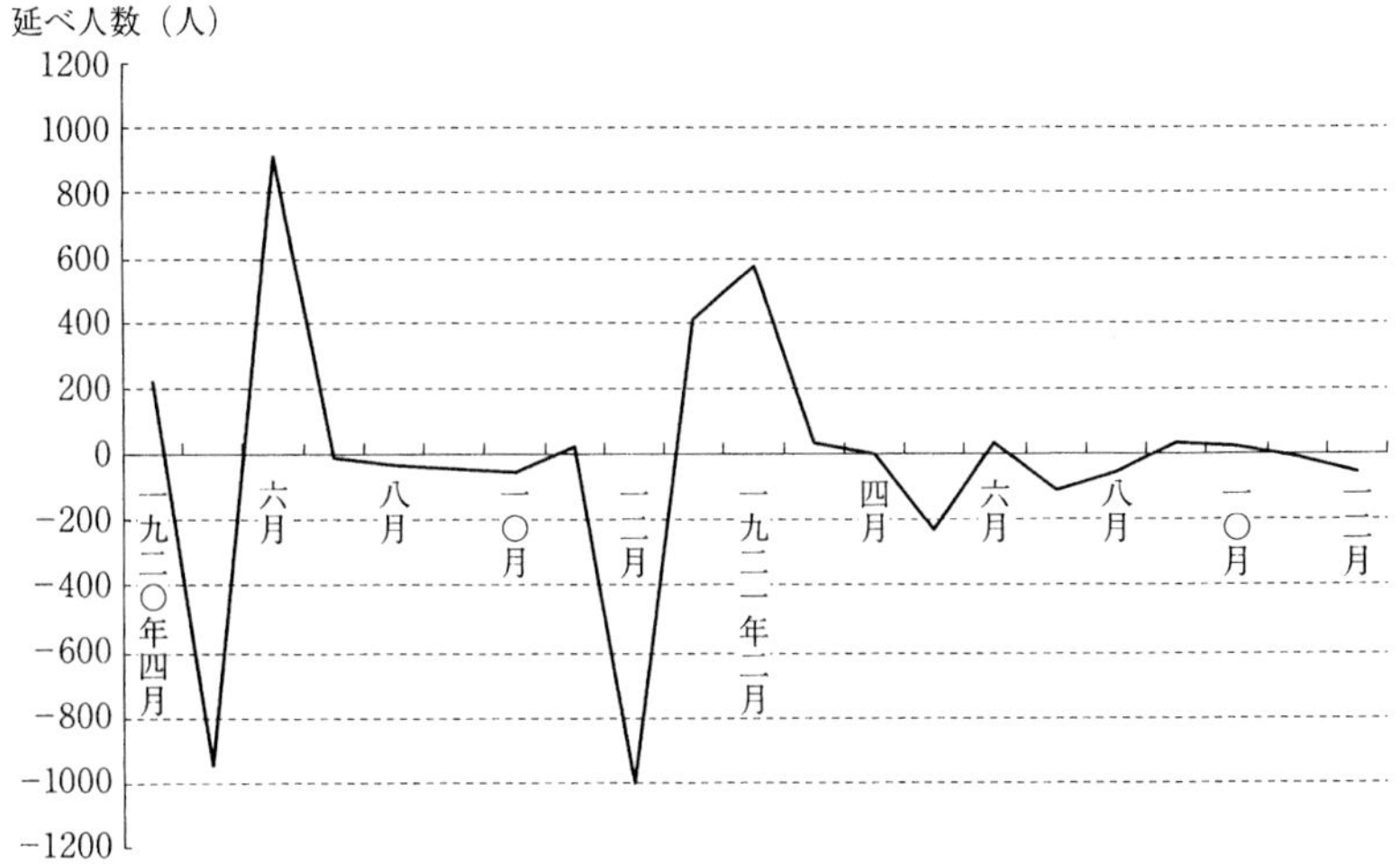

図6　月別人員増減表

資料）「寮務日誌」〔郡是製糸株式会社〕.

六月にはいると次の年度が始まるのにあわせて工女達が寮舎に戻ってくる。月別の人員増減を表した〈図6〉によると、五月の減少と六月の増加が対をなしている。〈図5〉によると、これらの工女は「帰宅」した後、「帰社」しており、新たに雇い入れられたわけではない。この時期は、ちょうど購繭乾燥期にあたり六月八日より繭の乾燥が開始され、寮舎の教室に作られた繭棚を管理するため女子寮および女学校の男子職員が徹夜勤務にあたったが、この乾燥が終了するのと同じ頃、一五日から工場が始業した。新年度になると、七月六日に現在人員はピークに達した。このとき、寮生は一一一九人であったが、さらに三八〇人の養成科生徒と、九〇人ほどの予備科生徒なる者も存在したから、女子寮が直接労働に従事しない余剰人員を抱えていた事が判明する。[45]「生徒」として教育を受けていた者は、全体の三割近い数になる。同社は「表は会社、裏は学校」と称されたが、事実、多くの「生徒」を抱えた教育機関としての様相を呈していた。

さて、現在人員の推移〈図4〉にもどって、谷の部分に着目したい。ほぼ一ヵ月半に一度の割合で大幅な人員減少が確認され、それが旧盆や祭りといった地域の慣習による工場の休業に伴っていたことが分かる。しかし一時的な減少や若干の減少傾向はあるものの、〈図6〉で確認する限り現在人員は比較的安定した推移を保っていた。工女らは工場の休業にあわせて一時帰宅をしたが、比較的短期間で「帰社」しており、日常的な業務に支障を来すことはなかったのである。

【一一月・一二月】

一九二〇年末、突然工場は操業を休止することになった。糸価暴落に際し、六月には蚕糸業同業組合中央会が臨時総会を開いて、政府への救済要請を決議し、九月には第二次帝国蚕糸株式会社が生糸の買い上げを開始する一方、製糸業者は操業短縮で糸価維持を図ることになったからである。日本製糸業は全国一斉休業を決定し、同社工場も臨時休業することになった。付言すれば、長野県をはじめ先進地域の製糸家が厳冬期の休業を常としていたのに対し、同社にはそうした慣行がなかったから、この休業は極めて異例の事態と言える。同社では一一月三〇日に休業式を行い、翌日から工女の帰宅を促した。〈図4〉によると休業期間の一二月に入り八〇〇人以上が一斉に寮舎を離れる一方で、人員の増加が見られた。これは、休業期間を利用した各種講習会に参加する人々が女子寮に集まってきたためである。一二月三日津山工場の教婦・室長五〇人が来社し、翌四日午後には他工場からも教婦・室長が集合し、総計約三二〇人が女子寮に到着していた。五日に女学校講堂で教婦・室長講習会開会式が行われ、講習会は二九日まで実施された。また、一二月六日からは残留者のために裁縫教室が開かれた。この前期講習会を終えて、講習生は各地域に戻り、一九二〇年が終わった。

以上のように、郡是本工場は、養蚕・農繁期としての五月の休業と日本製糸業の操業短縮の一環としての臨時休業の影響で、年間操業とは言いがたい状況にあったが、休業期間を裁縫などの講習会に当てつつ、操業中の六月から一一月には、比較的安定した人員確保を実現していた。それは、一時的な帰宅を含めた雇用慣行に関する合意があったためと思われる。この間、「退社」した寮生の数は一三人しかいない。うち一人は、揚返工に対し「退社ヲ命ズ」[46]とあり、就職不適当と認められた工女に退社を命じたものと思われる。[47]自ら工場を辞める工女は少なかったものの、旧盆や地元の祭りにさいして近隣の工女が帰宅することは一般化しており、その帰宅に合わせて公休日が設定されていた。この点を確認するのは、翌一九二一年に起きた変化を明確にするためである。一九二一年の動向を見てみよう。

3　一九二一年の人員変化

【一月～三月】

〈図5〉によると、一月の帰宅者数が極端に少なく、〈図4〉を見ても、前期と後期に分けられた室長・教婦の講習期間中の人員変動は極めて小さい。これは、休業中の講習会を受講するために他工場・他地域から来た寮生が、近隣出身の工女が行うような一時帰宅を行わなかったためと考えられる。工場の営業が再開された二月一五日には、〈図4〉によると、休業前と同数の寮生がいた。〈表13・図5〉で確認すると、それは工女が「入社」したためではなく「帰社」したためであり、ほとんどの寮生が戻ってきたことが分かる。[48]ただし、二月の「退社」者は期間中最も多く一〇人を数えており、彼女らが休業を期に製糸業以外に職を求めた可能性は高い。本工場では、その数一〇人ほどであったから職工不足に陥ることはなかったものの、同社他工場が同様に工女を確保できたわけではなかった。とくに職工不足が深刻化した工場には、本工場から工女が派遣された。〈図4〉では一九二一年三月に大幅な人員減少が確認できるが、これは四三名を津山工場に、五四名を八鹿町の丸山工場に一時派遣したことによる。[49]このような職工の移動は頻繁に確認できる。[50]これは、京都・兵庫を中心とした近隣地域に複数の工場を経営する企業だからこそ可能な、職工

過不足の調整方法として特筆に値しよう。(51)

【四月～六月】

四月に入り人員増加が見られるが、これは半年間の養成を終えた工女一三三人が加わった事による。しかし、一時的に増加した人員は五月に入り、急激な減少傾向を示した。前年の状況を想起すれば、養蚕・農繁期であり、また購繭・乾繭中であるこの期間は休業期間となっており、工女は「帰宅」していた。しかし、年末・年始の操業休止もあり、操業継続を試みたところ、現在人員は大幅に減少したのである。このとき、〈表13〉によると、五月の退社者は八人および期間中二番目に多く、また、〈図5〉によると、帰宅工女の増大も確認できる。「寮務日誌」には、「先日以来工女養蚕手伝ニテ帰郷するもの多く随って公休者少なく昨今の如きハ二三〇名にして掃除等進歩せず一部の如きハ掃くのみニテ拭ふ能はさる所あるニ至るなり」（五月二九日）とあり、通常の業務に支障を来すようになっていた。そこで、本社では、「昨今最も寮生の僅少に及び本社男女人夫に至る迄総計千二百五十人なりし内寮生七百二十一人なり而して繰糸釜数も随って五十釜減じ此上三十人減せりし」(52)（六月四日）として、釜数を減らす措置をとったのである。

養蚕・農繁期に帰郷していた工女らは、工場が操業中であるにもかかわらず、やはり帰郷した。そこで生産された繭が同社によって購入されることを考えれば当然ともいえるが、工場はその帰郷を引き留めないばかりか、人員の減少に伴い繰糸釜数を減らし、人員を削減してこれに対応した。ちなみに、同社統計では六月の使用釜数は二七五〇釜減っていたから、実際の減釜はもう少し多かったであろう。(53)乾繭を担当する女子寮職員は、「寮務日誌」に「本年ハ乾繭中と雖も繰糸を止むる事なく業ハ連続セリ又乾繭工女及購繭工女に出張せしものも多く有之しも何れも無事終了せし事ハ最も喜ばしき事と思へり」（六月一九日）と感想を記しており、乾繭や購繭作業に従事する工女も多かったのであろう。

【七月～一二月】

その後人員は増加傾向に転じたが、七月に人員減が確認できる。〈図6〉で確認すると、月ごとの人員増減で大幅な減少を記録したのは、休業中を除くと一九二一年の五月と七月だけであり、〈図5〉でも「帰宅」者の多さが確認される。これは、他工場の人員不足を補うため、半年の予定で津山工場へ三九人、また宮津工場へ一三人が一時派遣された為とも考えられるが、それ以外にも帰宅する工女は多かった。とくに七月中旬の一時的な人員減少は、前年の例から考えて、旧盆のため帰宅する工女が多かったためと推察できる。(54) 八月中旬には盆休みに伴う「帰宅」により、その前後に人員が減少した。一方、九月末に人員が増加したのは、四月～九月の養成を終えた一一三人が加わったためである。また、一〇月中旬の人員減は秋季運動会の開催による休業に伴い、帰宅する工女が多かったものと思われる。前年の例によると、この日は氏神祭のため一時帰宅する工女が多く工場も休業にしていたが、この年は秋季運動会を開催した。この後人員推移は安定を取り戻し、一九二一年末になると人員変化はきわめて小さくなった。〈図4〉は寮生の移動がほとんどないこと示しており、一二月三一日に残留者一二四人を残し総ての寮生が帰宅した。

こうして見てみると、一九二〇年の安定した人員確保に比して、一九二一年は大幅な人員減少が確認された。「退社」者の多さも目を引くが、とくに、五月は釜数を減らす措置を実施しなければならないほど「帰宅」する工女が多かった。臨時休業に続く五月の操業は、製糸経営の事情によりやむなく実施された措置ではあったが、そのために家の養蚕手伝いを拒むことは工女にとっては現実的でなく、また経営にとっても、工女の帰宅を阻止することは出来なかった。さらに郡是・他工場においては人員不足という事態が生じ、相対的に人員に余裕のあった本工場から工女を一時派遣するなどの措置がとられていた。しかし、このような人員減少のなかで、寮舎の掃除をする公休者が二、三〇名しかいなかったという記述は、通常与えられるべき一〇日に一日の休みを返上させて工女を工場労働に従事させていたことも示唆している。そして、そのような混乱がさらに七月の「帰宅」者の増大を招いたのかもしれない。比較的安定した人員確保ができるのは一〇月に入ってからであった。

興味深いことに、一〇月末以降、寮生の「現在人員」を把握する際に、工場での業務別人員も掲載されるようになった。一九二一年一〇月末の人員配置は繰糸六八九、揚返七一、仕上一一九、撰繭一三の計八九二人、一一月末には繰糸六七九、揚返七六、仕上一二〇、撰繭一三の計八八八人となっており、繰糸の減少が確認される。一一月末時点で、教婦を除く「現在人員」は八五八人であったから、繰糸には三〇人の教婦が含まれていると考えられ、繰糸工は六四九人となる。これは、五四〇釜の工場に対し、最低限必要な人数であったと思われる。一般に製糸経営における職工の欠勤率は、その「寄宿舎制度」ゆえにきわめて低かったと信じられているものの、大正期における同社各工場における欠勤率は八〜一二％と高い水準にあった(55)。高い欠勤率を反映して、本工場では多くの余剰人員が必要であったとも考えられ、長い営業日数を工女の交替勤務で実現していたことは先述の通りである。一九二一年の後半には、そうした余剰人員はきわめて少なくなっていたにもかかわらず、営業日数は延びていったから、繰糸工に対する事実上の労働強化が進んだと推察される。工場で働くことは、一層厳しい拘束を伴うものとなっていたのである。

三　批判の構図

1　温情主義

本工場を中心とする同社への注目は、同時に、痛烈な批判をも生み出した。労働問題に敏感なジャーナリストは、

「労働問題と製糸業――温情主義を排す」と題した記事で、「温情主義」が「現下の無理解の職工特に女工達に相当に歓迎される」状況を由々しき問題とし、同社の事例をあげて次のように言う。

温情主義で思い出す。京都府下の有名な製糸場で、今は物故したがその社長は蚕糸業界の人格者を以て目せられて居った。彼は一工女に対しても決してその名を呼び捨てにはせなんだそうだ。それから耶蘇坊主を雇って教育部長とやら云うものに祭り上げ、工女達に修道院のような生活をさせて、それで人格の陶冶し得るものと考えて居た。これは田舎源氏や梅暦を耽読させるよりも無論結構なことには相違ないが、彼がこの挙に出た第一の動機は資本家保護の立場であった。彼の希望は要するに柔順な工女を得て、社長の云うなり次第になるものを得ようと云うに外ならぬのであった。それが証拠に、その工場で与える工女の食料は工女酷使を以て天下に著聞して居る諏訪地方のものよりも下等であった。それから彼が果たして工女の人格を重んずるならば、労銀協定に工女側から委員を出させるとか、自ら率先して工女組合を作るとか云うことに奔走すべきであった。然るに斯る労働改善の方面には厘毛の努力をなさずして、一文入らずの工女に対する敬称や、自己本位の耶蘇教宣伝で、最も安価な温情主義を振舞ったのである。その老獪さは信州製糸家などの到底企及すべからざる所であるが、これが日本製糸家中の大人格者と思われて居たのだから驚くの外はない。温情主義は斯て無理解な労働者の乞食根性と、自覚した労働者の反感を喚起するに過ぎない結果になる。(56)

まず、同社工場で実施されてきた施策が「資本家」の意向に沿うものであった点は、おそらく記者の言うとおりであろう。その場合、同社の株主構成を想起する必要がある。創業当初、郡内の製糸家・養蚕家を中心に零細株主が多数を占めていた点は先述のとおりである。その構成は第一次大戦まで変わらず、大戦期の増資に際しても、養蚕家を安定株主とする分散的所有構造を維持したことが確認されている。(57)したがって、工場所在地周辺の養蚕家を株主とする同社が、彼らの意向を無視し得なかったであろうことは想像に難くない。そうした事情を等閑に付し、一般的な「資本家」を想定した批判者にとって、温情主義を排して工女の人格を尊重する施策とは、すなわち、工女組合を組織させ、工女側の委員と協定を行うことであり、それによる労働条件の改善に努力することであった。こうした施策を行わず、宗教や工女の名前を呼び捨てにしないなどというコストのかからない方法で柔順な工女を得ていた同社前社長は、諏訪の製糸家以上に老獪な人物と揶揄されたのである。

郡是製糸の川合信水は、「望月駒太郎君の評論を読む」を寄稿して、彼が「会社の実情を視察せられず、軽々に風聞や想像を基礎として、見当違いの考を立て」たことに遺憾の意を表した。(58) 川合の主張は、以下のとおりである。

君は我が会社のことを「温情主義」といわれますが、我々は所謂温情主義の名目を一回だも掲げたことはありませぬ。無論温情の反対の冷情な権利義務一点張りの主義でもありませぬ、欧米の労働界の傾向を真似てゆく主義でもありませぬ。こうゆう問題のまだ世間に起らぬ廿余年の昔から、相当の研究を積んだ「道」と「愛」とに基いて、一同「誠意正心」に働いて居るのであります。〔中略〕君の云々せらるる「食物」についても諏訪との比較は知りませぬが、学理上実際上両面から研究して、相当の献立をつくり、只今は更に其の道の専門家を聘して研究改良中であります。而して其の食堂には、会社創立以来、社長、専務、常務、各課長、工場長が、工女と同列に同一の物を食べて居るのであります。上と下と申しましても、階級的の念を本とせず、分業的の考を主として、精神の労働、筋肉の労働をして居るのであります。〔中略〕次に申したき事は、温情主義に二通りあることです。其の一は、君の排斥されます主従関係を基礎とした温情主義で、これは私も十分の者とは認めませぬ。其の二は、万人は神の前に平等であり、且つ同胞であるという信仰と愛とから、自然に沸いて出る温情主義であります。自然に沸いて出るのであるから、主義などという堅苦しい名を付くべきものではありませぬが若しこれに主義という名をつける必要があるならば、信仰的相互的温情主義とでも申すべきか、我々の会社に温情があるとすれば、其の第二の方であって、これは何人からも排斥せらるべき性質のものではありませぬ。[59]

主従関係を基礎とした温情主義は排斥すべきであるという共通認識のもと、同社の施策がそれに当るか否かで議論は分かれた。しかし、どちらの言い分が正しいかを判断することがここでの課題ではない。[60]本書の趣旨に照らして注目すべきなのは、両者の議論が工女をどのように見ていたかという点である。批判者によれば、同社工女は修道院のような生活で人格を陶冶された柔順な存在であった。注意を要するのは、温情主義が労働者の自主的観念を蹂躙して「乞食根性」を助長するために由々しき問題であると主張する批判者の議論は、前社長の波多野鶴吉のみならず、同社の工女がそうした無自覚な労働者であるとの非難を含んでいることである。それは、自覚した労働者の運動が、工女らの意識の低さを嘆く風潮と同様であった。これに対し、川合は主従関係を否定し、工女を精神の労働と筋肉の労働を「分業」している「同胞」ととらえ、神の前では平等であると主張した。唯一具体的な争点となった工場食についても、工女のみならず社長以下全職員が同一の物を食していることを強調した。もちろん、これは川合の主張であって、工女自身がどのように認識していたかは、また別の問題である。さしあたり、同社の工場生活が「一大家族的生活」として営まれていたことを想起したうえで、同社工女が製糸業という一つの事業を分業する「同胞」として川合によって位置づけられていたことを確認しておこう。

2　郡是の異端者——江口章子の「女工解放」

次に取り上げる江口章子は、北原白秋の元妻として知られる詩人である。[61]彼女は自身の「女工生活」を通して、工場生活への批判を展開した。批判を受けたのは、郡是製糸の教育を指導した川合信水であり、両者は『萬朝報』紙上で互いの主張を展開した。社会的に高い評価を受けていた当時の「模範的工場」が、何故批判の対象となったのだろうか。まずは、彼女が工場生活に足を踏み入れるにいたった経緯を、『女性改造』に掲載された手記「詩人の妻から工場生活へ」をもとに辿ってみよう。(62)

白秋との離婚後、郷里の大分に帰った章子は、「元女工」との交流を深め、工場生活への関心を抱いた。「元女工」の父が人事係として、妹が工女として働いていたのが当時、福岡県に進出したばかりの郡是製糸宇島工場であり、章子はその教育係になることを勧められたという。付言すれば、宇島工場とは福岡県築上郡の築上製糸を買収して一九二二年二月一二八釜で操業を開始した工場であり、工女も鹿児島の個人製糸や他会社から転じて来た人がほとんどで、「仕事は出来ても礼儀作法は片鱗もなかった」という。(63)お湯へ行くときは作業服で行くが、帰りにはお腰一つで団扇を使いながら部屋へ帰る様子に、本社から視察にきていた課長が頭を抱えたとのエピソードもある。

工場で働く製糸工女の振る舞いは、買収工場の多くで似た状況にあり、そうした工場を「下等」と見なす地方も多かった。宇島工場も例外ではなく、章子は入社にさいして兄嫁から、「私たちの顔に泥を塗るようなものだ……況して、あんな田舎の下等な工場に女工募集人の世話で行くなんて、あなたの生涯の名折だから、どうせ行くのなら、せめて中津の紡績位にして親族にも重役とか株主があるし、立派な方のお顔を借りて行く方が好い」と言われていたし、彼女が影響を受けた「元女工」は「村一番の貧しい家の娘」であった。(64)宇島工場の甲斐場長も「此の地方では、女工さんを大そう賤しむ風習があります。家で筵を織っても女工には仕ないと云ふ様な有様ですが、それは今迄の悪い工場ばかり見ているからです」と述べたという。その上で同社の方針を、創業者が「半ば教育半ば労働と云う風にして女学校に行けない貧家の娘さんたちの為に、働きながら立派な教育をして行くことを目的とされて、今日に及んだもの」と説明し、「どうか一つ協力して工場に対する世間の間違った考へを打ち破るに足る丈の模範工場をこしらへたいものです」と協力を呼びかけた。同社の工場進出において、模範的工場をつくることが目的化していた点は強調しておく必要があるだろう。この甲斐場長が、郡是女学校設立時に製糸法・製糸実習担当教員として名を連ねていたことを想起すれば、新設工場の経営にあたって工女教育への期待が大きかったことも頷ける。

工女教育に力を入れる同社の理念に感銘を受けた章子は、書簡の中で「一つの社会奉仕として不幸な女工の世話がしてみたい」[65]と記している。このような決意を持った章子は、一九二二年八月一五日に入社し、規定により京都府綾部の本工場で「工場生活」を始めた。それは、厳密には、教育係になるために本工場で短期の工場生活を送りながら各種研修を受けていたのであり、工場労働に従事していたわけではなかった。しかし、章子は後に自身の「女工生活」を振り返り、『萬朝報』紙上で「女工解放の狼火」を挙げた。章子の郡是入社を報じた『萬朝報』は、退社後の章子を「郡是の異端者」として書き立てたのである。先述のように、この年の八月、郡是製糸の川合信水が第四回国際労働会議の労働代表に選出されたことも、人々の関心をひく一因となったであろう。当時の記事をもとに、章子が見た「模範的工場」の内実を再構成してみよう。

①「郡是は僅か四ヶ月の生活でしたが、妾には又と得難い体験を与へて呉れました。模範的工場と誇っていても、それは外見と形式だけで、信仰と云ふ太い鉄鎖で縛り付けて、年若い小娘を虐げ乍ら使っている工場に過ぎません」[66]

②工場と云ふよりも修道院、女工と云ふよりも尼僧と云った感じのする郡是の製糸工場で、墨染めの衣のやうな黒い仕事服を着てお行儀よく立ち働いてゐる工女等は浮き浮きとした娘ではなく、血も肉も枯れ果てた老婦である。これが郡是工場の川合教育部長の理想であり、誇りでもある。[67]（句読点は、引用者による）

郡是本工場は、「模範的工場」と誇るだけの外見と形式を備えており、お行儀よく働く工女らは、川合の理想そのものであった。しかし、章子の批判は、まさにそのような工女たちの姿に向けられていた。工女らの振る舞いは、信仰という見えない鉄鎖で縛りつけられているがゆえのものと感じた章子は、彼女らを「本当の娘」として解放するために自ら「人とし、女として勝手に振舞った」という。例えば、裁縫の時間に師範に従わず人形を作ってみたり、聖書の講義中に経文を唱えたり、というあり様であった。本書が注目するのは、このような章子の振る舞いを当の工女らがどう見たか、という点である。

生活の為めに余儀なくされる信仰よりも、若い娘の心の内から、炎の如くに燃え上る欲求の方が、より以上に力強かった。江口章子さんが郡是の教義に反抗して、人として、女として勝手に振る舞った時、「救はれざる女」と卑下した多くの女工さんの中にも、彼女に共鳴する人達が出て来ずにはゐられなかった(68)。

記者は、章子に共鳴する者が出てきたことを感動的に伝えており、工女の中にも経営側と対峙する人達がいた事実に光を当てた。しかし、逆に、郡是の工女達が章子を「救はれざる女」と卑下したということが当然のように描かれている点に着目しよう。これは、記者にとっても自明であったようである。つまり、章子にとってみれば、自由を制限する工場生活は「奴隷に等しい生活」であったが、工女らから見れば、章子の勝手な振る舞いこそ許し難いものだったのである。厳密に言えば、本当に工女たちであったかどうかはわからない。章子は教育係となるべく本社での工場生活を送っており、寮舎管理の実習として工女らとの交流もあったが、ここで章子に共鳴した二人はいずれも師範科生徒であったからである。いずれにせよ、章子は病気を理由に退社し、章子に共鳴した二人も同社を抜け出して章子のもとに身を寄せるしかなかった。

郡是を退社した章子は、「模範的工場」の内実を暴き、「女工解放」を訴えた。しかし、同社が外見と形式において「模範的工場」であることは章子自身も認めており、批判はそれを保障するメカニズムに集中していた。章子は、外出の禁止や親書の開封といった行為が強制力を持って実施され、またその現状に甘んじる工女を批判し、「信仰」による「強制」から工女を解放しようとした。ただし、章子のとった手段が、郡是の「教義」に対する反抗であり、具体的には勝手に振る舞う事だったという事実は、彼女の「女工解放」がもつ脆さを示している。結局、章子の行動は「異端」として処理され、「模範的工場」に潜む「強制」に対抗することはできなかったし、逆に章子は「救はれざる人」として卑下されたのである。「不幸な女工の世話がしてみたい」と記した章子の決意は、自身を不幸とは思わない人々によって、遅かれ早かれ拒絶されるしかなかったのであろう。

先述のように、「郡是デ居タ女ハ割合ニ世ノ中カラ悦バレタモノデアッタ」というこの地域においては、「女学校を卒業するより、郡是を勤め上げる方が嫁入口が多いと云はれる程」であったから、同社で働くことは工女にとって必ずしも不幸を意味するものではなかった(69)。宇島工場の状況や、一般的な女子工場労働者の存在形態を想起すれば、このような言説の流布に奇異の念を抱かれるかもしれない。どれだけ実態を反映したものであるかは疑わしいと。しかしながら、何鹿郡に、相対的に学歴の低い男子が多いことの裏返しと見れば、一定の真実味を帯びてくる。例えば、「ここに特に奇なるのは何鹿郡では中学校がなく、女学校がある状況ですから大正十年頃からの結婚は新夫の学歴は低く、新婦は高等女学校出身という従来の型を破った夫婦をみうけるやうになりました」との指摘もある(70)。夫より妻の学歴が低い結婚を常態と見なし、新婦の高学歴を忌避する地域にあっては、「郡是出ノ御嫁様」に「嫁入口」が多いとしても、無理からぬことであろう。工女らは、工場生活においてどのように振る舞うべきかをわきまえており、従順であると同時に異端者を排除する存在であった。章子は、川合の理想に基づく工女の振る舞いに「強制」を読みとったが、工女らは郡是の工女として振る舞い、同社を勤め上げることに価値を見出していた。章子が囚われていた、資本家と「不幸な女工」という対抗関係は何らリアリティをもっていなかったのである。

望月駒太郎や江口章子による批判の構図は、労資関係の動揺に対する日本社会の一般的な理解に基づく、その意味で同時代性を有するものであった。しかしながら、両者の素朴な批判は何鹿郡の現実を把握する川合によって容易に退けられた。[71] 同社の「労働政策」に対する批判が外部からのものである限り、その方針が修正を迫られることはなかったように思われる。しかし、同時期、同社内部においても教育に対する疑義が生まれつつあったことは特筆すべきであろう。それは、主に分工場の生産現場から生じていた。

四「模範的工場」の再編

1　工場進出と教育の意義

そもそも、同社の工女教育制度は何鹿郡の社会経済状況を基礎として形成されたものであったが、他地域に展開する工場でも同様に追求された。

まず、新たに募集した工女に対する養成教育は、他工場の場合も郡是女学校で実施された。これは、五年間の雇用契約を義務とした福利施設と位置づけられており、長期契約を前提としたものであった。工場数の増加や増釜に伴う養成人員の増加に対応すべく、養成用の釜数は一九二〇年に一五四釜となり、養成技術の統一にも寄与した。例えば、一九二〇年四月入学の第九期養成科生徒は九月末に卒業式を行い、うち約九〇人は萩原、雲原、口上林、中上林、舞鶴、福知山、宮津、竹野工場へ帰場したが、これらはいずれも京都・兵庫の近隣地域に立地する工場であった。[72]

一九二一年郡是・山崎工場に入社したOは、当時、村では姫路の片倉製糸に行く人が多かったなかで、「郡是会社は勉強も教えてもらえる、裁縫も習えると聞き、心をはずませて、朝早く起きて、草履をはいて着物をからげて五里の道を歩いて入社」し、綾部の本社で郡是女学校第一一期養成科生徒として養成を受けたという。勉強や裁縫の教授が、確かに工女の心を捉えていたことが確認できる。綾部での工場生活については、「室長さんをお姉さんと言い、お風呂に行くにも、食堂に行くにも必ず手をついて『お姉さん、おさきにいかせていただきます』『どなたさんもおさきに』と挨拶をしなくてはなりません。初めはとてもとまどいましたが、日が立つにつれ、お姉さんはどこ迄も優しく教えて下さいましたし、部屋の皆さんもそれぞれ遠くから親元をはなれて来たもの同志ですので、とても仲良しになりました。」と回想する。他工場の工女らも綾部での寮舎生活を通して、郡是の工女としての振る舞いを身につけていったのである。

養成を終えた一般の工女に対する教育は、各工場で整備された。一九二〇年の京都府の調査によれば、宮津工場では修身、読書、算術、作文、体操、裁縫等を教授し、口上林工場では休日の裁縫、学科の教授の他に終業後一時間の学科教育を希望者に教授していた。萩原工場も公休日の午前中を裁縫にあてるため教育係二人を配置し、嘱託教師二人の夜間教授を実施していた(73)。郡是女学校で裁縫科を設置した本工場には及ばないまでも、公休日を中心とする教育が整備されていたことが分かる。分工場では、養成教育を本社で、一般の教育を各工場で実施する体制が形成されていった。

もっとも、本社に近い京都・兵庫に位置する各工場が綾部での養成教育を基礎として円滑に工場教育を展開したのに対し、遠隔地の工場における教育は、必ずしも容易ではなかった。遠隔地に位置する山形県長井工場の場合で見てみよう。長井工場は、一八八七年に地方蚕業の発達とともに、子女に職業を授けるために川村利兵衛により創立された羽陽館川村製糸場(四四釜)に始まり、経営者を変えながら営業してきた工場であり、一九二〇年三月に郡是製糸が買収した。[74] 長井工場の教育は、一九二二年教育係の赴任によって本格的に開始された。[75] その当時、職工は通勤と寮生とが半々で「郡是とは名ばかりの状態」であったという。例えば、工場に行けば蒸気で芋を蒸かしてゆく、寮舎には漬物桶が持ち込まれるといったあり様で、世間一般も「製糸女工」といって軽蔑する。これが製糸工女とそれを取り巻く社会の現実であった。そこで教育係がまず実施したのは、寮舎の門限を定める事であった。職工達はこの定められた門限に耐え得べくもなく、ただこれ一つの理由で退社する者が続出したという。[76] 他経営から引き継いだ工場では、「郡是とは名ばかり」の状態から脱すべく教育を実施した。具体的には、「女らしくあれ、慎み深くあれ」と指導し、社会的に蔑視される「製糸女工」ではなく、自ら向上勉学に励む「理想の工女」としての主体化を工女に促すものであった。その方針は、本工場で創業以来追求されてきたものであったが、工場進出にさいしても堅持されていた。

　しかしながら、同社の教育は本工場において必然的に実施され、生糸生産に寄与すると信じられていたにもかかわらず、労働力の陶冶とは必ずしも一致していないのではないか、との疑念が生じていた。労働力の不足に直面し、他地方の経験工（＝旧工女）を受け入れ始めたとき、工場長たちが驚きを隠せなかったという事実は、このことを如実に示すものであろう。園部（京都府船井郡、一九一〇年操業開始）工場長は、「最近旧工女の入社して特に感じたことは、郡是にて養成訓練したものより、それ等の人々が非常な緊張振りを発揮したことです。[77]」と述べ、また、和知（京都府船井郡、一九一〇年操業開始）工場長も、「職工の訓練に力を入れましたが、私の工場はその附近のものばかりにて停滞気分になり易く困ってゐました。近頃他の地方より旧工女が入り、非常に緊張味を与へまして今迄の考へを裏切りました。新年度に於ては優良なる職工を他の地方より多く入れて、従来の職工気分の一新を計ると共に、原料の改良に此の上一層努力して事業を経営する積もりです。[78]」と述べた。ここでは、熟練の有無よりも他地方の工女たちがもつ「緊張」が評価され、郡是の工女たちには、これが欠如している点が驚きをもって報告されている。同社工女の「優良」

には定評があったものの、実際に他社の工女が劣っていたというわけではなかった。

もう一つ別の事例から、この問題を考えてみたい。先述の宇島工場（福岡県築上郡、一九二二年操業開始）は、桑不足のため春繭原料が貧弱であったにもかかわらず、日本一の原料繭を確保した宮崎工場（宮崎県宮崎市、一九二〇年操業開始）に匹敵する成績を収めた。九州の工場を視察した由良部長は、両工場を対比して次のように述べた。

由来宮崎県は惰眠性のある所と感じて居りました。其の地方より来る職工は郡是に入れば裁縫なり行儀なりを教へて貰ふことを主に思ひ、宇島工場に入る職工は鹿児島人で只仕事をすることのみを考へて居るので其所に精神的に差を生じ前述の如く原料に甲乙あるも其の成績に於て大差なきは当然の現象であると思ひます　然し今後郡是へ入る職工には必ず仕事を第一の的にして入社する様に心得させなければならないと思ひます(79)。

ここでは、同社の女子教育につられて入社する工女たちが必ずしも労働力として適さない点が問題視され、むしろ批判的にとらえられている。同社が実施してきた教育は、工場労働との間に齟齬を来しつつあったといえよう。「模範的工場」とされた本工場で実施されてきた養成・教育制度は、他工場において欠陥を露呈したのである。

2　社則改正

一九二〇年代前半は、養蚕農家との共存共栄を旗印に経営してきた同社が、養蚕家との関係に溝を生じた時期でもあった(80)。さらに、レーヨン工業の発展にともなう日本製糸業苦難の時期を迎え、経営のあり方を根本的に見直す時期に来ていた。とりわけ、一九二四年一月の場長会は、震災による生糸焼失の影響や養蚕農家との関係悪化という問題を抱え、経営陣に危機感が強まるなか、新年度の経営方針を打ち出す重要な会合であった。同社は、創業の精神に則り、よい糸を安くつくるという基本理念の徹底を図ることになるのだが、その実現には原料繭の改良と工務における製糸技術の改良との二つの道があった。まずは由良営業部長の発言に注目しよう。彼は「此ノ重大事ヲ単ニ工務ノ方ノミニオ願イスル事ハ出来ナイ、十七才前後ノ女ノ子ニ対シテソンナ大ナル要求スル事ハ到底出来ナイ、如何ニシテモ原料ノ改善ニ全力ヲ注ガネバナラン」(81)と主張した。「十七才前後ノ女ノ子」は保護すべき対象ではあっても、経営を左右するほどの責任を託せる存在ではなかった。彼女らの技術に多くの期待を寄せていなかったことが、優良原料繭の確保を基礎とする同社の経営方針を規定していたように思われる。同時にそれは、同社の教育が女子教育として遂行されてきたことの理由でもあった。

一方、川合信水は「解決方法」として「精神的総動員」を訴えた。川合の言う「精神的総動員」は場長の「高等統帥」のもと行われ、教育係がそれを補佐するという形式を取る。繭は原料係に、工女は工務係に任せるというのではなく、工場生産全てを教育中心に行うというのである。(82)「教育ヲモット有効ニ用ヒ度イ」という川合の主張は現実のものとなり、一九二五年の社則改正を経て「教育総理川合信水」が誕生した。波多野鶴吉の死後社長に就任した遠藤三郎兵衛は、その事情を次のように説明した。

従来ノ修道顧問デアラレル川合先生ヲ今迄モ事実ソウデアリマスガ教育総理ニ改メ従来ノ教育課ヲ廃シ教育方面全部ヲ総括シテ之レヲ誠修学院トシ〔中略〕今度ノ学院ハ我々重役ヲ始メ総テ幹部職員職工全般ニ亘ル教育機関デアルコトヲ明カニ表ハシ度イ考ヘデアリマス而シテ当社ノ営業ハ此ノ誠修学院ト一ツニナリ又両々相俟ッテ経営シテ行ク様ニシタイノデアリマス(83)

改めて事業と教育の一致を打ち出した同社では、川合信水が教育総理に就任し、川合のもとで事業経営すべてを教育中心に行う方針が決定された。なぜ川合は会社組織から超越して教育総理となったのか。川合は場長たちを前に次のように述べた。

尚此際特ニ御願ヒ致シタイコトハ一層教育者ヲ尊重シテ貰ヒタイコトデアリマス〔中略〕模範的工場ヲ作ルニハ〔中略〕工場ニ於テ教育者ヲ単ニ使役シテ居ル様ニ考ヘテ居レバ職工ノ精神ハ益々悪化シマス故ニ工場長ナリ其ノ他幹部ガ教育者ヲ尊重スレバ其ノ教育者カラ職工ニ授クル総テノ事ハ良ク徹底シ無形ニ良クナリ従ッテ其ノ結果トシテ必ズ有形ニ及ブノデアリマス(84)

ここでは、「模範的工場」をつくるために、教育者の「権威」が何よりも必要である点が明確に指摘されている。教育者尊重の姿勢を知らしめるため、その象徴として川合は教育総理という地位に就いた。「会社」は「教育」を有効活用し、教育者を尊重することによって「模範的工場」を追求する道を選んだのである。これは、「善い人が良い糸をつくる」という「波多野翁以来ノ精神」を徹底するという文脈で説かれ、その精神を「社会」に普及させるべく、「会社」による社会教育が展開することになった。

会社精神の普及徹底を企図した社会教育は、一九二五年誠修学院社会科の設置によって始まり、一九二七年には本社社会課による本格的活動が実施された。社会課による社会教育は、一九三四年教育課に合併されるまで会社において独自の地位を占めており、その担当事項は、①従業員家族の教育、②取引養蚕組合の教育、③養蚕教師の精神指導、④視察団・見学団に対する会社精神の説明、⑤学生修道院の経営、⑥映画教育であった(85)。同社の教育が、何鹿郡において、工女を送り出す家庭や社会との関係を良好に保ち、かつ円滑な工場経営を行う上で重要な位置を占めていたことを想起すれば、新しい地

表14　教育部職員数

年	男	女	合計
1908	2	5	7
1909	3	14	17
1910	3	15	18
1911	3	17	20
1912	3	30	33
1913	3	36	39
1914	4	37	41
1915	5	35	40
1916	6	47	53
1917	8	59	67
1918	10	65	75
1919	12	75	87
1920	13	89	102
1921	14	100	114
1922	16	112	128
1923	17	125	142
1924	21	149	170
1925	25	165	190
1926	29	156	185
1927	32	160	192
1928	32	167	199
1929	37	163	200

資料）「完全教育二十周年記念式当時ニ於ケル職員」（1929年11月）より算出.

域への工場進出にさいして、教育部門の果たす役割が小さくなかったであろうことは容易に推測される。〈表14〉によれば、同社教育部職員は急速に増加し、とりわけ女子職員は一九二五年にかけて、男子職員はそれ以降に急速に増加した。彼らは、主にこの社会教育を担っていたのである。

こうした活動は、一九二〇年代初頭からの職工募集においても一定の役割を果たしていた。例えば、群馬県前橋製糸同業組合の視察報告は、新たに郡是製糸が募集地を新潟に求め、募集を有利に運んでいることを報告している。同社は、工場生活の内容、作業状況を活動写真に撮影して父兄その他に見せ、慰安をかねた宣伝活動を行っていた(86)。遠隔地募集における活動の成功を受けて、社会教育が強化されたものと推察される。東條由紀彦は、「近代社会」(日本においては一八四〇年代はじめから一九二〇年代中葉)の特徴を「家」が労働力の所有主体であるために、資本家的経営がその労働力を自律的には編成しえない点に求めている(87)。農村に立地する同社の事例は、この指摘に適合的であり、従業員のみならず、その家族をも教育によって動員していくという方針が立てられたことは、自然の成り行きともいえる。教育は、労働力編成の手段としてより強化される必要があった。しかし、そうした教育は社会教育として強化されたのであり、それまで本工場を中心に実施してきた工女教育とは明らかな断絶があった。もちろん、父兄の要望にも見られたように依然として女子教育の必要性は残っていたから、同社は一九二四年に特殊教育を制度化し、勤続五年以上あるいは結婚退社する工女に対して、一ヵ月間の無料教育プログラムを用意した(88)。「工女気質」を排除し、夫に従い舅姑に可愛

表15　本工場の職工残留率　(%)

		1年目	2年目	3年目	4年目	5年目	6年目
1919年	養成工	99	86	80	66	67	46
	経験工	97	47	55	25	17	7
1930年		93	78	51	43	39	39

資料）桂皐『本邦製糸業労働事情』中央職業紹介事務局，1928年，79頁.「職工入社年次別現在歩溜調査」(「場長会録事」1931年10月).

註）1919年データは，年末に現存する職工についての残留率. 1930年データは入社翌年の3月末における現在人員を基準として，1931年の3月末現在の在籍人員から算出したもの. したがって，1919年の1年目は1918年入社者を，1930年の1年目とは1929年入社者を指す.

がられるよう指導し、「何処へ出シテモ恥シク無イモノ」[89]として工女を嫁がせようとしたのである。創業以来、休業期間を中心に実施されてきた専門教育は、通年操業においても、「模範的工場」を支える女子教育として自覚的に組み込まれたといえよう。それは、工女の勤続を確保する上で重要な意味を持つと考えられたからである。

もっとも、本工場における工女の残留率は、一九二〇年代初頭を期に大きく変化した。一般的には、第一次大戦後の労資関係の動揺を経て、企業内養成・教育制度の整備や労働条件の改善が職工の定着を促したことが知られている。製糸業に関しても、先進的な大経営において、工女の技能養成・教育制度が整えられ、熟練工を自社の養成工のみから補充する方針が実施され、昭和初期には養成工の長期勤続が達成されたことが強調されており、郡是本工場はその代表的事例と考えられている[90]。しかし、〈表15〉によると、一九一〇年代後半に入社した工女らの残留率に比し、一九二〇年代後半に入社した工女らの残留率は低くなっている。むしろ、昭和初期には職工の残留率が低下したように見える。厳密に言えば、一九三〇年データには養成工と経験工の区別がないため、経験工の増大が残留率の低下をもたらした可能性は否定できない。しかし、「寮務日誌」において確認したように、一九二〇年頃には経験工として入社する工女はごく小数であったから、経験工が増大していたとすれば、それ自体が労働力編成の逆行を示すものと考えられる。いずれにせよ、企業内養成・教育制度の整備と職工の定着という問題は、一九二〇年代初頭を転換点として、もう少し複雑な経過をたどっていたといえよう。この点について考察するのが次章の課題となる。

おわりに

「模範的工場」として知られた郡是本工場の内実を見てきた。まず、経営規模を拡大し多くの従業員を抱えていた同社が、寮舎をどのように位置づけていたかを確認し、少なくともこの段階では、工場生活は「一大家族的生活」として統一されていたことを明らかにした。寮舎は工女教育の場として位置づけられ、工場をとりまく農村社会で求められる人格形成を促していた。養成工を中心とする工女確保の結果、その定着率も著しく高かった点は、同工場が「模範的工場」たる所以でもあった。こうした「労働政策」は、同社他工場でも推進された。他地域への進出を果たした工場の場合、本工場以上に教育の必要性が生じていたとも言える。しかしながら、他経営での経験をもつ旧工女の働きぶりに直面した各工場では、工女教育への疑義が高まっていった。本工場で整備されてきた養成・教育制度は、定着には効果的であったとしても、生糸生産そのものには不適切とさえ考えられるようになったのである。

実際、農村社会で求められる人格形成を促す女子教育は、企業特殊的な熟練を形成する技能教育とはやや次元の異なるものであり、第一次大戦後の生産重視の経営体制の中で技術養成が本格化するなか形骸化を免れなかった。注目すべきなのは、この間通年操業へと移行しつつあったことである。労働時間を短縮し、通年操業によって生糸生産量の増大を目論む方針は、女子教育の形骸化とも相俟って、製糸工場で工女として働くことの意味を変える可能性を有していた。このように、製糸労働の旧慣を破る動きは他地域でも見られるようになる。例えば、群馬県の交水社二重丸組では、一九二二年の「募集人心得」で「春挽のみの工女を避け養蚕帰宅を要する者は可成謝絶すべし」と指示し、一九二五年から「寒挽」と称して冬季休業中も一部で操業を継続し、一九二八年には工女に帰郷を遅らせ、入場を早めるよう慫慂した(91)。こうした動きの起点が第一次大戦期にあり、一九二〇年恐慌の臨時休業を経て顕在化したように思われるのである。

郡是製糸の「寮務日誌」による日々の寮生の動きで把握されたように、工女らは比較的近隣の地域から入社したために、休日を利用して頻繁に帰宅することが可能であり、そのために「家事上の都合」で行動することが常態化していた。当然経営は、このような工女の行動をふまえて営業を行うため、余剰人員を多く確保し、養蚕・農繁期の休業や地域の慣習による休業を実施していた。一九二〇年恐慌を経て、慣行を破ったのは経営の都合であったが、工女らはやはり養蚕手伝いのため帰郷した。また、他工場の人員不足を補うため、余剰人員を削減しつつ、一日の労働時間を減少させ、通年操業を実施するなど、工女の働き方は大きく変わっていった。社史では、一九二一年頃から同社工場の密集する地域で、職工の募集難を感じるようになったと指摘されている。(92)しかし、問題は単に工場数が増大しただけではなく、突然の休業や年間操業が工女の就業行動に与えたインパクトの大きさを指摘できるように思われる。

この後、同社は年間操業を継続しているが、一九二〇年恐慌後の経験は、家事上の都合を優先する工女の就業行動を、克服すべき課題として経営に認識させたように思われる。例えば一九二五年三月末時点においても、本工場の職工数九五九人のうち、帰宅者は五三（病気一九、家事三四）人に及び、家事都合を理由とした退社者も多かった。(93)同社は、教育の徹底を目指した社則改正を実施し、「模範的工場」をつくる体制を整えるとともに、「優良職工ノ充実」を期して「職工募集ノ革命的改革」を行う。これは「優良職工」の「素質」をもつ者を選び、直接的に合意を形成しようとするものであり、同社は、この「採用管理」を通して企業内養成制度の徹底を図った。こうした各種の改革が、工場の年間操業と工女の就業行動とのギャップを埋める試みとしてとらえられるとすれば、ここで明らかにされた「模範的工場」の内実は、新たな経営課題の萌芽とも見てとれる。その意味で、一九二〇年代初頭の「模範的工場」は転換期を迎えていたのであり、雇用関係を支えていた仕組みもまた変容を迫られていたのである。

註

（1）「成行約定」の骨子は、品名、品位、数量、受渡時期、受渡場所および値段決定の標準を売買取引成立時に予め定め、受渡期間中の一定期間における市価を基準として最終的に値段を決定することにある。予め値段を決めておく「値極先約定」の改善策として案出されたこの取引方法は、一般にも普及し、第一次大戦を期に急速に発達をとげた。詳しくは、加藤幸三郎「大正末期・郡是製糸における「成行約定」の歴史的性格」（専修大学歴史学会『専修史学』二、一九七〇年二月、一～一九頁）を参照。

（2）阿部武司「産業構造の変化と独占」石井寛治・原朗・武田晴人編『日本経済史3　両大戦間期』東京大学出版会、二〇〇二年、六二～六七頁。なお、この場合の従業者数は、原則として職工数であり、同社従業員数はもう少し多くなる。

（3）四方文吉『我が声』（一九一七年）には、その親友吉岡勘之助の郡是見学所感として「郡是製糸会社は表から見れば会社、裏から見れば学校である」と述べた一節がある。当時の郡是を端的に示すものとして、社史などで引用されることも多い。

（4）「皇后陛下綾部へ行啓」『大日本蚕糸会報』三一一、一九一七年一二月、一～三頁。この「重要記事」の他に、「農務局長道家齊氏談・国母陛下の行啓を仰ぎ奉りて」「郡是製糸株式会社長波多野鶴吉氏談・国母陛下行啓に就ての顛末並に感想」という談話も掲載された。

（5）「皇后陛下の行啓を仰ぎし郡是製糸会社の教育設備」『職工問題資料G拾弐』工業教育会、一九一七年。

（6）前掲註（4）に同じ。

（7）労働組合の行政的承認がなされる一九二四年以前の労働代表選出において、独特の「労働政策」を実施する郡是は注目すべき経営であった。結局、川合は体調不良を訴えて代表を辞退し、療養をかねて綾部を離れることになった。この真意は、「川合自身としては、自分の本分は宗教上の修養と伝道教育であって、労働問題といったとらえ方で見られるのは心外であった」と説明されている（グンゼ株式会社社史編纂室編『グンゼ株式会社八十年史』グンゼ株式会社、一九七八年、二〇四頁）。なお、川合信水の略歴は次のとおりである。一八六七年に山梨県で生まれた信水は、家族五人との死別をきっかけに一八九二年に洗礼を受けてクリスチャン（メソジスト）となる。巌本善治を通じて『女学雑誌』の記者となり、北村透谷、島崎藤村、徳富蘇峰らとの交際を深めるが、信仰の道を究めるため仙台に移り東北学院で押川方義に師事する。群馬県の共愛女学校校長を経て、郡是に招かれた（川合信水「吾が信仰の生活」一九六一年、川合秀雄編『基督の心』第一九一集、基督心宗教団本部、一九九五年所収）。

（8）土屋喬雄『続経営理念史――明治・大正・昭和の経営理念史――』（日本経済新聞社、一九六七年）は、波多野をキリスト教倫理に基づく経営理念の持ち主として紹介している。

（9）郡是製糸株式会社『郡是四十年小史』一九三六年、六九・七〇頁。

(10) 以下、工務成績については、総務課「工務年報第一号」(一九一二~一九二七年度、郡是製糸株式会社)参照。
(11)「郡是製糸株式会社の職工訓練法」『職工問題資料G四拾』工業教育会、一九二〇年。
(12) 少し長くなるが、回想を引用する。「朝は四時半の大笛と呼ばれた汽笛で起こされて、工場にはいり朝食前に一仕事して朝食、すぐ仕事にかかって十二時に昼食少しの休憩で又仕事につき、仕事の終るのは七時、正味十三時間半の労働、食事は立食で、半白の麦飯。朝は漬物だけ。昼に味噌汁がつき、夕食には野菜の煮たのや時には牛肉や魚がつく事もあるが随分粗末なものであった。時々工場の若い人達と一緒に牛肉を鱈腹たべたが、育ち盛りの若い女の子には労働時間も厳しいし、食事も悪い。何とかならないかと思い始めた。〔中略〕支配人の片山さんは、とても精力的な人でそれこそ精励格勤、仕事以外の事は何も思われない人と云われていた人である。目と鼻の歩いて十分余りの処に御宅がありながら平素は事務所の二階に中学へ通う長男の正一さんを連れて泊り込み、職工と一緒に起き、同じ食事をして居られた。」(小野蔵三『八十八年の回顧』対山荘、一九七三年、一八頁)。
(13) 労働のあり方を別にすれば、労働時間という指標は職員の方が長時間労働をしていた。「寮務日誌」では、終業後の会議が頻繁に確認される。このようなことが可能なのは、基本的に職員が社宅で生活し、会社と社宅の区別がないためである。小野蔵三は「社宅生活は会社の延長でもあった。会社と社宅の区別はない様なものであった。工場の人が殆ど接する人の総てで、よく工場の人々が家へ来て、色々と世話をして呉れた。社宅の人々は互いに行ったり来たり助けたり助けられたりだった。」と回想している。(前掲『八十八年の回顧』三八頁)。
(14) 前掲『郡是四十年小史』三九頁。
(15)「女学会開設の趣旨」「郡是製糸に於ける新式裁縫教授法」『職工問題資料A百四拾五』工業教育会、一九一四年、六頁。
(16) 綾部製糸株式会社は、一九一三年の創立以来増釜を重ね、一九一九年には七一六釜の大工場となっていた(京都府何鹿郡蚕糸同業組合『何鹿郡蚕糸業史』一九三三年、三七八頁)。
(17) 京都府『府下各工場ニ於ケル職工待遇ニ関スル施設概要』一九二一年、二五六頁。
(18) 例えば、東洋紡織、日清紡京都支店、京都織物紫野工場、日本撚糸など多数。その意味で、義務教育未修了者を採用せず、生花、茶の湯の教授を行った鐘紡は特異な事例であった。なお、谷敷正光「『工場法』制定と綿糸紡績女工の余暇――工場内学校との関連で――」(『経済学論集』〔駒澤大学〕三五-三、二〇〇三年一二月、一~三四頁)によれば、改正工場法が一九二九年七月一日以降の深夜業を禁止したことが、紡績女工に余暇時間の増大をもたらし、その対策として各種教育が工場に整備され、一定の成果を上げたという。

(19) 郡是製糸株式会社教育課『完全教育創始廿五周年記念講演集及感想』一九三六年。

(20) 同社における看護労働については、榎一江「大正期の工場看護婦」（『大原社会問題研究所雑誌』五五四、二〇〇五年一月、二八～四二頁）を参照。

(21) 『淑女の友』（淑女会、一九二一年一月号）。

(22) 前掲「工務年報第一号」。

(23) 同資料では、生糸百斤あたり製造費の高さについて、「工女養成教育費を含むによる」と説明している（農商務省「第八次全国製糸工場調査」）。

(24) 「場長会録事」（一九一九年一二月）。

(25) 「場長会録事」（一九一九年五月）。

(26) 桂皋『本邦製糸業労働事情』中央職業紹介事務局、一九二八年、八八・八九頁。

(27) 東條由紀彦『製糸同盟の女工登録制度――日本近代の変容と女工の「人格」――』東京大学出版会、一九九〇年、二二八頁。

(28) 保護職工一日の労働時間は一二時間となっていたが、製糸業者の強い意向により特例が設けられ、一九二一年八月まで一四時間、一九三一年八月まで一三時間、以後一二時間とする猶予期間が定められた。実際には、一九二三年の改正工場法により一三時間、一九三一年八月以降一一時間に短縮された。

(29) 「郡是製糸株式会社工女規定」第一〇条、「郡是教育史」（稿本、グンゼ株式会社所蔵）所収。

(30) 前掲「郡是教育史」。

(31) もちろん、物価暴騰に対処するための手当であったが、「利益配当」として支給された。なお、綾部製糸では物価騰貴に対する臨時手当金として給与の六割五分を支給した（前掲『府下各工場ニ於ケル職工待遇ニ関スル施設概要』一三・二三頁）。

(32) 当時の工場と寮舎との確執については、前掲『完全教育創始廿五周年記念講演集及感想』一七三頁。

(33) 農商務省商工局工務課工場調査掛『職工事情』農商務省、一九〇三年。引用は、『職工事情』光生館、一九八一年、一五五頁。

(34) 清水重治「郡是女子寮管理法」（一九二〇年二月）の冒頭には、川合信水「理想の寮舎」（『誠心』所載）が掲げられ、「寮舎は家庭のやうにして、寮長は母の如く、室長は姉の如くそこに住ふ女子は娘の如く、妹の如く、互に信じ、互に愛して進むやうにしたいと望んでゐる。さうして一室を一家庭の如くし、其室長は各々自分の家を持つたつもりになり、姉として妹の世話をし、妹として姉を助け、一家を整へるつもりで一室を整へ、一室一室に家風をつくるやうにさせ、甲の室に梅の花のやうな特色があれば、乙の室には櫻のやうな特色のある室もある室もあるといふ風にし、それが合して、百花爛漫の美を呈するやうにしたい」とある。

(35) 室長は、①比較的年長者、②品行方正にして気質明瞭、③業務成績普通以上の者を選任することになっており、室長には、年度末に「室長慰労金」が交付された(「寮務日誌」一九二〇年四月三〇日)。

(36) 前掲「郡是女子寮管理法」。

(37) 図表の作成に当たっては、計算結果が符合しない場合があったが、その場合は「寮務日誌」の記述に従ってデータを入力した。なお、資料の制約上、「現在人員」に関しては養成科生徒を除く寮生の数、その他に関しては一九二〇年四月から九月までのデータに養成科生徒を含む。

(38) たとえば、他工場から「入社」した工女は、「退社」するのではなく「帰宅」という形で処理された。

(39) 例えば、九月五日に入社した元工女は、入社当時の事情を次のように記している。「私は学校卒業してから近所へ裁縫を習いに行っていたのですが、同級生の皆様が郡是へ行かれ姉も行って居た所で御座いますので、行きたくなり皆様より半年おくれて、大正九年九月に綾部の本社の仕上場へ入社致しました。以来丁度十年間私の青春時代を郡是で無事勤めさせていただきました。」(長井淳太郎編『私達の自分史——娘時代グンゼに勤務した業生・教婦・教育係の記録』一九八九年、三三七頁)。繰糸工ではなく仕上工として入社した彼女は、養成科生徒を経ず入社し、以来ずっと仕上を担当し、後には本工場での養成を担当したという。このような個別の入社は、例外的なものであった。

(40) 当時の工女は、基本的は一〇日に一度の休日が与えられ、その午後には許可を得て外出できることになっていた。

(41) 終業式は、開式の辞に始まり、小野場長の報告、賞品授与、社長のお話、教育課長の訓辞、来賓祝辞をへて閉会の辞に至る。年間の賃金はこの年度末に計算をし、帰郷の際に一括して支払われることになっていた。午後一時より娯楽堂で団体及び単独帰宅者の着物を受け付け、鉄道便で荷物を送る準備を行う。そして翌二日には、午前四時半に起床し、一番発帰宅組が出発し、二番帰宅組が福知山へ、三番帰宅組が上夜久野へ向け団体帰宅する。その他単独組は適宜帰宅する。また、何鹿郡の工女は、自動車で工女の荷物を運搬し各自が受け取るようになっていた。

(42) 「寮務日誌」(一九二〇年五月二日)。

(43)「寮務日誌」（一九二〇年五月三一日）。

(44)五月三一日の現在人員一五八名の内、福知山・舞鶴工場の工女が一三四名いたことを考えると、講習生はわずか二四人という事になる。ただし、福知山・舞鶴工場の工女が途中で帰宅することも十分考えられ、結局のところ講習生が何人残っていたかは不明である。しかし、一五〇名の予定が大幅に減少したことは確かであろう。

(45)予備科は四月一二日に始業式を行っており、予備科生徒のうち約五〇名が七月に一ヵ月ほどの一時休暇を与えられ帰宅し、残留の四〇名に対しては八月一日まで学科教育を実施した後、一時帰宅をさせている。学科教育が中心となっていることから、おそらく、義務教育未修了のため工女養成科に入学できない者か、あるいは、秋季入社に回された者と考えられる。

(46)「寮務日誌」（一九二〇年七月一五日）。

(47)京都府工業聯合会『福利増進施設調査概要』一六五頁所収の一九二三年五月三〇日現在適用工場に関する調査には、郡是製糸株式会社の退職手当規定が掲載されている。退職手当は、「職工にして若し就職不適当と認め、退社を命ずる場合は左記標準に依り支給す。」として勤続年数に応じた規定がある。

一、勤続年数一ヵ年未満　日給二五日分
二、勤続年数一ヵ年以上　日給四〇日分
三、勤続年数二ヵ年以上　日給五〇日分
四、勤続年数三ヵ年以上　日給六〇日分
五、勤続年数四ヵ年以上　日給七〇日分
六、勤続年数五ヵ年以上　日給八〇日分

(48)操業再開に際して、二月一〇日に先発二五〇人が帰社し、一三日までにほとんどの工女が寮舎に到着した。「寮務日誌」は、「七十有餘日閑日月ハ頓ニ活気旺溢人の心を浮き立たしむるの感あり」（二月一〇日）、「長らく鬱屈せる英気頓ニ凛然工場内外ニ溢るるの感あり」（二月一六日）として、操業を再開する工場の空気を伝えている。

(49)津山工場へ派遣された工女らは六月二四日に帰社し、七月一二日には代わりに三九人の工女が約半年の予定で津山へ派遣された。また八鹿町丸山工場に派遣された工女らは六月二七日と七月五日に帰社した。

(50)一九一九年には、「各工場中工女ノ余分ノ存セル所ハ此際欠員多工場ニ融通セラルルコトトシタシ」との決定事項が確認される

（「場長会録事」一九一九年六月）。その後、専務片山金太郎の「要録」には、職工過不足を記した一覧表がある。一九二一年一〇月一一日の要録によると、余裕のある本工場（津山へ四〇人、山崎へ三〇人）を筆頭に、萩原（津山へ二五人、宮津へ二〇人）、福知山（江原へ二名）、舞鶴（宮津へ一〇名、津山へ一〇名）の各工場からも、職工を派遣する旨が記載されている。

(51) 社内での労働力調達が指摘されているのは、一九二〇年代末以降の片倉においてである（松村敏『戦間期日本蚕糸業史研究』東京大学出版会、一九九二年、二四一頁）。注意を要するのは、片倉の場合、工女を「譲渡」あるいは「転勤」という形で移動させるのに対し、このときの郡是では、あくまでも本工場の工女として期間を定めて一時的に派遣する形を取っている点である。

(52) 「寮務日誌」（一九二一年六月四日）。

(53) 前掲「工務年報第一号」。

(54) その後、図4の現在人員は大幅に増大するのであるが、この点に関しては「寮務日誌」の記述自体に問題がある。「寮務日誌」（一九二一年七月一七日）では、もともと現在人員は七六五人となっていた。ただし、その日に各寮舎の人員を確認したところ、合計八九七人となっており、現在人員データを八九一に訂正したものと思われる。なぜ、そのような誤差が生じたのかは分からない。

(55) 清川雪彦「製糸業における広義の熟練労働力育成と労務管理の意義」『経済研究』四〇―四、二九九～三一二頁。ここでの根拠となった前掲『本邦製糸業労働事情』のデータでは、欠勤率は寄宿工三・三％、通勤工五・七％となっている。

(56) 望月駒太郎「趣味評論蚕人冗語／労働問題と製糸業――温情主義を排す――」『大日本蚕糸会報』三三三、一九一九年一〇月、一七四頁）。

(57) 花井俊介・公文蔵人「戦前期における製糸企業の成長構造――企業統治と投資行動――」『産業経営』（早稲田大学産業経営研究所）三六、二〇〇四年一二月、一三五～一七〇頁。例えば一九一四年三月末時点の株主数、持株数は京都府だけで九割を超えており、その後の増資に際しても、大半は同社関係者や取引養蚕農家に引き受けられ、公募分は限られていた。

(58) 郡是製糸株式会社川合信水「望月駒太郎君の評論を読む」『大日本蚕糸会報』三三四、一九一九年一一月、五四頁。

(59) 同前、五四・五五頁。なお、川合信水の労働問題に対する思索は遺著『労働問題の宗教的解決』（基督心宗教団、一九六四年）にまとめられ、川合に師事した安井英二（一八九〇～一九八二年、文部大臣・内務大臣）が一文を寄せている。一九一六年に内務省に入った安井は、南原繁の後を引き継ぎ、労働組合法案を中心とする労働立法の作成に従事し、社会局の労働政策構想の原型ともいうべき労働政策論を展開した人物である（安田浩『大正デモクラシー史論――大衆民主主義体制への転型と限界』校倉書房、一九九四年、九四～一〇一頁）。労働行政の中枢にいた人物が川合に帰依したことの意味は、もう少し省みられても良いように思う。

(60) 日本における「温情主義」は、主従関係を基礎とした欧州の能率学を日光製銅所の鈴木恒三郎がアレンジしたものであり、「科学」に伝統的観念を加えることでさらにその有効性を高めていたとの評価もある（土井徹平「『温情主義』と欧州の接点」『エネルギー史研究』一九、二〇〇四年三月、一〇九～一三九頁）。

(61) 江口章子の略歴を示すと以下の通りである。一八八八年大分県西国東郡岬村に生まれた章子は、一九〇六年安藤茂九郎と結婚し、一九一五年に離婚した。その後上京し、一九一八年北原白秋と結婚したが、一九二〇年に離婚、京都大徳寺芳春院に入った。一九二一年夏には谷崎潤一郎宅に寄食し、再び京都を経て郷里へ戻った。一九二二年、章子は郡是に入社し、翌年には『萬朝報』に記事を発表し、水谷長三郎宅に寄寓したという。その後、衆光院住職中村戒仙と結婚したが、翌年早発性痴呆症を発病したため生家に戻り、一九四六年に亡くなった（西本秋夫『白秋論資料考――福島俊子と江口章子を中心に――』大原新生社、一九七四年）。波乱に富んだ章子の人生は小説化されており、代表的なものに原田種夫『さすらいの旅』（新潮社、一九七三年）、瀬戸内晴美『ここ過ぎて――白秋と三人の妻――』（新潮社、一九八四年）がある。また、川合道雄『山月子回顧ノート――近代の文人・思想家達――』（基督心宗教団事務局出版部、一九六五年、八六～一〇四頁）は、「江口章子のこと――『郡是製糸』遍歴前後――」と題して、父川合信水と章子との関わりを描いている。

(62) 以下の引用は、とくに断らない限り江口章子「詩人の妻より工場生活へ」『女性改造』二―八、一九二三年、五四～六三頁による。この手記は、「女工解放」を訴えた後に章子自身が自らの半生を記したものである。

(63) 前掲「郡是教育史」。

(64) 前掲「詩人の妻より工場生活へ」五八・六〇頁。

(65) 江口章子「武田宗拙宛書簡（大正十一年七月二十八日付）」（前掲『白秋論資料考』所収）。

(66) 『萬朝報』（一九二三年二月二〇日）。

(67) 『萬朝報』（一九二三年二月二四日）。

(68) 『萬朝報』（一九二三年二月二四日）。

(69) 桂皐は、「郡是製糸本工場の如き、物的並に精神的の待遇良好なる計りでなく、工女に対する地方人の気受も頗る良く、俗言に女学校を卒業するより、郡是を勤め上げる方が嫁入口が多いと云はれる程であるから、勤続の如き頗る喜ぶべき状態を示して居る」

と、一九一九年末時点での同社養成工の残存率の高さを示して述べた（前掲『本邦製糸業労働事情』七九頁）。

(70) 井川市太郎編『丹波及丹波人』丹波青年社、一九三一年、四五三頁。

(71) 江口章子の記事に対する川合信水の反論は、『萬朝報』（一九二三年三月四日）。

(72) 前掲「寮務日誌」。

(73) 前掲『府下各工場ニ於ケル職工待遇ニ関スル施設概要』二五〇～二五五頁。

(74) 前掲『郡是四十年小史』六八頁。

(75) 以下長井工場に関する記述は、前掲「郡是教育史」による。

(76) 長井工場では、一九二一年度当初工女数二九二人に対し一三五人（四六％）が退社し、教育主任が赴任した一九二二年度には、三九一人のうち二二〇人（五六％）が退社した。職工残留率・勤続年数については、前掲『製糸同盟の女工登録制度』二三一～二三三頁。

(77) 「場長会録事」（一九二四年四月）。

(78) 「場長会録事」（一九二四年四月）。

(79) 「場長会録事」（一九二四年九月）。

(80) 例えば一九二四年には、遠藤社長が村長を務めたこともある郡内の志賀郷村でも養蚕農家による反郡是運動が起こっていたことから、事態の深刻さを窺うことができる。第一次大戦期後半の高繭価が二〇年恐慌で急落したことが養蚕家の不満を呼び起こす契機となり、一九二〇年前後を一つの画期として信頼関係の動揺が生じていたと考えられている（花井俊介「繭特約取引の形成と展開――一九一〇－一九二〇年代の郡是製糸の事例に即して」『土地制度史学』第一一八号、一九八八年）。

(81) 「場長会録事」（一九二四年一月）。

(82) 「場長会録事」（一九二四年一月）。

(83) 「場長会録事」（一九二五年二月）。

(84) 「場長会録事」（一九二五年二月）。

(85) 前掲「郡是教育史」。

(86) 「募集地視察報告送付の件（新潟の調査）」前橋製糸同業組合組長梅澤恵三郎、一九二四年一二月一二日（東京大学経済学部図書館所蔵「交水社資料」）

(87) 前掲『製糸同盟の女工登録制度』。なお、より具体的に「家」の位座について考察したものに、東條由紀彦「日本近代女性雇用労働の起点――「キカイ」と「年季者」の遭遇」（林玲子・柳田節子監修『アジア女性史――比較史の試み』明石書店、一九九七年）がある。

(88) 谷野せつ著『婦人工場監督官の記録（下）――谷野せつ論文集』（ドメス出版、一九八五年）所収、「郡是製糸株式会社本社工場見学の記」では、「花嫁教育」として紹介されている。一九二六年内務省社会局に入った谷野は、戦前工場監督官補として各工場を監督する立場にあった。戦後は一九五五年から一〇年間、労働省婦人少年局長を勤めた人物でもある。谷野は、このような「花嫁教育」によって、「郡是の工場から巣立った娘さんならば、花嫁さんとして安心して迎えられるといふこの土地の人の工場への関心が一層深められてゆく」のだと述べた。

(89) 青木教育課長「家事裁縫科教授法ニ関スル件」（「場長会録事」一九二四年一月）。

(90) 前掲『製糸同盟の女工登録制度』二三二〜二三四頁。なお、製糸工女が紡績女工に比し、早期に安定雇用を達成していた点については、猪木武徳「勤続年数と技能――戦間期の労働移動防止策について」伊丹敬之他編『日本企業の経営行動　1日本的経営の生成と発展』有斐閣、一九九八年、一六九〜一九三頁。

(91) 「募集に関する雑書類（二重丸組）」（東京大学経済学部図書館所蔵交水社資料一五）。

(92) 前掲『郡是四十年小史』一二八頁。

(93) 「三月末職工出入調査表」一九二五年四月。なお、同社全工場では、職工一〇一三八人のうち、在場数九二六〇、病気帰宅数一九八、家事帰宅数六八〇人となっていた。また、四月以降退社数二四一九人のうち、家事上の理由（九〇〇人）が最も多く、結婚（六八四人）、病気（二六九人）、転場（二三〇人）が続いた。

第三章 「職工改革」と採用管理の形成

はじめに

本章は、郡是製糸株式会社で一九二〇年代半ばから実施された「職工改革」の過程を分析し、「優良職工」を得るために実施された採用管理の実態解明を目指す。[1]ここで、採用の問題を取り上げるのは、この時期形成される採用管理の技法が「優良職工」の「素質」をもつ者を直接的に選抜したうえで「入社」させることを可能にし、さらに「企業内養成制度」の確立に重要な役割を担ったと考えられるからである。

従来、この時期の労働力編成に関しては重工業を中心に検討が行われ、第一次世界大戦後、企業内養成・企業内昇進の制度が明確化し、個別企業への定着が促進され、終身雇用と年功制を柱とする「日本的労使関係」の形成へと至ったとされる。[2]これは、具体的形態が異なるとはいえ、大企業一般に見られた傾向であり、製糸業においても「企業内養成制度」によって、良質の工女獲得とその定着および能率の向上にかなりの成績をあげたと考えられている。[3]郡是の工女教育は製糸業における技能教育の代表的なものとして紹介され、一定の成果を上げたと評価されるものの、経営史料に基づいてそれを検証したものはない。したがって、郡是本工場における工女教育のイメージが先鋭化される一方、他の多くの工場を含めた経営体としての郡是が取り組んだ労働力編成に関する改革については等閑に付されてきた。郡是長井工場において昭和恐慌前に「企業内養成」と工女の定着が達成された点を指摘した東條由紀彦も、その間の過程は「ブラックボックス」の中にあるとして推論を述べるにとどまっている。(4)「企業内養成制度」の確立過程は、製糸業における技術的特性や労働者の存在形態を含め、具体的に検討すべき課題と言えよう。

募集・採用という面から労働力編成を照射する本章の課題は、第一に、一九二〇年代半ばの郡是が、なぜ「職工改革」を実施するに至ったのかを明らかにすること。第二に、「職工改革」の内容を検討し、労働力編成に関する経営戦略を実証的に解明すること。以上の検討によって、郡是における「職工改革」の過程を明らかにするとともに、この時期の経営における「企業内養成制度」確立の意義を確認することにする。工女の養成自体は創業期から見られたものであったが、一九二〇年代のそれはどのような変化を遂げたのであろうか。また、この改革は製糸工女の働き方にどのような影響を及ぼしたのであろうか。

一　職工募集の「革命的改革」

1　一九二〇年代の経営課題

まず、一九二〇年代の生糸生産について概観しておこう。〈表16〉によれば、釜当繰糸量は一九二五年をピークに頭打ちになり、再び製糸能率が向上するのは一九三〇年代以降であった。この過程についてやや詳しく見れば、創業時の工女が煮繭・索緒・繰糸の作業を一人で行い、対釜能率は五〇匁ほどであったのに対し、一九一一年から開始された煮繭分業は一〇釜に一人の煮繭工を置くことで煮繭の統一を図り、糸量の増加をもたらした。(5)さらに沈繰法の導入により煮繭場と繰糸場を別室にする「煮渡し」方式が採用され、完全な煮繭分業により煮繰分業が進んだ。また、一九二二年頃から唱えられた索緒分業は六釜に一人の割合で索緒工を置き、同社独自開発の自動索緒装置が開発された一九二五年には索緒工が廃止された。いずれにせよ、繰糸工は索緒作業から解放され、繰糸中に順次糸緒を継ぎ足していく接緒作業に集中できることになった。このように、生産工程の分業化によって能率増進を実現してきた一九二五年までに対し、一九二〇年代後半に残された課題は、職工に対する指導・訓練を徹底することであった。「管理」のあり方が追求されるようになったのである。

　これまで見てきたように、工女に対する同社の教育は技能形成よりもむしろ女子教育に偏重していた。それは工女を送り出す父兄の要望を実現する意味で重要ではあったが、生糸生産に直結するものとして取り組まれたわけではなかった。「管理」という用語が肯定的に用いられるようになったのも、一九二〇年代後半に入ってからである。専務片山金太郎は、「最モ研究改良ノ余地ノアルノハ管理ノ方面デアラウ」と述べ、管理問題への取り組みを指示した(6)。また、外部の講習を受けた職員からも「工業ノ成否ハ一ニ管理者ノ良否ニヨル、従来ノ科学的管理法ハ今ヤ人的管理法ニ移リ、資本機械等ノミヲ考ヘズ人トイフモノニツイテ考エル研究ガ盛ンニナリツツアル」という報告もあったという(7)。このような同社の取り組みは、片倉との対抗関係によるところが大きい。

表16　製糸能率の推移

年次	対釜繰匁
1917年	110.6
1918年	112.2
1919年	114.9
1920年	128.0
1921年	137.8
1922年	145.6
1923年	147.1
1924年	160.3
1925年	196.7
1926年	182.7
1927年	180.2
1928年	164.5
1929年	180.0
1930年	192.0
1931年	227.1
1932年	230.6
1933年	270.3
1934年	226.0

資料）『郡是製糸株式会社六十年史』1960年，406，407頁.

　郡是・片倉の高級糸市場における優位の確立とプレミアムの獲得に関する検討によれば、昭和恐慌期に、白一四中・白二一中・黄二一中の値鞘格差、すなわち価格序列が成立し、一九三二年頃には片倉・郡是が靴下用白一四中高級糸と織物用二一中高級糸の両「市場独占」を達成した(8)。両製糸は高級糸生産への集中によって多額のプレミアムを生みだし、高利潤を獲得したのである。ただし、平均プレミアム取得額の高さは直ちに高利潤をもたらすとは限らない。一九二〇年代後半からの製糸業苦境の時代を同社が発展的に乗り越えた背景には、適切かつ柔軟な販売政策の展開があったことも指摘されている(9)。問題は、両製糸がどのようにして上記のような高級糸生産を行ったのかという点であろう。片倉については一九二一年から漸次導入した多条機による高格糸生産の成功が指摘されているが、郡是に関しては本格的な研究はなく詳細な社史が当時の状況を伝えている。それによると、多条機に移行した片倉に対し、郡是が普通機のまま対抗したという(10)。郡是は新たな「機械」を導入するのではなく、厳格な管理を実施することによって高級糸生産を実現しようとしたのである。後述のように、この経営判断は、ある時期まで一定の合理性を有していた。そのため同社では、その実現に向けて労働力の管理問題に注目が集まり、職工の徹底した指導・訓練が経営課題として取り組まれるようになったのである。その意味で、一九二〇年代後半は、生産活動に直結する問題として労働力のあり方が最も問われた時期であった。

2 本工場の職工調達

郡是製糸の職工調達はどのように行われていたのであろうか。そもそも同社では、「創立当時より養蚕家の子女を以て職工とする方針で、必ずしも全部養蚕家とは行かないが、大体原料取引区域内から職工は求められた(11)」とあるように、原料取引区域と職工募集区域との合致を理想としていた。郡是女学校設置後の同社は、五年間の雇用契約を義務として六ヵ月間の養成教育を実施したが、この養成を受けた工女を社内工と呼び、社内養成を経ずに他経営から移ってきた工女を「社外工」あるいは旧工女と呼んだ。先述のように、同社本工場では社内養成を経た工女が大多数を占め、「社外工」は例外的な存在であり、一九一九年の段階では、社内工の定着率が著しく高いとの評価を得ていた。(12)「社外工」に比して社内工の定着率が高いのは、取引地域との緊密な関係の中で工女の確保を行い、長期契約のもとで養成・教育を実施した結果であり、郡是本工場の職工調達は成功していたと言えよう。このように取引地域との密接な関係に依存した職工調達システムは、一九二一年の他工場でも確認される。

福知山工場「工務ニ関スル意見ノ概要」(一九二二年一月)(13)

(イ) 如何ニシテ優良ナル職工ヲ募集スルコトヲ得ルカ

最初ヨリ優良職工ヲ募集スルコト困難ナリ　外的ニハ、工場ヲ中心トスル地方ニ於テ有識者ト聯絡ノ上ニ人選シテ募集スルコト内的ニハ

一、工場ノ設備、教育、衛生ノ施設

二、優良職工ニ對シヨリ一層ノ優遇ヲナスコト

三、工場内ニ家庭的気分ヲ満タサシムルコト

これによると、「最初ヨリ優良職工ヲ募集スルコト困難ナリ」という状況下で工場ができることは、従来から本工場が行ってきたやり方を踏襲し、工場を中心とする「地方」との連絡を密にし、工場内の設備を整えると行った間接的手段しかなかった。職工と成りうる者を対象に直接的な働きかけを行い、「優良職工」を募集するといった手段は、未だ制度化されていなかったのである。

3　改革前の職工状態

同社の職工状態は、職工募集の困難な一九二〇年前後を境に悪化した。この募集難に対し、まず経営は、「差当リ従

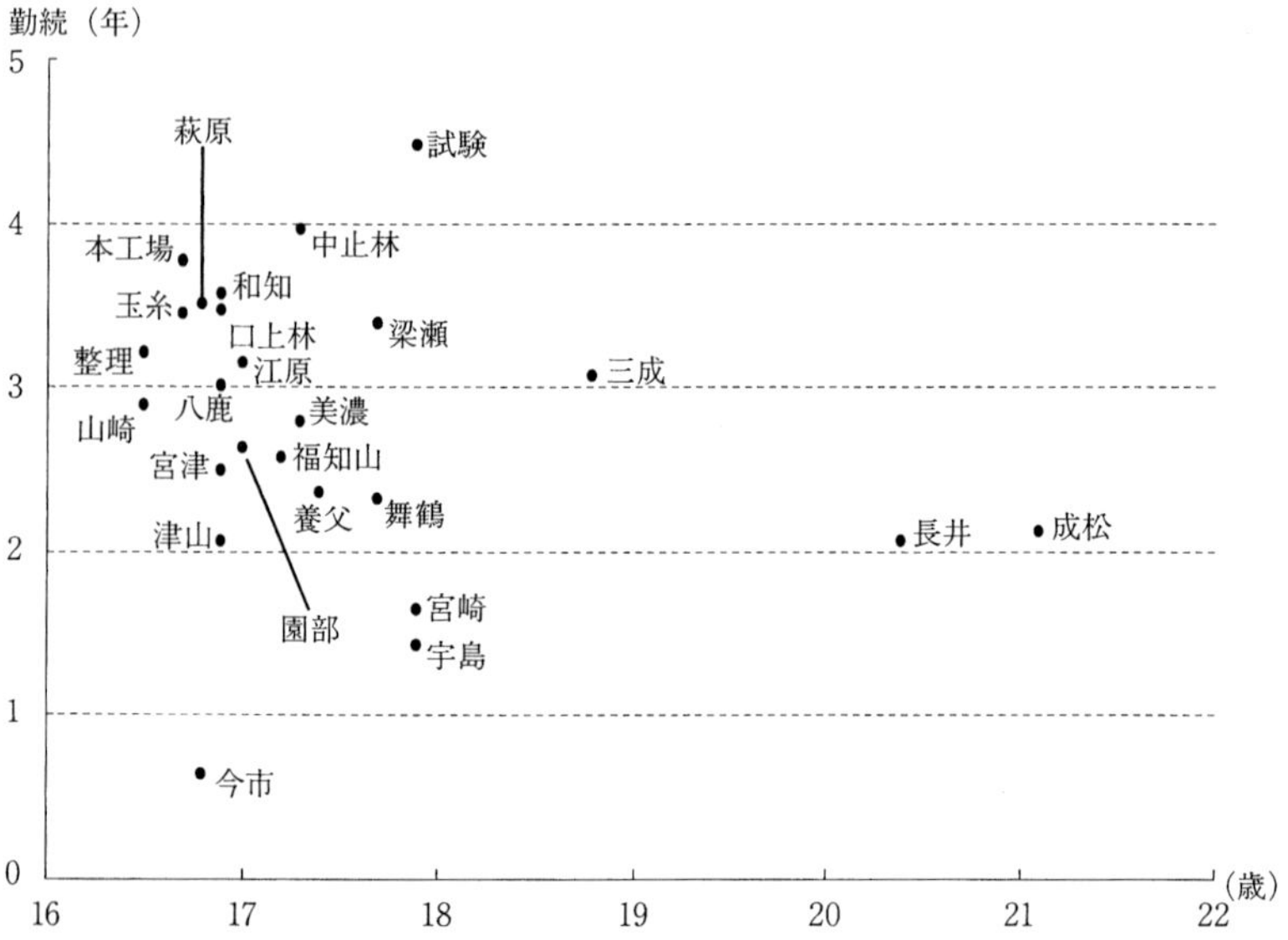

図７　工場別職工平均年齢・勤続年数調（1923年）

資料）「大正十二年場長会議録事」（庶務部）より作成.

来ノ募集地域ニ対シ此際各工場所属地域ヲ協定シ互ニ相侵略セサルコトトセントス」(14)として、特に新たな募集地域を開拓するでもなく、募集地域を分割する従来の方針を維持した。そのため募集は益々困難になり、職工状態は悪化した。専務片山金太郎はその状況を次のように述べている。

（前略）此ノ如キ状態ニ成リ来ツタノハ多クノ職工ヲ得ルベク年少ナルモノニテモ入社セシメタル為メ労ニ絶ヘ《ママ》兼ネ間モナク退社スル者ガ相当多ク為メニ一層年少ナル者マデモ入社セシメ養成スル様ニナツタ為メデ此ノ点ニ就テハ大イニ改革スル必要ガアリマス(15)

当時の同社は、工場の増設が必要な労働力の絶対量を増加させ、多くの職工を得る為に幼年工女の入社を許したことがさらに職工募集の困難を引き起こすという悪循環に陥っていた。片山は、「当社ノ職工は他会社ノ夫ヨリ劣ツテキルコトヲ認メ」改革が必要との見解を示した(16)。一般に、同社工女の「優良」が賞賛されていた事実を想起すれば、自社の工女が劣っているとの認識はきわめて興味深い。工場長たちがこうした意見を持ち始めていたことは前章で指摘したとおりである。それは、現業の責任者である片山にとっても動かしがたい事実となっていたのである。そこで、一九二三年一二月現在の各工場における職工状態〈図7〉を確認しておこう。この特徴を指摘すると、平均勤続年数が長いのは、試験・中上林・本工場といった何鹿郡内の工場であり、逆に平均勤続年数が短いのは新設の今市工場や宇島・宮崎工場といった九州の工場であった。また、平均年齢が高いのは、規模の小さな成松工場や山形県の長井工場であった。このように、職工状態が設立年次や工場所在地、工場規模によって大きく異なっていた点は特筆すべきであろう。同一企業の工場でありながら、職工状態について各工場が抱える問題は一様ではなかったことがわかるからである。しかしながら、同社全体としては工女平均年齢一七・三歳、平均勤続年数二・七二年という状況にあり、工務課長は「勤続年数ヲ延長シ平均年令ヲ高クスル様」各工場の対応を求めた(17)。

このとき職工状態の悪化を端的に示す指標として用いられたのは、職工の平均年齢の低さと勤続年数の短さである点に留意しておきたい。ここには長い勤続によって、経験を経た分年齢の高い工女が「優良職工」たりうるという暗黙の前提があるように思われるからである。付言すれば、この観念は当時の製糸経営においては常識の範疇にあり、マニュファクチュア段階にある製糸技術の習得に経験が重要な意味を持つことから研究者の間でも承認されてきた。本章は、この常識が一定の揺らぎをもちつつ展開していく過程に注目する。つまり、この時点では、勤続年数と年齢という指標しか持ち得なかった経営が、採用管理によって「優良職工」の資質を持つ工女を得ようとしたとき、勤続年数や年齢のもつ意義は著しく後退し、新たな「優良職工」の資質が要求されたことを指摘するものである。

ところで、本社は職工状態のさらなる調査を進めていた。職工が退社するまでの勤続年数を示した〈表17〉によると、退社工女の約三割が一年未満の早期退社であることがわかる。当時、同社の雇用契約は五年間の契約期間を定め

表17　職工退社勤続年数別表

勤続年数		～1	1～	2～	3～	4～	5～	6～	7～	8～	9～	10～	合計
1922年	人	951	401	375	269	195	223	27	59	42	19	27	2,678
	%	35.5	15.0	14.0	10.0	7.3	8.3	4.4	2.2	1.5	0.7	1.0	100
1923年	人	670	378	298	286	197	180	174	77	46	32	28	2,372
	%	27.8	16.3	12.6	12.1	8.3	7.5	7.3	3.2	1.9	1.3	1.2	100

資料）「場長会録事」（1924年1月）.
註）　1923年度は11月末までの統計．計算が合わない部分もあるが，人員データ（%）は資料どおりとした．

表18　職工退社理由別統計表

理由		結婚	家事上	病欠	転場	成業無見込	不当行為	死亡	無断	合計
1922年	人	661	968	260	312	171	36	47	223	2,678
	%	24.7	36.1	9.7	11.7	6.3	1.4	1.8	8.3	100
1923年	人	533	912	237	205	189	23	26	249	2,372
	%	22.5	38.4	10.0	8.6	8.0	0.9	1.1	8.5	100

資料），註）　表17に同じ．

ていたが、退社工女の約八割は契約期間を満了することなく退社していた。その退社理由は〈表18〉に示す通り、「家事上の都合」がもっとも多く、次いで「結婚」となっている。これは、片倉松本製糸所（一九二六年）における「不就業女工」の主な不就業理由が、「他工場行」五三％、「婚姻」三一％であったことを考えると興味深い。(18) なぜなら、郡是の場合、上記退社理由はある程度正当なものであり、製糸工場の密集する地域のように経営間移動が主たる関心とならなかったことを示唆しているからである。この点は、「郡是女子寮管理法」が、退社工女に対する接し方を次のように記していることからも理解できる。

結婚ノ為メ退社スル者アルトキハ女徳ヲ完フスベキ覚悟、夫舅姑ニ仕フル心得、家風ニ従フベキコト、親族近隣ニ交ル心得其他必要ナル事項ヲ丁重ニ教ヘ前途ヲ祝スベシ。家事ノ都合ニヨリ又ハ疾病ノタメ退社スルモノニ対シテハ、深ク同情ヲ寄セ適当ノ教訓ヲ与フベシ。(19)

女子寮管理者は工女の退社にさいし、快く送り出すよう指導されていた。結婚退社は祝うべきものであり、「家事ノ都合」や「疾病」による退社は同情すべきものではあったが、やむをえない事情として処理された。したがって、職工問題解決のため最初に検討されたのも勤続賞の改正であった。[20] 何らかのペナルティーを課すのではなく、勤続へのインセンティブを工女に与えようとしたわけである。[21] しかし、職工状態の悪化という事態はますます深刻さの度合いを増し、根本的な改革を要する経営課題として認識されるに至った。

4 職工改革の実施

一九二四年一〇月の場長会で、「職工募集ノ革命的改革」が宣言された。この「職工改革」の内容は次の二点に要約される。まず、第一に養成科採用を尋常科卒ではなく高等科卒に改めること。第二に、従来の募集区域内でこの改革を実行すると職工調達に支障が生じるため募集区域の拡大と「社外工」の募集を実行すること。まず、第一の改革の意図を工務課長の説明から見てみよう。

之ハ尋常科卒業ノ十三乃至十四才ノ年少者ガ入社シ暫時ニシテ従業セシメナケレバナラナイガ幼年ノ為メ向上心モナク体力モ弱ク理解力モ乏シク充分ノ労働ハ出来マセン然ルニ高等科卒業者ニナレバ十五、十六才ニナリ理解力モ体力モ優秀ニナツテヲリマスカラ早ク間ニ合ヒマス……併シ地方ノ事情ニヨリ全然高等科卒業者ノミニスルコトハ困難ト思ヒマスカラ年令ヲ十五才以上デナケレバ入社許可ヲサセナイ方針ヲ執ルコトガ肝腎デアツテ此ノ点ニ付テハ職工係ノミニテハ困難デアルカラ是非場長諸氏ニ於テ御考御努力ヲ願ヒ度イノデアリマス　此ノ如ク改メラレタナラバ養成期間モ従ツテ短縮セザルヲ得ナイノデアリマス以前ノ如ク半年モ養成ニ費ス如キハ本人ノミナラズ会社トシテモ極不経済デアリマスカラ此ノ点ニ付テハ本社ニ於テ研究シ其上又更メテ御相談ヲ申上ゲルコトニ致シマス[22]（傍線は引用者）

つまり、採用標準の引き上げは、向上心・体力・理解力の不足する幼年の工女を排除し、「早ク」技術を身に付け戦力となりうる工女を得る点で重要な戦略であり、端的には工女の採用年齢を二歳引き上げ、一五歳以上とするものであった。専務片山は「学問等ハ余リ重視スル必要ハアリマセン」と言い切っており、学歴ではなく年齢が重視されたことが分る。(23)この点について、当時の製糸業で働く工女の教育程度を確認しておこう。京都府『労働統計実地調査表』(一九二四年一〇月)によると、京都府内の製糸工場で働く五九〇九人のうち、最終学歴が小学校高等科の者は中退一七八人と卒業者三七九人しかいない。多くは、尋常科(三三四五人)か実業補習学校(一八四〇人)となっており、この段階で採用標準に高等科卒という学歴規定を設けることは如何に困難かがわかる。また、ここで忘れてならないのは、労働法制の整備という社会的インパクトの存在である。採用年齢の二歳引き上げを図った「職工改革」は、最低年齢の二歳引き上げを企図する「工業労働者最低年齢法」(一九二三年三月公布、一九二六年七月一日施行)(24)をめぐる動きと無関係ではないように思われるからである。(25)この採用年齢の引き上げと同時に、従来の六ヵ月に及ぶ養成期間は四ヶ月に短縮されることになった。それは、「半年モ養成ニ費ス如キハ本人ノミナラズ会社トシテモ極不経済」だからである。逆に言えば、四ヵ月の養成で技術を習得しうる工女を採用することによって、養成施設を拡充することなく年間養成人員を一・五倍に増加させようとしたのである。これは、社内養成を軸に工女確保を行ってきた同社が、社内養成工の資質向上と増員とを両立させる方針をとったものと言える。ちなみに、四ヶ月養成を経て各工場に配属された工女は、概して評判が良かった。宮津工場では「マヂメニ働クコトハ感心、仕事ノ方ニ於テ接緒方法ノ変ツタタメカツケ節ガ長イ」、梁瀬工場では「仕事ハ乱暴ニ見エルガ繊度ハ割合ニ良イ、接緒ハ見カケハニブイガ歩合ハ良イ、左手ノ訓練不十分ノ為糸目ノオチル嫌ヒガアル 最初カラ一等繭ヲ繰カセテイルガ成績良好デアル」、八鹿工場では「同一年令ノ工女ニ比シ糸歩ノ点ニ於テ勝リ、工程ハ同様、繊度ハ特ニ優レテ居ル、管理ハシ易イガ寮舎ノ設備ガ本社ト違ツテイルコトナドニツイテ注文ノ多イノニハ困ル」といった所感を示している。(26)工女の短期養成は、各工場の生産現場でもおおむね歓迎されたようである。

ただし、このような方針は地方によっては職工調達を困難にする危険性をもっていた。そのため、募集地域の拡大と「社外工」の募集とを決断したのが第二の改革点であった。募集区域の拡大について、専務片山はすでに「原料区域等ヲ捨テ全国ニ亘テ優良ナルモノヲ募集スベシ」という構想を示していた。[27] 何鹿郡の「郡是」として成立し、独特の理念を掲げる経営にとって、「職工改革」は「原料区域等ヲ捨テ」るという意味においてまさに「革命的」意味を有していた。それ故に、その実現を果たすまでは、不足する社内工を補うべく「社外工」を入れるしか手段はなかったのである。[28] ただし、本社工務課長は、「社外工」の募集はあくまでも不足分を補うという位置づけで、従来から「社外工」に依存する工場では、「社外工」を釜数の二割位に抑えるよう指示を出している。[29]

ここで、「社外工」と社内工の位置づけに関して、「職工年令及勤務年数調査」（一九二五年一一月末日調査）をも

表19　各工場職工編成

工場	撰繭	繰糸工		揚返	合計	繰糸旧工率
		社内	社外			
本工場	15	804	66	88	973	7.6%
口上林	2	53	10	8	73	15.9%
中上林	5	224	0	18	247	0.0%
山　崎	9	252	125	41	427	33.1%
萩　原	4	234	47	27	312	16.7%
園　部	8	337	125	44	514	27.1%
和　知	1	139	58	21	219	29.4%
江　原	4	586	66	72	728	10.1%
宮　津	6	267	105	36	414	28.2%
八　鹿	9	465	39	50	563	7.7%
津　山	8	457	163	57	685	26.3%
梁　瀬	6	328	62	39	435	15.9%
美　濃	6	284	197	59	546	41.0%
養　父	5	218	84	31	338	27.8%
成　松	2	17	54	8	81	76.1%
長　井	28	218	207	44	497	48.7%
宮　崎	9	262	183	46	500	41.1%
舞　鶴	6	92	214	34	346	69.9%
福知山	5	285	86	37	413	23.2%
宇　島	4	161	120	29	314	42.7%
三　成	2	15	129	11	157	89.6%
今　市	5	222	292	39	558	56.8%
玉　糸	10	343	14	55	438	3.9%
試　験		26	4	2	32	13.3%
計	159	6289	2450	896	9810	28.0%

資料）　工務課「職工年令及勤務年数調査」（1925年11月末日調査）.
註）　1，玉糸工場の合計には真綿担当16人が加算済み.
　　　2，製品所の職工92人は計に含まれていない.

とに作成した〈表19〉により、この時期の労働力編成を確認しておこう。これによると工女は、撰繭、繰糸、揚返という業務ごとに区分されており、九割の工女が繰糸に従事していた。社内養成か社外養成かが問題となるのも、この繰糸のみであった。そこで、繰糸の旧工（「社外工」）率を見ると、「社外工」に依存しない中上林を筆頭に京都府何鹿郡にある本社に比較的近い工場の旧工率が低い。一方、旧工率が四割を越える工場は、岐阜県の美濃工場、兵庫県の成松工場、山形県の長井工場、宮崎県の宮崎工場、京都府の舞鶴工場、福岡県の宇島工場、島根県の三成・今市工場であり、本社からの距離が影響しているものと思われる。同時に、これらは他経営を引き継いで設立され、基本的な職工調達方式も前経営を継承したために、先述のような「地方」との密接な関係のなかで社内養成を中心に工女確保を行うという郡是本工場とは異質な職工調達が行われていたと考えられる。このように見ると、「職工改革」は全社的な職工調達システムの統一を図り、比較的新しく設置された工場に対しては、「社外工」依存体制からの脱却と社内養成を中心とした職工調達の実現を促す意味を持っていたように思われる。しかしながら、この目的を達するための現実的手段として励行された「社外工」の募集は、後述のように一時的に加熱した。[30]「社外工」に対する生産現場の評価は、必ずしも低くなかったからである。

ところで、社内養成を中心とした職工調達において重要なのは、どのように「優良職工」を選抜するかという問題であった。この募集・採用に関しては、〈表18〉の退社工女について採用審査項目別に追跡調査が行われた。その結果、退社した工女のうち「身体検査不完全ナルモノ」一一・四％、「家事上係累アルモノ」三七・四％、「不適性及不正行ナルモノ」八・三％に及ぶことが明らかになり、本社では採用時の調査が必要との認識をもつに至っていた。[31]事実、一九二〇年代後半において社内養成工女の採用審査法は度々改正されており、同社が試行錯誤を繰り返しつつ「優良職工ノ充実」という課題に取り組んだ事が分かる。そこで、採用審査法の改正に着目し、いかなる経営状況の下で、何を目的として採用審査法が改正されたのかという変化の過程を追跡し、経営が求めた「優良職工」の資質とその採用のあり方を検討することにしよう。

二　採用審査法の変遷

1　一九二五年の「社内養成工女採用審査法」改正

「職工改革」当初、採用規定に関しては、現規定を励行することとなっていた。[32]しかし、第一九期養成科生徒の健康状態が不良であることが衛生課より報告され、さらに工務課は各工場での職工過剰傾向を指摘し、「兎ニ角適当ニ新入工女ヲ制限シ精選セラレタイ」と要望するなど、採用規定の改正が求められることになった。[33]

一九二〇年代初頭における職工募集の困難にも関わらず、職工過剰傾向にあったことを奇異に思われるかもしれない。職工の過不足はきわめて短期的に変動するものであったから、一時的に過剰傾向にあったと見ることは可能である。しかし、ここで職工の過剰が問題視されたことには重要な意味があるように思われる。第二章で検討したように、「職工改革」前の本工場では多くの余剰人員を抱え、それが高い欠勤率を補っていた。こうした余剰人員は、一定の生産量を確保するため、空き釜が生じなければ良いという考え方にたてば理にかなっている。とりわけ、生産に従事しない工女に賃金が支払われないとすれば、余剰人員を抱えるメリットは大きい。しかし、労働力の管理に関心が高まるにつれ、経営内で労働に従事しない人員を抱えるデメリットが顕在化することになったと推察される。工女から見れば、同社の工女として拘束されているにもかかわらず、生産に従事できずに稼得賃金を減少させることは不合理に思えたであろう。実際に、コストをかけて養成した工女が工場に赴任しても空き釜がなくて十分に働けない状況もあったという(34)。最低賃金の補償が議題に上っていたこの頃、こうした状況が問題視されるに至ったこと自体が、製糸工女の働き方に対する考え方の変化を如実に示していると言えよう。

さて、このとき職工の募集・採用方針に直接的な影響を与えたのは、改正工場法における長期契約の禁止問題であった。一般に長期契約の禁止は、労働法制の整備の内でも比較的早い段階で規定され、それが労働者の自由を保障するものであったことは周知と言ってよいだろう。しかし、それは直接的に雇用契約のあり方を変更させるだけでなく、経営における労働のあり方そのものに変更を迫った。とくに、長期契約を戦略的に実施していた「優等糸」製糸家の場合(35)、その影響は大きかったように思われる。同社の場合、工女の契約年限は五年間としていたが、内務省社会局は普通の者一年、養成工三年という契約年限を定め、長期契約を禁止した。これに対し社長遠藤は場長会で次のように憤慨した。

当社ハ一ノ理想ヲ以テ経営シ、単ニ金モウケノミデヤツテ居ルノデナイ　改正法ノ如キ契約ヲスルトイフコトハ精神上ニモ思想上ニモ面白カラヌ結果ヲ来シ誠ニ迷惑スル、コノ意味ヲ述ベテ特殊ノ取扱ヲ希望シ除外サルベキ相当ナル理由トシテ会社ノ経営方針ソノ他ニ付、具ニ申告スル都合デアツタガ今日ノ如キ状態トナツテハ如何トモスル能ハズト思フ(36)

五年間の長期契約を前提とした工女確保は、同社の経営理念に合致した経営方針であった。しかし、先に確認したとおり、この方針は全社的には「職工改革」前に破綻しており、法的にもその根拠を失うことになったのである。ここに至って同社は、経営方針として、契約年限で工女を縛るのではなく工女自らの意思で会社に勤めることを要求せざるを得なくなった。それは、採用を決定する前の段階から工女の意識に働きかける管理のあり方が追求される一つ

表20　検査項目の比較

職工採用審査規定		社内養成工女採用審査法					
1923年2月制定		1925年12月改正		1928年8月改正		1930年10月改正	
項目	配点	項目	配点	項目	配点	項目	配点
履歴年令及性格	15	年令	12			〈基礎調査〉	
学業成績	10	学業	16	学歴学業調査	25		
家庭状況及境遇	10	家庭	12	家庭調査	20	〈採用検査〉	
身体検査	40	身体	30	身体検査	100	身体検査	
適性検査	25	心性検査	12	適性考査	30	適性検査	
		面談	18	面談	25	面談	

資料）各年採用審査規定より作成．

の契機を示している。

このような状況をふまえて、一九二五年一二月に「社内養成工女採用審査法」が改正施行され、翌年には「身体検査規則」が整備された。これを、既存の「職工採用審査規定」（一九二三年二月制定）と比較してみよう。〈表20〉によると当時の採用審査では、いずれも学業・家庭状況等の調査の他に身体検査、適性検査が実施され採否が決定された。各審査項目と配点によれば、「社内養成工女採用審査法」の最大の特徴は面談が導入された点にあった。そこで、面談に着目してみよう。面談は「工務、教育、職工等各係ノ者二人以上立会ノ上最モ慎重ニ行フベシ」と規定され、工女を管理する職員自らが「本人ノ性格、勤労気分ノ強弱、勤続決心ノ強弱等ヲ察知」すべく質問をおこない、その回答は採点上だけでなく将来の参考とするため簡単に記録された(37)。面談質問例は次のとおりである。

面談質問例（一九二五年改正）

質問事項

一、常識及気質ニ関シ

イ、姓名　ロ、生年月日　ハ、年齢　ニ、現住所　ホ、父母ノ存否及其ノ年齢　ヘ、家庭ノ職業　ト、兄弟数及ビ其ノ動静　チ、家デ誰ガ一番好キカ　リ、ドンナ人ニナツタラ父サンヤ母サンガ喜ンデ下サルカ　ヌ、学歴　ル、学校デ一番好キナ学科嫌ヒナ学科　ヲ、学校デ色々偉イ人ノ事ヲ教ッタ中デ一番偉イト思フ人ハ誰カ、其ノ理由　ワ、人ト仲良ク暮スニハドウシタラ良イカ、其ノ様ニ出来ルカ　カ、今迄一番嬉シイト思フタ事ハ何カ　ヨ、今迄一番悲シイト思フ事ハ何カ

二、入社動機、勤続ノ決心

イ、何故郡是デ働ク気ニナツタカ　ロ、アナガタ働キニ出ルコトニツイテ父母兄弟達ノ意向ハドウデアツタカ　ハ、何ノ為メニ働クカ　ニ、金ヲ儲ケテドウスルカ　ホ、金儲ケト同時ニマダ大切ナコトガアリハシナイカ　ヘ、立派ナ工女サンニナルタメニドンナ決心ヲシテイルカ　ト、イツマデ会社デ働ク心算カチ、家ノ方デハアナタガ居ナクテモ差支ナイカ　リ、学校ト工場トハドンナ所ガ異フト思フカ

これら発問の特徴は、どのように答えるべきかを受験者が容易に推測しうる点にある。実際のところ、このような質問に対し、どのような採点がなされたのかは不明であるが、面談の目的は、上記の発問を通して一定の意識の持ち主を「察知」することにあり、ここでは、性格がよく、勤労意欲もあり、勤続の決心も固いといった工女像とともに、一定の価値が提示されている。例えば、父母の喜ぶような人になるとか、人と仲良く暮らさなければならないといった一般的な価値の他に、同社で働くことに関しては、それが単なる金儲けではない点が強調され、家族の支援のもとで立派な工女となって嫁入りまで働く決心があるかどうかが問われた。この会社職員による面談は、「郡是の工女」像を受験者に悟らせ、工女に内面的価値規範の形成を促すものであったと考えられる。従来それは、入社後の寮舎生活を通じて自然に身に付けるべきものであり、あるいは養成教育によって教授可能なものと考えられていたから、「郡是の工女」像を提示する面談が採用審査に導入された意義は大きい。少なくとも、従来の「職工採用審査規定」に、会社職員による面談が規定されていないという事実を鑑みれば、募集・採用のあり方を通して工女の意識に働きかけ

ようとする新たな試みを指摘できるであろう。

2　一九二八年の「社内養成工女採用審査法」改正

一九二〇年代半ば、アメリカ市場における需要動向の変化に伴う「優良糸」の変化によって、郡是糸はムラ・フシの欠点を指摘されるようになっていた[38]。対策としてセリプレーン検査機が導入され、セリプレーンが糸格を決定するという状況に至った[39]。この生糸検査方法における注目すべき変化に伴い、職工の訓練についても明確な目標が提示され、養成工は一年後には工場平均に達すること、旧工女は一、二ヵ月のうちに「癖直し」を行うことが要求された[40]。そして、養成人員の増加に対応すべく工場養成が開始され、京都府、兵庫県の各工場と三成工場の工女たちを本社で一括養成するのに対し、その他は各工場で養成することになった[41]。綾部での一括養成の意義を想起すれば、この工場養成の開始が、それまで遠隔地の工場では十分に実施されていなかった養成教育を全社的に実現する契機となったことがわかる。もっとも、工場養成においては、「郡是の職工たる基礎」をつくるという当初の養成目的は後退し、技能形成に主眼がおかれるようになった。加えて、「職工改革」の進展過程で注目されるのは、職工を管理する職員の「素質」が問題視され始めたことである。一九二六年一〇月の場長会では、直接職工に接する職工係の「素質」が不十分であった点が指摘され、また、一一月の場長会では労務係の名称を変更し人事係として独立させ、将来的には主任をおく方針が確認された。誠修学院では、工務係養成課が設けられ、各工場より推薦された「青年ノ秀才教育」を実施し、工務係の資質向上を図ることになった[42]。そして、工場で工女を直接指導する教婦に関しては、誠修学院教婦養成科に各工場から場長により選定された工女を入学させることにより、組織的な養成を開始したのである[43]。さしあたり、職工の「素質」向上に伴い、職員の「素質」が問題視され、職員の「企業内養成」が徹底されたことを指摘しておきたい。

ちょうどこのとき、日本製糸業は一九二七年九月以降繭価維持と糸価維持のため操業短縮問題の渦中にあった。同社では、舞鶴・山崎・美濃・宇島の四工場が一ヵ月休業し、さらに全工場が一九二八年の一月から五月末まで二割減釜措置をとった。二割減釜分は遠方職工の帰郷からの引き揚げ時期を延期したり、公休日を月四日にしたりして、とくに幼年工や健康不良の者を休養させることによって対応した。この間、休業中の手当ては賃金の五割を支給されたが、引揚げ時期を延期した遠方職工や病欠者に対しては手当ての支給を行わない方針で操業短縮計画が策定された(44)。遠方の職工と近隣の職工との間で処遇を変えていたことからも明らかなように、同社は近隣の職工の雇用を優先させていた。しかし、操短後の五月には人事課から職工過剰の傾向が指摘され、「新繭後ノ職工状態多ク不良ナリ殊ニ今年ハ操短ノ干係、掃立オクレテ養蚕ト田植ト続ク干係ナドアリテ一層不安ナリ(45)」として、職工充実問題のさらなる検討が要求された。これを受け、一九二八年八月に「社内養成工女採用審査法」が改正され、九月一日より施行されることになった。

一九二八年規定の特徴は、〈表20〉に示すように、合計成績が一〇〇点から二〇〇点満点に改められたことにある。この変化は、工女をより詳細に審査するためと考えられる。例えば、学歴学業調査では学業成績尊重という方針のもと「学業成績ノ平均丙ノ程度ノモノ」は不採用となり、家庭調査においては「家庭ノ状態不良ニシテ其ノ子女ガ当会社ニ誠実ニ、且ツ永続シテ勤務スルニ不適当ト認メタルモノ」は同じく不採用となった。「職工改革」前の片山の発言（学問を重視しない方針）を想起すれば、短い間に、採用方針が大きな変化を遂げたことに驚かされる。この急激な変化は、生糸生産に関わる技術上の要請というよりも採用の公平を期す意味が強かったように思われる。農村の疲弊により雇用機会を求めて入社希望者が増える中、同社は採用審査の公平を維持することで不採用者が抱く同社への心理的嫌悪感を極力抑えようとした。そのさい、選抜の基準として学業成績が重視されるようになった事実は、農村においても、学業成績の優劣が入社競争の尺度として受け入れられつつあったことを示すものであろう。

さらに一九二八年の規定では、採用審査の手続きを定めたものが目立つ。例えば、第三条は所定の「採用審査表」に審査成績を記録させ、その写しを人事課へ送付することを義務づけた(46)。これは、従来の審査規定が各工場で運用されていたのに対し、工場養成を前提とした工女採用が本社人事課の管理下に位置づけられた事を意味する。また、衛生課は「職工採用身体検査審査要領」（一九二八年八月）を定め、栄養、体格、体質に関して詳細な判定要領を示し、人事課は「『テスト』の指示」（一九二九年三月）で適性考査の要点を提示した。このように、採用審査法は本社の人事課・衛生課による研究成果を反映してより精度の高いものへと改良された。各工場は、本社指定の「家庭及面談表」「社内養成工女採用審査表」の書式通り成績を記入し、「採点表」のマニュアルに沿って採否を決定するよう求められたのである。例えば、先述の面談では、発問が一般的事項・精神的事項・身体的事項の三つに整理され、とくに精神的事項を重視する事がマニュアル化された。そして「素質ニ於テ不適性ト認メタルモノ」は不採用となったことからも分かるとおり、「素質」として、工女自身の意識を把握しようとする試みは、より整備されていったのである。

3　一九三〇年の「社内養成工女採用規定」

生産技術の訓練に関心が高まるなか、一九二八年春には教婦講習会が開催された。各工場から教婦一名と優秀工女五、六名を派遣させて実施された講習会は、工場間の技術格差を浮き彫りにする結果となった。例えば、繰湯温度ひとつとってみても華氏一六〇度（七一℃）から一二〇度（四九℃）という開きが生じていた。本社を中心とする集権的な経営組織の形成にもかかわらず、生糸生産の実態は工場によって相当に異なっていたという事実は、当事者に大きな驚きを与えたようである。同社が全社的な繰糸技術の統一に力を入れていたとすれば、なおさらである。そのため工場間の格差をうむ現場監督者に対しては、各工場での教婦の訓練に注意し、技術の徹底を図ることが指示された(47)。さらにこの年、生糸品位の改良を目指して、同社は繰糸方法の刷新に踏み切った。しかし、各工場に出張した本社工務課職員は、工場長が繰糸法の転換をよく理解していない現状や工務主任が従来の方法に執着して新繰糸法を受け入れないといった困難に直面した。生産現場での管理者の能力に関わる問題に対しては、先述のように、職員の「企業内養成」が整備されつつあったが、同時に一層管理指導者の統一を図り、職工への丁寧な指導を行うべく研究打合せが盛んに実施された(48)。遠隔地工場の増加を含む経営規模の拡大に伴い、同社生糸生産の技術的統一は、ますます困難になっていったのである。

以上のような養成技術の進歩やセリプレーン検査の導入、さらに新繰糸法の実施を経て、「優良職工」の資質に関する観念は転換することになる。そもそも、同社は職工状態の悪化として職工の平均年齢の低さを問題視したため、工場では経験のある年長の「社外工」が肯定的にとらえられてきた。しかし、例えば工務課長は、後述の旧工女の募集に当り「年齢、勤続年数ノミニトラワレヌヨウニサレタシ」と注意を促し、津山工場長は「年長工女ヨリ養成直後ノ工女ノ方ガ成績ガ良カッタ、将来職工ハ社内養成デナクテハ良イ糸ハヒケナイト思フ」と感想をもらしている(49)。「職工改革」前に存在した暗黙の前提、すなわち、長い勤続によって経験を経た分年齢の高い工女が「優良職工」たりうるという確信は揺らぎつつあった。また、「職工改革」の結果、各工場では「一般向上心ノ発達」と呼ばれる事態が指摘され、従来対百釜一人の割合で配置していた教育係に不足を感じるようになり、とくに「養成独立ノ工場ハ充分気ヲツケテ真ニ役ニ立ツ職工ヲ作ルヨウニサレタシ(50)」との注意が出された。ここでは、「養成」によって「真ニ役ニ立ツ職工」を「作ル」ことそのものが工場に要求され、社内養成工女の採用審査に当たっては、その可塑性が「優良職工」

の「素質」として重視されることになる。このような「転換」を経て、社内に職工採用研究委員会の設置が計画され、一〇月に採用規定の大幅な変更が実施されることになった。その結果、新たに導入されたのが基礎調査であった。

一九三〇年の採用規定改正では、採用審査は基礎調査と採用検査の二段階に分けられ（第二条）、基礎調査は採用検査受検者の決定基準となり（第四条）、繰糸工の場合、「年齢満十六才ヲ超ユルモノ」は受験できなくなった。[51]「基礎調査心得」によると、その目的は「採用検査ニ先ダチ、勤続、勤務、団体生活ノ適否、健康及作業能等ニ就キテ調査シ、適当ト認ムルモノヲ選抜スルト共ニ、ソノ際収集シタル資料ヲ採用検査ノ参考」とすることにあり、調査は地域や学校の協力により進められた。人事衛生課は、これが「募集地域ヲ啓発」するために重要な事項であると念を押している。[52]基礎調査で選抜された者には「入社申込票」を作成させ、勤続決心並びに入社希望理由に対し、本人および保護者自身の意思を表明させたうえでそれぞれの認印を要求した。このような基礎調査を経て、採用検査を実施するとき、本書が着目する面談の質問例（一九三〇年の質問例）はどのように変わったのであろうか。

面談質問例（一九三〇年）

勤続ニ関スル質問例

1、何年勤メル気カ、五年以上勤メル決心ガアルカ、オ嫁ニ行ク迄勤メル決心ガアルカ

2、自分ガ本当ニ勤メタイト思フノト、両親ガ勤メサセタイト思フノト同ジ長サカ、ソレトモ違フカ

3、上級ノ学校ニ行キ度クハナイカ、行キ度カツタガ家ノ事情ガアルカラ、止ムナク会社ニ勤メル事ニナツタノデハナイカ

4、会社ニ入リ度イト思フノハオ金ヲ貯メル為カ、ソレトモオ嫁ニ行ク迄ニ種々ノ稽古事ヲシタイタメカ

5、工場生活ハ辛イモノト思フカ、楽ナモノト思フカ、辛イ時ハドウスルカ

6、会社ニ入ツテカラ自分ガ予想シテイタ通リニ成ラナカツタラドウスルカ
7、稼イダ金ハ、全部一家ノ生計ニ充テラレルカ、ソレトモ自分ノ貯金ニナルノカ
8、工場ノ仕事ニ就テ何カ特別ノ希望ガアルカ等

勤務ニ関スル質問例

1、家デドンナ手伝ヲシテイタカ
2、会社へ来テモ家デ差支ヘハ起ラヌカ
3、農繁期、養蚕期ニハ家ガ忙シクテ、アナタガ居ナイト困ルト言フコトハナイカ、帰ツテ来イト言ハレテモ、帰郷ハ出来ヌガ其点ハヨイカ
4、家ニ何カ心配事ハナイカ
5、学校ニ居ル時、欠席ヤ遅刻ガ多カツタカ少ナカツタカ、ドンナ時ニ欠席ヤ遅刻ヲシテイタカ、病気デナク家ノ用事デ欠席シタコトガアルカ
6、朝ハ何時ニ起キテ、夜ハ何時ニ寝ルト言フ様ニ、起臥ノ時間ガ一定シテ居タカ
7、同ジ仕事ヲ長イ間続ケテスルト言フ様ナコトハ好カ、嫌ヒカ

一見して、一九二五年の質問例との差異が確認できる。まず、勤続に関する質問は、採用が「会社に入る」事である点を強調し、その意味を明確に示した。そこでは、両親の希望や家庭の事情にかかわらず、工女自身がどういう意識で入社を希望するのかを問い、より具体的に工女自身の意見を求めている。また、勤務に関する質問で注目すべきは、3の農繁期・養蚕期の帰郷ができなくてもよいか、という問いである。原料取引区域と職工募集区域の合致を理想としていた同社では、農繁期・養蚕期の帰郷は否定すべくもなく、工女たちは家の事情でしばしば帰郷し、退社す

る事もあった。しかし、家の事情がどうであれ、会社に入ったからには工場の操業期間中は勤務しなければならないということをここで確認しているのである。これは、退社理由で最も多かった「家事上の都合」を克服するためのものであり、この採用検査が従来の職工調達とは一線を画した「入社」の定義を与えるものであったことが分かる。

この基礎調査を導入した採用審査以後には、「職工ノ学力、家庭関係、身体ノ良好ナル点等当社位優良ナ者ヲ集メタ処ハナイ」[53]との自負が表明されるに至った。例えば一九三二年には、採用数四四五〇名に対し、基礎調査で約三〇〇〇名を落とし、残りの六～七〇〇〇名に検査が実施されている。[54]本章では、この一九三〇年の採用審査法をもって「優良職工ノ充実」をはかる採用管理は一応の形成をみたと評価したい。[55]それは、当時の経営が「職工改革」の到着点を認識し、その後も基礎調査を踏まえた採用審査という二段階選抜方式を継続したからである。ここに「検査の合理的にして厳密なることは壮丁の徴兵検査に比較されてゐる」[56]と言われるような工女の「入社試験」が確立したのである。

三　採用管理の意義

1　各工場の職工状態

〈表21〉に示す一九三一年の「職工入社年次別現在歩溜調査」から、この間の各工場における職工状態の変化を確認しよう。まず、職工の残留率が工場によって大きく異なっていた点を指摘しなければならない。一般に、職工の定着は熟練形成の問題あるいは福利施設の充実によって説明されてきた。同様の生産技術を採用し、同様の福利施設を設けていた同一企業内で職工の残留率が大きく異なっていた事実は、そうした要素が決定的なものではないことを示唆

表21　各工場職工残留率

工場	所在地	操業開始	職工(人)	入社年					
				1929(%)	1928(%)	1927(%)	1926(%)	1925(%)	1924(%)
本　工	京都府何鹿郡綾部町	1896年	959	93	78	51	43	39	39
口上林	京都府何鹿郡口上林村	1906年	80	93	86	84	58	75	67
中上林	京都府何鹿郡中上林村	1907年	169	90	57	63	62	57	53
山　崎	兵庫県宍粟郡山崎町	1909年	663	88	76	69	40	14	23
萩　原	京都府天田郡上六人部村	1909年	312	97	85	79	58	43	34
園　部	京都府船井郡園部町	1910年	571	82	83	69	46	22	20
和　知	京都府船井郡上和知村	1910年	250	99	67	92	58	52	57
江　原	兵庫県城崎郡日高町	1912年	804	88	77	61	41	35	19
宮　津	京都府与謝郡宮津町	1912年	431	94	85	67	54	38	37
八　鹿	兵庫県養父郡八鹿町	1914年	563	85	78	66	57	53	57
津　山	岡山県津山市二宮	1916年	877	90	90	55	40	39	12
梁　瀬	兵庫県朝来郡梁瀬町	1917年	495	84	72	63	48	30	30
美　濃	岐阜県加茂郡古井町	1918年	677	86	80	66	43	33	19
養　父	兵庫県養父郡養父市場村	1918年	339	86	73	72	56	38	51
成　松	兵庫県氷上郡成松町	1919年	306	85	85	50	75	48	20
長　井	山形県西置賜郡長井町	1919年	681	95	82	64	58	32	56
宮　崎	宮崎県宮崎市権現町	1920年	835	85	82	64	32	29	14
舞　鶴	京都府加佐郡舞鶴町	1920年	672	99	70	58	53	45	32
福知山	京都府天田郡福知山町	1920年	707	90	86	79	60	53	38
宇　島	福岡県築上郡三毛門村	1921年	527	78	69	35	24	9	8
三　成	島根県仁多郡三成村	1920年	166	96	89	87	42	37	17
今　市	島根県簸川郡塩冶村	1922年	782	89	71	52	50	23	20
全工場平均			469	90	78	66	50	38	33
	本社養成		398	91	78	69	53	42	37
	工場養成		658	87	79	56	41	28	22

資料）「職工入社年次別現在歩溜調査」(「場長会録事」1931年10月). 所在地, 操業開始年は『郡是四十年小史』(1936年) 62～70頁. 職工数は人事衛生課「職工募集費累年比較表」における1930年度末在籍職工数.

註）入社翌年の3月末における在籍人員を基準として, 1931年3月末現在の在籍人員割合を算出. 本社養成は京都府, 兵庫県の各工場と三成工場. その他の工場は工場養成.

している。[57] 例えば、職工残留率が著しく低いのは、福岡県の宇島工場である。宮崎工場も含めた九州地方の残留率の低さは、製糸工場自体が蔑視されていたことと無関係ではないだろう。[58] また、山形県の長井工場のように、「コレ迄通ヒ工女多ク他工場ノ養成工女ヲ採用シテ居タガ、通ヒ工女ハ止メテ全部置賜郡カラ採用シ、且ツ繭モ其ノ家カラ持込ム、蔬菜モ達磨モ組合ニシ、眞ニ郡是ト共存共栄ヲ表現シツツアル」[59] といわれるように、創業の地で見られた「共存共栄」を実践しつつある地域では、残留率はそれほど低くない。いずれにせよ、職工が工場に定着するか否かは多様な要素によって決まると見るべきであり、地域社会と工場との関係はその重要な要素の一つであった。

もっとも、同社の場合も工場によって福利施設に差があったと見ることは可能であり、同社で特に配慮されていた養成を含む教育制度の差異は重要である。〈表21〉によれば、工場養成が開始される一九二七年以前の入社者については明らかに残留率が低かった京都・兵庫以外の工場も、一九二八年以降には本社養成の工場群との残留率の差はきわめて小さくなっており、三年間の雇用契約とそれに付随する養成制度の徹底が職工の定着を促したことが分かる。しかしながら、職工の残留率が著しく高いとの評判を得ていた本工場の職工残留率に着目すれば、興味深い事実が判明する。例えば、一九二五年に入社した工女が五年以上勤続していた割合は本工場で四割弱であったが、京都府何鹿郡の口上林工場、中上林工場、船井郡の和知工場、天田郡の福知山工場、兵庫県養父郡の八鹿工場では五割を超えていた。一九二六、二七年入社者にいたっては、本工場の残留率は全工場平均にも満たないのである。大規模工場であることを考慮してもなお残留率の低さは際立っており、ここに、「職工改革」が及ぼした負の影響を見ることが出来る。つまり、「職工改革」はそれまで積極的に依拠してきた工女と養蚕農家との関係を分離することによって労働力の自律的編成を狙うものであり、広く全国から優秀な者を採用する方針は原料区域を棄てることを意味したから、そうした関係に依拠してきた本工場にもっとも深刻な影響をもたらしたのである。このように見ると、「職工改革」は一律に職工の定着を促したわけではなく、雇用関係のあり方を再編し、新たに社内養成工を中心とする労働力編成を実現するものであったことが分かる。それは、創業以来、綾部で実施されてきた諸制度との連続性を有しながらも、新しい経営戦略として認識されていた。同社経営陣がこの改革を「革命的」と呼んだのは、こうした雇用関係の再編が有する意味を十分に理解していたからであったと言えよう。

2　「優良職工」像の変化

新たに再編された雇用関係の特徴は、工女を自立した個人とみなし、そうした個人を対象に労務管理を形成しようとした点にある。それは、起源から見ると伝統的な社内養成工制度の延長上にあったが、実際に雇用契約の主体として工女を措定し、彼女らの意識に働きかけようとする点で画期性を有するものであった。逆に言えば、同社工女は、自立した個人としての振る舞いを身に付けた者でなければならず、そうした振る舞いを促す効果が採用管理にはあった。この点を如実に示すのが、職工改革期における社内養成工女の採用審査法の変遷である。

まず強調しなければならないのは、採用時に「優良職工」になりうる資質を測定し、管理しようとする明確な意図がこの時期の経営戦略に見られたという点である。本章はそれを採用管理とよび、その形成過程を叙述してきたが、もう一度その過程をふり返っておきたい。そもそも「職工改革」前には、取引農家の子女を工女として迎えることが「優良職工」を得る有力な手段であった。しかし、この方法には量的な限界があるため、「原料区域ヲ捨テ」て全国から「優良職工」を募集することが必要と考えられた。同社の創業過程を振り返れば、この経営判断の画期性は明らかであろう。しかし、この経営判断は新たな問題を惹起した。果たして、どのようにして「優良職工」を選べばよいのかと。「職工改革」過程で追求されたのは合理的な採用審査方法の確立であり、各種調査、適性検査、身体検査、面談といった審査方法の精度を高めることによって、経営は工女の「素質」を測ろうと努めた。加えて、審査結果は、応募者に不公平感を抱かせるものであってはならず、この点の配慮も侮れなかった。この間、「優良職工」の指標は年令や勤続年数だけではなく「素質」の優良さが重視されたが、これが社内養成を前提とした指導・訓練に適する工女像として追求されたことは言うまでもない。こうして経営は「優良職工」の採用を可能とし、さらに採用を管理することにより、「素質」として要請されるもののうちに内面的価値規範の形成をも含めるようになったと考えられるのである。

付言すれば、この募集・採用方式の変化は生産過程における技術的な要請が直接的な契機となっていたわけではなかった。「職工改革」は、多条機導入前の郡是が「機械」の導入なしに高品質の糸を大量に生産するために要請されたものであった。同社の場合、優良糸の大量生産を実現するために大量の「優良職工」を確保するという目的において、募集・採用方式に新たな管理テクノロジーが導入・整備されたと言えよう。この点を強調するのは、そもそも、同社が実施したような採用管理が当時の製糸経営における一般的な工女の募集・採用方式であったとは言い難いからである(60)。例えば適性検査を見ても、諏訪の製糸家たちがその導入を図った例はなかった(61)。その意味で、郡是における採用管理の形成は特筆すべきものであり、本稿はここに至る過程に着目して、雇用関係の変遷を考察してきたわけである。

そこで、従来の職工調達と新たに形成された採用管理との関係について改めて考察しておこう。くり返しになるが、「職工改革」前の郡是本工場における職工調達の特徴は、工場と「地方」との密接な関係にあり、原料取引区域内から職工を募集し、長期契約のもとで養成・教育制度を整備することによって安定した工女確保を行うというものであった。この段階では、社内養成制度は、「地方」との密接な関係を確立するといった手法によって支えられていた。一方、工女の採用が「入社試験」として本社で一括管理され、会社職員と工女自身との意思疎通を図ることによって全国から「優良職工」を得ようとする方式は、「職工改革」前の職工調達とは決定的に異なる要素をもっていた。工女は、雇用契約の主体として自らの意志で「入社」し、同社の工女として、時には家の都合を無視してでも労働に従事しなければならないのである。

しかしながら、工場と「地方」との関係は依然として職工調達の鍵であり続けた。そこで興味深いのが、「昭和五年度監査所見」である。

「昭和五年度監査所見」（常任監査役）

一、京都府下及但馬工場ノ原料区域ト職工区域トハ互ニ隣接錯綜シテ居ルガ元来購繭区域ト募集区域トハ一致スル所ニ妙味ガアル現在ノ職工専属区域ハコノ見地ヨリテ果シテ更改ノ余地ナキヤ一段ノ研究ヲ望ム

一、職工ノ素質ハ近時向上シテ居ルガ高卒者、学業優等者等必ズシモ入社後ノ成績良好ナルトハ云ヒ難イト云フ説ガアル、徹底的ニ研究シテ将来ノ方針ヲ確立サレタシ

一、職工ノ勤続徒ラニ長キニ亘ルコトハ必ズシモ相互ノ福祉ヲモタラサヌ殊ニ採用標準ヲ向上シタル結果ハ現行ノ勤続賞ニ定ムル年限ハ永キニ過グル嫌ナキヤ寧ロ之ヲ短縮スルヲ適当トセザルヤ、一考ヲ煩ハレタシ

まず、第一に、募集区域を拡大し、積極的な採用を展開する中で、従来の職工調達が有していた「妙味」が損なわれることを懸念し、是正しようとしている点。第二に、職工の素質は向上したものの、それが好成績につながるとは限らないという説。採用管理で求められる「素質」は、直接的に熟練形成を保障するものではなく、その可塑性を示すものに過ぎないことを考えれば、当然の指摘であった。第三に、職工の勤続年数が「徒ラニ長キニ亘ルコト」が、「必ズシモ相互ノ福祉ヲモタラサヌ」という指摘。工女の早期退社を問題視した経営も、適当な期間で退社することが相互のためになると考えており、工女が婚期を逃してまで工場にとどまることを期待してはいないのである。

これらは、「改革」が従来の方針との間で引き起こした摩擦を示しており、工場と「地方」との密接な関係に起因するものと言える。しかしながら、「職工改革」はこの関係を無にするものではなかった。それどころか、家庭や学校への調査を徹底させることによって採用審査の精度を高めようとしたことからも分かるように、より強固に「地方」と結びついていったと言っても過言ではない。この点について、「入社試験」の確立後、一九三一年の場長会における人事衛生課長の次の言葉は示唆的である。

愈々来年度採用職工ノ募集及検査ノ再盛期ニナル、今年度ノ新規採用三七四二名、来年度ノ採用計画四二二三名、コノ採用職工ノ内容如何ハ会社全体ノ業務成績健康問題ハ勿論教育訓練上ニモ又地方農村ニ対シテモ種々ノ意味デ大関係ガアルカラ来年度ハ特ニソノ採用上ニ十二分ノ注意ヲ願ヒタイ(62)

これまで見てきた「職工改革」は、「優良職工」を得るために原料区域からの募集に固執しない方針にもかかわらず、「地方農村」への配慮を要する類の問題であり続けた。換言すれば、従来の職工調達の枠組みを前提としつつ、むしろそれを積極的に活用することで採用管理の形成を見たのであり、それは「地方農村」との関係を欠いて成立するものではなかったのである。ただし、ここでの「地方農村」とは、原料区域にとどまらず、工場を中心とした地方一帯へと広がりを見せており、工女は必ずしも養蚕農家の子女である必要はなかった。加えて、基礎調査に農村を啓発する目的が込められていたように、職工を送り出す「地方農村」は会社の意向に沿うよう変化することが期待されていた。それは、雇用関係が労働者をとりまく社会的基盤から自由になれない以上、基盤そのものに変化を促す必要が生じていたことを示している。かくて、製糸経営がそれまで依拠してきた農村社会は、変革の対象となったのであり、工場と「地方」との関係は大きく転回したと言えよう。

そこで、注目すべきなのは、地域的な結びつきの弱い遠隔地から募集する「社外工」の存在である。「職工改革」期において「社外工」の募集がどのように実施されたのかという問題を含めて、次に、社内工と「社外工」の問題を取上げておこう。

3　社内工と「社外工」

「社外工」の募集は、これまで見てきた社内養成工女の採用方法とは決定的に異なっていた。一九二三年に島根県簸川郡塩冶村で創業を開始した今市工場は、新設のため積極的な「社外工」募集を実施しており、一九二四年一月の場長会では次のような募集状況が報告された。

私ノ方デハ石見一円デヤリ度イト思イ、片倉サンヲ取ル事ニ策戦ヲ定メマシタ。非常ナル激戦ニ陥リマシタガ予定通リ四十名得ラレマシタ。其ノ中二十名ハ片倉サンノデアリマス。結局好イ事ニナツタノデアリマスガ一ツ困ツタ事ガアリマシタ。ソレハ工女サンノ帰国ノ際片倉サン等デハ反物ヲ歳暮トシテ出シタノデアリマスガ私ノ方ハ砂糖一袋デ甚ダ貧弱デアリマシタ。(中略)ソノ変リ十二月親ノ方へ賃金支給ニ関シ明細ナル報告ヲ為シ何等政策的ノ所ノ無イコトヲ公ニシタノデアリマス。此レガ非常ニ好評ヲ博シ賃金等モ実質ニ於イテ良イ事ヲ発見シテ来ルモノガ反ツテ増加シタ次第デアリマス。(63)

「職工改革」前において、旧工女募集での最大の関心は、人数が予定通り集まるか否かであり、募集する工女の質に触れられていない点に留意しておきたい。また、募集における重要なアイテムが帰国にさいしての歳暮であり、反物を渡す片倉に対して砂糖一袋しか用意しなかった今市工場の苦戦ぶりが窺える。その対抗手段が、親元への賃金支給方法の説明であったことは、工女の募集が工場と親との取引であったことを示唆している。このような募集のあり方は、「職工改革」によってどう変容したのであろうか。

「職工改革」過程における社内工と「社外工」の比率は〈表22〉の通りである。全職工に占める「社外工」の割合は、「職工改革」後の一九二六年に三四％まで高まり、その後減少傾向が確認される。(64) この間、「社外工」の募集は、他の製糸経営が厳冬期の休業に入り、工女が帰省した際に実施された。新潟・富山が主たる募集地であったが、そのほかにも各工場の募集地盤が各地に設けられていた。(65) 募集状況は通常一月の場長会で報告され、一九二七年の募集状況報告では、「年令十八才以上、五年以上同一工場勤続者給料二百五十円以上」（和知工場）を標準とするなど、年令・勤続年数・給料によって「社外工」の質を確保しようとしたことが分かる。「社外工」の募集は、年長で経験を経た「優良職工」を得るものであり、即戦力となる優秀な工女に限られるようになっていたのである。

表22　社内工と「社外工」

	在籍人員				入社人員			
年度	社内	社外	合計	社外工率	社内	社外	合計	社外工率
1925	6289	2450	8739	28%	—	—	—	—
1926	7361	3770	11131	34%	1617	1755	3372	52%
1927	9007	3811	12818	30%	2626	1389	4015	35%
1928	9478	3718	13196	28%	2757	1204	3961	30%
1929	10839	3413	14252	24%	3679	824	4503	18%

資料）「昭和元年度以降累年比較」（1930年8月）．なお，1925年データは1925年4月末調査による．

このような「社外工」の増加は、一方で問題を惹起した。遠隔地出身の「社外工」と近隣農村出身の社内工との間の緊張関係がそれである。たとえば、京都府の宮津工場では、一九二〇年頃から愛知県三河や岐阜県飛騨から職工を集めていたが、工場労働も寮舎生活も地方ごとに区別していたため感情の相違で障害を起こしていたというエピソードもある。(66) このように、社内工と「社外工」の間には明確な区別があり、それは、先述の操短における手当て支給問題にも表れていた。糸価維持の調節弁として利用された遠方職工の供給地からは、なぜ同社が養成工を遠隔地から募集しないのか、という批判が寄せられていた。(67) それでも、同社は養成工の採用を近隣の地域に限定し、遠隔地募集では他経営で経験を積んだ工女しか採用しなかった。このことは、社内養

表23　昭和２年度工女所得（今市工場）

順位	住所	養成別		給料	利息	賞与	合計
		社内	社外				
1	簸川郡川跡村		○	527.28	5.16	25.83	558.27
2	八束郡意東村		○	503.15	5.10	24.61	532.86
3	簸川郡田岐村		○	499.80	7.71	24.50	532.01
4	簸川郡園村		○	499.47	4.86	24.30	528.63
5	八束郡来待村		○	450.28	4.42	22.11	476.81
6	簸川郡出西村		○	446.12	3.98	21.66	471.76
7	簸川郡出西村	○		438.92	5.91	21.36	466.19
8	簸川郡伊波野村		○	438.79	3.98	21.39	464.16
9	簸川郡出西村		○	433.81	4.23	21.06	459.10
10	簸川郡稗原村	○		428.53	3.96	20.81	453.30
11	簸川郡出東村		○	423.41	4.13	20.71	448.25
12	簸川郡川跡村		○	418.82	3.68	20.55	443.05
13	岡山県		○	416.39	3.71	20.38	440.48
14	八束郡宍道村		○	412.20	3.53	20.16	435.89
15	簸川郡大津村		○	413.18	4.05	19.98	437.21
16	安濃郡鳥井村		○	406.45	4.61	19.80	430.86
17	簸川郡高松村		○	405.39	5.33	19.84	430.56
18	飯石郡鍋山村	○		402.64	6.81	19.72	429.17
19	簸川郡神西村	○		404.22	5.29	19.59	429.10
20	簸川郡出西村		○	402.41	5.79	19.56	427.76
21	安濃郡静間村		○	403.75	4.00	19.76	427.51
22	那賀郡川波村		○	400.55	3.96	19.60	424.11
23	簸川郡荒茅村		○	395.86	5.04	19.16	420.06
24	——		○	393.51	5.24	16.18	417.93
25	簸川郡朝山村		○	385.13	5.69	19.25	410.07
26	簸川郡高松村		○	382.29	4.83	18.79	405.91
27	簸川郡久木村		○	381.66	4.50	18.56	404.72
28	簸川郡塩冶村	○		377.16	5.24	18.16	400.56

資料）　今市工場「昭和二年度工女所得額調査」.
註）　但し，400円以上の者のみ.

成工に関して先に指摘したように、「地方」に依存した従来の職工調達の枠内で採用管理が形成されたことの裏返しと見て良いだろう。採用管理が工場と「地方」との関係を前提として工女に規範の内面化を促す性質のものである以上、地域的な結びつきの希薄な遠隔地出身の工女を社内工として採用することは現実的ではなかったのである。

そのような意味では、近隣農村から募集される「社外工」の存在にも留意する必要がある。先述の今市工場は、工場規模の拡張を実施するなかで〈表19〉の旧工率が五割を超えていた工場であるが、一九二六年には二五六釜から三七六釜へ増釜を行い、さらに「社外工」の積極的募集が展開された。今市工場での「社外工」の位置づけを確認するために、〈表23〉を見てみよう。一九二七年度の所得が四〇〇円を超える者を列挙したこの表は、二八人の内二三人までもが社外養成であることを示している。特徴的なのは、社外養成工といえども、郡内や比較的近隣の農村から入社している点であり、今市工場では近隣農村出身の工女たちを中心に成績優秀な旧工女を確保していたことが確認できる。このことは、「社外工」の募集にも「地方」との密接な関係を拠り所としていた可能性を示唆しており、社内工・「社外工」の区別が単に企業内熟練の形成といった養成技術の差異に還元できないことを示している。しかし、先述のように、年長の「社外工」が入社に際して「癖直し」をしなければならなかった点や、新繰糸法の採用に伴い養成工が重視された点を想起されたい。改めて前掲〈表22〉の入社人員を確認すると、全社的には社内工を中心に採用する方針が堅持され、「社外工」の入社は著しく減少することになったのである。

おわりに

本章は、多条機導入前の郡是が「優良職工ノ充実」を目指して取り組んだ「職工改革」の過程を分析してきた。第一の課題は、なぜ同社が「職工改革」を実施したのかを明らかにすることであった。一九二〇年代半ばの郡是では、長期契約と「企業内養成」によって実現していた工女確保の仕組みがそれだけでは機能しなくなっていたことを示した。その要因は工場数の増加に伴う職工状態の悪化にあり、同社は片倉との対抗関係の中で労働力の管理問題に取り組み、職工の募集・採用における「革命的改革」を実施した。そのさい、工業労働者最低年齢法や改正工場法といった労働法制の整備が経営に与えた影響を指摘することができる。

第二の課題は、労働力編成に関する経営戦略を実証的に解明することであった。「職工改革」が社内養成工の資質向上を目指したことを確認した上で、労働力の管理に着目した同社が、徹底した指導・訓練に耐え得るような体力・理解力・向上心を工女に求めたことを指摘した。このような「素質」は、学力・身体・家庭の優良さとして追求されたが、同時に強調しておきたいのは、工女に内面的価値規範の形成を促す技法がこの時期確立された点である。本章はそれを採用管理の形成ととらえ、労働力編成の変化をもたらした管理テクノロジーの導入過程を見てきた。もちろん、規範の内面化という問題は具体的な労務管理のあり方に即して問われるべきであり、とりわけ賃金制度の分析は欠くことのできない論点となるだろう。その意味で入職方式による内面化の契機が具体的な労働のあり方にどうかかわったのかは次章の課題として残されてはいるが、募集・採用方式に見られる重要な変化は指摘できたように思われる。以上から分かるように、労働力編成の問題を考えるうえで第一次大戦後における「企業内養成制度」の確立が歴史的意義を持ち得るのは、この時期、それが採用管理の形成をともなって実現した点にあったと考えられる。

ところで、郡是製糸における採用管理の形成は、工場と「地方」との密接な関係を前提とする社内養成工に限定され、従来の職工調達の枠内で形成されたものであり、同時期に「社外工」の積極的な募集も確認された。その意味で、採用管理は職工の一部に適用されたに過ぎず、その画期性は半減していた。議論をやや先取りして言えば、この時期に見られた戦略的な社内工と「社外工」との区別は、多条機導入に伴って廃止の方向へと向う。このことは、生産過程における新技術の導入が、採用管理を全ての職工に適用する契機となったことを示している。この点を考慮すれば、「企業内養成制度」が採用管理をともなって実施されるという一つの画期が「職工改革」にあり、それが多条機導入後の労働力編成にも連続していくという展望を示すことも可能であろう。

註

（1）「採用管理」という用語は、入社時の「採用→訓練→配置」の過程にたいする管理をさす（木下順「一九五〇年代日本の採用管理――『養成工』制度の意義をめぐって」『國學院経済學』三一―三・四、一九八四年、三二九～三五一頁）など、論者によって使用方法が異なる。本書では、採用時に「優良職工」になりうる資質を測定し、管理しようとする明確な意識がこの時期の経営に見られたことに着目し、「採用」における「管理」のあり方を「採用管理」とよぶ。

（2）重工業大経営の労資関係については、兵藤釗『日本における労資関係の展開』（東京大学出版会、一九七一年）参照。

（3）隅谷三喜男編『日本職業訓練発展史《下》』日本労働協会、一九七一年、一二九頁。ただし、若年女子労働力の性格上、「工女の定着」が勤続年数の若干の延長に留まることは言うまでもない。

（4）東條由紀彦『製糸同盟の女工登録制度―日本近代の変容と女工の「人格」―』東京大学出版会、一九九〇年、二三四頁。東條は、長井工場が工女の「郡是化」によって工女の定着を図った点を「〈非人格的労務管理〉の形成が、労働者個人の『価値』を経営における『役割』・地位として編成することを通して、そうした存在としての自己への『同意』を組織化し、内面的価値の拘束性を持った自発的経営間移動回避の根拠たりうるという論理の、一つの転形」であるととらえた。この論理は、同書のなかで繰り返し強調されるが、労資関係の新たな枠組みへの「同意」形成過程で生じた具体的な緊張関係、とくに労働者諸個人に即したそれについては大きな課題として残されている。結局のところ、郡是が「企業内養成」を中心とした工女確保を実現させていった過程は、抽象的なレベルで理解されるにとどまっており、この理解を支える事実がどのようにもたらされたのかという問題はもう少しリアルな形でとらえる必要があるように思われる。

（5）以下は、郡是製糸株式会社『郡是四十年小史』一九三六年、九六～一〇四頁。

（6）「場長会録事」（一九二五年一一月）。

（7）「場長会録事」（一九二六年四月）。

（8）高梨健司「一九三〇年代の片倉・郡是製糸の高級糸市場における地位―『市場独占』の検討を中心にして―」『土地制度史学』一二三、一九八九年四月。

（9）花井俊介「大正末・昭和初期における巨大製糸経営の一断面―対商社関係の変化と生糸販売戦略の構築―」『三井文庫論叢』二四、一九九〇年一二月。上山和雄「両大戦間期における郡是製糸の販売政策」國学院大学國史学会『國史学』一四二、一九九〇年一一月。

(10) 片倉の多条機導入に関しては、松村敏『戦間期日本蚕糸業史研究――片倉製糸を中心に』東京大学出版会、一九九二年、二三六～二四〇頁。

(11) 前掲『郡是四十年小史』一二八頁。

(12) 桂皐『本邦製糸業労働事情』中央職業紹介事務局、一九二八年、七九頁。郡是本工場の場合、五年目末の職工残留率が転来工一七%に対し、養成工は六七%に達していた。一般工場の養成工では二七%であったから、定着率の高さは際立っていた。

(13) 小山考作「思ひ出草」所収。これは、元社員が当時の資料を綴ったものである。

(14) 「場長会録事」(一九一九年三月)。

(15) 片山専務「職工ニ関スル件」(「場長会録事」一九二四年一〇月)。

(16) 同前。

(17) 「場長会録事」(一九二三年一二月)。ちなみに、一九二四年一二月長野県視察報告によると、長野県の製糸工女の平均年齢は一九・三四歳で、郡是より二歳年長という事になり、同社に低年齢の工女が多いことが問題視された。

(18) 前掲『戦間期日本蚕糸業史研究』二四四頁。

(19) 清水重治「郡是女子寮管理法」(一九二〇年二月)。

(20) 従来勤続賞は、八年勤続者に二等賞(箪笥一本)、一〇年勤続者に一等賞(鏡台一台)が贈られたが、当該勤続年数を全うした次の年の閉場式まで在籍することによって初めて受賞する事ができた。これに対して、改正案は、六ヵ年勤続者に三等賞(針箱一台)、八ヵ年勤続者に二等賞(箪笥一本)、一〇ヵ年勤続者に一等賞(鏡台一台)を満期勤続者に対し閉場式を待たずに与えるというものであった。(「場長会録事」一九二四年一月)。

(21) 森芳三『羽前エキストラ格製糸業の生成』(御茶の水書房、一九九八年)は、エキストラ格製糸業の特徴を労働者のインセンティブのあり方に求めている。

(22) 工務課長「優良職工充実ノ件」(「場長会議録事」一九二四年一〇月)。

(23) 「場長会録事」(一九二四年一〇月)。

(24) 工業労働者最低年齢法第二条は「十四才未満ノ者ハ工業ニ使用スルコトヲ得ス但シ十二才以上ノ者ニシテ尋常小学校ノ教科ヲ修

了シタルモノニ付テハ此ノ限ニ在ラス（略）」と規定する。郡是がこれまで通り尋常小学校卒業者を採用しても、この法には抵触しないということになるが、幼年工女を問題視した一つの要因がここにあるように思われる。

(25) 専務片山は、「当社ハ元来新工女ヲ募集シテコレヲ養成スル方針デアッタガ、体力上常識上尋卒ハイケナイトイフコトニナリ高卒バカリヲ採用スル方針トナリ六ヶ月養成ガ四ヶ月養成ニ短縮サレ結果モ好イ」（「場長会録事」一九二六年一〇月）と述べた。この「尋卒ハイケナイ」という判断に、最低年齢法の論議を窺う事ができよう。

(26) 誠修学院「四ヶ月養成工女成績ニ関スル件」（「場長会録事」一九二五年九月）。

(27) 「場長会録事」（一九二四年一月）。

(28) 専務片山は念を押して次のように述べた。「養成工女ノ年齢ヲ俄ニ向上シ得ナイ工場ハ夫レガ出来ル迄ハ相当苦心シ社外養成職工ヲ募集シ是レガ補充ノ道ヲ講ズル事肝要デアリマス」（「場長会録事」一九二四年一月）。

(29) 同前。

(30) 後掲〈表22〉によると、一九二六年の入社人に占める社外工率は五割を超えた。

(31) 「場長会録事」（一九二四年一月）。

(32) 「場長会録事」（一九二四年一〇月）。「社内養成工女採用審査法」は、一九二三年二月に制定施行され、同年一二月に改正されている。

(33) 「場長会録事」（一九二五年八月）。

(34) 同前。

(35) 「優等糸」製糸家が長期契約を結ぶ傾向にある点はたびたび指摘されるが、それが「優等糸」生産に適合的であることを論じたものに、中林真幸「製糸業における労資関係の形成」（『史学雑誌』一〇八―六、一九九九年、一～四三頁）がある。

(36) 「場長会録事」（一九二五年九月）。

(37) 「面談規定」（「社内養成工女採用審査法」一九二五年改正）。とくに、「質問ニ対シテハ発問者ハ一名ニ限リ出来得ル限リ温顔ヲ以テ接シ他ノ者モ被検者ノ感情ヲ害スルガ如キ態度ヲ避ケ、解答ノ要領ヲ簡単ニ記録シ採点上及将来ノ参考トスベシ」との注意がある。

(38) 「場長会録事」（一九二七年七月）。

(39) セリプレーン検査機はアメリカのチニー社シュムーズの考案によるもので、糸条斑（イヴンネス）やらい節を検査する器械である。その仕組みは、まず器械上部の黒布を張った検査板を回転させて生糸を一定間隔に巻き取り、この検査版を暗室に持ち込み、特殊な方向から照明を当てることによって、糸斑と節を標準写真と対比して肉眼で鑑定し、点数評価するといったものである。黒色の板に一定間隔に巻き取った生糸の太細は縞模様に現れ、黒が浮き上がった部分の生糸は細く、白が浮き上がった部分は太いことを示している（『グンゼ100年史』一四六、一四七頁）。東條由紀彦は多分に仮説的としながらも、興味深い議論を展開し、「この時期の製糸業における様々な『技術』上の変化の中でも、この検査法の改変は、具体的な生活の場における労働のあり方の変化にとって、際立って大きな意味をもったように思われる」（前掲『製糸同盟の女工登録制度』二七二頁）と述べた。要約すると、それは、要領よく重量平均を目的に合わせる「優等工女」から、律義で几帳面に均一な糸をひく「優等工女」への変化を指す。以上のような「優等工女」の転換という仮説が重要な意味を持つとすれば、経営はそのような「優等工女」を得るためにどのような策を講じたかを明らかにしなければならないだろう。本書は、採用審査法の変化を通して、「優良職工」に求められる資質の変化を明らかにする。

(40) 「場長会録事」（一九二八年二月）。

(41) 「場長会録事」（一九二八年一月）。工場養成の開始に伴い、教務課は「よく期間を尊重し何時の間にやら工場で使っているといふやうなことのないやうに、教育係の力不足なる工場は特に注意されたし」（「場長会録事」一九二八年四月）と注意を促している。具体的には、「養成日報」の作成を義務づけるなどの策を講じた。

(42) 「場長会録事」（一九二七年一月）。

(43) 一九二六年度以降の「職工統計」には、工女の退社理由に「教婦」という項目が登場する。

(44) 「操業短縮実施方法並ニ注意事項」（一九二七年一二月一二日）。

(45) 「場長会録事」（一九二八年五月）。養蚕や田植えの状況によっては、工女の帰宅が長引く恐れもあり、一般的な職工過剰傾向にもかかわらず労働力の調達に支障を来たす不安を抱えていた点に着目したい。

(46) 「第三条　採用審査ヲ行ヒシトキハ所定ノ「採用審査表」ニ其ノ成績ヲ詳細記録シ採否決定ノ基準ト為スベシ　採用審査ヲ行ヒシトキハ直ニ採否、再検、入社延期等ノ見込ヲ記入ノ上其ノ写ヲ人事課ニ送付スベシ」（「社内養成工女採用審査規則」一九二八年八月改正）。

(47)「場長会録事」(一九二八年四月)。
(48)「場長会録事」(一九二八年一二月)。
(49)同前。
(50)「場長会録事」(一九二九年三月)。
(51)「社内養成工女採用規定」(一九三〇年一〇月一日施行)
第二条　採用審査ヲ分チテ左ノ如クス
一、基礎調査
二、採用検査　イ、面談　ロ、適性検査　ハ、身体検査
基礎調査ハ出身学校、家庭等ノ実地ニ就キ慎重ニ之ヲ行フヘシ
基礎調査ヲ了セシトキハ採用検査施行通知前日迄ニ所定ノ「基礎調査票」ヲ作成シ受験者決定ノ基準トナスヘシ
(52)人事衛生課「職工問題」(「場長会録事」一九三一年一月)。
(53)「場長会録事」(一九三二年一月)。
(54)「人事衛生ニ関スル件　人事衛生課長」(「場長会録事」一九三二年一月)。
(55)これが、労働市場の緩和という外部条件を前提としていたことは言うまでもない。
(56)前掲『郡是四十年小史』一二九頁。
(57)片倉が工場ごとに独自の経営方針を採用する傾向にあるのに対し、郡是は本社による中央集権的な工場経営が行われていたことが知られている。
(58)宇島工場では工場近隣地域ではなく、鹿児島から一五〇人、大分から一三〇人を募集していた(「場長会録事」一九二六年一〇月)。
(59)宅間監査役「長井工場ニ就テ」(「場長会録事」一九三一年七月)。
(60)諏訪製糸業における募集・採用のあり方については、労働市場の変容と工女の「入職形態」に着目する東條由紀彦の議論が興味深い(前掲『製糸同盟の女工登録制度』第二章)。
(61)前掲『製糸同盟の女工登録制度』二九〇頁。郡是においては、一九二三年、産業能率研究所所長上野陽一が、「能率問題ニ就テ」という講演を行い、郡是が真っ先に手を付けることは採用時の適性検査方法を研究することであると指摘している。(上野陽一先

生講演『能率問題ニ就テ』、前掲小山渓泉「思ひ出草（二）」所収）。

(62) 人事衛生課長「人事衛生ニ関スル件」（「場長会録事」一九三一年一〇月）。

(63) 長野今市工場長「募集状況報告」（「場長会録事」一九二四年一月）。

(64) 一九二六年一月の場長会では、工場拡張に伴う増釜分は旧工女をもって充てるという方針が確認されており、そのため、積極的な「社外工」の募集が実施された。

(65) 一例を示せば、舞鶴工場が富山県、山崎工場が新潟県、宇島工場が鹿児島県、津山工場が鳥取・香川・徳島県、園部工場が新潟・和歌山県を募集地盤とした（「場長会録事」一九二四年一〇月）。

(66) 「郡是教育史」（稿本）によると、この問題を解決したのは、宮津工場教育主任手塚たけよであった。彼女はまず工場での区別をなくすよう工務に申し入れ、ついで、飛騨の寮舎と地方寮舎の棟を一つにし、部屋を隣り合わせにした。さらに、飛騨出身の寮生を地方出身者の部屋の室長に任命し、その管理を任せた。その成功を受けて、一九二五年には地方別組織を撤廃して地方出身者の部屋に飛騨出身工女を二、三名混入する同室編成に踏み切り、この結果、感情的弊害が是正され理想的な寮舎が実現したという。このエピソードは郡是教育の成功を記したものではあるが、寮舎生活のみならず工場労働においても、出身地域による工女の明確な区別があったことが確認できよう。

(67) 一九二八年一月の職工募集報告では、「養成工女ヲ採ラヌトイフコトモ問題ニナッテイル」との指摘がある（「場長会録事」一九二八年一月）。

第四章　機械化と雇用関係

はじめに

本章では、製糸業の機械化と製糸労働者の働き方に見られる変化について検討を加え、雇用関係における機械化の意義を考察する。対象となるのは、一つの「技術革新」として昭和初期に普及した多条繰糸機（以下、多条機）の導入過程である。まずは、先行研究を確認しておこう。

多条機導入については、機械化がいかに日本製糸業の再編成を促したかという観点から、詳細に分析されてきた。恐慌下に製糸業が全般的に縮小し、とりわけ中小製糸資本が没落するのと対照的に、大製糸資本の制覇が確立する過程をとらえた「製糸独占資本」論は、多条機によって高級糸生産を実現した片倉・郡是が当該市場において「独占的地位」を占めるにいたる過程を「生産力的側面」から論じた(1)。もっとも、製糸業における「独占段階への到達」を展望した石井寛治は、一九二〇年代以降、片倉・郡是両製糸が原料繭の「特約取引を中心とする独特な生産力体系を基礎に、独占的地位を占め、独占利潤を確保するようになる」との見通しを示しており、資本蓄積上の特質から、多条機導入を独占的地位の「確立」の根拠と見た(2)。見解の相違はあるが、これらの議論において、多条機が「機械」としての生産力を具備していたことに疑いの余地はなかった。そのため、多条機の導入と高級糸の生産、さらには高利潤の獲得が直接的に結びつけられる傾向があり、生産過程における多条機化の意義については等閑に付されてきた。この点に関して、多条機に対する、純粋に産業技術上の意味における「生産力格差」に関する従来の「評価」が過大にすぎるのではないかとの疑問が東條由紀彦から提起された(3)。松村敏も多条繰糸がただちに高利潤に結びつくわけではなく、片倉が統一された優良原料繭の確保等、新たな問題を抱えていたことを明らかにした(4)。言わば、一つの産業技術が経済・経営的環境に与えた影響を決定的と見た従来の評価に修正を迫るものといえる。それではなぜ多条機化は進展し、それは労働の質をどのように変え、雇用関係にどのような影響を及ぼしたのであろうか。ここで検討したいのは、こうした問題である。

郡是製糸の事例を検討する際に示唆的なのは、技術の普及伝播という視点から統計資料の分析を行い、全国的な多条機の普及を「新しい市場条件への自発的な適応化現象」ととらえた清川雪彦の議論である(5)。新技術の急速な普及伝播はとりわけ西日本で顕著であったことが明らかにされ、その真の理由は西日本市場の競争的な性格や、歴史的に形成されてきた合理的で積極的な経営方針に求められた(6)。こうしたマクロなサーベイによれば、西日本を中心に工場を展開した郡是製糸株式会社は、片倉とともに新技術の普及・伝播に一定の役割を果たした企業の一つであった。そこで、郡是製糸の多条機導入について、ミクロな視点から考察を深めることにしよう(7)。それは、輸出生糸市場における取引制度の変更、製糸経営内部での生産管理と労働市場の変容に焦点を当てて進められる。

一　日本製糸業と多条機

1　多条機普及の実態

多条機の発明と全国的な普及の実態を確認することからはじめよう。そもそも多条機は御法川直三郎によって明治期に発明された繰糸機であった。高温・高速度繰糸を追求していた当時の製糸業にあって、低温・緩速度繰糸という発想は多条・立繰という新たな作業形態を創出したものの、実用機として普及するには至らなかった(8)。しかし、アメリカ市場における生糸需要の変化に伴い、セリプレーン検査が重要視されるにつれ、それに適する繰糸機として急速に普及することになった(9)。その構造を単純化して言えば、単位時間あたりの各枠の巻取糸長を極度に短くすることによって、繭糸がおちて次の繭糸をつなぐまでの長さが短くなり、斑が生じにくくなるというものである。単位時間当たりの一枠繰糸量は極度に減るため、繰糸能率をあげるべく多条化し、立って繰糸作業を行うようになったのである。この技術にいち早く目をつけたのは片倉製糸紡績株式会社副社長今井五介であった(10)。片倉では、一九二一年埼玉県大宮工場及び石原工場に試験的導入を行い、翌一九二二年大宮工場に繰糸工場を新設して三二台の直繰式多条繰糸機を据え付け、織物用二一中生糸を製造した。アメリカ市場に輸出されたこの糸は、これまでに無い高級糸として金剛至上格（Wonderful Diamond Grand XX）という新しい格付けで迎えられ、「ミノリカワロウシルク」（Minorikawa Raw Silk）の名がニューヨーク市場に宣伝された。一九二四年には郡是製糸も御法川式多条機を購入して多条繰糸の研究を始めたものの、まもなく中止した(11)。この時点では多条繰糸が画期的な技術であるとは考えられず、多条機への移行が有利であるとの経営判断には至らなかったようである。第三章でみたように、普通機での生産を前提として同社は「職工改革」に着手した。

　ところで生糸需要の中心は靴下用原料に移行しつつあり、細糸が要求されるようになっていた。片倉を通じて、この需要動向を伝え聞いた直三郎は、二〇口取り再繰式多条繰糸機を製作した。片倉は、これを一九二七年大宮工場に導入し、一九二八年の夏挽きに先立ち普通繰糸機を全廃してこれに変更した。これに対し、「ミノリカワロウシルク」が世界最高級の生糸として高い評価を受けたことは、「統制ある経営の下に多量の生産を行ひ之れを海外需要者に提供した結果に他ならない」と考えた直三郎は、片倉への恩義に報いるため「本機設備の優先権を特約」したのである(12)。片倉と御法川との密接な関係は、多条機が大資本向けの機械であるとの錯覚を与える。しかし、多条機を開発した直三郎には、大資本に有利な機械開発を目指す意図はなかったようである。その着想は、農家六戸の蚕繭を多条機一台で処理することにあり、繰糸場は軒先に小屋がけでよく、繰糸に冷水を使うため燃料も煮繭用だけで済み、動力も小馬力でよいというものであった。しかも、手の空いた老若男女誰もが繰糸を行えるようにすれば、養蚕家は小資本で製糸経営を行い、製糸上の利益を得ることができるとも考えていた。したがって、片倉への「優先権を特約」した後に、直三郎は三二〇口を一人で繰る直繰式繰糸機を開発し、御法川式新式製糸機械の完成を発表した。それは、事実上、繰糸機械の基本概念を公開するに等しいものであった。

　私はこの機械を大に農村に普及したいと思ってゐる。一ヶ村の生産繭を全部工場へ持ち込む、村の中から六―七人の工女が出れば沢山、それも午前六時から正午まで働けば三百匁当りは挽ける、それに一円五十銭も給料をやれば大喜びでせう。寄宿舎も要らない、飯もやる必要はない一日働くなら弁当を持ってくればいい工場法も労働問題もあったものではない、これなら機械が多少値が張ってもあとの経営は容易《らく》である(13)。

大資本の営業製糸に打撃を与えることを想定しつつ新繰糸機械の農村への普及を説いた直三郎の念頭には、工女の賃金や寄宿舎をめぐる労働問題、複雑化しつつある経営問題があった。(14) こうした問題に関心を寄せつつ開発された多条機は、果たして製糸経営にいかなる影響を及ぼしたのであろうか。

〈表24〉によると、片倉は一九二七年度以降御法川式多条機の導入を本格化させ、一九三〇年度の設置工場数は二〇に達していたが、郡是はいまだ多条機を導入していない。ただし、全国の多条機設置工場数はすでに七三を数え、片倉以外五〇工場あまりに多条機が普及していた事実は注目されてよい。「ミノリカワロウシルク」の成功により、低温・緩速度繰糸という多条機の核心が知られるや、多数の業者によって類似機の開発が進み、大経営に限らず、多くの工場で多条機が導入されていた。多条機の導入それ自体は広範に見られた現象であり、それを製糸独占資本の成立と直結させることには無理がある。さらに、一九三二年度にかけて全国的な多条機の普及はより顕著となり、設置工場数は二〇〇を超えた。ただし、一工場あたりの設置数は一六〇台から一四二台へと減少しており、いっそう小規模な多条機導入も多かったことがわかる。一例として、一九三三年に小岩井式多条機を導入した愛媛県高畠製糸場（一〇四釜）の契約内容を見てみよう。(15) それは、この事例が西日本における急速な多条機普及の実相を示していると考えられるからである。高畠製糸場は小岩井製作所（長野県松本市）と新たに多条機五二台（七二八〇円）の据付・使用・売渡その他に関する契約を結び、契約証拠金として二六〇〇円を支払った。機械代金の残額四六八〇円の支払いは次のように規定された。

（前略）右機械ニテ拾四中生糸ヲ繰糸ナシタル場合ハD格以上ノ格高販売金之参分之弐ヲ、弐拾壱中生糸ヲ繰糸ナシタル場合ハ同工場内既設座繰繰糸機ト同一条件ニ於テ比較繰糸成シ同格生糸ヲ繰糸シ得且ツ座繰繰糸機械ヨリ女子一人当リ能率ノ四割増加ヲナシタル時、本機繰糸生糸一千斤当リ金五百円也宛ヲ各出貨毎ニ前記金額ニ満ツ

表24　多条機普及の実態

	全	国		片	倉			郡	是		
年度	a	b	a/b	a	b	b'	a/b	a	b	b'	a/b
1927				376	1	41	376				
1928				800	2	43	400	—	—	—	—
1929				1,516	4	46	379	—	—	—	—
1930	11,690	73	160	5,998	20	47	300	—	—	—	—
1931				9,394	28	47	336	204	1	26	204
1932	28,774	202	142	10,206	32	48	319	824	4	29	206
1933				11,288	35	48	323	3,610	15	31	241
1934	43,120	245	176	13,956	46	48	303	6,863	23	31	298
1935				14,943	47	48	318	7,417	23	31	322
1936	47,875	254	188	15,005	46	48	326	8,220	23	31	357
1937				19,428	50	57	389	8,635	24	32	360

資料）　農林省蚕糸局『全国器械製糸工場調』(1932年度，34年度，36年度)．「各工場別各年度ニ於ル御法川式繰糸機械設備状況」『片倉製糸紡績株式会社二十年誌』1941年，299〜303頁．同前132〜135頁．『グンゼ100年史』1998年，192頁．郡是製糸株式会社「工務年報」(各年度)．

註）　ⅰ．a多条機台数，b多条機設置工場数，b'全工場数，a/bは１工場あたりの多条機設置台数．

ⅱ．全国データは，各年度末（翌年５月末日）現在．ただし，1930年の台数aは『横浜市史５巻上』268頁の石井推計，工場数は清川雪彦『日本の経済発展と技術普及』東洋経済新報社，1995年，140，149頁を利用．

ⅲ．片倉データは1937年度（10月１日現在）を除き，各年度末（翌年５月末日）現在における内地工場のみを再集計．ただし，試験所，盛岡（６台設置後まもなく廃止）は除く．なお，1937年度には，賃借経営を行った日東製糸株式会社７工場も合算され，多条機台数には日東式多条機（16緒）も含まれるため，御法川式のみのデータではない．

ⅳ．郡是データは，内地工場のみを再計算．

　　ル迄支払ヒ成スモノトス

　多条機の販売は生糸の生産・販売とリンクしていたため、販売代理店が技術指導員である教婦をも派遣した。多条機の導入が生産能率を高め、あるいは高格糸の生産を保証し、その分だけ増加した利益から代金を返済できるとすれば、その導入は必至であろう。[16] すでに県内一三工場に多条機が導入されているとなれば、なおさらであった。[17] このように多条機の導入は、小規模工場の事例も含め比較的安易に実施されたため、機械代金の返済をめぐって紛争が生じることも少なくなかった。[18] 高畠製糸場も、糸価の低迷により十分な返済ができず、最終的には示談によって皆済が促された。[19] 当初、多条機導入工場の急増は、このような中小経営の事例を多く含むものであった。

　一方、〈表24〉によれば、一九三四年度から三六年度にかけて設置工場は九工場の増加にとどまっていたが、設置台数は増加しており、大規模工場を中心とした多条機化の進展が窺える。すでにほとんどの工場に多条機を配置していた片倉に対し、郡是の動向を見ても、一九三四年度以降設置工場数は頭打ちになっており、増設を中心に多条機化が進行していた。一九三六年、両社の設置台数は全国の五割に達しようとしていたが、一工場あたりの多条機設置台数は郡是が片倉を上回り、前者が急速な多条機化を遂げたことが確認できる。[20]導入を躊躇していた経営は、なにゆえ急速な多条機化を遂げたのであろうか。

2　輸出生糸市場における「第三者格付」の実施

恐慌下のアメリカにおいて、生糸が織物用糸としてレーヨンに対抗し得たのは一九三二年までであり、靴下糸への転換が本格化するにつれ、生糸品位に対する要求は高まっていった。この年、日本では糸価安定融資補償法の破綻を意味する滞貨生糸の政府一括買上が実施され、また、免許制度による小規模工場の整理を目的とした製糸業法が制定されるなど、日本製糸業の構造的再編が開始された。加えて、アメリカ市場の動向に関係してより重要なのは、「商標」をめぐる生糸取引のあり方が劇的に変化した点に他ならない。たとえば、『蚕糸経済』（三一─一七、一九三一年二月一〇日）は、「新格付の実施を機として製糸の機械化を期せ」という社説を発表し、『中外商業新報』（一九三一年一〇月二三日号）も「製糸機械号」と題して特集記事を組み、「輸出生糸の統一検査法が明年一月から強制的に実施さるるの時」製糸機械の改良が一層の急務であることを強調した。機械化は、輸出生糸の取引制度における変更を機に実現すべきものと喧伝された。この「新格付」や「統一検査法」とは、国立生糸検査所による輸出生糸の格付け検査を指す。そもそも、一九二六年の輸出生糸検査法により正量検査が強制検査となったのに対し、品位による格付け検査は施行されなかったため、生産者は独自の格付けにより「商標」を定めていた。しかし、需要側（米国）の強い要望に基づき、一九三二年から国立生糸検査所での品位に基づく格付け検査が義務づけられることになり、「開港以来七十二年間の商習慣を打破したる一大改革」とも言うべき、第三者格付が実施されることになったのである。[21]

国立生糸検査所による輸出生糸の格付け検査では、セリプレーン成績、とくにイヴンネス（糸条斑）を重視した基準により3A、2A、A、B～Gの9格が設定された。この第三者格付は、先述の「新しい市場条件」の一つとして言及され、生産者に高格糸生産を促したと想定されてきた。[22]しかし、そればかりではなかった。例えば、郡是製糸では、繰糸工の養成方法を変更し、養成工の繰糸実習は内地で販売できる「白二一中」で行い、その後「黄二一中」を繰糸させたうえで輸出用の「一四中」を繰糸するよう指示した。[23]同社の「信用」で販売できた不合格糸の輸出ができなくなるためである。また、第三者の検査による荷口単位の格付け決定は、一方で「商標」を維持するため格下糸の生産を躊躇していた生産者に、糸格間格差に応じて目的糸格を頻繁に変更することを可能にした点にも注目すべきであろう。[24]複数の目的糸格に応じた生糸生産は、販売上の要請でもあった。アメリカの靴下製造業者は複数の製品を製造する都合上、多種類の生糸を必要なだけ購入する傾向が強く、複数の糸格を豊富に揃えておく方が販売上、有利と見られていたのである。[25]第三者格付は、生糸生産のあり方そのものを変容させる契機となり、生産現場では目的糸格に応じた柔軟な繰糸戦略がとられる必要が生じたといえよう。結論を先取りして言えば、このような生糸生産の変容に適合的な機械として、主として生産管理上の理由から大規模工場を中心に多条機化が進行したと考えられる。

生糸市場の場合、品質に関する情報の非対称性から生じる非効率を避ける制度として、「商標」による市場取引を選択した日本に対し、ヨーロッパでは第三者格付による市場取引が普及していた。[26]いずれの制度が選択されるかは、生産組織の形成に密接に関わっていたし、技術選択にも影響を与えたであろう。興味深いことに、多条繰糸の技術は既にヨーロッパで使用されていた。[27]同様の技術が昭和初期の日本で急速に普及した要因は、アメリカ市場における高格糸需要を契機としていたとはいえ、取引制度の変更に伴って改編を迫られつつあった日本の生糸生産のあり方にこそ求められるべきではないだろうか。おそらくそれは、生糸生産に従事する労働者をめぐる社会環境の変容過程とも密接な関係を有していた。この問題を、導入で遅れたとはいえ、短期かつ急速に多条機へ移行した郡是製糸の事例から検討し、製糸業の機械化と製糸労働の問題へと考察を進めよう。

二　郡是製糸の多条機導入

1　多条機導入前の生糸生産

戦間期における同社の生糸販売に関してはすでに詳細な研究があり、アメリカ絹業の需要動向に基づく糸格間の値鞘に応じて、柔軟な販売政策がとられたことが指摘されている。(28)ここでは、そうした販売政策を支えた生糸生産の現場に視点を定め、多条機導入の意義を探る。

まずは、本社による工場管理の実態から生糸生産の動向を確認しておこう。同社では、原料繭の品質を基準に繰糸格が定まり、その情報をもとに本社で策定した生産方針が「繰糸命令」として各工場へ下された。(29)各工場の生産糸は綛のまま本社・製品所に送られ、ここで合同整理する方式をとっていたが、経営規模の拡大に伴い、一九一六年四月からは各工場で整理することに改められた。本社は生産糸の検査のみを行うことになり、この検査による格付けに従って賞罰を付した。(30)一九二九年度の調査によれば、一釜あたりの格付金は（＋）八六・四七三円から（－）五八・八一〇二四円の間に分布し、二四工場中一〇工場に賞、一四工場に罰が付され、生糸代金とともに振り替えられた。(31)この

表25　今市工場工務成績

本社格付け		回数
格　上	20円	1
	10円	1
格上下なし		22
格下	5円	11
	10円	17
	15円	8
	20円	12
	25円	3
	30円	3
	40円	7
	50円	2
	60円	1
	70円	1
合計		89

資料）　今市工場『糸明』（各号）.
註）　1929年10月27日～1930年４月23日出荷分.

うち、今市工場については詳細が判明する。〈表25〉によると、「格付上下なし」となったのは二四％に過ぎず、格上となった数回を除き、格下となることが多かった。よって、繰糸格そのものが期待値として設定されていたことが窺える。本社は格付賞罰によって工場に高格糸生産へのインセンティブを与え、生産糸を本社で検査することによって品質を確保した。同社の商標を付した生糸は、優良糸としての信認をうけ、値鞘を獲得していたのである(32)。

しかし、第三者格付をめぐって日米交渉が盛んに実施されるなか、同社の品位格付そのものがアメリカの検査基準に満たないとの苦情を受けるようになった。同社は、一九三〇年七月分から、格付方法を日本の総合点主義から米国の最低点主義に改め、検査基準を明確化した(33)。糸格も第三者格付に合わせて一〇階級から2A、A～Dの五階級で把握することとし、B格以下の数で格下率が算出されたが、それは四割を超えていた(34)。実際、一九三一年度生産糸に関しては、繰糸格の減少が結果的に検査基準を緩和させ、ジャーリー商会をはじめ米国市場において品位不良の強硬な苦情をうけることになった。「創立以来三十五年間ニ築イタ信用ヲ一年デ失墜シタ」(35)と表現されるほど、深刻な品位不良を引き起こした要因の一つは、本社が各工場に出す「繰糸命令」と製品とのアンバランスにあった。一九三一年度監査所見は、「本社ガ工場ノ実力ニ相応シ〔ク〕ナイ糸格ノ生産ヲ指命シ、或ハ工場ガ自信ガ少ナイノニ軽請負シタト認ムベキモノガアル」(36)と指摘した。工場では「繰糸命令」に従って、つまり、糸格に達しなくても「命令」通りに商標を付けていたため、見込みをつけて適切な商標を付すよう命じたほどであった(37)。

表26　昭和５年度工場成績ランキング

軽重率	1.5	2.0	2.0	1.5	1.0	1.0	0.1	0.2	0.3	0.2	0.2	
工場名	人員	品位	工程	糸歩	屑物	燃料	撰繭	故障	保健	揚返	仕上	総合
本　工	10	⑤	12	12	6	4	25	7	14	14	⑤	7
口上林	18	①	14	③	③	①	24	15	9	24	—	①
中上林	③	②	7	6	④	②	26	①	18	6	15	③
山　崎	5	13	7	16	20	8	15	9	7	15	19	12
萩　原	17	③	18	7	8	14	6	11	13	8	6	6
園　部	12	18	7	8	⑤	13	11	17	7	17	13	15
和　知	8	11	②	①	②	③	②	12	12	19	①	②
江　原	9	8	③	24	18	11	23	14	13	21	12	16
宮　津	②	④	13	④	11	9	16	⑤	10	10	11	④
八　鹿	8	10	9	18	10	7	10	②	④	9	16	9
津　山	④	23	10	15	17	10	12	18	15	20	8	20
梁　瀬	14	25	11	23	19	8	③	16	6	11	17	22
美　濃	17	22	6	17	24	11	7	6	③	13	④	19
養　父	11	19	④	⑤	18	11	9	10	⑤	12	7	⑤
成　松	16	7	19	13	14	12	13	13	12	①	②	13
長　井	①	15	⑤	26	22	④	21	17	11	④	10	17
宮　崎	8	6	21	11	13	⑤	18	25	18	②	③	10
舞　鶴	6	20	15	9	15	14	①	23	10	7	13	18
福知山	13	15	16	20	9	15	⑤	④	②	⑤	17	17
宇　島	20	21	20	25	21	7	④	24	⑤	16	20	23
三　成	7	17	①	19	①	11	19	22	11	③	24	8
今　市	⑤	14	8	22	7	6	17	15	16	18	9	14
大　田	21	26	25	10	26	18	27	26	19	25	22	24
久　世	19	9	23	②	12	16	20	20	8	6	14	11
熊　本	13	12	17	14	16	15	14	③	①	18	21	15
清　州	22	24	24	27	23	17	22	21	20	23	18	25
益　田	15	16	22	21	25	10	8	8	⑤	22	23	21

資料）「昭和五年度工務成績調査」（工務課）．

註）１，主要四項目の評価基準

人員：対一釜勤人員と対十貫勤人員の少なさ

品位：A格を標準とし，格下歩合によって順位付け，朝鮮工場はC格を標準

工程：14中換算の工程

糸歩：対生繭百匁繰上糸歩と対一釜糸歩

２，口上林の仕上は本工場に含む．

３，丸数字は上位五工場．

表27　昭和５年度生産費ランキング

		使用延釜率（%）	一釜生産高（貫）	対十貫生産費		生産費比率		内訳生産費（円）
順位	工場			器械（円）	器・達（円）	器械（%）	器・達（%）	
1	養父	88.9	88.236	126.84	117.13	25.3	24.2	240.60
2	美濃	84.7	68.745	128.54	127.30	24.9	24.8	242.31
3	江原	84.9	68.691	133.71	129.56	24.3	23.9	244.97
4	和知	86.4	72.776	133.65	130.99	25.2	24.6	253.73
5	津山	86.4	66.337	132.31	130.45	25.8	25.5	247.13

資料）　調査課「生産費資料」（1925年度～31年度）所収，「生産費調査」（1931年７月６日）．
註）　１，使用延釜率＝(使用延釜÷設備延釜)×100
　　２，一釜生産高＝生糸産高÷設備釜数
　　３，対十貫生産費は，利息と税金とを除いた決算数字
　　４，生産費比率＝(対十貫生産費÷対十貫生糸代)×100（製品の品質を考慮するため）
　　５，内訳生産費は，項目ごとに比重を変え，その優秀さを示す．
　　（薪炭費・雑費・消耗品費×３，給料・賄費・固定償却×２，保険料・修繕費・募集費・荷売費×１）

　本社は各工場の実態を把握すべく業務成績の比較を行い、一九三〇年度成績のランキングを示した。工務課による工務成績の評価は〈表26〉のごとく、各工場における生糸生産の特徴を浮き彫りにした。軽重度の高い品位と工程について見ると、品位成績の良い工場は操業年次の古い何鹿郡を中心とした地域の工場であり、逆に工程（能率）成績が良いのは島根県の三成工場や山形県の長井工場など遠隔地の工場であった。総合成績では、口上林、中上林、和知、養父など相対的に小規模の工場が上位を占めており、必ずしも大規模工場の業務成績が優位にあったわけではなかった。一方、調査課は生産費の評価を行い、上位五工場をあげた。〈表27〉によると、生産費を抑えた工場は使用延釜率を上げ、高い一釜生産高を維持していた。例えば養父工場の場合、太糸生産の比率が八二％と高く（全工場平均四五％）、工程も高いのがその特徴であった。いずれにせよ、各工場の生糸生産を一律に評価することは困難であったが、各工場の詳細な把握に基づき、本社は適切な「繰糸命令」の策定を目指し、各工場には要求した糸の質・量を確保するよう求めた。もっとも、本社検査には限界があったため、本社の「繰糸命令」と各工場が生産する糸の間には商標をめぐる品質差が生じており、工場ごとのバラつきが郡是糸への苦情原因となっていた。そのため、一九三二年度には、本社検査

と工場検査を常に合致させ、第三者検査より厳しい社内基準を設けるといった生糸検査格付け方針の改正を行ったのである[38]。

もちろん、郡是糸に対する苦情は、最高級糸市場における多条糸の優位を反映したものでもあった。一九二九年度には、高価な郡是の特殊品よりも優れた糸が御法川式多条機によって生産され始めたという[39]。先述のように、一九三〇年の片倉では多条機導入工場が二〇工場に達していたが、郡是では本格的な導入には至っておらず、普通機での高格糸生産を続けていた。通常それは、原料繭の改良・統一の成果であるとともに、工女の技術が優秀であるためと説明されてきた。勤続を重ねた経験豊かな熟練工女によって高級糸が生産されたというイメージは根強い。しかし、実情はやや異なっていた。第三章の〈表22〉によれば、多条機導入前の一九二九年度で、在籍人員のうちじつに四分の一が養成を終えたばかりの工女となっていたことを想起されたい。こうした労働力編成での高格糸生産にあっては、同社が各工場に積極的に配置した教婦の役割が改めて注目されよう。

一般に、高格糸需要の高まりとともに、技術指導を行う教婦が必要とされ、糸量主義から糸質主義への転換を図りつつあった工場群によって、学校出教婦が多く採用されていた[40]。自社養成を行う郡是製糸の場合、工女の中から工場ごとに選抜され、誠修学院で半年間の養成を受けた教婦が工場に赴任した[41]。〈表28〉によれば、一九二九年に教婦科入学者数が激増しており、教婦の増員が図られたことが分かる[42]。しかし、その教婦に生産管理を一任する状況にはなかったようである。いま、作業監督者層の男女比を示せば、一九二五年度に男一一一／女一八四人であった作業監督者は、一九三二年度には男二

表28　教婦養成人員

年度	期別	人員
1927	28	66
	29	41
1928	30	41
	31	54
1929	32	71
	33	80
1930	34	55
	35	45
1931	36	48
	37	62

資料）　誠修学院「教婦科入学ニ関スル件」(1931年9月).

註）　期とは，1913年の教婦講習会以後6ヶ月間の教婦科設置数をさす.

六四／女二七六人となり、むしろ男子の増員が顕著であった。(44)もともと教婦を配置していた同社において、高格糸生産のために増強されていたのは、男子の作業監督者であり、生糸生産の現場ではその管理が製品の質を左右すると考えられていた。具体的には、小枠の回転、緒数の決定などは繭の解舒を確認した上で管理者（繰糸係・教婦）が判断し、「管理者ノ頭ノ働キ」で「作業条件ノ合理化」を図ることが課せられていたのである。(45)もっとも、このような管理組織の弊害を指摘する工場もあった。園部工場では新工場（四〇釜）を設け、男子職員である繰糸係その他の者は一切干渉せず、その管理を主任教婦に一任したところ、同工場でもっとも良い品位成績をあげたという。(46)また、工場新設を控えた鳥取工場長は「今市ノ片倉工場」を見学し、「職員数ノ少ナキコトハ驚クバカリデアル」と報告し、とりわけ男子の姿が見えないことを指摘した。(47)おそらく、片倉において西日本で最も早く御法川式多条機一八〇釜を投入した松江工場と推察される。同工場は、一九三一年五月末には多条機三〇〇釜の工場となっていたが、職工数四七四（男三九／女四三五）人に対し、作業監督者一五（男五／女一〇）人、技術者一人という編成になっており、明らかに男子作業監督者が少なかった。(48)普通機での生糸生産を続けた郡是製糸は、他経営と比較した場合、男子を含む多くの職員を配置した生産体制にその特徴があった。

2　多条機工場と普通機工場

郡是製糸の多条機設置は、一九三〇年一一月一八日取締役会で決定され、一九三一年玉糸工場に一二緒の試験機六〇釜、久世工場に一六緒の試験器一四四釜が設置された。(49)機械開発は同社製糸試験所で進められ、各工場への機械導入は本社工務課・機械課を中心に実施された。(50)一方、長井工場長白波瀬米吉は、知人でもあった後藤孟が開発した後藤式多条機を横浜で見て、その試験導入を専務片山金太郎に懇願し、導入を果たしたという。(51)こうした動きを促したのは、第三者格付であった。工務課長は、「第三者ノ検査格付ガ実施サレルト実力競争ニナルカラ、結局検査ノ結果ガ良クナケレバ幾ラ背景ガ良クテモ駄目デアル」[52]と主張した。優良糸を生産する「模範的工場」として知られる同社であったが、そうした「背景」とは関係なく、客観的な検査結果をもとに取引を行う第三者格付に向けて、多条糸との「実力競争」への危機感が高まっていたのである。この時、先述の郡是糸に対する苦情原因となっていた「リング斑」は、普通繰糸では、「今ノ繰糸法デ『リング』ヲ皆無ニスルコトハ出来ナイトシテモ、技術方法ヲ研究シ徹底的ニ訓練スレバ苦情ヲ受ケナイ程度マデハ改良スルコトガ出来ル」のに対し、緩速度で繰糸する多条繰糸では大方解決できることが知られていた[53]。それでも、遠藤社長は「現在ノ機械設備ト生産費節減トノ問題カラ云ヘバ御法川式ノ如ク工程ヲ落ス等ノコトハ出来ヌ」[54]と断言した。品質に問題を抱えながらも同社が多条機への移行を躊躇した要因には、生産性の低下に対する危惧があり、普通繰糸による徹底的な訓練を選択したといえよう[55]。それは接緒作業に焦点をあてた「機敏接緒運動」として実施され、翌年には起床から就寝まですべての動作を機敏に行う「機敏運動」へと発展した。

元工女は、次のように回想する。

最初入所した当座は普通繰りで六本取りでした。何といっても手早く仕事をしなければ成績も上がらないし、その理由でか、機敏運動がもけられ、繭の落ちた時に早く接緒する。その早さがみとめられると機敏賞として教婦さんから黄色のタスキが与えられました。その黄色のタスキをかけて頑張るのでした。早くもらいたい一心でやったらみとめられ、タスキをもらった時のうれしさ、こんな小さな事でも思い出の一つ[56]。

すばやい接緒によって糸条斑の発生を防ぐ試みは、教婦からタスキをもらいたい一心で接緒の速度を競った工女らによって一定の成果を上げた。

多条機が生産費削減という経営課題に合致しないとする判断は、一九三〇年に本社調査課が策定した「標準生産費

表29　係員人員配置表

係名＼分担　業務		A工場						B工場						
		職員		常傭		計		職員		常傭		計		
		男	女	男	女	男	女	男	女	男	女	男	女	備考
◎場長		1				1		1				1		
○教育主任		1				1		1				1		100釜につき1人
教育係			3				3		3				3	
○庶務主任		1				1		0.5				0.5		「庶務主任」は会計係兼務「庶務」職員は庶務係1，用度係1，保全係1，常傭は保全係1，給仕2（うち女1）
庶務係	庶　務＊	2		2	3	4	3	3		2	1	5	1	
	警備	1		1		2		1		2		3		
	原料事務	1				1								
	乾燥場庶務	1		1		2								
衛生係	衛生保健	1			1	1	1	1		1		2		常傭は便所痰壷の掃除夫
	看護婦		2				2		2				2	
会計係		1		1		2		1.5				1.5		
栄養係		1		2	4	3	4	2		1	3	3	3	90～100人につき1人
○原料主任		1				1		1				1		購入生繭5万貫につき1人，書記1を含む
原料係		4				4		4				4		
○工務主任		1				1		1				1		常傭1は衛生係兼務保険担当，煮繭は矢島式3台とし，主任1，調節係1台1人，繰糸は2繰糸場につき1人，教婦は繰糸台1台につき1人，但し優秀な教婦は2台を受け持つとして100釜につき3人
人事係		2				2		2			1	2	1	
倉庫係		1		1		2		2				2		
生産係	煮　繭	2		1		3		4				4		
	繰　糸	2				2		3				3		
	教　婦		10				10		11				11	
副産係		1		6	1	7	1	2		2	1	4	1	対1人1日扱高2貫500匁見当
整品係	揚　返	1				1		2		2		4		揚返は主任1，大枠係1，纖度係1，セリプレン係1　仕上は主任1，括工2（1日能率80括）
	検　査	1				1								
	仕　上	1		1		2		2		1		3		
	教　婦		1				1		1				1	
汽関係	汽　罐	2		2		4		2		1		3		128釜につき1人，不足する場合は臨時雇にて補充
	機械			1		1								
	機械大工			1		1								
計算係		1		1	1	2	1	2		1	1	3	1	
合　計		31	16	21	10	52	26	38	17	13	7	51	24	
対一釜人員		0.26						0.21						

資料）　調査課「生産費調査資料」（1925年度～1931年度）．

　　A（多条機300釜）工場は「人員表（多条300釜）」，B（普通機350釜）工場は「標準生産費調査」（1930年4月）より作成．

註）　係名，業務分担はAに合わせ，Bの屑物係は副産係，炊事係は栄養係にあてた．また，倉庫係は「達磨兼務」とあるため，Bの達磨係1を倉庫係に入れた．なお，Bの常傭には準見習を含む．

　＊庶務1，用度1，保全1，売店1，給仕1，その他3．

表30　職工人員配置表

係名	分担業務	A工場		B工場		
		人		人		備考
撰繭工	撰　繭	4		5.5		1人能率平均17石見当
	雑務	1	5	1.5	7	
煮繭工	秤	2		3		秤，繭揚は煮繭機1機につき，配繭は1繰糸場（64釜）につき1人
	繭　揚	2		3		
	配　繭	5		6		
	雑　務	1	10	0	12	
繰糸工		300	300	350	350	養成釜は総釜数の8％
	養成工	0	0	25	25	
繰糸雑務工	枠　卸	5		0		
	枠運搬	2		3		
	雑	5		5		
	機械工	5	17	3	11	
揚返工	揚　返	21		23		検査工は揚返の30％，その他は揚返の50％見当
	枠浸シ	4		3		
	力糸掛	7		4		
	繰　返	1		4		
	検査工	5		7		
	雑	＊4	42	2	43	
仕上工	糸　捻	5		6		糸捻は対1人1日捻上数688捻，その他は糸捻の50％見当
	括　工	2		2		
	糸量掛	1		1		
	検査助手	1	9	0	9	
比須繰工		5	5	2	2	
合計		388		434		
対1釜		1.29		1.24		

資料）表29に同じ．

註）Aには公休一予備人員（撰繭工1，煮繭工2一1，繰糸43—44，繰糸雑務工2一3，揚返工6一6，仕上工1一1，比須繰工1）が計上され，合計499人となっている．分担業務はAに合わせ，繰糸雑務工の雑はその他1と予備工4を，機械工は主に機械の掃除に従事するため掃除工をあてた．また，揚返工のうち検査工は繊度工3とセリプレーン工4を，雑は掃除工を，繰返は検査綛外シ工をあてた．仕上工のうち括工には整理工1と括手伝1をあてた．比須繰工は屑物集工をあてた．

＊器械手入れ2，コウチャクブシ検査1，達摩極太1．

調査」（一九三〇年四月）からも明らかであった。同資料にある工場規模別の標準人員配置表（A工場＝多条機三〇〇釜、B工場＝普通機三五〇釜）から、多条機の本格導入を前に想定された多条機工場の特徴を抽出してみよう。恐らくこれは、新設予定の鳥取工場を想定して作成されたものと推察される。〈表29〉によると、職員は、工場長のもと、教育、庶務、原料、工務の各主任が一人ずつ置かれ、Bでは庶務主任が会計係を兼務するなど若干の違いがみられるが、構成に大きな変化はない。とりわけ、生産に関わる煮繭、繰糸、教婦の各係についてはAで一人ずつ減員されており、釜数に応じた人員配置が確認できる。Aで特徴的なのは、副産係の増員である。同社は一九三一年八月から近江絹糸紡績株式会社と副産特約取引を開始し、その安定供給を目指していた。[57]副産糸生産は繰糸作業後の夜間にずれ込むため、工場法に抵触しないよう常傭（男）をあてた。こうした増員により合計人員はAの方が多くなっていた。〈表30〉によると、職工はすべて女子で、A、Bともに撰繭、煮繭、繰糸、揚返、仕上、屑物の作業ごとに分かれていた。Bにおいて撰繭は一人平均能率、繭秤と繭揚は煮繭機台数、配繭は繰糸場数に応じて配置され、その基準はAにも適用されたようである。釜数の少ないAで撰繭工、煮繭工ともに二人減員された。繰糸工は釜数に一致していたが、繰糸雑務工はAで著しく増員されており、枠卸の五人が新たに計上された。[58]また、繰糸機の掃除にあたる機械工も増員された。一方、生産糸の整理にあたる揚返工、仕上工はほぼ同数が配置されており、両工場の生産量が同量の見込みであったことが窺える。生産糸の品質差によって生じる製糸能率の差を含意する可能性は否定しないが、少なくとも多条機の導入による釜あたり生産量の飛躍的増加は、予定されていなかったことになる。

生産の中核を担う工務部門の人員配置では、普通機一釜と多条機一釜は対応するものと見られており、むしろAで増員が見られた。その結果、釜当人員は、係員、職工ともにAで多く、全体ではA一・五五人、B一・四五人となった。規模の小さなAで釜当人員が多くなるのは当然とも言えるが、普通機二〇〇釜工場の釜当人員は係員〇・二六人と職工一・二五人の計一・五一人で、A工場はそれより多い[59]。ここでは、機械化に伴う人員削減が想定されていないかのごとくである。ただし、繰糸工の配置における養成工の扱いに着目すれば、両者の大きな違いに気づく。Bでは、養成釜を総釜数の八%とし、一年中養成すると仮定して本工と養成工の合計が釜数に相当するのに対し、Aでは養成工を置いていない。普通機で八%を占めた養成釜を本釜に編入すること、この点にこそ、多条機導入工場における人員配置上の要点が見出されるのである。

3　多条機の導入過程

一九三二年七月、二〇緒の郡是A式多条機の完成をまって、同社初の多条繰工場として鳥取工場(三六〇釜)が操業を開始した。それは、大方の予想に反して好成績をあげた。九月には、養成後間もない工女たちの工程が進み、揚返不足、原料不足の見込みが伝えられた[60]。一〇月には、片山専務が、「多条繰デハ従来劣ッタ点ガアッタ(中略)然シ最近ハ普通繰糸デハトテモ対抗ガデキヌノデハナイカト思フ迄ニ進ンデ来タ[61]」と発言するに至る。この時にも、多条機への完全移行が既定方針ではなかった点に留意する必要がある。鳥取工場では普通機の新設が予定されており、「普通繰糸機新設ハ見合セスルコト」が決定されたのは、一九三三年二月六日だったからである[62]。試験導入を経て、普通機から多条機への移行が決定的となったのは一九三三年に入ってからであり、一、二月に七工場へのA式多条機導入が承認された[63]。

〈表24〉によると、同社多条機の導入は、一九三三年、三四年の二年間に集中していた。一九三三年度の日本製糸業は、春繭の高騰とその後の糸価の下落によって危機的状況に陥り、とりわけ同社は六九〇万円という創業以来最大の欠損を記録したのだが、多条機への移行は断行された[64]。この時期の特徴は、原料繭の乾燥場設置地域に新設工場が設

表31　繰糸機械予算単価

型式	緒数	年度	単価	備考
後藤	20	1932	200円	長井（188→342），宇島（244），熊本（240），益田（120）
A	20	1933	250円	本工場（180），江原（240），津山（240），舞鶴（208），福知山（240），今市（204），久世（156），本宮（240），桑折（240）
B	12	1933	80円	福知山（52）
C	20	1934	250円	本工場（173），山崎（200），園部（216），江原（144），宮津（182），八鹿（204），梁瀬（152），美濃（360），長井（156），宮崎（360），舞鶴（104），久世（112），熊本（112），益田（128）
K	20	1934	240円	津山（120），福知山（120），臼杵（208）
D	20	1935	210円	山崎（48→144），園部（76），八鹿（76），美濃（60），長井（296→304），宇島（240），久世（120），益田（32），臼杵（104）
E	25	1936	252円	本工場（104）
F	20	1936	210円	津山（80），宇島（120），今市（120）
I	20	1938	346円	梁瀬（76），和知（104），成松（200），埼玉（130）

資料）各年度「実施予算申請承認書」．緒数はグンゼ株式会社『グンゼ100年史』1998年，189頁．
註）この他，朝鮮工場のみに導入されたH式多条機がある．（　）内は釜数．なお，各多条機には付属としてC式電灯７円，K式電灯４円，D式索緒機22円などが加算される．

置された点にあり、一九三三年に操業を開始した福島県の本宮工場（一九三一年郡山乾燥場を移転、誠修学院所属乾燥場設置）、桑折工場（一九三二年長井工場所属乾燥場設置）がこれにあたる。(65) 一方、既存工場の多条機化は、新機種の開発とともに進み、同時にほぼ同数の普通機が廃棄された。〈表31〉によると、A式の実用化と同時に多条機を設置したのは、相対的に大規模工場であった。(66) こうした大規模工場の営業成績が、小規模工場に比し必ずしも良好でなかったことを想起されたい。その後、先述の経営危機に際して一時機械設備の新設が中断された時期に福知山工場に導入されたのがB式であり、これは一二緒の中条式繰糸機械であるため予算単価が著しく低かった。技術的な完成をみたC式多条機は郡是式多条機の代表とされ、戦後他社へも販売された。(67) C式と同時期に津山・福知山・今市・臼杵工場に導入されたK式多条機は、予算単価が若干低く設定されており、経済性を追求した機械であったが、そのために故障も多かったという。(68)

導入過程で注目されるのは、多条機を一部導入した工場が、多条機・普通機の併用は工場管理を複雑にするとして、繰糸機械の統一を求めた点である。一九三四年度の営業成績説明書において、福知山工場は残存普通機一二〇釜の多条機への改造を希望し、「多条繰糸ニ統一シ繰糸様式ノ単一合理化ヲ図ラムトス」とした[69]。このような要望は他工場でも確認できる。熊本工場は「多条ト普通トノ並設ハ管理、経営、利用上不便不利多シ[70]」と指摘し、舞鶴工場も「職工募集、養成、職工過不足融通、工場気分ノ一致、管理者ノ力ノ入レ方等各方面ノ実際ヨリ見テ非常ニ損失デアッタ[71]」として、多条繰糸への統一を希望した。その要求は認められ、福知山、舞鶴は一九三五年度に、熊本も三六年度に多条繰専門工場となっており、同社がすべての工場に多条機を導入することよりも、工場の多条機化を優先したことがわかる。

ところで、自社開発機械の単価は決して安くなかった。市販の関西式普通機が一釜六〇～七〇円[72]、自社の索緒機付鉄製繰糸機（六緒）が一釜九〇円程度であったから[73]、郡是式多条機は市販の普通機に比べ四倍、同社普通機の三倍ほどの価格になる。同じ多条機でも、片倉の御法川式が一台一五〇～二〇〇円程、市販の後藤式も二〇〇円となっていたから、郡是式多条機の高さは際立っていた[74]。しかし、機械単価を下げるK式の試みが故障を招いたように、価格は性能を反映するものであった。また、各工場は機種別の生産目標を掲げているから、多条機は生産糸の特質にも対応していた。例えば、江原工場の場合、A式は高級品、C式はE92点中心を目標に工程増進と糸目の増収を主眼とし、福知山工場の場合、A式で握手格、K式で3A格、B式で高級太糸という具合に、多条機でもA式の糸格確保に対し、それ以外での経済生産という方針の違いが確認される[75]。それゆえ、それぞれの目的に適した機械は、自社開発でなければならないと考えられていたのであろう。当時、そうした製糸機械そのものが特許に絡む企業秘密に属していたことは言うまでもない。一九三五年以降も多条機の開発は進み、限られたスペースで多条機を配置する復列式のD式や二五緒に緒数を増やして能率の増進を図るE式、小規模工場向けに開発されたI式など改良が重ねられた。一九四〇年段階での設置機械はすべて郡是式となり、多い順に、C式二七五三釜、D式二二〇六釜、A式二二〇二釜、I式一三五六釜となっていた[76]。

4　多条機導入後の工務成績

日本製糸業で多条機化が進行するなか、アメリカの靴下生産でも注目すべき機械技術の導入が図られ、生糸の需要動向に変化が見られた。三本の糸を編み込むスリーキャリアー方式は、これまで苦情の原因にもなっていたイヴンネス（ムラ）よりも、クリンネス（フシ）を重視するようになったのである。したがって、国立生糸検査所も、一九三五年七月の改正で検査成績に占めるらい節の比重を高めるとともに、SP3Aを加えた一〇段階の格付けを実施することになった。同社商標との対応関係を示すと、SP3Aが「ナゲット」「握手A」、3Aが「握手B」、2Aが「傘A」A「傘B」という具合になる。(77) 以上のような輸出生糸市場の動向のなかで、多条機導入後の郡是糸は再び評判を取り戻しつつあった。同社の工務成績を確認しよう。まず、〈表32〉によれば、年度別繰糸能率（対釜繰糸量）は、一九二〇年代後半の停滞に比し、一九三〇年代には二〇〇匁を超える繰糸量が続き、繰糸能率が上昇したことが分かる。もっとも、一九三〇年代初頭の著しい能率増進が品位を犠牲にし、米国からの苦情の原因となった点は先述のとおりであったが、製糸能率の高い水準は多条機導入後も維持された。ところで、社内統計では、多条繰養成は全部本釜に加え、多条機を新設した最初一ヵ月だけを養成釜とする規定のもと、差引工程を算出した。(78) いま一九三三年度四～七月の統計を示せば〈表33〉のごとく、一四中を繰糸する多条繰に対し、普通繰では太糸生産を行ったため実際の工程は著しく高い。しかし、比較のため計算された換算工程によると、多条繰の場合、本釜の工程は普通繰に及ばなかったが、養成釜の工程は進んでいた。ここから、多条繰が養成期間の短縮を実現するものであったことがわかる。「第三者格付」により養成過程で生産される糸の販売先を憂慮していた同社にとって、多条機化のメリットと考えられたであろう。

表32　年度別繰糸能率

年度	1925	1926	1927	1928	1929	1930	1931	1932	1933	1934	1935	1936	1937
匁	169.7	182.7	180.2	164.5	180.0	192.0	227.1	230.6	270.3	226.0	235.9	242.1	247.3

資料）『グンゼ株式会社八十年史』1978年，244頁.

表33　養成別工程表　　（匁）

釜別／工程	普通繰		多条繰	
	本釜	養成	本釜	養成
14換算	197.9	102.0	183.5	120.0
実際	251.1	151.1	185.3	120.0

資料）工務課「昭和八年度工務成績綴」.

註）7月末時点での累計成績．ただし，多条繰の養成釜は新設後の1ヶ月にのみ設定されたから，各月末の養成釜数4月2工場（36釜），5月6工場（545釜），6月5工場（630釜），7月2工場（240釜）の累計.

表34　糸格別繰糸歩合

年度	ナゲット級	握手級	ダンス級	AAA級	AA級	A級	内地其他	集定
1935	1.6	11.6	14.6	23.5	34.7	10.1		3.9
1936	3.0	6.8	12.2	11.8	44.2	13.6	5.1	3.3
1937	3.0	6.8	12.2	11.8	44.2	13.6	5.1	3.3
1938	3.5	4.1	24.2	19.9	35.5	4.6	4.3	3.9

資料）各年度「工務年報」.

次に、生産する生糸の太さは、〈図8〉によると、一九三四年以降、「一四」（細糸）へ集中していった。さらに〈図9〉によれば、多条機導入後、同社がSP3Aのシェアを拡大していく様子が見て取れる。[79] しかし、〈表34〉によると、一九三六・三七年度には2Aが多く生産されている。一九三〇年代後半には、白一四中高級糸に対するプレミアムの糸格別格差が縮小したことが指摘され、同社は数量でプレミアムの減少を補ったとされる。[80] しかし、すべてがSP3A生産へと向かっていったわけではなく、様々な格付け・太さの生糸が生産されていた点が重要であろう。そこで、一応の多条機導入が進み、細糸生産への集中が確認された一九三四年の工務成績を、やや詳しく検討しよう。

〈表35〉に示すとおり、多条繰工場は一〇〇%細糸生産を行い、糸格3A以上の糸を生産した。ただし、「ナゲット」をはじめ超高級糸生産を実現した鳥取工場の場合、工程は不振であった。普

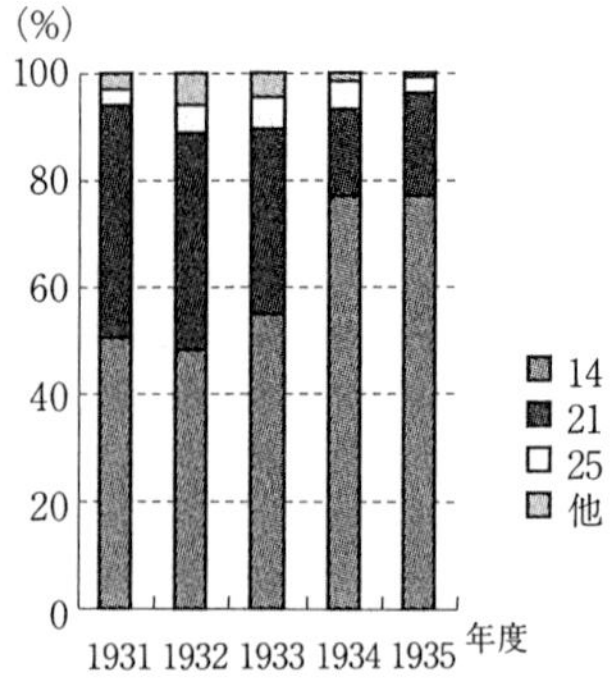

図８　繊度別繰糸歩合

資料）各年度「工務統計」.

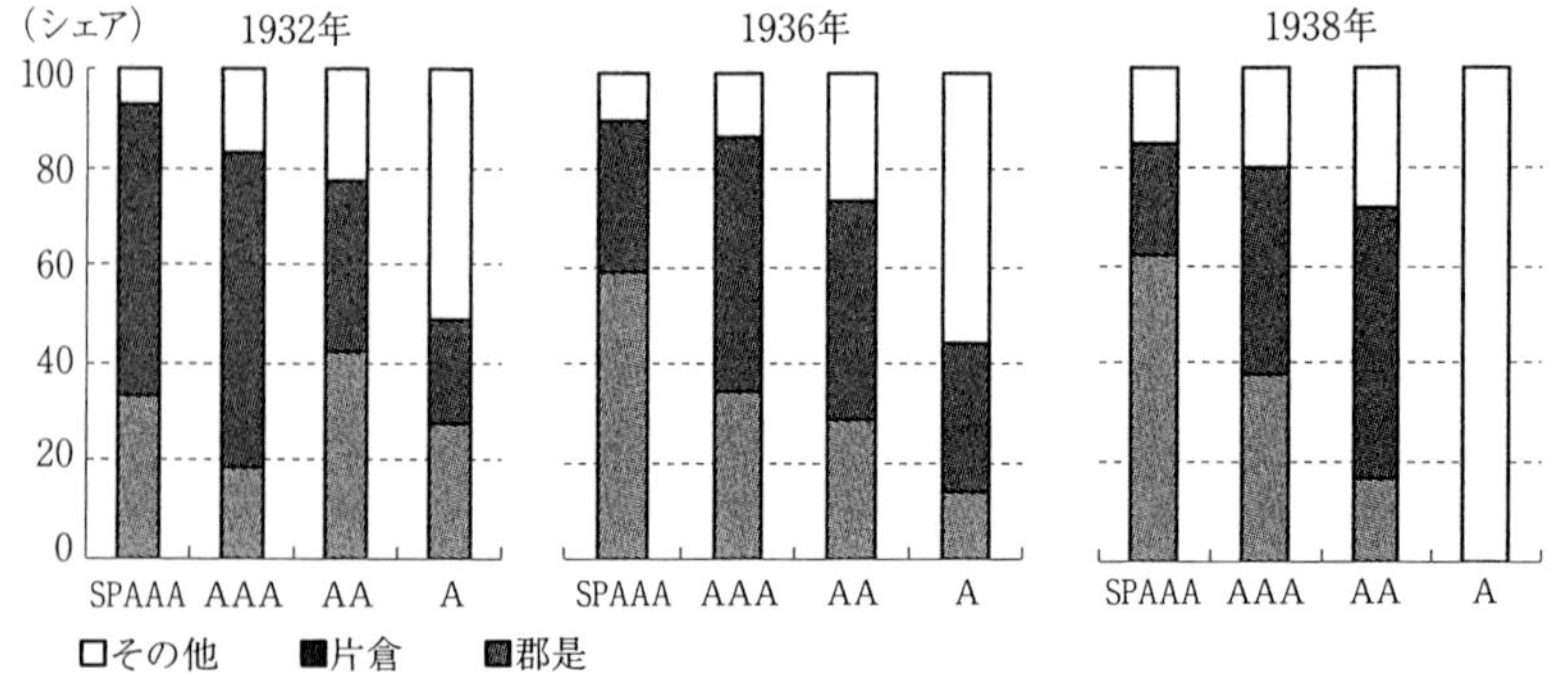

図９　糸格別シェア

資料）グンゼ株式会社『グンゼ100年史』1996年, 193頁.

通・多条繰工場では、生産する糸の太さや糸格は様々なバリエーションをもっていた。唯一「ナゲット」の生産を行っていた本工場は、先述の鳥取工場に比し工程が高かった。その他の工場では「握手」以下を生産したが、その工程は工場間で相当に異なっていた。普通繰工場の場合、生産糸格は３Ａ以下で、細糸生産に傾斜している工場、太糸比率の高い工場、太糸中心の工場があった。高級糸生産から解放された普通繰りの工程は、とりわけ２Ａ以下で高くなっていた。このように見ると、高格糸生産を実現した多条機ではあったが、導入直後の工程は低く、品位と生産性を両立させる万能の「機械」ではなかったことがわかる。さ

表35　工務成績（1934年）

	工場	一釜人員	繊度別繰糸割合（%）				14中糸格別工程（匁）						
			14中	21中	25中	他	ナゲット	握手	ダンス	AAA	AA	A以下	集定
多条	鳥取	1.65	100.0				167.6	182.6	220.4				182.0
	本宮	1.57	100.0					216.9		236.5			
	桑折	1.70	100.0					226.0		210.6			225.8
多条・普通	本工場	1.51	71.4	28.6			173.8	178.5	236.4	249.5	202.7		186.5
	山崎	1.45	73.9	13.9	12.2				233.6	226.7	194.5	208.6	294.3
	園部	1.56	76.9	7.6	1.5			195.0	188.8	229.2	211.7	206.8	177.3
	江原	1.45	97.7	2.3				191.2		225.4	256.3	234.6	180.5
	宮津	1.54	84.1	10.5	5.4			175.6	210.6	285.9	243.0	200.4	213.2
	八鹿	1.63	67.1	14.5	18.4				194.9	228.9	191.6	202.7	212.1
	津山	1.82	78.8	14.0	7.2			197.3	167.6	182.5	176.9	139.5	195.2
	梁瀬	1.45	75.6	16.8	7.6				188.5	223.8	213.1	203.5	196.3
	美濃	1.59	91.3	8.7				194.7	266.7	262.0	221.0	219.7	249.7
	長井	1.67	90.0	10.0				182.4			217.7	180.9	187.6
	宮崎	1.48	75.6	20.4	4.0			194.9	214.2	225.4	246.1	233.8	186.5
	舞鶴	1.47	90.8	9.2				200.3	192.4	233.0	212.1	214.9	185.7
	福知山	1.42	79.9	13.1	4.0	3.0		195.8	215.8	214.1	205.1	200.2	241.0
	宇島	1.49	83.1	12.5	4.4				214.2	167.8	237.1	244.2	241.0
	今市	1.41	71.5	14.8	7.4	6.2		225.9		208.0	242.6	204.1	201.9
	久世	1.56	73.8	21.3	4.9			187.0	193.7	190.0	190.3	162.6	180.2
	熊本	1.52	81.3	6.7	12.0			174.9	187.1	225.3	209.3	224.1	145.1
	益田	1.65	82.7	13.7	3.6			153.2	233.4	224.7	238.4	210.9	206.1
	臼杵	1.53	75.2	15.1	9.7					241.5	223.9	220.6	
	倉吉	1.51	77.8	22.2					178.6	200.5	189.2	168.7	2.3
普通	口上林	1.53	97.5	2.5							263.5	246.5	
	和知	1.41	86.7	13.2	0.1						213.6	169.8	
	三成	1.49	93.4	6.6						236.5	264.1	218.7	
	中上林	1.42	73.7	23.1	3.2					171.7	211.5	202.8	
	萩原	1.43	65.7	28.2	6.1					212.5	248.8	245.8	
	成松	1.42	74.1	7.1	14.4	4.4				230.3	254.5	197.9	
	養父	1.37	0.1	56.6	4.7	38.6					272.2		
	平均	1.57	77.0	16.6	4.7	1.7	168.1	196.4	206.5	225.6	214.7	208.0	191.8

資料）「昭和九年度工務年報」〔郡是製糸株式会社〕.

註） 朝鮮工場を除く．繊度別繰糸歩合が100%にならない工場もあるが資料通りにした．

表36　目的格と合格率（舞鶴工場）

機別	繰糸命令					合格率	確定格（斤）					
	期別	黄白	目的格	繊度	注文（斤）		握手	ダンス	AAA	AA	A	B
多条機	春	白	握手	14	58,000	89.7%	52,000	6,000				
	春	白	AAA	14	5,000	20.0%			1,000	4,000		
	晩秋	白	AAA	14	20,000	60.0%			12,000	8,000		
	晩秋	白	AA	14	2,000	50.0%				1,000	1,000	
	初秋	白	AA	14	2,000						1,000	1,000
普通機	春	白	AAA	14	8,000					8,000		
	春	白	AA	14	2,000	100.0%				2,000		
	春	黄	AA	21	11,000	81.8%			1,000	8,000	2,000	
	初秋	白	AA	14	9,000	33.3%			1,000	2,000	6,000	
	晩秋	白	AAA	14	3,000	66.7%			2,000	1,000		
	晩秋	白	AA	14	21,000	95.2%			1,000	19,000	1,000	

資料）　舞鶴工場長森又四郎「昭和九年度監査会場長諮問事項」（「昭和九年度各工場提出営業成績説明書」所収）.

らに、糸格の確保は多条機をもってしても容易ではなかったようである。〈表36〉によれば、「繰糸命令」は、各期の原料繭ごとに、細糸の「握手」「ダンス」といった最高級糸の生産を多条機に委ね、太糸生産と細糸の３Ａ以下を普通機で生産するよう指示した。確かに、多条繰糸は最高級糸の生産を実現したと言えそうである。しかし、多条機でも普通機同様３Ａ、２Ａの生産が命令され、確定格では格下のＡ、Ｂ格の糸が生産されていた。例えば、新繭の晩秋白での２Ａ繰糸は、多条繰で二〇〇〇斤のうち五〇％しか合格せず、普通繰では二一〇〇〇斤のうち九五・二％が合格となっている。この限りでは、普通繰の合格率がより高く、よく訓練された工女を確保できれば、普通機の方が有利であったとさえ言える[81]。したがって、多条機への急速な移行を生産能率や生糸品位の側面からのみ説明するのは適当ではない。問題を解く鍵は、多条繰糸に従事したのが入社間もない工女達であったという事実にある。多条機では養成釜が不要と考えられていたことを想起すれば、全社的な多条機への移行が繰糸工をめぐる労働市場の動向と密接に関わっていたことに気づくであろう。そこで、これまで見てきた多条機の導入が製糸労働に与えた影響についての検討に移ろう。

三　多条機と製糸労働

1　工場組織の見直し

改めて多条機導入過程を振り返っておこう。同社多条機は、「リング斑」に代表されるような普通繰糸で生じる品質上の欠陥を解決すべく開発が急がれたものの、生産能率の低下が危惧されていた。同品質の糸を生産するためには能率の低下が免れない以上、生産費削減が急務のこの時期、導入を見送るほかなかった。しかし、第三者格付によって生糸検査所の格付が実施されると工場は神戸へ直接出荷するようになり、生糸生産の最優先課題は能率増進から糸格厳守へと転換した(82)。それは、能率の面で不安を抱えていた同社多条機の導入を後押ししたであろう。本社による工場管理でも、一九三三年度には新たに「違約」の罰金を科し、高格糸生産へのインセンティブを与えるだけでなく、糸格遵守の義務付けを試みた(83)。この方針は、一九三四年二月から糸価維持のため実施された輸出生糸の三割出荷制限にさいしても、一層強化された(84)。このような糸格厳守の生産方針とともに多条機が導入され、A式多条機導入後には能率の低下が抑えられたため、一部多条機を導入した工場から多条機への移行が進行したのである。

普通機の廃棄を伴いつつ進展した多条機化は、新設工場の設置も含め、従業員数の増加をもたらした。〈表37〉によると、従業員数は一九三五年まで増加し、釜当勤人員も一九三一年度の一・四五人から一・六五人にまで増加している。多条機への移行に伴い、先述の標準人員配置が実践されたと推定してよいだろう。とくに、多条機の導入にさいしては、二部制や分業制度の試みも実施され、生産能率の低下を労働力の多投によって補っていたようである(85)。当初、多

表37　各年度在籍人員（３月31日現在）

年度	釜当勤人員	職員			常傭		職工	臨時		合計
		男	女	計	男	女	（工女）	男	女	
1931	1.45	1,127	534	1,661	707		15,654			18,022
1932	1.44	1,091	554	1,645	739		16,260			18,644
1933	1.48	1,114	594	1,708	807		17,501			20,016
1934	1.57	976	523	1,499	746		18,191			20,435
1935	1.65	994	520	1,514	788		18,165			20,467
1936	1.56	942	478	1,420	774		15,874			18,068
1937	1.55	904	525	1,429	602	204	15,980	179	65	18,459
1938	1.55	867	558	1,425	744	256	16,045	115	67	18,652
1939	1.56	894	593	1,487	697	282	16,304	165	134	19,069

資料）　工務課「工務年報」各年度．ただし，1937年度は1938年度「工務年報」による．
註）　1935年度，常傭には青野職布女３名を，工女には大田職布男８名を含む．

表38　教婦配置の動向

年度	教婦（人）			工女	全工場		普通機工場		普通・多条工場		多条機工場	
		普通繰	多条繰	（人）	a	b	a	b	a	b	a	b
1930	283	283	0	12,331	29.70	43.27	29.70	43.27				
1932	274	160	9	11,028	36.06	40.25	36.70	43.24	34.75	39.13	62.00	40.00
1934	308	26	34	13,965	32.95	45.34	34.15	41.89	33.31	45.43	33.31	47.35
1936	270	21	231	13,241	34.45	49.04	38.19	50.24	34.44	44.11	34.11	49.32

資料）　農林省蚕糸局『第12次全国製糸工場調査』1932年，同『全国器械製糸工場調』（各年度）．
註）　ⅰ同社全工場の合計．ただし，1930年度の園部工場，1932年度の倉吉工場をのぞく．
　　ⅱ多条繰・普通繰の教婦数は，多条機のみの工場，普通機のみの工場の教婦数．
　　ⅲaは教婦１人当り釜数，bは同工女数．

条機導入の目的は最高級糸における糸条斑の除去にあり、労働力の節減が目的ではなかった。もっとも、一九三四年度には、職員層で大幅な人員削減が確認できる。これは、人員整理の結果であった。大欠損を記録する一九三三年末、社長名で発表された「社業革新ニ就テ」は、「組織ハ極度ノ単一化ヲ計リ、支障ナキ限リ中間ノ機関ヲ省キ凡テ直通直達ヲ本旨トシ（中略）以テ業務ト成績トノ完全ヲ期スル事」「人格手腕兼備ノ人材ヲ抜擢シ適材ヲ適所ニ配置スル事」などの「必行事項」を列挙した。これを受け、「積極的」に生産する組織から「集約的」に生産する組織へと業務組織を改め、工場組織の見直しも進んだ(86)。一九三四年四月一日から「工場職員及常傭定員制施行内規」（工場定員制）の実施が決定され、年度内に定員を実現するよう人員整理が進められた。[87]工場職員は、複数の工場や係を兼務することになり、主任が不在の場合は係員を増員してそれに充てた。また、同一係内で担任業務別の人員数を融通することが可能となったが、看護婦、教婦は例外とされた。先の内規では、「事務又ハ業務ノ性質上女子ヲ使用シ得ルモノハ成ル可ク女子ヲ以テスベシ」とあったから、男子職員の減少は顕著で、作業監督者の男女比も一九三四年度には男二四九／女三〇七人となり、多条機への移行は、男子作業監督者の削減とともに進行していたのである。[88]

さらに、生産管理の最前線に立つ女子作業監督者、すなわち教婦の動向を確認しよう。〈表38〉によると、一九三〇年度から三六年度にかけて、教婦一人あたり釜数は二九・七から三四・五へ、同工女数も四三人から四九人へと増加した。聞き取り調査によれば、ある多条機工場では、一二〇人の工女を三〇人の四グループに分け、新任教婦二人が三〇人ずつ受け持ち、比較的経験豊かな教婦が六〇人を担当したという。これは、生産規模に対する教婦の人員削減が進んだことを示している。ただし、それが多条機化によってもたらされたと見ることはできない。この間、普通機工場の教婦一人当り釜数、同工女数はともに増加し、一九三六年度においては、多条機工場よりも普通機工場で多くなっているからである。おそらく、職員層の人員削減を実施する過程で、釜数に対する教婦数の削減が一律に進んだのであろう。一九三二年度の鳥取工場新設時には多条繰教婦の不足が、一九三六年度には普通繰教婦の不足が生じていたものと推察される。[89]筆者の聞き取りによれば、多条繰教婦は、もっぱら作業中の工女を周回し、「手伝い」をしていたという。例えば、「釜かげん」を悪くしたり、「故障」を起こしたりして枠を止めている工女に代わってそれをなおしてやり、それでも出来ない場合は一〇分間ほど作業してみせ、釜の調子を通常に戻すといった具合である。教婦は繰糸作業に習熟していなければならなかったから、通常、普通繰と多条繰の教婦を兼務することは出来ない。そのため、普通機と多条機が併設された工場においては、教婦一人当たりの釜数はむしろ減少し、同工女数も大幅な増加は見られない。つまり、二つの繰糸様式を並存させた工場では、教婦の削減が進んでいないのである。繰糸様式の統一を求めた先の要求を想起すれば、工場組織の見直しが、大規模工場を中心により急速な多条機化を促したといえよう。もっとも、これは多条機工場と普通機工場との専門化を促すとはいえ、全社的な多条機への移行を決定づけるものではない。そこにはまた、製糸労働者をめぐる別の要因が働いていたと考えられる。

2　賃金算定方法の改正

(1)　改正理由

まず、注目すべきは多条機の本格導入を前に、一九三一年一月一日から大幅な改正を伴う新賃金算定方法が施行されていた事実である。先述のように、一九三〇年の段階では、多条機の導入は試験的なものにとどまっており、全社的な多条機への移行が決定的となるまでには、いま少し時間が必要であった。したがって、この賃金制度改革が多条機への移行を前提に行われたという推論は成り立たない。それでは、なぜ、この時期に賃金算定方法の改正が行われたのであろうか。

直接的な契機として考えられるのは、府県による介入であった。一九三〇年代に入ると、京都府では「就業案内」に賃金計算法の記載がないものを許可しない方針となり、他府県でも同様の動きが見られた(90)。ちなみに、一九二六年七月一日より施行された同社「就業規則改正案」では、賃金支払方法の記載はあるものの、算定方法に関する説明は複雑ゆえに記載されていなかった(91)。そのため、算定方法の記載にあたっては、その「簡易化」が求められたと推察される(92)。もちろん、賃金算定方法の改正は、セリプレーン検査の導入に伴って現象しつつあった製糸労働の変化に則って要請されたものでもあった。この点は、郡是今市工場の機関紙『糸明』によって確認できる(93)。同紙「工務成績の近況」では、セリプレーン検査が導入される直前まで、工程による工女の順位がつけられ、高い繰糸量を誇る「優良職工」の名前が掲げられていた。しかし、セリプレーン検査の成績がはじめて掲載された第二四号（一九二八年七月一五日発行）では、工程による順位が掲載されない代わりに、高給料者の氏名が掲載された。高給を得た彼女らは「優良職工」に違いないはずなのだが、一方で、「セリプレーン優良者」「センド優良者」として名を連ねる者と完全に一致してはいない。興味深いことに、この後、『糸明』では品質検査（セリプレーン、センド）の優良者のみが掲載されるようになる。さらに、第四八号（一九二九年八月一日発行）では、セリプレーン優良者（但一四中）第四位に養成を終えたばかりの工女が確認できる。[94]これは短期養成の成果であり、経験を重ねずとも適切な養成により技能形成が可能であることの証ともなっていた。このとき今市工場で見られたのは、繰糸量の多さを誇っていた従来の「優良職工」＝「高給職工」が、品質検査による成績優秀者と必ずしも対応していない状況であった。生糸品位に関する要求が高まるなか、賃金算定方法の不備が問題視されたことは想像に難くない。

(2) 賃金支払状況調査

賃金算定方法の改正をまえに、本社は一九二九年度の各工場賃金支払い状況を調査し、養成における社内・社外の区別により出生年次別、勤続年次別の平均賃金・年功賞を集計した。このとき先述の「就業規則改正案」によれば、通常の賃金支払方法とは別に、最低賃金、年功賞の規定があった。〈表39〉のように、最低賃金の上限は七〇銭で養成工は勤続六年、経験工は四年で上限に達したが、養成工と経験工で最高額に差がない。一方、年功賞は、養成工では経験年数満三年から八年後にかけて二八銭まで上昇するのに対し、経験工では満四年後から七年後までで、その額も二〇銭で頭打ちとなる。養成工と経験工との待遇に差を設けた事実は、「年功」のうちに社内養成の有無という条件が

表39　最低賃金と年功賞　(銭)

勤続／経験年数		1年～	2年～	3年～	4年～	5年～	6年～	7年～	8年～
最低賃金	養成工	30	35	40	50	60	70		
	経験工	40	50	60	70				
年功賞	養成工			5	10	15	20	25	28
	経験工				5	10	15	20	

資料）「就業規則改正案」(1926年7月1日より施行).
註）1日当りの支給額. 最低賃金は勤続年数, 年功賞は経験年数に応じて支給される. したがって, 経験工の年功賞には入社前の経験年数が加算される.

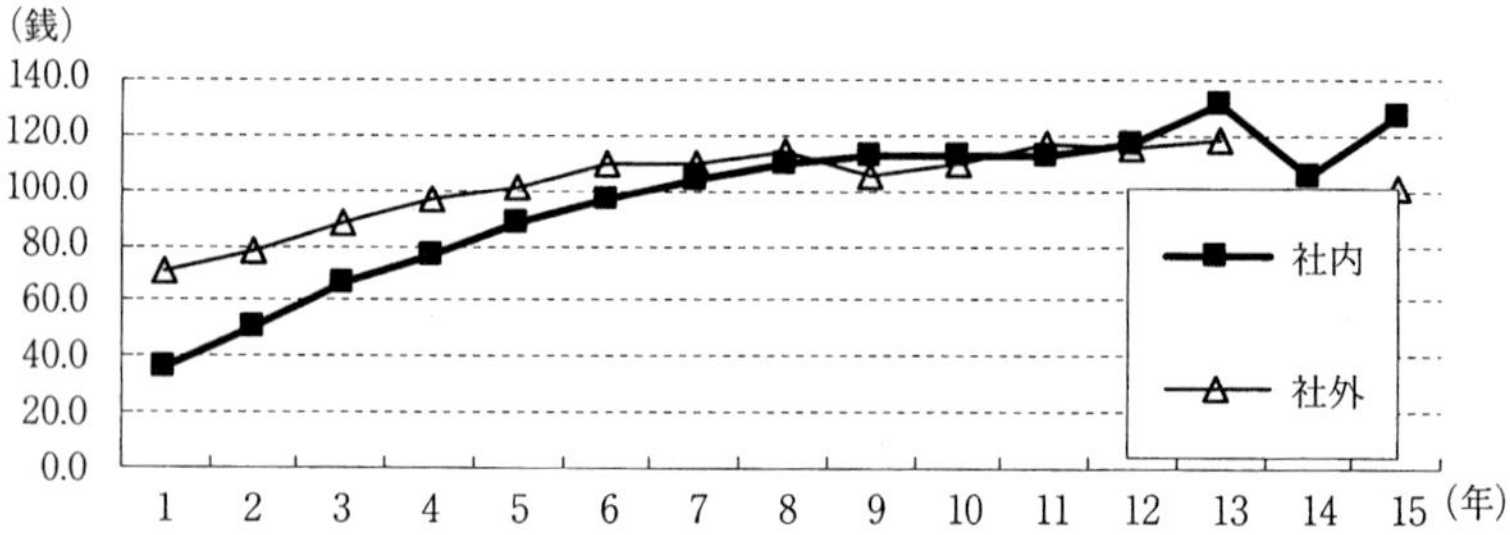

図10　勤続年数別賃金（1929年）

資料）「昭和四年度各工場職工入社年次別年功賞調査表（社内／社外）」,「昭和四年度各工場職工年次別賃金調査表（社内／社外）」.
註）賃金＋年功賞のデータ.

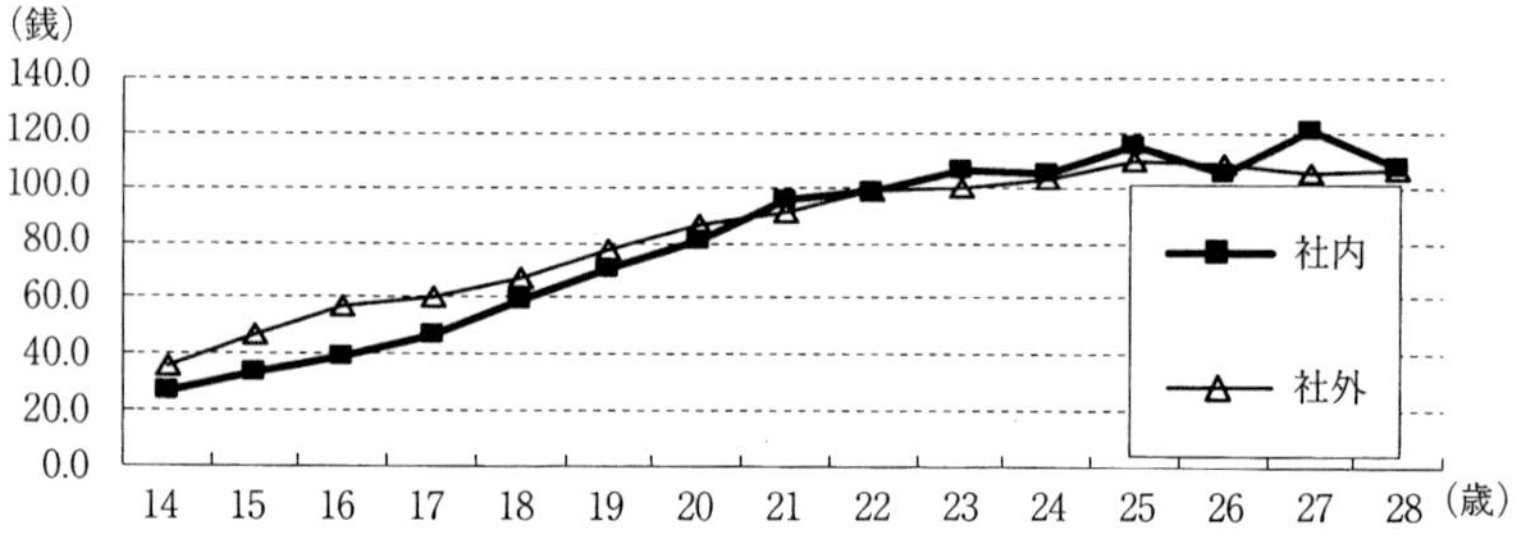

図11　年齢別賃金（1929年）

資料・註）図10に同じ.

含まれたことを示唆している。(95) 逆に言えば、それまで社内工と経験工との間に明確な格差を設けていなかった点も重要である。第三章で検討したように、社内養成工を中心とする新しい労働力編成は、一九二〇年代半ば以降の職工改革において確立されたのであり、それが賃金制度にも反映されていたと言えよう。このような規定をもとに各工場で支払われた実際の賃金支払状況について、先の調査をもとに概観しよう。

勤続年数別のデータを示した〈図10〉によれば、社内養成工の賃金は養成中の定額日給から繰糸成績による評価へと移行しつつ勤続三年目にかけて急上昇し、以後年功賞が頭打ちになる勤続九年目にかけてコンスタントに上昇した。その間、勤続年数の等しい社外養成工は一貫して社内工より高い賃金を得ており、他経営での経験年数を加味した年功賞に見られるように、その経験が活かされたことが窺える。ただし、社内工と同様に経験年数の増大に伴う賃金上昇が確認できる社外養成工にあって、一九二〇年、二一年に入社した勤続九、一〇年目の工女はやや例外であった。各工場で労働力が逼迫していた時期であったことを想起すれば、安易な募集によって繰糸成績の不良な者にも入社を許した可能性が高いと思われる。次に、年齢別のデータを示した〈図11〉によれば、社内・社外ともに年齢の上昇に伴う賃金の増加が見られた。とくに社内工の場合、養成期間を含む低年齢時の賃金は著しく低かったものの、一七歳から二一歳にかけて賃金の上昇が見られ、それ以降では社外養成工の賃金水準を概ね上回っていた。一〇代で同一年齢の場合、他経営での経験を持つ工女の方が高い賃金を得ていた事実は、同社養成工の定額日給の低さを反映していた。その差は急速に縮小し、二〇代の工女では社内工の賃金水準がやや高い傾向にあった。総じて、同社工女の賃金は勤続によってコンスタントに上昇し、趨勢として加齢による稼得賃金の上昇が見られたことがわかる。賃金カーブは社内工の方がより急で、勤続年数や年齢の同じ工女では社外養成工の方が高い賃金を得ていた。さしあたり、外形的には勤続による稼得賃金の上昇という趨勢が見られたこと、こうした調査の結果、最低賃金と年功賞を組み込む賃金制度の「簡易化」が模索されたことを確認しておこう。

(3)　新賃金算定方法

一九三一年一月一日から実施された新しい賃金算定方法は〈表40〉の通りであり、繰糸工は三つに区分された。入社後四ヶ月間は学歴等を加味して二〇銭以上の定額日給が支給され、養成後一年未満の間は一律に二〇銭の原給と繰糸成績に応じた一〇銭以上の加給によって日給が決まる。この加給は、「総平均点ノ五割」を基点として配分され、経験不足による繰糸成績の不良を前提にして、それを補う措置であったと見られる。入社後一年を経ると、日給は勤続年数による原給と繰糸成績による加給から決まり、先述の措置はなくなる。この賃金算定方法改変の意義を端的に示したのは、〈図12〉である。旧法では、日給一円をラインとして、それ以上のグループとそれに満たないグループとが二分されていたのに対し、新法では一円を中心に多くの工女が分布している。この変化をさらに詳しく、勤続年数によって決まる各原給受給者の加給分布を示した〈表41〉で確認しよう。旧採点法との差を見ると、原給三五銭を中心に、すなわち勤続年数が四年に満たない工女の賃金が若干引き上げられ、逆に勤続五年以上の工女賃金が引き下げられた格好になり、勤続年数の増加に伴い平均給の増加が確認できる。繰糸成績を示す加給平均も、原給四〇銭のグループを例外として、勤続年数に応じて上昇した。しかし、その内実はやや複雑である。

原給四五銭の三五人は、社内養成で満六年以上勤続している工女であり、加給平均は六六銭におよび平均日給も一一銭を超えていた。しかし、加給分布の広がりは、実際の繰糸成績に大きな格差が生じていたことを示す。つまり、勤続によって熟練度を高めて好成績をあげる工女が存在する一方で、繰糸成績の著しい向上が見られない工女達も一定程度存在し、その格差はむしろ拡大しているのである。また、原給四〇銭のグループは、三五銭のグループより加

表40　繰糸賃金計算方法

区分	入社後の期間	賃金	金額（銭）	備考
養成工	4ヶ月間	定額日給	20〜	学歴，採用審査成績を加味
未熟工	5ヶ月目〜1年未満	原給 加給	20 10〜	一律 総平均1人1日10銭以上
熟練工	1年以上	原給 加給	25〜	勤続年数により決定 作業成績（繰糸点，繰目点，品位点）

資料）「繰糸賃金算定方法」（「場長会録事」1930年10月）.
註）賃金計算は毎月2回．未熟練工の加給は，「割増点付加以前ノ総平均点ノ五割ヲ基点トシ基点以上ノ点数ニ対シ」て「按分」して支給．熟練工の加給計算は，大きく3つからなり，第一の繰糸点は繰糸量10匁につき3点，第2の繰目点は一日の総平均繰目（定目）の9割7分を基準として，それ以上1匁毎に5点，第3の品位点は繊度検査，セリプレーン検査，切断検査，その他の検査によって与えられる．

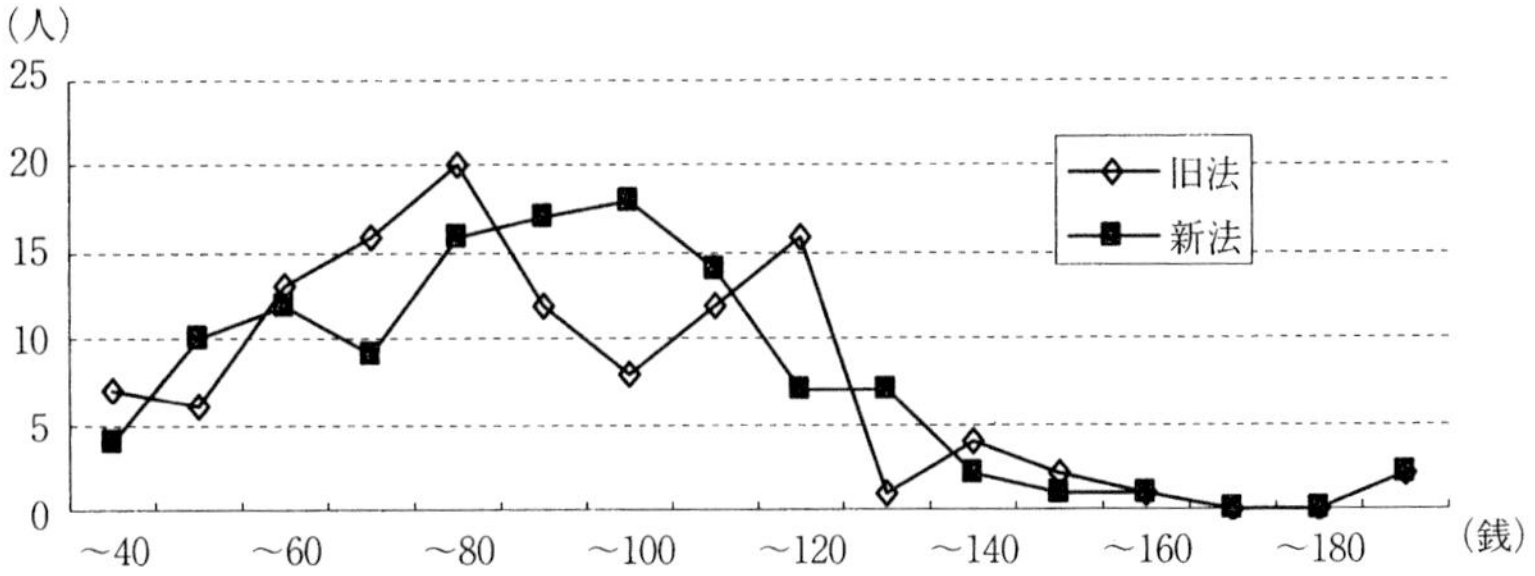

図12　新旧計算法による賃金分布の変化

資料）工務課「新旧採点方法ニ依ル成績比較」（1930年10月10日）.

給平均が低い。つまり、勤続年数の短いグループの方が、平均成績が良かったことになる。こうした繰糸成績のバラつきは、実際の繰糸作業において、誰もが等しく勤続によって熟練度を高めることができるとは限らないことを如実に示しているにもかかわらず、勤続年数に応じた原給が支給されることにより、勤続に応じた平均給の上昇が確保されていたのである。この平均給に占める原給割合は、勤続一年目の工女で著しく高く、その後、勤続を重ねるごとに賃金に占める成績評価が大きくなってくる。先述のように、養成後間もない工女に対しては経験不足による成績不良を補うべく原給を手厚くし、勤続二年目以降の繰糸成績の上昇によって相殺されるしくみとなっていた。この制度では、実際の繰糸成績の格差は解消されないものの、平均的には勤続によってコンスタントに賃金上昇が見込まれるようになっていたと言えるであろ

表41　原給別加給分布

養成工・勤続	年	1～2	2～3	3～4	4～5	5～6	6～
経験工・経験	年	3～4	4～5	5～6	6～7	7～	
加給＼原給	銭	25	27	30	35	40	45
～10銭		1	1				
～20銭		3	3		2		
～30銭			13	2			1
～40銭			7	3		2	5
～50銭			4	6	6	4	2
～60銭			4		3	2	10
～70銭			1	1	3	4	4
～80銭			1	1	3	1	4
～90銭			1		3	1	3
～100銭							2
～110銭							1
～120銭					1		1
121銭～							2
合　計	人	4	34	13	21	14	35
加給平均	銭	13.5	35.8	44.4	59.6	55.4	66.7
平均給	銭	38.5	62.8	74.4	94.6	95.4	111.7
旧法との差	銭	－0.7	＋3.2	＋2.2	－	－3.4	－2.3
原給割合	%	65	43	40	37	42	40

資料）　工務課「新旧採点法ニ依ル成績比較」(1930年10月10日),「繰糸賃金算定方法」,「賃金計算ニ関スル内規」(「場長会録事」1930年10月).

う。

もっとも、この計算方法を記載した一九三一年度の「就業規則」は、「工場法施行規則第十二条ノ二ニ依ルト賃金ヲ予知スルコトガ出来ヌ、法規上完全デハナイ」[96]として、翌年改められた。根拠条文には、「工業主ハ職工ニ就業前予メ其ノ賃金ノ率及計算方法ヲ明示スベシ」（一九二六年改正工場法施行規則第一二条ノ二）とあり、労働条件の明示原則が示されていた。そのため、「改正繰糸賃金算定法」では次の前文が追加された。

繰糸工ノ賃金ハ熟練工ト養成工トニ区分シ毎月半ヶ月以前一ヶ月間ノ作業ニツキ別項ノ成績附属点ニ依リ算出シテ得タル一日加給ニ其ノ月ノ原給ヲ加ヘ定額日給トシ勤務日数ニ応シテ之ヲ支給ス　右定額ハ毎月一日之ヲ各人ニ示ス[97]

毎月一日に「定額日給」が示される旨を明記することによって、勤務日数に応じたその月の賃金額を就業前に予定できる点が強調されている。具体的な計算方法には変更がなかったから、一九三〇年度の改正も同一の方針でなされたことが窺える。このように見ると、繰糸賃金算定方法をめぐる大幅な変化は、工場法施行に伴う各府県レベルの諸施策が直接的な契機となっていたことがわかる。(98) 当初、同社は計算方法を明示するよう要求され、実態に即して計算方法の簡易化を目論み、成績に応じた「加給」と勤続年数に応じた「原給」によって「定額日給」を定める方式を採用した。それでもなお不完全であったため、職工自身が賃金を「予知」できるよう、毎月一日に提示される「定額日給」に勤務日数を乗じてその月の賃金が決まる旨の前文を追加したと考えられる。それは、結果的に、勤続によって昇給する「原給」を基礎とした「定額日給」制度の明確化を意味することになったのである。(99)

3 労働市場の変容

一九三三年度に、本社人事衛生課では、職工退社率の増加に警鐘を鳴らした。(100) 一九二九〜三二年にかけて例年七％前後で推移していた退社率が三三年には八・二％に及び、職工不足の工場も見られたからである。とくに、四月以降、「転業」者は四％(前年)から九％へと増加した。転職者は、「紡績、レイヨン、機業、女中、他製糸等ガ多ク、仲居、女給等ニ走ル者モ多クナッタ」という。〈表42〉によると、多条機を導入した既存工場の場合、概して平均年令の低下とともに平均勤続年数の減少が確認できる。三二年度の水準から平均年令が七ヵ月、勤続年数も六ヵ月低下していた山崎工場では、事実、多条機設置に伴い職工の移動が見られたとの指摘もある。(101) しかし、在籍職工の平均勤続年数が低下したのは多条機導入工場のみではなかった。それは、「採用試験は一層面倒なり、作業努力は益々要求されるが、賃金は年々低減するに因るもの」と分析された。そのため、「今後一層注意して少なすぎぬよう注意されたい」と指摘された工女賃金の総平均は、四六・七三(熟練工のみ五五・四五)銭であったが、京都、兵庫では四八・八(熟練工五八、未熟練工二八)銭と高めに設定された。(102)

地域的な賃金水準格差を反映して、工女賃金も低く設定された九州地方では、職工募集も容易で賃金も低いという

表42　各工場の職工状態

	平均年齢					平均勤続年数		
	1932年		1934年		差	1932年	1934年	差
工　場	歳	月	歳	月	月	月	月	月
山　崎	17	6	16	11	−7	33	27	−6
園　部	18	7	18	8	1	33	31	−2
梁　瀬	17	10	17	6	−4	38	30	−8
福知山	17	9	17	8	−1	35	34	−1
宇　島	17	10	17	8	−2	29	26	−3
益　田	17	1	16	10	−3	24	23	−1
萩　原	17	8	18	0	4	39	37	−2
和　知	18	6	17	9	−9	39	34	−5
成　松	17	4	17	4	0	40	35	−5

資料）「昭和七年度職工事情概況」（「場長会録事」1933年5月），「昭和九年度各工場提出営業成績説明書」．
註）1，上段は多条機導入工場，下段は普通機工場．
2，年齢，勤続年数ともに在籍職工の平均値．
3，1934年データが判明する工場のみ．

表43　繰糸工賃金

	1935年	1936年
	（銭）	（銭）
多条繰工場	45.51	45.34
多条・普通繰工場	47.15	48.47
普通繰工場	49.63	50.33

資料）工務課「工務年報綴」．

特殊条件が他産業の進出を招き、逆に不利化する事態を招いていた。宇島工場は、「北九州地方ニ於ケル工業ノ異常ナル発展ト他繊維工業トノ職工争奪漸ク激烈トナリ、本年職工募集ハ終始多忙デアッタ」という。宮崎工場も、「旭ベンベルグ、鐘紡ラミー工場、富士紡系ノ紡績工場等」の進出を脅威としていた。中国地方の益田工場も石見人絹会社との競合を指摘した。岡山県の久世工場は、「人絹、織物、紡績各会社ノ重囲ニ陥リ募集難其ノ極ニ達ス」と見られ、津山工場も同様であった[103]。これらの地域では、若年女子をめぐる雇用機会の増大と製糸賃金の低下により、職工募集に危機感を募らせていた。すでに、固有の製糸労働市場など存在せず、未経験工をめぐっては、他繊維工業との競争を余儀なくされていた。それは、遠隔地募集においても同様であった。

富山、新潟デハ製糸職工ヨリ紡績職工ガ多クナルト云フコトヲ聞ク。之ハ近年製糸ガ紡績以上ニ不安定デアルトカ、紡績ハ賃金不払ガナイトカ、製糸ノ方ガ病人ガ多イトカ、紡績ハ設備ガ良イトカ云ハレル関係デナカラウカト思フ[104]。

こうした労働市場の変容が、低賃金で教育を受けつつ技術修得を目指す養成工制度の土台を崩す一方、勤続を重ねた普通繰糸工の賃金を押し上げた。〈表43〉のように、繰糸工賃金の格差は拡大し、新入工を中心に編成された多条繰工の低賃金は、多条機化を一層有利と見なす根拠となった。多条繰工場として新設された福島県の桑折工場長は、「老練の高給職工は是を要せずと云ひ得る、今後も或程度迄新陳代謝を行って行くことが得策と思ふ」と主張し、舞鶴工場長も発表を憚ることとしながら、「多条機に於ては経験年数はさほど重要ではないと思はれる、今日に於ては勤続年数に関する従来の考へ方は疑問の存する所である」と述べた。(105) 注意を要するのは、こうした発言には、繰糸賃金が勤続によって上昇するしくみになっていることが前提となっている点である。それは、すでに多条機導入前に趨勢として確認され、賃金制度改革でより明確化されたものであった。それゆえ、多条機の導入に伴う「新陳代謝」がもたらす効果は絶大なるものがあると考えられた。多条機への移行は不可避となり、同社は全社的に多条繰糸への統一を実現するにいたったのである。

4　機械化と製糸工女

最後に、一連の機械化への動きが、製糸工女の働き方に与えた影響について検討するために生産現場の声に耳を傾けよう。工場定員制の施行により職員の減員が実施されるなか、高格糸生産のために増員されていた作業監督者層の削減とともに急速な多条機への移行が進められていた事実は、多条機がその機能を代替すると考えられたことを意味する。生産現場では、糸格厳守という生産方針の下、作業条件の合理化は多条機によって実現されるとの期待が大きかったようである。事実、各工場では多条機の導入を歓迎した。例えば、岡山県の津山工場でつくられた「多條繰作業歌」は、多条機を「科学の力」を象徴する発明と謳い、「機械の力」を無駄にしないよう、繰糸者の士気を鼓舞している。

一、御国の富を増す業に　朝な夕なにたづさわる　我等が使命思ふ時　噫　報国の血は踊る
二、科学の力発明の　粋をあつめし繰糸機に　我真心の通ふ時　世界に誇る糸は成る
三、蚕かひし人の丹精を　思ひて糸目切るなゆめ　機械の力無駄にせず　日々の工程あげよかし
四、操作は早くぬかりなく落を廻さずより切らずまわるたまきをしばしだに止むるは恥ぞ怠りぞ
五、世に類なき機械もて世にならびなき糸をひき御国のためにこの業のとわの栄につくさなん(106)

もちろん、こうした期待を表明したのは監督者たる男子職員であり、工女たちにとって多条機との遭遇は偶発的なものであった。この機械を操作し、繰糸に携わる工女は、この機械をどう捉えていたのであろうか。

（前略）職場では初めてA式多條機と言う大きな機械の前に立ったのですが、其の時はびっくりしてしまいました。其の頃田舎では、あちこちの家に座繰りがあったので、そういうものは知っていましたが、立ち作業で一人が二十口も持つという繰糸機を見るのは、初めてですから、大変驚いてしまいました。二十口と言うのは私の両手を一ぱい広げた程の大きさでしたから、「私に出来るだろうか」と言う不安でいっぱいになったものです。でもこの機械は郡是に初めて導入されたもので、当時はまだ秘密でもあるということでしたから、そういう繰糸機で仕事をするということに、次第に誇りを持つようになり、朝の始業の前に職場に入って作業の準備をする時には「今日もがんばろう」という気持ちになって行きました。職場では始業のベルで朝礼が始まりました。全員が整列して、主任さんの合図で精神統一をはかり、黙祷して「今日もよい仕事ができます様に」とお祈りし、教婦さんの作業開始のふえの合図で機械が勢いよく回転して行きます。それからはもう夢中で操作していきました。(107)

多条機という「大きな機械」が繰糸工に「誇り」を与え、よい仕事に駆り立てていった様子が窺えよう。ところで、この工女のように、当初、多条繰工は社内養成工として入社し、従来通りの養成を受けた。一九三三年本工場のA式

多条機導入と共に入社した元工女によると、四ヵ月の養成期間中、糸の結び方、集緒機通しなど一つ一つの細分化された作業を練習し、それを総合した空訓練を行い、足の運び方、体の動き、手の動作を教婦の号令に合わせて練習し、作業の手順を習得して本作業に入ったという。[108] このような新入工の養成とは別に、普通繰工女に対する訓練も実施された。今市工場の記録によれば、設置工事の完成に合わせて普通繰工が「繰詰め」（煮繭をすべて繰糸すること）を終えて多条繰糸の注意を受け、翌日に基本形・空稽古を行い、三日目の午後には実際の繰糸に取りかかっている。[109] 普通繰に習熟した工女たちは短期間の訓練で多条繰に移行しており、その訓練様式も多条機導入前から実施されていた様式であった。

もっとも、養成方法については、多条機導入前に一定の変化が確認できる。賃金制度の改革が進められる一方、繰糸工の養成方法についても、興味深い試験が実施された。「工手科養成ニ関スル件」[110] によれば、この試験の目的は、入社時に「学科ヲ先ニ課シ先ズ精神ヲ安定セシメ然ル後従来通リノ養成課程ニ入ル事即チ啓発的ニ訓育スルコトガ生徒養成上ニ如何ナル状態ヲ来スカヲ知ラントスルモノ」であった。具体的には、第三八回工手科生徒繰糸二五五名ヲ試験区（一二七名）及普通区（一二八名）に二分し、諸条件を同一にした上で、学科及び実習の配分を変え、養成成績を比較した。結果、最初の一ヵ月間は試験区の技術実習成績が明らかに劣っていたものの、二ヵ月末にはその差は少なくなり、三、四ヵ月になると技術および繰糸成績に差異は認められなくなったという。また、試験区は「最初観念ヲ先ニ与ヘラレタルタメ落付《ママ》アリテ訓練容易ナリ」と報告された。卒業前の成績調査によれば、試験区は「品位ニ於テ優リ得点数多シ」という。しかし、素質検査によれば、「適性検査ノ結果、試験区ハ平均点数少ナク且其分布状態不良ナリ（卒業前、能率研究所ニ於テ）」という。ここから導き出された推論は、①「試験区ハ素質相当劣レル数字ヲ示セルニモ拘ラズ繰糸成績ニ於テハ良好ニシテ特ニ品位ニ於テ優レリ」、②「今回ノ試験ハ特ニ比較セントシタルタメ試験区ハ只学科ヲ先ニシタルノミニシテ其ノ組合セノ如キモ尚充分ノ余地ヲ存ス」、③「試験区ノ方法ハ社訓ノ精神ニ合致ス」。したがって、「試験区ハ確ニ勝レル方法ナリト信ジ如何ニ精神教育ノ重要ナルカヲ推知シ得ベシ」と結論した。

教務課長は、場長会で「学科ヲ多クシタルハ徒ラニ文字ヲ教エルト云フ抽象的ノモノデナク、献身的ノ勤労ヲナスト云フ精神ヲ先ヅ注入シ、コレヲ働ノ上ニ表ハサスト云フノデアッテ、コレモ結局ハ仕事ヲ嫌スサセル一ツノ方法デアルト云フヤウニ、懸引的ノ考ヲ起サセヌコトガ大切デアル」と述べた。教育係による「学科」の重要性を主張するものと言えるが、その目的は「献身的ノ勤労ヲナス」という精神の注入にあり、工場養成の実態が技術養成に偏重しつつあったことが窺える。多条機導入以前から進行していたこの傾向は、機械化に伴って顕著となっていく。教育部門を担当した本工場女子寮長は、「多条繰糸機械の発達に伴ひ、短時日に於て養成し得て、熟練職工を要しない時が来れば、又再び一定期間の職工養成の必要すら感ぜぬ工場も続出して、終に職工問題の行詰を来」たすであろう事を危惧していた(111)。養成教育の形骸化は、機械化に伴い、一気に加速することになったのである。

おわりに

産業技術が経済・経営的環境に極めて重大な影響を及ぼすことは言うまでもない。しかし、今日的課題としては、逆の因果連関に着目することが期待されている(112)。すなわち、一つの産業技術をめぐる社会経済的要因が、技術選択やその後の展開にいかなるインパクトを及ぼすかという問題である。多条機に即して言えば、いかなる経営環境が多条機を選択させ、あるいは導入を躊躇させ、そのことがどのような結果を導いたのか、を明らかにすることに他ならない。技術選択は、技術者・管理者の偏見や思い込みに左右されつつ「社会的」に決定されうることが指摘されている現在、技術選択のあり方そのものが問われていると言えよう[113]。このような観点から、改めて郡是製糸株式会社の多条機導入について振り返っておこう。

日本製糸業における多条機化の開始は、生糸市場における第三者格付の開始と時を同じくするものであり、製糸業の「機械化」として喧伝された。多条機が機械としての生産力的基礎を与えたとすれば、資金力のある経営が多条機を導入し、その地位を確固たるものとしたことに議論の余地はない。しかし、初期に多条機を導入した工場の多くは、小規模に多条機を導入しており、そのための資金もさほど多くなかったと考えられる。また、全国的な多条機の普及は多条糸の飽和状態をもたらし、どの経営にとっても一貫して多条機化が有利であったわけではない[114]。にもかかわらず、大規模工場を中心に多条機化が進展し、日本製糸業の多条機への移行が決定的となったのはなぜであろうか。

まず、多条機が導入されたのは、これまで指摘されてきたように、アメリカ市場における靴下用高格糸に要求される糸条斑の除去に有効であったからに他ならない。しかし、「機械化」を象徴する繰糸機の導入にもかかわらず、多条機工場と普通機工場とのあいだで基本的な作業工程、そこに配置される人員に大幅な変更がみられなかったことは驚きに値する。そうであるからこそ、急激な多条機化が可能であったとも言えるが、一部多条機を導入した工場は多条機への移行を要求した。その結果、工場の「機械化」は「集約的」な生産組織を模索する過程で、職員層の削減による管理組織の見直しとともに実施された。すでに生産管理への関心が高まっていた工場内部で、多条機と普通機との併設が管理上問題視され、繰糸様式の統一という目的の下で工場の「機械化」が達成されたのである。これは、片倉をはじめ多くの工場が一部多条機を導入したのにとどまっていたことと対照的に、同社工場が急速な多条機化を遂げた理由であった。もっとも、全社的な多条機への移行には別の観点がより重要であった。

それは、養成釜の扱いに関わる問題であり、当該期の若年女子をめぐる労働市場の変容という問題である。すでに、社内養成を中心とする労働力編成を実現していた同社にとって、第三者格付の開始は、養成糸の販売をめぐり養成方針に変更を迫った。また、賃金計算方法の簡易化を目論む賃金制度改革は、繰糸工賃金を「定額日給」とし、勤続とともに賃金上昇が見込まれるような制度設計を行っていた。繰糸工の賃金が、勤続によって上昇する仕組みとなっていたことは、経験の長い普通繰工の賃金を押し上げ、多条機への移行を有利とみなす根拠となった。さらに、職工募集において他産業との競争を余儀なくされた各工場では、長期雇用を前提とした養成工制度の存立基盤が失われていくなかで、繰糸技術を短期間で習得でき、養成期間から輸出糸を生産できる多条機の導入を望んだ。こうした「機械化」を希求する生産現場が、急速な多条機への移行を支えていたのである。

一連の「機械化」が、製糸工女の働き方に与えた影響は小さくない。同社では、一九三四年に繰糸工の養成期間が四ヶ月から三ヶ月に短縮され、一九三七年度には誠修学院における多条工の養成自体が廃止され、養成は各工場に委ねられた[115]。同社が積極的に展開した本社での一括工女養成は、工場養成の開始を経て、ここに幕を閉じることになったのである。このことは、同社の教育施設が有していた地域の子女に適切な教育機会を提供するという意義を後退させると同時に、遠隔地から募集する工女にも同社の教育施設を提供することを可能にした。一九三六年の社史では、「最近多条繰の増加につれ経験工の必要が少なくなり、同じく新潟、富山から募集するものも漸次従来の如き経験工ではなく、地方で募集するものと同様、高等科卒業の無経験者とし、殆ど社内工、社外工の区別がなくなった[116]」という。多条機化は、同社において「社内工」と「社外工」という二重の労働力編成を解消する契機ともなったのである。

註

（1）　小野征一郎「製糸独占資本の成立過程」『両大戦間の日本資本主義』東京大学出版会、一九七九年、八七～一三四頁。さらに、この議論をうけてプレミアム取得額の検討がなされた。高梨健司「一九三〇年代の片倉・郡是製糸の高級糸市場における地位――『市場独占』の検討を中心にして――」『土地制度史学』三一‐三、一九八九年。

（2）石井寛治『日本蚕糸業史分析――日本産業革命研究序論――』東京大学出版会、一九七二年、四五八頁。同『日本経済史』第二版、東京大学出版会、一九九一年、二一六頁。

（3）東條由紀彦『製糸同盟の女工登録制度――日本近代の変容と女工の「人格」――』東京大学出版会、一九九〇年、三一三頁。もっとも、「折からの大不況下に多条機を導入しえたのは大経営に限られ、中小経営が淘汰されることによって、労働市場の再編成が進むとともに、全体としての製糸業の生産過程が大経営のそれに代表されるようになった」とあり、多条機導入の基本的なイメージは踏襲されている。

（4）松村敏『戦間期日本蚕糸業史研究――片倉製糸を中心に』東京大学出版会、一九九二年、二三六～二四〇頁。

（5）日本製糸業をとりまく市場条件の大幅な変動については、清川雪彦「製糸技術の普及伝播について―多条繰糸機の場合―」『経済研究』二八‐四、一橋大学経済研究所編集、岩波書店、一九七七年、三三八～三四〇頁。

（6）清川雪彦『日本の経済発展と技術普及』東洋経済新報社、一九九五年、一六一頁。

（7）多条機化の進展が著しかった朝鮮工場については、第五章で検討したい。

（8）加藤宗一『日本製糸技術史』製糸技術史研究会、一九七六年、一二三～一三六頁。

（9）セリプレーン検査については、第三章註（39）を見よ。郡是が全社的にセリプレーン検査機を導入したのは一九二八年であり、その後も標準写真の改定や光線の変更などが実施され、高級糸の需要に応えるべく検査方法を改めた。

（10）以下、片倉の多条機導入については『御法川直三郎翁自伝』御法川直三郎翁自伝刊行会、一九三三年、一一九～一二二頁。

（11）社史編纂委員会編『郡是製糸株式会社六十年史』一九六〇年、三八三頁。

（12）御法川と片倉との契約関係については、前掲『戦間期日本蚕糸業史研究』二三六～二四一頁。

（13）「御法川式多条繰糸機の完成」『生糸の国』二―二、一九三〇年、一五～二二頁。

（14）これは、直三郎が提唱した御法川式無切断緩速度低温多条繰糸機による経営方法、すなわち「養蚕家の製糸経営」という「製糸業革新意見」としても示された。この経営法の前提には、日本全国の農村で統一した蚕種を使用し、それを同一機械で繰糸すれば、生産糸の品質は一定になるはずであるという信念がある。したがって、小規模経営が群立しても生産糸は統一されるべきであり、それを可能にするための機械改良の結果がこの多条機だという。

(15)「小岩井式弐拾条繰製糸機械契約証書」〔松山大学図書館高畠亀太郎文庫〕。なお、同製糸場は、企業整備の過程で一九四一年に廃業し、生糸製造割当権を郡是製糸に譲渡した。

(16) 同製糸場は普通機を温存したまま試験的に多条機を導入し、職工五〇人を増員した（「商工省調査（昭和九年二月一五日提出）」〔松山大学図書館高畠亀太郎文庫〕）。

(17) 農林省蚕糸局『昭和七年度全国器械製糸工場調』一九三四年。

(18) 地方蚕糸業主任官会議（一九三二年四月一日）でも、「特殊機械の利用に関する件」として多条機の批判的検討が行われ、誇大広告につられた機械購入が問題化していた。

(19) 一九三五年一〇月五日段階で残金二〇〇〇円を支払い、ようやく機械代金の問題は解決した（「記」市橋商会市橋時太郎→高畠亀太郎宛領収証〔松山大学図書館高畠亀太郎文庫〕）。

(20) 一九三六年度の生糸生産状況を詳細に分析した小野征一郎によると、大規模工場において、郡是が多条機化を果たしたのに対し、片倉では普通機を残存させていた（前掲「製糸独占資本の成立過程」一〇九頁）。一九三七年に普通機と多条機を並存させた片倉の工場は一五にのぼっており、多条機を集中させた郡是との違いは明らかであろう（片倉製糸紡績株式会社考査課編『片倉製糸紡績株式会社二十年誌』一九四一年、一二二～一二三五頁）。ちなみに、一九三六年には全国製糸業組合連合会と組合製糸連合会により釜数の整理が実施され、一九四一年には本格的な企業整備が実施された。企業整備によって製糸工場数が一五二八から五五〇に激減するなか、普通機九万六四〇二台のうち五六・二％が、多条機六万六二一〇台のうち二六・三％が整備対象となった結果、繰糸機の過半を多条機が占めるにいたる（『日本蚕糸統制株式会社史』下、二一七頁）。

(21) この過程における日本の政府、輸出商、製糸家の対応は、大日本蚕糸会『日本蚕糸業史』（一九三五年、第二巻、五六五～五九〇頁）に詳しい。

(22) 前掲『日本の経済発展と技術普及』一三二頁。

(23)「場長会録事」（一九三一年一〇月）。「白二一中」は白繭の二一デニール内外の糸という意味。靴下用には一四デニール内外の細糸が求められた。

(24) 上山和雄「両大戦間期における組合製糸――長野県下伊那郡上郷館の経営――」『横浜開港資料館紀要』第六号、一九八八年三月、二七頁。

(25) 郡是製糸株式会社神戸営業所『最近米国絹業事情ニ就テ（前編）』一九三三年六月、三〇頁。高級糸であっても量が少なく、その下の格付糸がないといった同社の販売方法では、検査に不合格となった場合の代替糸がなく、工場が停止する恐れも生じるなど不便なため、販売が難しい点が指摘されている。

(26) 生糸市場の制度に関しては、中林真幸『近代資本主義の組織——製糸業の発展における取引の統治と生産の構造』（東京大学出版会、二〇〇三年、二〇四～二一二、四三三～四三六頁）。

(27) Giovanni Federico, *An economic history of the silk indust1ry, 1830-1930*, Cambridge University Press, 1997, pp. 107-108. 日本の欧州視察報告でも、品質優良なイタリア糸生産の特徴として「口数多くして枠の回転数遅き事」が指摘されていた。そこでは、一四中繰糸で九緒を日本の三分の一の回転速度で繰糸していたという（蚕糸業組合中央会『欧州の絹業と生糸の消費』一九二四年五月、四一・四二頁）。

(28) 花井俊介「大正末・昭和初期における巨大製糸経営の一断面——対商社関係の変化と生糸販売戦略の構築——」『三井文庫論叢』第二四号、一九九〇年一二月、上山和雄「両大戦間における郡是製糸の販売政策」國学院大学國史学会『國史学』第一四二号、一九九〇年一一月。

(29) 一九二九年新糸から商標の整理を行った同社では、セリプレーン検査のイヴンネス得点をもとに、「握手A」（九〇～九一）、「握手B」（八八～八九）、「日の丸A」（八五～八七）、「日の丸B」（八三～八四）、「日の丸C」（八〇～八二、ただし、「日の丸」は春糸に使用、秋糸は「傘」）の商標を用いていた。

(30) この検査方法は、千斤につき二五綛のサンプルをとり、機械検査と肉眼検査にかけるというものであった。機械検査は、セリメーター、検らい器、検尺器、再繰機を用い、主として生糸の強伸度、一定糸長に対するらい節数と種類、糸質及び繊度の細太、再繰の難易を検査し、これに正量検査を加えた。肉眼検査は、揚返後の大枠につき各綛にあるらい節の検査及び綛故障検査、並びに綛による色相、糸質差異を検査する（郡是製糸株式会社『郡是四十年小史』一九三六年、一一一頁）。

(31) 「工務年報綴」所収、調査課「昭和四年度工務成績ヲ見而」。

(32) 実際の獲得値鞘については、前掲上山和雄「両大戦間における郡是製糸の販売政策」（七頁）参照。

(33) 「場長会録事」（一九三〇年五月）。

(34) 工務課「11月渡以降糸格調査（一二月六日現在）」（「場長会録事」一九三二年一二月）。
(35) 社長「挨拶」（「場長会録事」一九三二年七月）。
(36) 「場長会録事」（一九三二年五月）。
(37) 同前。
(38) また、同一商標に等級をつける方法を改め、九二以上を「ナゲット」、九〇以上を「握手」、八五以上を「女神」、八三以上を「日の丸」、それ以下を「野菊」とした。（「場長会録事」一九三二年七月）。長井工場の糸は「傘」とした。
(39) 「場長会録事」（一九二九年一一月）。
(40) 清川雪彦「技術知識を有する監督者層の形成と市場への適応化――日本製糸業において学校出教婦の果した役割――」『社会経済史学』五四―三、一九八八年、二四頁。
(41) 教婦の採用基準については、成田一江「製糸経営における女性管理者の役割――戦間期製糸労働研究の課題――」『女性史・女性学ノート』第八号、二〇〇一年三月。
(42) もっとも、一九三〇年一月、学院では、入学人員の増加が素質の低下を招いたとして、健康と数学の力を重視して選抜するよう工場長に注意を呼びかけている（「生徒選抜ニ関スル件」「場長会録事」一九三〇年一月）。
(43) 筆者聞き取り調査による。
(44) 農林省農務局『第十次全国製糸工場調査』一九二六年。農林省蚕糸局『昭和七年度全国器械製糸工場調』一九三四年。
(45) 「器械索緒講習会経過ニ就テ」（「場長会録事」一九三〇年一月）。なお、世界恐慌の影響を受け、生糸価格暴落の危機を迎えた日本では、一九二九年一一月に帝国蚕糸会社による共同保管が始まり、翌三〇年四月には糸価安定融資保証法が発動され一九二九年度産生糸価格の暴落は阻止されたものの、三〇年度新糸取引が始まった六月から生糸価格が暴落した（小野征一郎「昭和恐慌と農村救済政策」安藤良雄編『日本経済政策史論下』東京大学出版会、一九七三年）。日本製糸業は一九二九年一二月の蚕糸同業組合決議により二週間の休業に入り、郡是製糸はこの間を利用して索緒機を取り付けた。索緒（繭から糸口を探す索緒作業）の機械化により、繰糸工は手で索緒箒を動かしていた時間も繰糸にあてられるようになった。
(46) 同工場を見学した片山専務は、二重三重の管理を行ってきた弊害を指摘しつつ、「女子ニ接スルニハ人サヘ得レバ教婦ガ一番ヨイ」と所感を述べた（「場長会録事」一九三二年七月）。

(47)「場長会録事」(一九三一年一月)。
(48) ちなみに、同地域にある郡是今市工場(普通機五四六釜)の場合、職工数七三六(男四四/女六九二)人に対し、作業監督者四六(男二五/女二一)人、技術者五人となっていた(農林省蚕糸局『第十二次全国製糸工場調査』一九三二年)。
(49) グンゼ株式会社『グンゼ100年史』一九九八年、一九〇頁。
(50) 本社機械課は機械の製造・組立を実施する部署で、各工場に機械課員を派遣し、多条機設置を指揮した。一九三九年には、機械製作所が設置され、製糸用機械の製造販売部門が独立した。
(51) 白波瀬米吉「普通繰から多条繰へ」郡是製糸株式会社長井工場『創業四十周年記念誌』一九五九年一一月。一九三〇年五月から一九三四年一月まで長井工場の工場長を務めた彼は、同工場の多条機化に尽力した。ちなみに、固定接緒機が主流であった当時、後藤式と郡是式は廻転接緒機を使う共通点を持っていた(「場長会録事」一九三一年四月)。同じく、小枠を止める方法も、御法川式が糸自体の張力を利用した簡単な機械であるのに対し、郡是ではストップモーションを利用した複雑な機械であったが、仕事のしやすさから選択されたという。
(52)「場長会録事」(一九三一年二月)。
(53)「場長会録事」(一九三二年五月)。
(54)「場長会録事」(一九三二年七月)。
(55) 実際、玉糸工場の多条繰では工程が一二〇匁ほどで、責任問題に発展しかけたという。まもなく工程は二〇〇匁以上に達したものの、実用機としては更なる改良が求められた(「場長会録事」一九三一年九月)。その要因の一つは、「故障」と呼ばれる節ヅマリが機械を止めることにあり、原料繭と煮繭方法の改善が必要と考えられた(一九三二年三月三一日付報告書、玉糸工場「多条繰糸に関する一考察」)。また、曲形鍋を使用した久世工場の試験器は、約一年で廃止された(前掲『グンゼ株式会社八十年史』二八〇頁)。
(56) 長井淳太郎編『私達の自分史――娘時代グンゼに勤務した業生・教婦・教育係の記録――』一九八九年、一〇四頁。長井工場(一九三〇~一九三六年)勤務の元工女による手記。
(57) 一九三四年には経営参加を果たした(前掲『郡是四十年小史』一五四・一五五頁)。
(58) 枠卸とは、繰り終わったとき、回転を止めて枠をおろし、所定の場所に運ぶ作業を指す。二〇緒を同時に繰糸する多条繰の場合、空枠をさした心棒との交換に補助者を要したため、その係を設けた（誠修学院『繰糸法教本第二号』一九三七年、一九頁）。
(59) 調査課「生産費調査資料」（一九二五年度～一九三一年度）。
(60) 「場長会録事」（一九三二年九月）。
(61) 「場長会録事」（一九三二年一〇月）。
(62) 「昭和七年承認書類綴」。なお、同年五月に操業を開始した大分県の臼杵工場は普通繰工場として設置されていた。
(63) 同前。
(64) この年、春繭仕入れ時期には糸価が上がり、原料繭は高かったものの、その後糸価が同年最高値の半額（一〇〇斤五二〇円）に落ち込んだ。とくに高級糸の需要が不振に陥り、糸価の低落後に滞貨を処分したため損失はさらに膨らんだ。
(65) 乾燥場の設置が先行していたのは、先に見た鳥取（一九二〇年養父工場所属鳥取乾燥場設置）、臼杵（一九二〇年本工場所属乾燥場設置）も同様であった。
(66) 例外として、宇島・熊本・益田工場では、機械製造が間に合わないため後藤式が導入されたが、これらは福岡県・熊本県・島根県に位置する遠隔地の工場であった。この後藤式は、一九三六年に接緒機の取替工事が実施され、郡是式の接緒機を備えたが、一九三七年度までに廃棄された。
(67) 前掲加藤宗一『日本製糸技術史』一三一頁によると、郡是式を採用した他社は、昭栄（福島）、電元（埼玉）、神戸生糸（群馬）、神栄（京都）、筒井（徳島）、石橋（静岡）、酒六（香川）、八日市（滋賀）、深沢（山梨）、日本シルク（埼玉）、大倉（新潟）などであった。
(68) 今市工場『絲明』（一九三五年三月一五日発行）。
(69) 「昭和九年度各工場提出営業成績説明書」所収、「福知山工場営業成績説明書」。ただし、結果的にはB式に改造された（表29参照）。
(70) 「昭和九年度各工場提出営業成績説明書」所収、「熊本工場営業成績説明書」。
(71) 「昭和九年度各工場提出営業成績説明書」所収、「舞鶴工場営業成績説明書」。
(72) 木製の信州式が四、五〇円なのに対し、関西式は木鉄混製で品位、能率、糸量ともに信州式に優ると見られていた（前掲『日本蚕糸業史』三九一頁）。
(73) 前掲『グンゼ１００年史』一九一頁。

(74) 前掲『戦間期日本蚕糸業史研究』二三六頁。
(75) 以下は、「昭和九年度各工場提出営業成績説明書」所収、「江原工場営業成績説明書」「福知山工場営業成績説明書」。
(76) 前掲『グンゼ100年史』一九一頁。
(77) 前掲『グンゼ100年史』一九三頁。
(78) 工務課「工務統計綴」(一九三三年度)。
(79) 一九三四年度新糸(三月—六月)における白一四中約定数量も、SP3Aが一一四〇〇俵、3Aが五八七〇俵、2Aが八九三〇表、Aが二七六五俵となっており、SP3Aへの集中が確認される(前掲「一九三〇年代の片倉・郡是製糸の高級糸市場における地位」)。
(80) 同前。
(81) 実際、多条機を導入することなく、最高級糸から標準物まで多様な糸格を生産した経営の存在も指摘されている(前掲上山和雄「両大戦間期における組合製糸」)。
(82) さらに、一九三四年一月以後は、輸出糸の検査事務を神戸営業所に移管し、ここで「女神」格以上のものについてのみ自社検査を行うことにした(「場長会録事」一九三八年八月)。
(83) 郡是製糸株式会社工務課「昭和八年度工務成績」(一九三四年四月調査)、「生糸検査付属罰金調査」。付言すれば、「違約」を恐れて実際の生産能力より低い格付けの繰糸命令を得た場合、工場に振り替えられる生糸販売代金も低下するため、工場の得にはならない。
(84) 中央蚕糸会の決議により出荷制限を実施するにあたって、輸出生糸検査法による生糸検査所の検査自体が制限され、不合格糸の販売は一〇月までできなかった。詳しくは、中央蚕糸会『輸出生糸出荷制限実施成績報告』(一九三四年)、農林省『繭糸価格安定制度六十年史』(上巻、一九七七年、八八八頁)。なお、実施の過程で朝鮮産の生糸、新設工場分など多くの例外を認めたため、出荷制限の実施成績は、前年比一割四分四厘にとどまった。
(85) たとえば、宮津工場(普通機八〇釜)と園部工場(普通二二〇釜、多条機一四四釜)について、京都府は「作業方法ノ改善其他能率増進ノ為ノ施設」として、同社多条機の導入に伴う一部制操業の調査を行っている(社会局労働部『昭和九年工場監督年報(第一九回)』六五四～六五八頁)。なお、鳥取工場では、索緒・故障整理・繰糸の三段式分業制度をとったという(「昭和九年度各工場

提出営業成績説明書」所収、「鳥取工場営業成績説明書」）。
(86)「場長会録事」（一九三四年一月）。
(87)本社は「整理ニ当リテハ雇員常傭ノ如キ実務担当者ハ出来得ル限リ之ヲ避ケ、比較的高給高齢者ヲ整理スルコト」と指示した。四月末の退職者は、職員一九一人、見習二四人。退職者には規定の退職金のほかに月俸八カ月分が、退職金の支給対象に届かない勤続三年未満の職員と見習、月給常傭には四か月分の特別退職手当が支給された（前掲『グンゼ１００年史』一八三頁）。
(88)農林省蚕糸局『昭和九年度全国器械製糸工場調』一九三六年。
(89)聞き取りによると、誠修学院教婦養成科を卒業すると内規で二年、実際には三年の工場勤務が要求され、たいてい三年で辞めたというから、普通繰で養成された教婦の多くは、一九三六年度までに退社した。多条繰糸工から選抜された多条繰の教婦養成が開始されたのは、一九三三年九月からで、最初に試験導入を果たした長井工場で選抜された者が中心となっていた。長井工場で繰糸工として入社した元教婦は、多條繰り最初の教婦科生として誠修学院に入学し、半年間の養成後卒業生総代になり、そのまま学院の教婦として一九三八年まで勤めたという（前掲『私達の自分史』八九頁）。
(90)「場長会録事」（一九三〇年五月）。
(91)当該規則によれば、賃金は月末に現金で支払われ、その一割は積み立てられる。養成中の工女には年齢（数え年）及び学歴に応じた「定額日給」（第三条）が、養成後は繰糸成績に応じた賃金が三〇銭以上二円五〇銭までの範囲内で支給され、繰糸成績の検査事項は繰糸量、繊度、品位、切断、糸歩、捻不同、二本揚の七項目に及ぶ（第四条）。一方、他経営での経験を有する工女の場合、入社後短期訓練中は前勤務工場での賃金が保障され、その後社内養成工と同一基準で成績が評価された（第六条）。最低賃金の保障、年功賞の規定もある。
(92)「昭和四年度監査所見」では、「繰糸賃金ノ計算方法ハ公平ヲ主眼トスベキハ勿論ナルモ今少シク簡易化スルコトノ必要ヲ痛感スル」と指摘されている。
(93)『糸明』は、今市工場にそれまであった『場内時報』『男子寮時報』『女子寮時報』などを一括して一九二七年八月一日に発刊された。
(94)彼女は、『糸明』第四六号（一九二九年七月一日）では、卒業生代表として養成科卒業の感想を寄せている。
(95)一九二〇年前後に使用されたと推定される「繰糸給料採点規則」では、「旧工女」を「他ノ工場ニテ貳ヶ年以上勤務シタルモノニシテ前年度ノ一日給料（平均）ガ工場ノ総平均以上ノモノニ限ル」とした上で年功賞を規定した。その額は、勤続一年を経た後に五銭、以後上昇し六年後には二八銭に達し、最高額は社内養成工と変わらなかった。

(96)「場長会録事」（一九三一年一〇月）。

(97) なお、「一、成績調査日数数十日未満ノ場合ハ前月ノ日給額ニ依ル　二、相当技倆アル社外養成工ノ初給ハ経験年数、技倆、年齢等ニ依リ弐拾五銭以上ニ於テ之ヲ定ム」との但し書きあり。

(98) このように、各府県レベルでの直接・間接の指導に基づいて賃金算定方法の改変が見られたのは、他の製糸経営でも同様であった。例えば、片倉製糸も長野県工場懇話会による「罰制度」の廃止決議を受け、一九三〇年前後に大幅な賃金計算方法の改正を行っていた（前掲『戦間期日本蚕糸業史研究』二五六頁）。

(99) こうした制度改革を経て、一九三五年には郡是長井工場の賃金が「〈事後考課制〉を取り入れた勤続給」という性格を強めていたことが確認されている（前掲『製糸同盟の女工登録制度』三八七～四一五頁、なお原文は東條由紀彦「日本近代の変容と女工の『人格』（4・5）――女工の勤続、熟練度とその向上、賃金決定システムとその水準、及その相関についてのシミュレーション分析（上・下）」『社会科学研究』三九―二・三、一九八七年九・一〇月）。

(100)「場長会録事」（一九三三年九月）。

(101)「昭和九年度各工場提出営業成績説明書」。

(102)「場長会録事」（一九三三年九月）。なお、養成後、六ヵ月未満を未熟練工、六ヵ月以上を熟練工とした。同年の片倉における繰糸工女平均賃金は四三・七銭、全工場平均賃金はそれ以下となる傾向があり、長野県協定工場の平均賃金も三六・三銭であったから、郡是製糸の賃金水準はやや高めと言える（前掲『戦間期日本蚕糸業史研究』二五九頁）。

(103)「昭和九年度各工場提出営業成績説明書」。

(104)「人事衛生ニ関スル件」（「場長会録事」一九三一年一月）。

(105)「場長会録事」（一九三六年五月）。

(106)『女子寮のうた』糸風会、一九八〇年、一六頁。本書は、グンゼ（株）津山工場元従業員の組織、糸風会による文集である。手書きで記されたこの歌は、後に活字に置き換えられているが、その際に一番の詞が省略され、その他の詞にも若干誤記が見られるため、原文を引用した。

(107) 一九三三年から本工場で勤務した繰糸工が当時を振り返ったもの（前掲『私達の自分史』三三〇・三三一頁）。
(108) 同前。
(109) K・T「多条繰糸に変わりて」（今市工場『絲明』一九三五年三月一五日発行）。
(110) 誠修学院「工手科養成ニ関スル件」（「場長会録事」一九三一年一二月）。
(111) 郡是製糸株式会社教育課『完全教育創始廿五周年記念講演集及感想』一九三六年、一七五頁。同書は、一九三四年一一月に挙行された記念式に寄せられた文章を採録したものである。
(112) 沢井実「書評中岡哲郎他編『産業技術史』（新体系日本史11）」『社会経済史学』六九-四、二〇〇三年、九四頁。
(113) 戸塚秀夫「いま『技術選択』を問う意味は？」『大原社会問題研究所雑誌』四四五、一九九五年。
(114) 一九三〇年代後半には、高級糸に対するプレミアムが減少した。その要因は、日本における多条機の普及により高級糸が生産過多であったこと、米国絹業におけるスリーキャリアー方式の普及がムラに比重を置く高級糸を要しなくなった点に求められる（前掲「一九三〇年代の片倉・郡是製糸の高級糸市場における地位」）。そのため、一九三五年には、第三者格付の方針も改正された。
(115) 「場長会録事」（一九三七年五月）。
(116) 前掲『郡是四十年小史』一二八頁。

第五章　植民地工場の雇用関係
——朝鮮工場経営の「失敗」——

はじめに

これまで郡是製糸株式会社の工場経営を通して、農村に立地し、若年女子を雇用する製糸工場が農村社会との密接な関係に依存しつつ、新しい雇用関係のあり方を模索する過程を見てきた。議論を進めるにあたり、対象を内地工場に限定してきたのには理由がある。工場法をはじめ様々な法社会制度の異なる地域においては、それらが雇用関係に与える影響が甚大なため、同一に論じることが困難だからである。本章は、朝鮮工場の経営的失敗を通して、同社の雇用関係を支える仕組みが朝鮮の農村社会において機能不全に陥ったことを明らかにし、経営現地化にさいして、雇用問題がいかに処理されたかを追う。朝鮮の農村社会そのものの分析を欠くとはいえ、この検討を通して、これまで見てきた同社の雇用関係が歴史的に形成されてきた地域の社会構造にいかに大きく規定されていたかを知ることができるであろう。(1)

まず、同社の朝鮮工場をめぐる論点を整理しておこう。日本製糸の朝鮮進出に関しては、藤井光男による先駆的な研究がある。(2)藤井は、「日本製糸独占資本」すなわち片倉・郡是・鐘紡が、総督府の強権的な植民地支配のもとで「植民地的利潤」を獲得したことを前提として、その内実を明らかにした。ただし、「少なくとも一九三〇年代後半までは順調な発展をたどった」とする郡是製糸に関する評価は誤りで、一九三七年までは同社が経営的に「失敗」し、〈表44〉のとおり、多くの欠損を抱えていたことが松村敏によって指摘された(3)。片倉が低繭価と低賃金に基づき、朝鮮工場で高収益を上げたのに対して、同様の条件を享受したであろう郡是が必ずしも高い収益を確保していないとすれば、その要因はどこにあったのであろうか(4)。

松村は、一定の限界をもちながらもさまざまな形態をとって展開した、養蚕農民や工女らの「抵抗」に着目した(5)。本稿では、「抵抗」の存在に留意しつつも、実態の把握に努めることにする。これは、近年の植民地期朝鮮の労働史研究にも共通する視角を有している。たとえば、朝鮮人労働者と日本人経営者との対立に着目するだけでなくその対立を前提としながらも「包摂と対応」という側面に注意を払う研究がある(6)。一九三〇年代以降急速に工業化が進むとはいえ、基本的に農村社会であった朝鮮の状況を考えれば、農村に立地する製糸工場の内実は、工業化の進展と農村の変容を把握する上でも示唆を与えるであろう(7)。

表44　朝鮮工場の経営収支

年次	損益額（千円）			1釜当損益（円）		
	全工場	大田	清州	全工場	大田	清州
1928	3,338	70	—	435	233	—
29	1,796	−70	(−234)	237	−234	(−3,549)
30	1,100	−97	−105	124	−279	−659
31	1,245	7	36	136	21	224
32	1,451	50	82	145	151	368
33	−7,174	−161	−81	−704	−431	−331
34	2,351	−82	−23	228	−234	−91
35	2,712	16	74	264	63	288
36	2,464	49	105	229	187	407
37	3,150	−72	−113	316	−275	−425
38	4,156	110	148	422	400	489
計	16,593	−180	123	160	−54	55

資料）松村敏「書評：藤井光男著『戦間期日本繊維産業海外進出史の研究——日本製糸業資本と中国・朝鮮——』」『史学雑誌』第98編第3号，109頁より作成．原資料は，郡是製糸株式会社「工場別損益調査」（1929〜31年，37年，38年），同「決算調書」，同「決算参考書」（各年度）．

註）1929年の清州工場以外は，いずれも操業初年度工場・試験所・蚕事所等を含まない．

また、日本製糸の朝鮮工場をめぐっては、工場法の不備を前提として興味深い論点が提起されている。藤井は、鐘紡が朝鮮工場で昼夜二交代制を断行したことを日本製糸資本による収奪の典型とみなした(8)。一方、宣在源によると、片倉の場合、内地工場と朝鮮工場との間に労働条件の差異は確認されず、工場法が適用されても即座に対応できる状況にあったという(9)。このような両社の差異を生み出したものは、経営者の選択にほかならず、法的な介入のない朝鮮半島では、直接管理者の判断が労働環境に大きな影響を与えた。これまで言及されてこなかった郡是の朝鮮工場では、一九二六年の工場設置から一九三〇年代にかけて、どのような労務管理が実施されたのであろうか。付言すると、一九二五年の社則改正以降、同社は教育総理川合信水のもと、誠修学院という学校組織を重役・幹部職員・職工を含む教育機関とし、この誠修学院と一つとなって会社を経営していく方針を確立した。教育を中心に工場経営を行うという理想を掲げた同社が、法的な介入を受けない朝鮮工場でどのような経営を行ったかを問うことは、同社の労働者管理の極限的な形態を見ることにつながる。結論を先取りして言えば、朝鮮工場は、頻発するストによって教育を中心とする同社経営方針の限界を示す場となった。外見的には、内地工場と同様の施策を講じたにもかかわらず、内地工場には見られない「抵抗」を受けることになった朝鮮工場では、雇用関係のあり方そのものを工場側が主体的に編成し得ない状況が明らかとなる。それは、同社の雇用関係を支える仕組みが、その誕生の地における農村社会との密接なつながりを基盤として形成されたこと、そうした基盤を欠く工場では種々の施策が弊害とすらなりうることを如実に示しており、製糸工女の働き方そのものを工場側が容易に変えることは出来なかった点が明らかとなる。加えて、採用管理の形成による新しい労働力編成のあり方が模索されていた内地工場とは別の問題を、同時期の朝鮮工場が抱えていた点が指摘される。それは、両工場の差異を通して、工業化過程における雇用制度の確立において、社会的基盤の重要性を確認する作業となるだろう。

一　日本製糸の朝鮮進出と郡是製糸

1　朝鮮総督府と日本製糸業

日本製糸の朝鮮進出に関しては、なお不明な部分が多い。そこで、朝鮮総督府の蚕業政策と日本製糸の朝鮮進出を概観し、郡是製糸の工場進出の位置づけを再確認することから始めたい。

日本製糸にあって、最も早く朝鮮半島に目をつけたのは片倉であった。すでに、一九〇二年から調査を開始して農場経営を始め、一九一一年には大邱に原料繭買入所を設置し、内地への原料繭の移出を図った。内地への原料供給を念頭に養蚕奨励策を実施した総督府は、養蚕の普及とともに潜在的な労働力に着目し、工場の誘致を開始した。工場進出の嚆矢とされるのは、一九一九年に操業を開始した片倉の大邱製糸所（三六〇釜）など、三〇〇釜を越える大工場であった[10]。この年、郡是製糸社長遠藤三郎兵衛は朝鮮視察を行っている。社史によると、蚕糸業の啓発及び婦女子に就業の機会をつくるために朝鮮総督府から工場設置の勧奨を受け、大田工場の設置を考慮し、その工場敷地として林檎園三万一〇八坪を購入したという[11]。しかし、一九二〇年恐慌によって工場設立は見送られ、購入した土地は農場として経営する方針となった。

総督府の養蚕奨励政策は、大きく二つあった。第一に、蚕種製造の統制をはかるために公布した「朝鮮蚕業令」（一九一九年）がある。当初、朝鮮は原料供給地であり、零細な養蚕家の出す繭の品質差は取引上不利であったため、品質の向上よりも品種の統一を果たすべく制定されたのが、「朝鮮蚕業令」であった[12]。この原蚕種の国家管理とも言うべき施策は、一九一〇年代以降、片倉を中心に長野県の製糸家が内地で実現しようとしていた蚕種統一運動が朝鮮で結実したものと見ることができる。「蚕種国家管理論」の尖兵たる片倉製糸は、十分に「特約取引」を展開していないために全国的な蚕種の統一運動を推し進めたのに対し、郡是製糸はすでに「特約取引」を通じて蚕品種のみならず原料繭統一を拡大していたために、国家管理に激しく反対した[13]。同社は、「蚕種国家管理論」に対する反対意見で、品種の改良が内地より一〇年以上後れている朝鮮を引き合いに出し、国家管理の弊害を訴えた[14]。朝鮮における蚕種の国家管理は、品種の統一を優先させることによって、独自の改良を阻害するものとなっていたのである。

表45　朝鮮の繭と生糸　（千石／t）

年次	繭			生糸				
	生産	移出	割合	器械	その他	合計	移出	割合
1920	133	30	23%	70	56	126	85	68%
1922	143	37	26%	117	53	170	135	80%
1924	244	96	39%	178	70	247	256	104%
1926	317	96	30%	353	180	533	437	82%
1928	386	68	18%	616	272	888	806	91%
1930	555	58	10%	868	455	1324	1210	91%
1932	593	59	10%	976	547	1524	997	65%
1934	22989	500	2%	1254	872	2126	1330	63%
1936	22572	660	3%	1222	663	1885	1184	63%
1938	21893	525	2%	1392	769	2160	1293	60%
1940	22713	312	1%	1355	752	2107	1196	57%

資料）　繭：朝鮮総督府『統計年報』，朝鮮総督府『調査月報』12—5，1941年5月，62～64頁，同『調査月報』14—2，1943年2月，36，37頁．生糸：「生糸生産累年比較」「生糸輸移出額累年比較」（朝鮮総督府『調査月報』13—5，1942年5月，31～35頁）より作成．

註）　移出量は「税関通過」と「小包郵便」の合計数量．ただし，32年以前の繭は23斤（13.8kg）＝1石として重量を容量に換算表示されたもの．繭単位は1932年まで千石，1934年以降トン（t）．生糸単位はトン（t）．また，1940年の生糸移出量には，「満州輸出数量」（14,633kg）を含む．

第二に、総督府は、「産繭一〇〇万石一五ヵ年計画」（一九二四年）を樹立し、強制的な桑の植樹を含む、計画的な繭の増産を遂行した。留意する必要があるのは、この「一〇〇万石計画」が信州系の人材との提携によって策定された点である。当時、養蚕政策を立案した渡辺農務課長は、「信州出身の今井五介氏が総帥として朝鮮に乗込んで来られ、殖産局に来て『自分たちも一生懸命やるが、繭を作る方は総督府でやって貰いたい。製糸の方は片倉組等信州系の方で引き受ける』[15]」と言われて有難く思ったと回想している。つまり、朝鮮総督府の養蚕奨励政策は、いち早く朝鮮進出を果たした信州系日本製糸との連携の下で進められていた。たとえば、鐘紡が朝鮮に工場を設置したのは、一九二五年の京城東大門工場が最初であり、郡是の場合も「一〇〇万石計画」をうけ、工場建設を開始した。従来の研究では、日本製糸資本（片倉・郡是・鐘紡）の利害の一致を前提として、朝鮮総督府がいかに強制的に「日本式」の労働集約的な養蚕を普及させたかを論じてきた。(16) しかし、国家権力による強制的な養蚕政策が信州系との連携で進められていたことは、後発の経営にとって大きな桎梏となったことにも注意が払われるべきであろう。

次に、総督府の養蚕奨励政策と日本製糸の進出過程における、繭・生糸の生産・移出の状況を概観しておこう。(17)〈表45〉によると、繭は一九三〇年代半ばまで増産傾向にあった。当初、朝鮮の繭は内地に原料として移出する方針であったため、産繭の四割が移出されるにいたった。しかし、日本製糸が朝鮮での生糸生産を開始することによって、その比率は著しく低下した。他方、生糸についてみると、二〇年代後半以降の日本製糸の工場進出に伴い、器械製糸による生糸生産は飛躍的に増大したが、その多くは移出された。その後、移出比率も低下し、生産糸が朝鮮内で消費されるようになったことがわかる。つまり、産繭増産計画に触発された日本製糸の工場進出により、朝鮮は原料繭の供給地から生糸の生産地となり、さらに消費地となっていったのである。朝鮮工業化を論じた堀和生によると、この過程で留意すべきことは、朝鮮における製糸業の展開において、巨大製糸経営の工場進出と並んで、零細な家内製糸が広範に存在し、かつ増加したことであった。(18) さらに零細な家内工業的生糸生産は、増大する生産高の三割程度を占め続けていた。(19) したがって、朝鮮蚕糸業の複層的な構造とそこに占める日本製糸の位置づけに注意して、郡是製糸の経営実態を明らかにする必要があるだろう。

2　郡是製糸の経営不振

郡是製糸は、一九二六年から忠清南道で三二〇釜の規模を持つ大田工場の操業を開始した。一九二八年には利益を計上したものの、一釜当り損益は同社工場平均に遠く及ばなかった。その要因は原料繭にあった。晩秋蚕に関して言えば、四・一万貫の購入を予定したものの、実際には二・六四万貫しか確保できず、その質も劣っていた。例えば、京都府何鹿郡で四・五万貫を確保した本工場の繭質は、生繭百匁からとれる糸量（糸歩）が一一匁、繭から糸が解れる時間（解舒）が四〇分であったのに対し、大田工場の繭質は、糸歩八匁五分、解舒六〇分であった[20]。朝鮮工場の繭は、一定量の繭を繰糸するのに一・五倍の時間を要し、その糸量は八割にも満たなかったことになる。糸歩の低さ、解舒の長さは、生産性に直結する負の要因として問題視された。しかし、原料繭に関する内地工場との格差は歴然で、改良が必要と認識されながらも、その実現はままならなかった。大田工場長は、「鮮人の飼育法、上簇等幼稚極まるもので、蚕室等も民度低きため問題にならぬ。その上教師の設置、取引の改善、蚕種の改良等皆官憲の手中にあるので、工場としては積極的に如何ともすることが出来ない」と報告した[21]。

一九二九年一一月には隣接する忠清北道に清州工場を設置したが、一八四釜（うち一二〇釜は養成用、四釜は試験用）で、相対的に規模は小さかった[22]。操業を開始して以来、両工場の経営は順調とはいえず、一九二九年度、三〇年度には欠損を記録した。一九二九年度の監査所見は、成績不良の朝鮮工場について注意を喚起した。

一、朝鮮工場ノ成績ハ良好デナイ、之ガ為内地ト朝鮮トハ課税ノ法域ヲ異ニセル結果両工場ノ欠損ハ課税上否認セラルルガ如キコトモ生ジテ来ル、将来特別ノ考慮ヲ望ム。

二、生産費ノ如キモ内地工場ニ比シ格段ノ遜色アリ。糸格モ原料ノ品質以上デアルガ如キハ何レモ経営方針トシテ適当ナリヤ否ヤヲ疑フモノデアル。

三、原料問題モ容易ニ解決シ得ナイ現状ヲ以テシテハ到底画期的ノ成果ヲ収メ得ナイカラ例ヘバ小作養蚕ヲ実施スル等ノ方法ニヨリ一新面ヲ開キ又ハ等級ヲ増シテ買入糸歩ト実際糸歩トノ誤差ヲ少クシ或ハ鑑定ニ参与スル等ノコトヲ製糸協会ニ提唱シテ以テ正当ナ購繭ヲナシ得ル様改善スルコトヲ望ム。(23)

総じて、養蚕農家を組織化し、優良繭を確保することによって優良糸生産を行うという内地工場に準じた方針を堅持しつつも、利益を確保するための新たな施策が模索されていた。課税上の理由から朝鮮工場だけで利益を上げる必要があり、生産費を抑えるために生産糸格を改めることも一案とされた。また、原料問題の解決は困難であったから、「小作養蚕」を実施するか、せめて「正当ノ購繭」が実現できるよう望むしかなかった。翌一九三〇年度も、朝鮮工場は欠損工場となった。〈表46〉によれば、朝鮮の「低繭価」を反映して、朝鮮工場の原価に占める繭代は全工場平均に比べ、若干低かった。しかし、生産費は大田工場で若干低かったものの、清州工場で大幅に高くなっており、同工場では原価も全工場平均を上回った。朝鮮工場の生糸は、品質上の問題から高く売れなかったから、欠損を抱えざるを得ない構造になっていたのである。監査所見は、朝鮮独自の技術研究を行うべく、最も有能な職員を派遣するよう指示した。(24)

表46　生糸対10貫原価・単価　(円)

工場	原価			販売単価
		繭代	生産費	
大田工場	474.82	342.30	132.52	466.92
清州工場	506.26	347.40	158.86	473.23
全工場	490.52	354.30	136.22	540.09

資料)　郡是製糸株式会社「工場別損益調査」(1930年度).

ここにいたるまで、内地同様の経営方針を遵守することが、朝鮮工場経営の指針となっていた。その欠損に対し、専務片山金太郎は次のように述べた。「朝鮮工場ノ経営ニ付テハ、タダ金ヲ儲ケルト云フコトナラバ内地ガ有利デアルコトハ始メカラ分ツテ居タガ、当社ハ朝鮮ノ蚕糸業ノ指導開発ニ資スルコトガ、即チ国家ノ為デアルト思ヒ、工場ヲ設置シタノデアル」と。[25] 朝鮮における製糸業経営が内地より不利である点は、一九三二年のものと思われる総督府の調査においても指摘されていた。[26] 具体的には、劣悪な繭質による生産能率の低さと生糸品位の不良、多額な購繭費諸掛（農会諸掛、手数料、使用量）、燃料費や運賃の高さが製糸経営にとって大きな負担となった。こうした諸経費は、新設で目的規模に達していない創業途中の工場において、より割高になる点が指摘されており、清州工場の生産原価の高さもこのためと見られる。松村敏によると、二〇年代ほぼ一貫して内地工場に比して高収益性を示した片倉の朝鮮工場においても、繭取引の諸経費を示す「原料費」は内地工場よりも高く、内地の六割程度という賃金の低さにもかかわらず、燃料費等の経費が「生産費」を高くする構造をもっていた。[27] その条件の中で全工場中トップの収益を上げ得た朝鮮工場とは、買収工場である京城工場（一九二七年京城製糸場を買収）、大邱工場（一九一九年創業）の二工場であり、創業間もない全州工場（一九二八年創業）は三〇位、欠損を記録した咸興工場（一九二九年創業）は三五位で最下位に位置づけられている。つまり、新しく設置した工場では先述の不利な条件を克服することができていないのである。

その意味で、先に進出した「信州系」日本製糸がいち早く工場経営を軌道に乗せ、高い収益をあげるなか、一九二〇年代後半にようやく工場を設置した鐘紡や郡是が、内地同様の経営方針を持ち込み、内地より不利な条件によって欠損を抱えざるを得なかったことはむしろ当然ともいえる。あえて、この事実を確認するのは、郡是製糸の朝鮮進出において、「朝鮮ノ蚕糸業ノ指導開発ニ資スルコトガ、即チ国家ノ為デアル」といった言葉が、一定の真実味をもっていたことを如実に示しているからである。のちに同社の川合信水も「宇垣総督時代に、そういう〔郡是製糸のような〕精神の工場を是非と頼まれて、あの大田と清州とに立派な工場ができた」と回想する。[28] むしろ、このように国家目的を掲げて工場を設置したことが、経営成績をあげるためにより厳しい管理を必要としたことを看過してはならないだろう。もちろん、朝鮮工場経営が糸況の変化や景気の動向に応じた海外進出であったことは言うまでもなく、養蚕が飛躍的に普及しつつある朝鮮は魅力ある土地であった。実際、多くの研究が指摘してきたように、総督府は強制力をもって朝鮮在来の蚕糸業を衰退させ、「日本式」の労働集約的な養蚕を普及させていった。しかし、そのための蚕種統制策は、品位向上よりも統一に重きをおく点で「信州系」に有利な施策であり、養蚕農家との「特約取引」を通して原料繭の品質向上を軸に経営してきた郡是製糸にとっては、明らかに不利であった。当初、蚕種の移入・製造が認められず、養蚕教師の設置による飼育方法の統一も果たせず、原料繭の改良は絶望視され、さしあたり、「養蚕小作」のみが工場独自に実践できる解決策となっていた。そのために、営業成績を改善する試みは、より一層、労働者に対する厳しい管理を伴う能率増進に向かっていったと思われる。この点を確認した上で、同社朝鮮工場内部に焦点をあて、内地工場との比較を通して雇用関係のあり方を追求しよう。

二　工場内部の諸問題

1　製糸工女の存在形態

一九二六年に大田工場に赴任し、清州工場の設立に従事した取締役小野蔵三の回想によると、従業員は幹部数人の他は全部朝鮮人で、言葉は朝鮮語で話しているが日本語が分るので別に困ることはなかったという。(29) 製糸労働に従事するのは若年女子であったが、その募集方針も内地に準じていた。朝鮮農村では女児で普通学校（内地の小学校に相当）の就学者は中流以下にはほとんどないにもかかわらず、最初の職工募集にあたっては普通学校三年修了以上を条件として一七四名を得たという。(30) 一九二〇年代半ばまでは、総督府による養蚕奨励の対象はもっぱら中農以上であったから、彼女らが養蚕農家の子女であった可能性は高い。(31) もっとも、一九二六年当時、朝鮮における普通学校就学率は一四%ほどで、同社の採用条件はかなり厳しかったと見られる。(32) ジェンダーに着目した別の試算によれば、六歳児の公立普通学校入学率は男子二八・四%に対し、女子六・五%に過ぎず、女子の就学率は一九三〇年代初頭まで停滞していたから、なおさらである。(33) 朝鮮社会において、ジェンダーにもとづく就学率の格差が根強く存在したことは、すでに義務教育修了者を対象として雇用労働力を編成していた内地との最も大きな違いとなっていた。

折しも、内地では「工業労働者最低年齢法」(一九二三年三月公布、二六年七月一日施行)により一四歳未満の者は工業に使用することが出来なくなっていた。(34) 同社が労働力編成を見直す「職工改革」を行い、採用基準の引き上げを実施した点は第三章で検討した通りである。同様に、朝鮮工場の職工募集でも採用基準を相対的に高く設定し、自社養成によって優良職工を確保しようとしたと考えられる。彼女らは二ヵ月後には一日あたり一二〇匁を繰糸し、「内地ノ女子ニ劣ルトハ思ハレナイ」と評価された。(35) とはいえ、能率を増進させるために、厳格な管理が必要と認識されていた点も見逃せない。工場長は、「管理ヲ少シデモユルメルトイケナイ、スコシハ酷ナクライ厳重ニヤラント雷同性ガ強イタメ直ニ悪化スル(中略)一度甘ヤカシタラ容易ニトリカヘシガツカヌ」と報告した。(36) はたして、朝鮮工場の工女たちは、どのように働いていたのであろうか。

〈表47〉によると、初期の職工残留率は内地工場に比べて著しく低く、操業開始時に募集した工女で一九三一年まで継続勤務しているものは二%しかいなかった。内地工場では、約半数の工女が継続勤務していたことを考えると、残留率の低さは際立っていた。しかし、

表47　工女の残留率

入社年	1926	1927	1928	1929
大田	2%	21%	43%	92%
清州				65%
内地	47%	63%	77%	89%

資料)「場長会録事」(1931年10月)
註) 1931年3月末日の現在人員による. 入社翌年の2月末に在籍人員を基準として算出.

表48　精励勤続奨励（1927年実施）

年功賞	1年以上2年未満	1日に付	3銭
	2年以上3年未満	〃	5銭
	3年以上4年未満	〃	7銭
	満4年以上	〃	10銭
皆勤賞	全期間	本人平均賃金	20日分
	2期間	〃	12日分
	1期間	〃	5日分
勤続賞	勤続満3ヵ年	朝鮮式鏡台	
	勤続満5ヵ年	朝鮮式箪笥	

資料）社長遠藤三郎兵衛発大田工場長長野幸助宛「承認書」（1928年）.
註）他に善行表彰あり.

一九二九年入社者に限っては、操業間もない清州工場の残留率が極端に低かったにもかかわらず、大田工場での残留率は高く、二年目の定着率は高くなっていた。朝鮮工場では、「朝鮮人職工ノ精励勤続ヲ奨励スル為設ケタル特別内規」（一九二七年一二月）を制定し、内地工場とは別の勤続奨励策を講じ、金銭的なインセンティブを与えていた[37]。〈表48〉に示すとおり、年功賞は一年以上の勤続を日給にそのまま反映させることとし、皆勤賞は一年を三期に分けることによって、また勤続賞も三年からとすることで、受賞機会を増やした。内地工場の勤続賞は、六年で針箱、八年で箪笥、一〇年で鏡台となっており、一般に勤続年数の短い朝鮮人工女に合わせたものと言える。加えて、特別内規の実施は、朝鮮人工女を内地の工女とは異なる存在ととらえ、養成教育を中心とする教育施設の充実により勤続を確保するのではなく、金銭的なインセンティブこそが定着を促すと考えられたことを示唆している。それは、一定の成果をあげたようである。

ところで、職工募集にかかる費用は「職工改革」の過程で著しく低下したが、工場設置直後には高くなる傾向があった。〈表49〉によれば、朝鮮工場においても、当初全工場平均より多額の募集費が必要であった。安価な労働力が豊富に存在すると見られた朝鮮農村において、工女の確保はそれほど容易ではなかった。女子に戸外での労働や出稼ぎの風習がなかったため、工場設置直後に募集難が生じることが一般的でさえあったという[38]。そのため多額を要した募集費は、年々低下しつつあったが、その要因は内地工場と異なっていたように思われる。内地工場においては、工場周辺地域を中心に学校との連絡を密にすることで安定的な工女採用を実現し、入社希望者が殺到する中で遠隔地募集の

表49　対一人職工募集費　(円)

	1927年	1928年	1929年	1930年	1931年
大　田	7.40	7.74	5.20	1.89	1.60
清　州			11.06	5.08	2.93
全工場	7.42	6.59	5.36	3.99	2.95

資料）人事衛生課「職工募集費累年比較表」.

表50　職工の年齢構成

	撰繭		煮繭		繰糸			揚返		仕上	
	普通	養成	普通	養成	普通	未熟練	養成	普通	養成	普通	養成
大　田	20.9	14.1	17.7	—	16.1	14.5	14.4	15.5	14.4	17.2	14.9
清　州	18.0	17.6	—	—	—	15.7	15.7	15.1	15.0	16.3	16.0
本工場	16.1	14.1	17.4	—	17.1	14.9	14.9	17.6	14.9	17.6	14.8

資料）「場長会録事」(1930年10月).

比重が下がったことが募集費を低下させた。遠隔地募集においても、職業紹介所を介することで募集が容易となり、その費用は低減した。しかし、朝鮮工場では依然として募集を外部の者に委託しており、募集委託費を計上していたものの、その費用が安価に抑えられたに過ぎなかった。一九三〇年代に入ると、大田工場の募集費は一円台に抑えられた。やや時期はずれるが、大田工場では、一九三七年度の年間の職工募集委託費に一〇〇円を計上し、一〇〇人に一円ずつ支払う方針を採っていた(39)。同じく募集費を低減させたものの、朝鮮工場における工女の入職様式は内地と全く異なっていたと見られる。

職工は、養成工と普通工に別れ、繰糸工のみ未熟練工（養成後一年未満）が設けられた。〈表50〉によれば、年齢構成は内地工場に比し選繭でやや高く、繰糸や揚返の普通工でやや低くなっていた。多数を要する繰糸や揚返で平均年齢が低くなっているのは、勤続年数が短いためであろう。朝鮮工場に若年者が多い点は、教婦養成科生徒の選定に際しても指摘されていた。同社では繰糸工、揚返工の中から優秀な工女を選び、京都府何鹿郡にある誠修学院教婦養成科に入学させ、教婦の自社養成を行っていたが、朝鮮工場に対しては、選定上の注意を促すとともに指導訓練上の理由から四名以内にするよう要請していた(40)。勤続年数の短い工女の中から内地での養成教

表51　朝鮮工場職工賃金

年度	工場別	撰繭	煮繭	繰糸	揚返	仕上	その他	平均
1930	大田	34.0	—	31.1	27.7	36.7	—	31.5
	清州	22.6	—	23.1	32.0	37.3	83.8	24.8
	全工場	62.0	—	63.7	60.8	56.5	74.2	64.1
1935	大田	22.9	21.1	23.6	19.4	19.3	26.2	22.9
	清州	28.8	25.7	24.0	21.5	22.3	34.9	24.0
	内地	46.7	42.9	46.7	42.7	44.0	55.1	46.3

資料）工務課「職工給料調査」(1931年1月)．工務課「昭和10年度工務成績表」(1936年)．

註）1930年は3月～10月．普通工のデータ．ただし，操業開始直後の清州工場では，未熟練工のみ．

育を受け、教婦となるべき人材を得ることは困難であったに違いない。

朝鮮工場の職工賃金は、〈表51〉によれば、全工場平均の五割にもとどかなかった(41)。とくに操業を開始したばかりの清州工場では、未熟練工と養成工しかおらず、未熟練工のデータを示したために、清州工場の平均賃金はさらに低くなっている。清州工場では、相対的に年長の工女らが、低い賃金で処遇されていた。ただし、一九三五年度のデータによれば、清州工場にも熟練工が育ったことにより、一般的な製糸賃金の低落にもかかわらず、撰繭や繰糸では賃金の上昇が確認され、全般的に大田工場より清州工場の方が高くなっていた。また、朝鮮工場の平均賃金は、三五年度には一般に製糸賃金が急落した内地職工の五割を超える水準に上昇しており、この間、相対的な賃金上昇も見られた。ところで、一九三〇年当時、同社養成工の日給は基本的に二五銭であったが、地域差が設けられ、山形県（長井工場）と宮崎県（宮崎工場）は二〇銭、さらに朝鮮工場は一〇銭となっていた。翌三一年の職工賃金は五分安を目安にしていたから、さらに低下した。総督府の調査によれば、一九三一年度の製糸業における朝鮮人工女の平均賃金は、一六歳以上の成年工で四一銭、幼年工で三一銭となっており、最低賃金はいずれも一〇銭であった(42)。朝鮮における同社の職工賃金は必ずしも高くなく、とりわけ、養成工賃金は低い水準にあったといえる。そもそも、同社の養成工制度が無給で技術習得を目指す「乙種工女」に由来することを想起すれば、養成工賃金の低さは説明するまでもないが、そのことが労働力編成に及ぼす影響については一考を要するように思われる。

いま、一九三一年の工場養成のデータを示せば、〈表52〉のとおりである。内地工場では、養成期間は四ヵ月で、一日おきに繰糸実習が組まれた。朝鮮工場でも同様の方針であったとすれば、養成釜（a）と勤人員（b）、対一釜人員（c）から大田工場の操業日数は二九八日、清州工場では同二七二日となり、合計人員（d）から養成工は大田三五一人、清州一八五人となる。[43] 実際のところ、何人が勤続したかは不明であるが、年度末の在籍工女数は大田五七九人、清州三二六人であったから、その年に養成を受けた者が五割以上を占めたことになる。両工場は規模を拡大させつつあったため、新入工の多さはある程度やむを得なかったが、養成工の多さは生産糸に占める養成糸の多さを意味し、その生産性が問われることになる。この年、朝鮮工場は二一中繰糸を実施し、平均工程は八〇匁前後であったが、清州工場の成績が良い。それでも、比較のため算出された一四中換算工程では、工女養成を実施している全工場の平均一〇一・二匁に対し、五割程度の水準であった。[44] これが、原料繭の質にも大きく規定されていたことは先述のとおりである。

ところで、〈表52〉によると、養成工の欠勤率は大田工場で八・四％、清州工場では一七・三％にも上る。この点に注目するのは、同社において、養成中の工女の欠勤率は著しく低かったからである。一九三一年度には、同社全体の欠勤率が八・七％であるのに対し、工場養成を行った一六工場全体の養成工欠勤率は四・三％に過ぎなかった。おそらくそれは、内地工場で養成工となった工女らが、厳しい採用審査を経て選抜され、入社後もきわめて高い意欲を示したことによる。彼女らは同社養成工として管理者の指示に従うことに疑念を抱かず、工場側にとって見れば、養成・訓練の容易な工女たちといえる。しかし、

表52　工場養成データ（1931年）

		大田工場	清州工場
養成釜	釜	30	20
勤人員	人	28,371	12,202
対一釜	人	1.59	1.12
公　休	人	3,626	1,704
事　欠	人	237	39
病　欠	人	1,188	217
事　帰	人	1,286	2,352
病　帰	人	234	291
合　計	人	34,942	16,804
実際工程	匁	74.6	83.3
改14中	匁	45.9	50.5
糸　歩	匁	3.04	3.05

資料）「工務年報」（1931年）より作成.
註）「事欠」は家事都合による欠勤，「事帰」は家事都合による帰宅. 本釜数は大田320釜（別に試験釜４），清州164釜.

朝鮮工場の工女たちにとって、養成工になることは工場労働に従事することに他ならなかった。工場内で、管理者の指揮命令に従わなければならないにもかかわらず、その賃金は著しく低かったから、意欲を持ち得なかったとしても不思議はない。もちろん、工女の意欲如何にかかわらず、欠勤率を高めた要因に注意を払う必要がある。例えば、大田工場の病欠の多さは衛生環境の不備を示唆しているし、清州工場では家事都合による帰宅者が多く、家から呼び戻されたことも考えられるからである。こうした状況を克服すべく、「職工改革」が実施されたことを想起すれば、朝鮮工場では、内地工場で既に克服されつつあった状況が現出していたことになる。重要なことは、そうした朝鮮工場の工女らに対して、管理者の多くは養成・訓練の困難を感じとったという点である。それゆえ、生産能率を高める試みは、より一層厳格な管理へと繋がっていったように思われる。

2　能率増進と生産過程の変容

まず、〈図13〉で、生産能率を示す一人一日繰糸量（「工程」）の推移を確認しよう。全社的には、停滞傾向にあった「工程」が一九三二年にかけて上昇し、その水準を保っていた。朝鮮工場は、一九二〇年代においては、一層低い水準で推移していたものの、一九三二年にかけて上昇し、その後もやや上昇傾向が続き、全工場平均との差を縮小していった。とくに清州工場では、三三、三四年度にかけて大田工場をしのぐ上昇を実現した。注目すべき点は、一九三一年から三二年にかけての能率増進が、朝鮮工場を含む全社的な動きであったことである。太糸（二一中）生産に特化し、生産費を低く抑えた三一年、朝鮮工場は収益を計上することができた。これは、全工場一斉に実施された「機敏接緒運動」による成果でもあった。ただし、全社的に能率増進にまい進した結果、生産能率は著しく向上したものの、品質に問題を抱えた点は第四章で指摘したとおりである。また、内地では工場法で禁じられた夜業を行ったり、工女

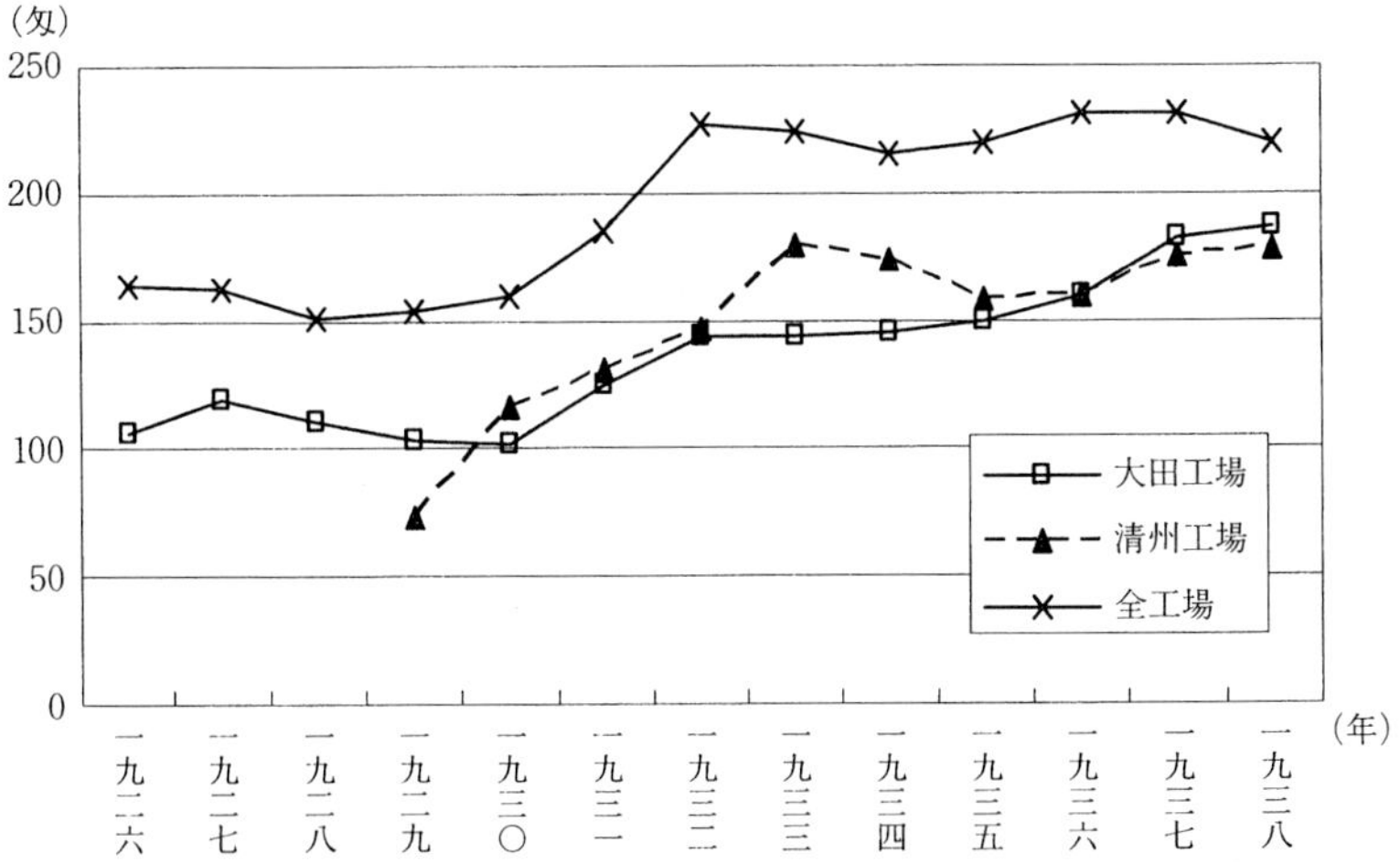

図13　朝鮮工場の工程

資料）「昭和元年２年３年工務成績比較表」1929年５月．工務課「工務成績調査」（1930年度）．工務課「工務成績表」（1929, 1931～33年度）．「工務年報」（1934～38年度）．

註）　1926～28年の工程は，「14中工程平均」，1929年は「上糸繰糸調査改14中工程」，1930年以降は「14中換算工程」をとる．ただし，1932, 33年全工場数値は，学院や試験，工務，工場養成を除く．1932年度は普通繰糸と多条繰糸の単純平均値，1934年度は助手抜改14中工程をとる．

の疲労を招いたりといった問題が生じていた。この「機敏接緒運動」は、翌年には「機敏運動」と改称され、起床から就寝まで総ての動作を機敏に行うといった生活全体の訓練へと発展し、寮舎管理において全生活が厳しく管理されていった。本社教務課長は、寮舎における教育の目的を次のように言う。「職工は機械として見ることなく、人として自発的に向上心と研究心を起こせしめるようにつくる」のが目的であり、寮舎は単に休養する場所ではなく、「全生活の訓練をなし、役に立つ人をつくる場所」であると[45]。したがって、工場での訓練のみならず、寮舎においても生活訓練が徹底され、こうした全社的な運動が朝鮮工場でも徹底されたのである。

さらに、独自の経営方針を模索する朝鮮工場では、新しい生産技術の導入が図られていた。一般に、在朝鮮日本製糸においては、内地工場よりも早い多条機化の進展が指摘されている[46]。同社も例外ではなく、大田・清州工場には同社多条機導入の初期の段階で後藤式多

表53　生産糸の細太割合　（%）

年度	大田		清州	
	14	21	14	21
1931		100.0		100.0
1932	23.8	76.2	24.6	75.4
1933	43.4	56.6	47.2	52.8
1934	49.0	51.0	47.6	53.4
1935	47.6	51.6	46.0	54.0

資料）「工務年報」（各年度）．
註）1935年の大田工場21中には，25中0.8%を含む．

条機が導入された。ただし、片倉が内地工場と同様の御法川式多条機を新設工場に設置したのに対し、(47)郡是は最高級糸の生産を目指す自社開発機械の完成を待たずに、後藤式多条機（二〇緒一三六台）を設置した。一九三二年の釜数は、大田工場で普通機二三二釜（養成釜二〇釜）と多条機一二六釜（養成釜一〇釜）の計三五八釜、清州工場で普通機九九釜（養成釜二一釜）と多条機一二四釜（養成釜一二釜）の計二二三釜となった。注意を要するのは、前年度の普通機が大田工場三三六釜、清州工場一六四釜であったのに対し、全体的には生産規模が拡大されていた点である。新入工は一層増大し、工女の中には普通繰りから多条繰りへ転換する者もいたであろう。生産過程のみならず、工場全体に混乱が生じたとしても不思議はない。

ところで、この機械化について、専務片山金太郎は、「機械化すれば機械のみでやれるように思っていた」という。(48)同社の場合、いち早く朝鮮工場へ多条機を設置した理由には、内地工場で実践していた人格修養に基づく生糸生産を放棄する意味合いもあったように思われる。多条繰糸では、養成釜が不要とされていたことを想起すれば、養成・訓練の困難な朝鮮工場にこそ、多条機が必要と考えられたのであろう。多条機の導入により、三二年七月から朝鮮工場の多条糸は「花嫁」、普通糸は「鶏」という商標で販売されることになった。〈表53〉によると、多条機の導入に伴い、朝鮮工場は一四中繰糸を再開し、そのウェイトを高めていった。

次に、生活訓練を含む能率増進運動が実施され、多条機の導入に伴う生産過程の変化が見られた時期を中心に、工女の欠勤率について検討しよう。〈図14〉によれば、一九二六年度の同社内地工場の欠勤率は一二・七%と高かった。ここで欠勤率と呼んでいるのは、延人員から公休者数を引いた人数に対する欠勤者の割合であり、欠勤者には家事都

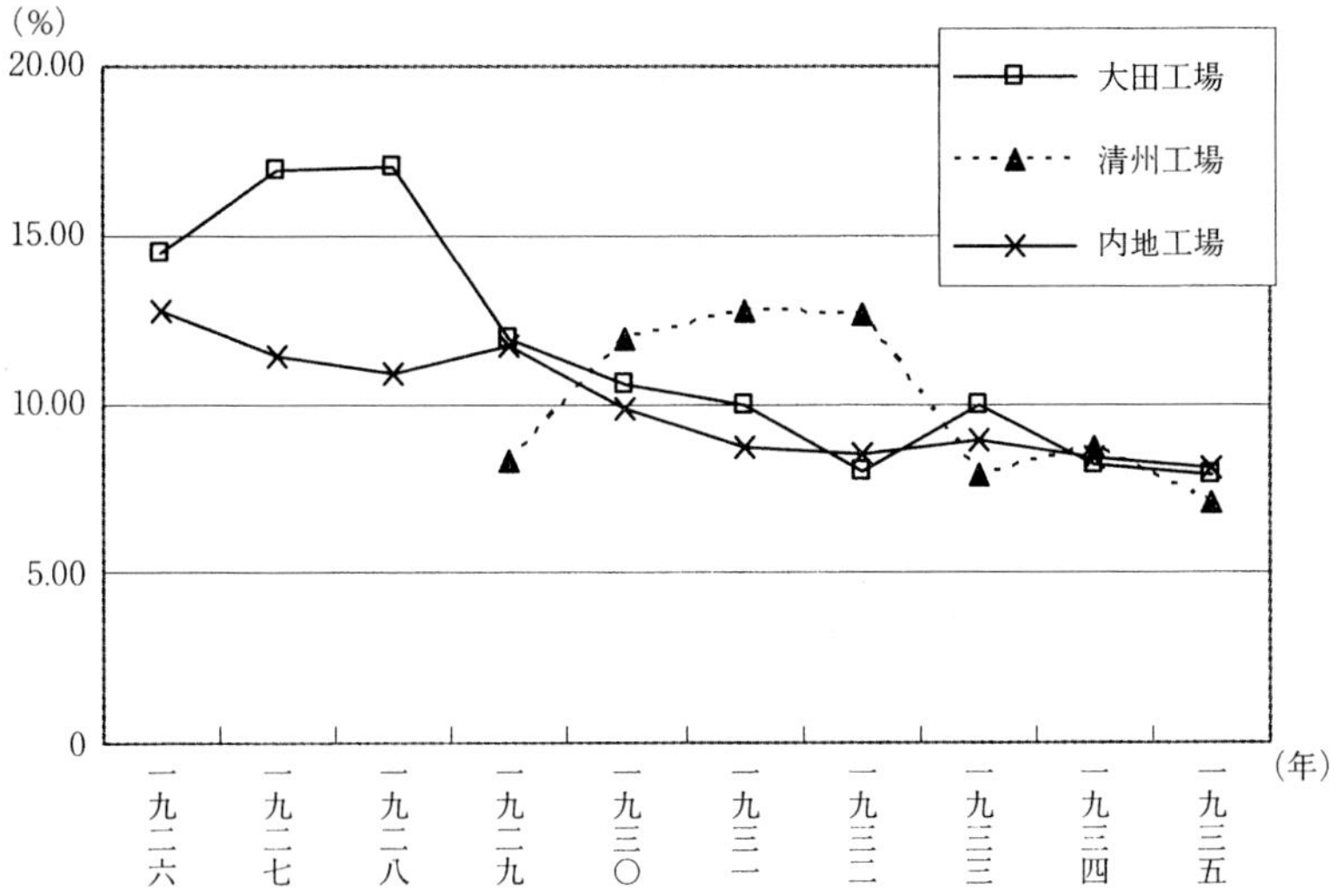

図14　朝鮮工場の欠勤率

資料）各年度「工務成績表」(1926，27年度は総務課「工務年報第一号」，28年度以降は「工務年報綴」所収)．ただし，1930年度は工務課「工務成績調査」．

註）　欠勤率＝欠勤者（「事欠」＋「病欠」＋「事帰」＋「病帰」）／（「合計」－「公休」）×100で算出．

合による欠勤者、病気による欠勤者の他に、帰宅者をも含んでいる。何らかの理由で、勤務を外れる者は一九二〇年代後半にあっても一〇％を越えていたが、一九二九年度以降、低下していった。こうした欠勤率の高さは余剰人員によって補われたから、釜あたりの生産性に直接影響を及ぼすものではない。しかし、高い欠勤率は、その分多くの工女を確保しなければならないという意味で、労働力編成上大きな影響を及ぼしたと考えられる。生産過程の変容が見られた一九三一年から三二年にかけて、清州工場の欠勤率は著しく高くなっていた。同工場では、養成工の欠勤率がこれ以上に高かったことは先述の通りである。しかし、大田工場では欠勤率が低下傾向にあり、清州工場も三三年度には低下し、内地工場以下の水準になった。この時期の清州工場に見られた欠勤率の上昇は、工場設置直後に見られる一般的なものと理解してよいだろう。その水準は初の朝鮮工場であった大田工場よりも低かったから、欠勤率は朝鮮工場全体において抑えられつつあったと見られる。

以上のように、一九三〇年代初頭以降、朝鮮工場の生産能率は上昇傾向にあった。とりわけ、三一年度には全社的な能率増進運動の一環として「機敏接緒運動」が徹底され、三二年度には教育係を中心とした「機敏運動」によって寮舎管理が強化された。さらに、新技術の導入を通して、細糸生産へのシフトが見られるなど、生産過程も変容した。その際、寮舎における生活過程での厳しい管理が実践され、もともと職工の雷同性が指摘されていた朝鮮工場では、能率増進を目指して、全生活の訓練をふくむ労働強化が進行したと推察される。工場設置直後の動揺も収まらない清州工場において、そうした動きに対する反発が三二年度の欠勤率の高さにつながっていたのかも知れない。いずれにせよ、朝鮮工場において職工の不満が顕在化するのに時間はかからなかった。一九三二年度に頻発したストの諸相から、朝鮮工場の抱える問題をさらに考究しよう。

3　ストの諸相

(1)　清州工場の場合（一九三二年一月）

清州工場では、一九三一年九月に工女三〇〇名が待遇改善を求めたストを起こしたという。この事件の詳細は不明だが、以来毎月二八日に定期寮生会議を開き職工間の意思疎通をはかることになり、三二年一月の寮生会議を通じて工場側に要望書を提出するにいたった(49)。工場側は教育主任を通じて室長会議に申し立てるよう要求を差し戻したため、男子職工は職員会議の開催を要求して就業を拒否した。これに対し、工場側は三五人に解雇を宣言したため、彼らはやむを得ず退社し、不当な解雇を訴えるべく本社へ電報を送った。工務主任の談話によると、要求事項は「いずれも些細な問題」であったという。五つの要求事項は以下のとおりである(50)。ⅰ職工の解雇、昇進問題、ⅱ臨時採用から常備への登用に関する内地人・朝鮮人間の差別、iii病人看護時の差別的待遇、iv読書の自由、v機械故障に伴う補完的な夜業の廃止。これらの要求には、工場側との意思疎通の不備が見られる。男子職工の夜業は、女子の夜業が禁じられている内地工場では当然実施されていた。また、一九二八年以降人事を凍結していた同社では、昇進、昇給が極めて限定されていたため、「常備」に職工と職員が混在していた。そのため、同じ身分にあるはずの内地人との間で、彼らは鋭敏に差別を感じ取ったのであろう。朝鮮人が会議に呼ばれないこと、病気の際の看護が内地人に対して手厚いこと、工務主任には些細に思われるこれらの事柄に不満を抱いたのである。しかし、こうした不満は、読書の問題も含めて、同社では教育主任が処理すべき問題であった。朝鮮工場の寮舎においても、基本的に内地同様の寮舎管理が実行されたものの、教育係による寮舎の統制が失われていたことが見て取れる。

(2) 大田工場スト（一九三二年一一月）

一一月に大田工場でおこったストは、社史によると、内地職員が増加し朝鮮人が淘汰されるとの不安要素がある際に、男子寮の部屋を変更したことによる不平から、教育主任排斥、賃金引き上げ、待遇改善（食事）を求めたものであったという。内地職員の増加は、先述の朝鮮独自の技術研究を進めるために派遣された人材であり、多条機が設置されたことと無関係ではない。もっとも不満の対象となったのは寮舎における職工の取り扱いであり、直接的に教育主任の排斥を要求したことが注目される。実際、このときには男子職工七〇名と工女五七〇余名が断食ストを決行し、具体的な要求事項には食事改善や就業時間の短縮もあると報道された(51)。同社は、一九二九年から全社的に玄米食を実施しており、これが待遇改善要求となって噴出した。大田工場長は、食習慣の違いから内地のようにはいかないとしながらも、玄米食の導入を断行していたからである(52)。また、就業時間についても、内地では一九三〇年の七月一日以降、器械製糸場の就業時間を一一時間以内とする内務省令が出され、就業時間延長は許可事項となっていたものの、朝鮮工場では就業時間を一二時間のままで営業しており、その差が問題視された。工場長は改善を約束し、犠牲者を出さない旨の声明を出し、円満解決を図った(53)。しかし、食事改善、賃金の引き上げに関する回答がなかったことから、職工側は再度罷業と断食を断行した(54)。咀嚼の徹底を促すなど、「完全食教育」として実施された工場食への不満が、断食という行為につながっていた。工場側は男子職工三七人を解雇し、うち八人を警察に拘束させる強硬手段をとった(55)。

(3)　清州工場スト（一九三二年一二月）

(1)、(2)のストが男子職工を中心とするものであったのに対し、一二月には、清州工場で工女四二〇名が同盟罷業を断行し、教育係と繰糸係の退場、差別の撤廃、賃金引上げ、寮舎改善、運動場増設を要求した(56)。とくに、物価の上昇に見合う賃金の引き上げを要求した工女らは、寮舎内で統制のとれた行動を見せたため、指導者の存在が疑われた。男子職工はこれに加担しなかったものの、ここでも教育係の退場が要求されたことに留意しておきたい。二日後の夜、警官や工場職員に対し食堂の食器を投げて応酬したため、工場長は要求を拒絶し、臨時休業を宣言した。翌朝、私服警官による厳重な監視の下、工女は帰宅の途についたという。

この件に関しては、本社も対応を迫られ、一九三三年二月六日から一六日にかけて、専務片山金太郎が朝鮮へ赴き事態の収拾を図ったことが経営資料から確認できる(57)。清州工場では、事件に関わった者は復職させない方針で、この機会に不良職工の淘汰を行う考えであったが、片山は全員を無条件で復職させ、約束があれば履行するよう指示し、工女らは一六日に工場へ戻った。片山の目に映った朝鮮工場は、「社訓の精神」とは程遠い、労資対立の場であった。工場長らを前に、「元来朝鮮工場を置いたことは即ち日韓合併の御趣旨を体し、蚕糸業を通じて真の日鮮融和に幾分でも貢献致したいと云うのが目的である」と繰り返し、「社訓の精神」による工場経営を朝鮮で実践することを説かねばならなかった(58)。

(4) 朝鮮労働運動とスト

朝鮮労働運動は、一九二〇年代末から一九三〇年代初頭にかけて、争議件数や参加者数において最高潮に達しており、三一年以降、「階級的戦闘的労働者を結集した革命的労働組合運動」が展開された(59)。それは朝鮮北部でより先鋭化していたものの、各地で全産業部門にわたって確認され、大規模化していた。そうした闘争の高揚が、郡是工場内部にも浸透していたことは想像に難くない。しかし、同社職工を結集させたのは、具体的な要求事項に現われた諸問題であった。それらは、上記の報道や経営資料には自覚的に記されていないものの、新技術の導入に伴う人員配置の変化や、機械の故障を補う夜業の実施などに起因していた。能率増進にまい進する生産現場の緊張が、職工の不満を増幅したように思われる。そうした不満は、直接管理者、とくに生活全般を管理する教育係に向かっていた。「社訓の精神」に基づく工場経営の中核に位置づけられていたはずの教育係は、朝鮮工場において期待された機能を果たすことはできず、朝鮮人職工にとってはストのさいに退場を要求すべき管理者にすぎなかったのである(60)。本社・教務課長は、「朝鮮工場において教化事業」が成功しない一番の原因を、「内地から行く者がどれ丈け善い話をしても、結局我々を治めやすくする為にするのであると云う考えを根本に持って居る」ため、と結論づけた(61)。

このようなストの発生が、日本製糸資本によって抑圧された朝鮮人労働者の「抵抗」であった点は否定すべくもないが、同社の「教化事業」に対する「抵抗」が営業成績を不振に陥れたと結論付けるのは早計である。実態は、むしろ逆であった。営業成績を改善すべく、生産過程において様々な試みが実施され、能率増進が実現される過程で、それは起きたのであり、経営上は収益を計上できた年度にストが頻発したのである。少なくとも、ストは解決すべき問題ではあったが、営業成績不振の直接的な理由ではなかった。では、朝鮮工場不振の要因はどこにあったのだろうか。解決策を模索する過程を追い、新しい経営方針における雇用関係のあり方について、考察することにしよう。

三　経営現地化と製糸工女

1　人員構成の変化と製糸工女

一九三三年度の日本製糸業は春繭の高騰と糸価の下落によって危機的状況に陥り、同社も創業以来最大の欠損を記録した(62)。先述の鐘紡光州工場が昼夜二交代制二四時間操業を開始して高収益を上げたのは一九三四年から三六年にかけての約二年間であり、まさにこの時期の朝鮮工場でどのような経営方針が打ち出されたか、が注目される(63)。加えて、一九三四年二月から実施された輸出生糸の三割出荷制限に際し、朝鮮産の生糸が例外となったことが、日本製糸の朝鮮工場経営に多大な影響を及ぼしていた(64)。いずれにせよ、日本製糸業の縮小は誰の目にも明らかとなり、内地では釜数の整理や企業整備による業界の再編が進みつつあった。内地での統制を逃れて朝鮮での工場経営を本格化させる日本企業が多くあったが、製糸経営にとっても、朝鮮工場の位置づけが重要なものとなっていくこの時期、経営現地化を果たすべく同社朝鮮工場で実施された施策に注目しよう。

まず、一九三〇年代の朝鮮工場における人員構成の推移を確認しておきたい。〈表54〉によると、両工場とも一九三三年の大欠損後の人員整理によって人員構成が変化した。一九三四年から実施された「工場定員制」は、主に職員層の人員削減を促したが、朝鮮工場で大幅に削減されたのは、「常備」職であった(65)。また、女子職員は大幅に減少し、その後も一貫して削減された。内地工場では、女子への代替が進み、女子職員が増大したのに対し、朝鮮工場ではまったく別の事態が進んでいたことがわかる。そもそも、朝鮮工場の女子職員の多くは、内地工場から派遣されていた。朝鮮工場と同じく、後藤式多条機を導入した長井工場から派遣された教婦は次のように回想する。

表54　朝鮮工場の人員構成　（人）

	年	1931	1932	1933	1934	1935	1936	1937	1938	1939
大田工場	職員男	28	25	29	25	21	23	23	18	18
	職員女	28	22	19	10	6	6	6	3	2
	常傭男	66	59	59	18	29	22	14	48	16
	常傭女							14	16	20
	工　女	579	599	603	591	533	506	504	456	444
	臨時男							12	12	12
	臨時女							0	0	0
	合　計	701	705	710	644	589	557	573	553	512
清州工場	職員男	27	22	28	22	24	24	20	20	20
	職員女	14	14	13	9	8	5	2	3	2
	常傭男	42	49	54	16	21	20	14	36	21
	常傭女							14	16	17
	工　女	326	435	454	473	498	483	535	526	485
	臨時男							29	0	16
	臨時女							0	0	0
	合　計	409	520	549	520	551	532	614	603	559

資料）　前掲各年度「工務成績表」.
註）　年度末（3月）現在の在籍人員.

長井工場時代——八年の九月。韓国の清州工場に行ってみないかとのお話に寺嶋よしさんと二人で色々な不安もあったが、若さといおうか、不安を余所事にして行かして戴き、自分の浅はかさもかえりみずでしたが、——異国の地に社訓の精神教育を受けた若さと勇気があったようにおもいますが——内地からの仲間は看護婦さん。繰り返し〔揚返教婦〕にいまいち工場から神戸はるゑさん。私達二人。先輩教婦さんが二人おられましたので助かりました(66)。

看護婦、教育係、教婦といった女子職員は、本社での教育を経て内地工場で勤務している者から派遣された。先述のように、朝鮮工場の工女から選抜された教婦も存在したが、養成人員を制限されていたため、その不足分は内地工場から補っていた。しかし、朝鮮人の管理者が育ちつつあった一九

表55　清州工場教育係

氏名	着任年月	前任地	転退職年月	転出先
閔泳複	1929年10月	新任	1932年５月	教務課
赤穂まさゑ	1929年７月	美濃工場	1931年12月	学院
壱岐しげ	1931年12月	養父工場	1933年６月	教務課
朴昌来	1931年４月	新任	1933年３月	退社
金＝＝	1933年４月	(教婦ヨリ)	1935年10月	退社
川北盛一郎	1933年４月		1935年３月	本工場
高瀬藤喜助	1935年３月	園部工場	1936年４月	教育
＝方介	1935年８月	新任	1936年５月	死亡
皮順得	1936年４月	(教婦ヨリ)	1937年３月	退社
服部杉松	1936年４月	桑折工場		
三石笑子	1935年４月	大田工場		
洪淳福	1937年４月	(教婦ヨリ)		

資料）　郡是製糸株式会社「各工場教育係名簿」より作成.

三四年以降、急速に女子職員数が減少していた。例えば、清州工場では、誠修学院で教育を受けた朝鮮人教婦を教育係に採用する方針転換がおこなわれた。〈表55〉によれば、一九三三年以降、教婦から教育係となるルートが確認される。内地工場では、職工から教婦になることはあっても、教育係になることはなかった。内地人による寮舎教育の限界は明らかであったから、朝鮮人教育係によって職工との意思疎通を図ろうとしたのであろう。ただし、教婦や教育係となった彼女らは、職員ではなく「常傭」職に置かれ、内地から派遣される女子職員とは区別されたと推察される。それが、女子職員の急減として現出していた。とくに、清州工場では、工女数は一九三七年まで増加傾向にあったにもかかわらず、女子職員数が激減しており、内地人による直接管理の度合いは、相当に薄れていたと推察される。

製糸工女の問題に移ろう。〈表54〉によれば、太田工場では一九三三年をピークに工女数が減少しているのに対し、清州工場では一九三七年まで工女数が増加しており、後述のように、生産規模は逆転していた。この間、職工に関しては、両工場とも同様の問題を抱えていた。一九三四年当時、清州工場では、平均勤続年数が一年三ヵ月と短く、三分の二は不就学者であったという[67]。そのため、奨励費として、二四人に四ヵ年勤続賞金百円を交付し、金銭的なインセンティブを与える必要があった[68]。太田工場も同様に、「六割五歩迄無学者なるを以て之が訓練教育は頗る困難にして優良職工の養成は至難なり従って技術の進歩遅し」と指摘した[69]。当初、普通学校三年修了を基礎として募集を行ったのに対し、その採用基準は維持されていない。金銭的なインセンティブも無尽蔵に与えるわけにはいかなかったから、十分に機能することはなかったようである。このような状況は、朝鮮総督府嘱託の製糸労働調査によっても確認できる。(70)同調査によれば、朝鮮の製糸工女はほとんど朝鮮人で、一般にその勤続年数は内地の場合より短く、六〇％以上が勤続年数二年未満となっている。とくに、三ヵ月以内の退社が二割近くに達する点が、内地にはない特徴であった。出身地は、たいてい工場のある道内に限られており、勤続年数の短い工女は、他の工場に移るよりも工女であることを辞めるため、道外に移動するのは稀であった。退社の理由は、「婚姻」と「家屋の都合」が最も多く、「技術向上の見込みなき者」、「辛棒《ママ》不能」な者として淘汰された場合がつづく。また、その募集方法は縁故者の紹介が基本であったという。同調査では、なぜ朝鮮人工女が勤続しないのかは不明としながらも、原因として、労働時間や賃金など労働条件の悪さを指摘している。

実際は、食習慣を含む寄宿舎生活に馴染めなかったり、内地から派遣された管理者による「労務管理」に耐えられない者が「辛棒不能」として排斥され、適宜必要な労働力が補充された側面もあったであろう。一九三〇年代には、「今や経済事情の変遷、工場内事情の周知、賃銀の高率等に依り進んで工場に働かむとする者続出し、寧ろ其の需要の乏しきを慊たらずとする有様」であって、工女の募集は極めて容易となっていた。(71)内地工場並みの欠勤率も、その内実は不良職工の淘汰によって確保されていたふしがある。(72)農村女性のあり方からすれば、工場労働ほど異質なものはない。(73)何よりも、学校にも通ったことのない少女らが、工場での集団生活に適応することは、きわめて困難であったに違いない。三ヵ月以内に退社する者が多かったこと、その多くが職を求めて移動することなく辞めてしまうことは、この点を物語っている。付言すれば、一九一〇年代の郡是製糸内地工場において、教育係の役割が重視されたのは、この問題に対処するためであった。しかし、朝鮮工場ではそうした役割を教育係が果たせないばかりか、職工から退場を迫られたことは先述の通りである。それは、内地工場において、すでに教育係の役割が変質していたことをも示唆している。[74]

興味深いことに、慶尚北道技師は、朝鮮の婦女子は手先がきわめて器用で、養成工女の進歩も早いことを指摘し、にもかかわらず一人前の工女として成績が芳しくないのは「性格の相異による訓練の仕方にかけるところがある」ためと分析している。[75]郡是大田工場で、最初に養成した工女の技術評価が非常に良かったことを想起すれば、この指摘はある程度的を射たものであった。ただし、「性格」の相違と見られたものは、個人的あるいは民族的な特質というよりも、工業化の進展度合いによる社会的なものであったと思われる。とりわけ、「無学者」を採用せざるを得なくなったことは、工場において、教育・訓練に支障をきたす一因となった。もっとも、普通学校卒業程度の者よりも田舎出の従順なる無教育者を歓迎し、工場で根本的に基礎的教育を施し、優良工女を養成する方針をとる工場もあったという。[76]いずれにせよ、農村社会で育った若年女子の労働観は、容易に「日本的」に再編されることはなく、工場での根本的な教育が必要と認識されていた。その教育に困難を感じ、技術不足が認識された同社工場において、取られるべき生産戦略とはいかなるものであったのだろうか。

2　新しい生産戦略とH式多条機の導入

まず、朝鮮工場の生糸生産について、やや立ち入って見ておこう。大田工場の多条機導入後の生産糸格は、〈表56〉のとおり、多条糸の中心がA格にあり、B格以下の普通糸ではC、D格が中心であった。そのため、「朝鮮糸ニヨリ当社糸販売上ノ信用ヲ傷ツケツツア」るという現状で、多条機で2A格、普通機でB格という努力目標を掲げた。[77]内地工場では、多条機で握手格、普通機でも2A格以上が目的格となり、生産の中心がそこにあったことを想起すれば、朝鮮糸は同社内地糸と比べて三段階ほど低位にあったと言える。[78]もっとも、生産糸の中心がD、E格にあった朝鮮製

表56　大田工場生産糸格（1934年）　（%）

格付	AA	A	B	C	D	E
多条糸	25.50	74.50				
普通糸			2.80	38.60	52.50	6.10

資料）「昭和九年度大田工場営業成績説明書」.

表57　生産糸格の推移　（%）

格付／年度	大田工場				清州工場		
	AAA	AA	A	内地	AA	A	内地
1935	24.8	23.4	51.8		46.0	54.0	
1936			51.2	48.8		52.2	47.8
1937			46.1	53.9		79.5	20.5
1938			77.9	18.3	59.6	30.5	9.9
1939			81.8	11.6	76.5		2.0

資料）「工務成績表」（各年度）.
註）1935年度のA格は，A格以下を含む．1938，39年度にはその他（格付されない糸）が若干ある．

表58　養蚕戸数

	忠北	忠南
掃立枚数（枚）	44,314	40,059
～1	33,654	52,418
1～2	16,855	12,011
2～5	2,824	1,355
5～10	95	153
10～20	21	102
20～50	18	27
50～	3	12
合計戸数	53,470	66,078

資料）「養蚕者の規模に関する調査」『調査月報』第6巻第2号，朝鮮総督府，1935年12月，16～21頁．

糸業の現状からすれば、同社工場の生産糸格は相対的に高かった。(79) 糸格の向上が努力目標に掲げられたことからも、高格糸生産への努力が続いていたことがわかる。

さらに、格付の改正があった一九三五年度以降の生産糸格を示した〈表57〉によれば、一九三五年度には、清州工場は2A格とA格以下とを生産したが、大田工場は生産糸格を3Aまで上昇させていた。格付け方法の改正を加味すれば大幅な向上とはいえないが、生産糸の改善が進んでいたことがうかがえる。しかし、一九三六年度には、繰糸格をA格に集中する戦略がとられ、翌三七年度も2A格以上の生産を行っていない。繰糸格を下げる試みが見られたこの時期以後、両工場は対照的な動きを見せる。三七年度には、大田工場が内地糸の割合を増やし、清州工場がA格の割合を増やした。翌年度以降、両工場は内地糸の生産を激減させ、清州工場が2A格へとシフトしていくのに対し、大田工場ではA格に生産を集中させていった。この対照的な両工場の展開は、原料繭の確保によるところが大きかった。清州工場はすでに忠清北道の原料繭をすべて受け入れる体制を整え、「模範養蚕家」の設置を含む原料繭の改善・指導を展開していた。(80) 一方、大田工場は、工場所在地の忠清南道のみで原料を確保することができず、道外からの購繭を余

表59　製糸戸数

	忠北				忠南			
	内地人		朝鮮人	計	内地人		朝鮮人	計
戸数	16	(1)	23,024	23,050	*110	(1)	33,710	33,820
器械	3			3	8		2	10
在来			22,958	22,958	2		32,627	32,629
釜数	593	(260)	23,046	23,639	1,006	(368)	34,017	35,022
器械	299			299	696		350	1,046
在来			22,958	22,958	2		32,548	32,550

資料）「昭和九年度家蚕糸生産状況」『調査月報』第6巻第5号，朝鮮総督府，1935年5月，29～45頁.

註）＊一戸に2種類以上の繰糸器を有するため延戸数，実数は102．なお，器械糸とは「糸枠の回転，繰湯場の給熱，用水の供給等を悉く器械的作用に依り任意に使用し得らるる装置に依り，家蚕単繭より繰糸したるもの」を指す．器械，在来の他に，座繰り，足踏み，その他の分類があるが，省略した．（　）内は郡是製糸の工場を示す．

儀なくされていた。(81) 規模を縮小した三六年度でも、原料繭の一八%を遠く平安北道から購入しなければならなかった。(82) 両工場の差異を生み出した各道の蚕糸業の展開について、さらに検討を進めよう。

まず、〈表58〉によれば、養蚕戸数は忠北よりも忠南で一万三千戸も多く、養蚕が広く行われていたことがわかる。しかし、繭の生産規模を示す掃立枚数は、忠南より忠北で多く、一戸あたりの生産規模は忠北の方が大きかった。忠南では掃立枚数一枚未満の零細な養蚕農家が多く、大田工場の取引養蚕戸数は七万戸に達し、一戸あたりの生産量は三貫五〇〇匁に過ぎなかった。そのため、養蚕農家の組織化を図り、「内地の特約組合式」に育てたいとし、忠清南道に「蚕業共同経営地」約二〇〇町歩（購入地一一〇町歩、借入地九〇町歩）を設けた。これは、「不足原料の補充を主目的とし一面集団的に養蚕地区を設け之に進歩せる改良施設をなし経営の模範を示し蚕業の向上、開発を期す」ものであり、一九三四年秋より実収をみた。(83) 付言すれば、一九三三年からはじまった総督府の農村振興運動は、蚕糸業の発展を期し、養蚕農家の組織化を促す一因ともなっており、同社の方針にも合致するものとなっていた。(84)

〈表59〉によれば、生糸生産に従事する者のほとんどは、在来糸生産を行う朝鮮人であり、製糸戸数は忠南で多かった。一般に、原料繭の品質差から器械製糸と在来製糸は競合しないので、器械製糸業に占める同社工場の位置に注目しよう。忠北では、器械製糸業を営む内地人と在来糸生産を行う朝鮮人といった棲み分けが見られ、清州工場は器械製糸釜数の約八七％を占めていた。道内産繭のうち精繭の多くを同工場が独占的に確保するばかりか、その質を向上させる道の改善・指導にも同工場の意向が反映されたことが推察される。一方、忠南には器械製糸業を営む者が多く、器械製糸釜数も忠北の三・五倍で、大田工場が占める割合は三五％に過ぎない。しかも、朝鮮人経営も存在し、その規模も小さくなかった。大田工場では、輸出生糸の不振と原料繭の不足という状況に対処すべく一九三五年二月に織布部門を併設し、生産糸の二割を高級衣料向けの布にして朝鮮市場で販売する方針を採った。また、普通機を二三二釜から一二八釜に縮小し、生糸生産の規模を縮小した。こうした施策によって、一九三〇年代後半には、「朝鮮ノ共同販売ノ悩ミハ徐々ニ改良サレタ」との報告もあり、原料繭の確保・改良に一定の成果をあげることになった。

原料繭の確保に関して、一定の改善が進んだ両工場において、生産設備にも重要な変化が見られた。両工場向けに開発されたH式多条機の導入である。一九三七年度には両工場ともすべてH式多条機への移行を完了し、大田工場は二六八釜、清州工場は三二八釜となり、翌年三四〇釜に増釜された。両工場の生産糸格がA格に集中していたこのとき、新たな多条機の導入は、どのような目的をもっていたのであろうか。朝鮮総督府宛「認可申請書」によると、H式多条機の特徴は「（イ）高温繰糸ニヨリ糸量ノ増収ヲ計リ得、（ロ）落繭ノ自然集合ト自動索緒ニヨル工程増進ヲ計リ得、（ハ）緒数ノ減少ニヨル作業ノ合理化ト鋭敏ナルストップモーションニヨル作業ノ平易ト養成訓練ノ徹底ヲ計リ得」(85)の三点にあった。低温緩速度繰糸を特徴とし、普通機より緒数を増やした多条機にあって、高温繰糸や緒数を減少させる措置をとったのがこのH式多条機であった。多条機化の流れから見れば、逆行とも思われる高温繰糸や緒数の減少は、作業を平易にし、養成訓練の徹底を図るための措置であった。さらに、大田工場による「改設ノ理由」を見てみよう。

既設後藤式多条繰糸機ハ昭和七年ノ設置ニシテ老朽ノ域ニアリ常ニ多額ノ修理費ヲ要スルノミナラズ機能減退シ優良糸繰糸、工程増進、糸量保持等ノ主要条件ニ於ケル能力ヲ失ス既設普通繰糸機ハ大正十五年ノ設置ニシテ前記多条繰糸機同様ノ欠陥アリ殊ニ本機ハ現状輸出向糸ノ繰糸ハ優秀原料繭ヲ以テシテモ不可能ナリ以上既設繰糸機ハ全部ヲ廃棄シ最近当社ニ於テ研究考案セル郡是H式多条繰糸機ヲ設置シテ設備機械ニヨル不合理ヲ一掃シ生産生糸ノ品位向上ヲ期スルト共ニ生産能率ノ増進ヲ図リ管理上ノ支障ヲ軽減セントス(86)

機械の寿命という点で言えば、後藤式が五年で老朽化の域に達し、それが製品の品質に悪影響を及ぼすという。老朽化した普通機では、輸出糸の生産は不可能ともなっていた。朝鮮工場では、早期の多条機導入にもかかわらず、内地工場の多条機化が優先されており、経営不振から十分な設備投資がなされていなかったといえる。そのため、繰糸格をA格以下に落としていた点は先述の通りである。それは、一九三五年に二八〇台の御法川式A型多条繰糸機を導入し(87)、SP3Aの糸を生産したという片倉大邱工場との違いを如実に示していた。一九三七年の工場見学の記録によれば、大邱製糸所は内地工場にも見られないほど管理訓練が徹底されていたという(88)。同様に、管理訓練の徹底が期待される中、同社朝鮮工場に新たに設置された繰糸機が、「設備機械ニヨル不合理」を一掃するものであり、「管理上ノ支障ヲ軽減」しようとしていた点が注目される。また、二〇緒の緒数を基本とする多条機にあって、大田工場に導入されたのがすべて一五緒の5H式であったのに対し、清州工場ではさらに緒数を減らした一二緒の2H式一〇〇釜が導入された。生産規模を拡大させ、多くの繰糸工を必要とする清州工場で、さらに緒数を減少した多条機を導入したことは、製糸工女の雇用実態に即した生産設備の改善が図られたことを意味する。〈図13〉の三七年、三八年度には両工場の生産能率（一人一日繰糸量）は上昇した。こうして、内地工場とは異なる経営方針にもとづき、独自の繰糸機を導入することによって、同社朝鮮工場の繰糸技術は漸く現地化したといえよう。

おわりに

郡是製糸において、工場設置から一九三〇年代にかけての朝鮮工場経営は、失敗と呼ぶにふさわしいものであった。製糸経営の収益は原料購入や生糸販売の巧拙によるところが大きいものの、長期的に欠損工場となったのには、生糸生産に関する構造的な問題が想定される。その一つに、製糸労働者をめぐる雇用関係のあり方をあげることができる。とりわけ、「技術の郡是」として定評のあった同社にとって、朝鮮工場における繰糸工女の存在形態は、養成に困難を生じさせた。この問題に焦点をあて、同社朝鮮工場経営について改めて振り返っておこう。

一九二〇年代の朝鮮工場経営において、朝鮮総督府の強い勧奨に応じて進出した後発組の同社は、内地同様の経営理念を朝鮮に持ち込み、輸出用高格糸の生産を目指した。雇用関係のあり方もまた、内地工場と同様の方針で臨んだ。それは、創立以来、同社で働く工女をとりまく地域社会の実情と経営方針とのせめぎあいの中で形成された雇用モデルであり、一九一七年の郡是女学校設立を機に制度化された方針、すなわち長期雇用を前提として半年間の養成教育を行い、工場労働に従事しつつ裁縫・割烹等を身につけさせ、「郡是出ノ御嫁様」として帰農させるといったものであった。五年間の雇用契約を前提とするこの方針は、一九二〇年代半ばには破綻しつつあり、「職工改革」によって労働力の再編成が目論まれた点は既述の通りである。朝鮮工場の設置はちょうどこの時期にあたり、大田工場が職工募集にさいし、普通学校三年修了以上という学歴規定を設けたのはそのためでもあった。しかしながら、若年女子が工場労働に従事する経験をもたない朝鮮農村において、複数年の雇用契約を前提とした養成方針はすぐに見直しを迫られ、内地工場にはない金銭的なインセンティブを与えることによって定着を促したものの、その効果は十分とは言えなかった。同時期の朝鮮で紡績女工の逃亡が社会問題化していたのに対し、農村に立地する製糸工場ではそうした問題が深刻化することはなかったが、安定雇用の慣行があった内地との差は歴然であった(89)。

朝鮮農村の実情はあまりにも内地と異なっており、創業の精神に則り優良糸の生産を目指した当初の経営方針は大きくゆらいだ。とくに、内地工場経営において原料繭の品位改良に力を注いできた同社が、当初、朝鮮で直接的にそれを行うことは困難と見られた。それは、朝鮮の蚕糸業奨励が「信州系」との連携により総督府の統制下で進行したことによる弊害であったが、工場は当局に「同情と理解」を求めるしかなかった。営業成績が伸び悩む中、朝鮮工場での利益を確保するために実施された施策には、全社的な能率増進運動や多条機の早期導入があり、それらは生産能率を向上させ、収益を改善するのに一定の役割を果たした。同時に、能率増進の名の下に厳格な管理が実践された結果、「内鮮融和」のスローガンを掲げる工場内での差別を先鋭化させ、ストを頻発させた。昭和恐慌下の内地でも、とりわけ三〇年から三二年にかけて、解雇、賃金引下げ、賃金不払いなどに対抗する労働争議が頻発した。同社内地工場ではそうしたストは確認できないものの、朝鮮工場では差別的待遇の是正が要求事項の一角を占めるストが発生した。そのさい、賃金引上げや就業時間の短縮といった要求と並び、内地人の直接管理者に対する朝鮮人労働者の反発が見られた。とくに、教育係に対する強い反発は、内地工場で一定の役割を果たしていた教育係による寮舎管理が職工の不満の対象となっていたことを示していた。

ストの諸相は、同社の雇用関係を支える仕組みが朝鮮社会において機能不全に陥っていたことを伝えている。教育係のみならず、内地から派遣された管理者の多くは、朝鮮人工女に対し養成・訓練の困難を感じていた。実際、朝鮮人工女の多くは「無学者」で、彼女らを工場労働に適応させることは容易ではなく、技能形成が可能とも思えなかったであろう。すでに、内地では「優良職工」の重要な資質が、徹底した指導・訓練に耐えうる体力・理解力・向上心に移りつつあった。学力・身体・家庭の優良さによって選抜された工女らは、養成・訓練を受けることに慣れていたし、繰糸技術の習得にも熱心に取り組んだ。そうした工女を対象として、はじめて可能となっていた同社の工女養成制度は、朝鮮工場でそのまま機能することはなかったのである。さしあたり、寮舎管理や工女の教育に当たる教育係を朝鮮人教婦の中から選出して意思疎通を図り、生糸生産に関しては、生産糸格をA格に集中させる方針が試みられた。

ところで、一九三〇年代になると、朝鮮農村において農村振興運動の一環としての蚕糸業政策が本格化し、両工場は原料繭の確保に規定されて、対照的な経営方針を確立していった。清州工場は、道の協力の下、道内産繭を消化するため生産規模を増大させつつ、輸出糸の生産を続けた。一方、大田工場では、製糸部門の縮小と職布部門の併設によって、営業利益の確保を目論んだ。このように、独自の展開を見せはじめた朝鮮工場は漸く軌道に乗りつつあったが、この間、工場側が製糸工女の働き方を変えることは出来なかった。同社が農村を啓発する社会教育に並々ならぬ努力を続けた点は第二章で論じたが、朝鮮工場では同様の積極的な施策を見ることはなく、朝鮮工場の経営が同社において重要な位置を占めるようになると、朝鮮人工女の働き方にあわせた繰糸機が開発されることになった。緒数を減らすことによって作業を平易にし、養成訓練の徹底を図るための多条機開発は、日本人による直接管理の大幅な減少にもかかわらず、管理上の支障を軽減することによって高格糸生産と生産能率の増進に寄与したと考えられる。それは、すでに片倉製糸が大邱工場で実現していた管理訓練の徹底を期して実施されたのであり、朝鮮における製糸工女の雇用実態に即した生産設備の導入が図られたことを示している。

総じて、同社朝鮮工場経営の失敗を強調しすぎた面がある。一九三〇年代を通して、営業を継続できたこと自体、植民地工場としての利点を存分に享受していたことは言うまでもない。とくに、一九四三年に内地の同社全工場が日本蚕糸製造株式会社に移管されたとき、同社の中心事業である製糸を担う工場は大田、清州を残すのみとなった。朝鮮での事業活動はこれにとどまらず、大邱紡織工場、株式会社柳町染工場、朝鮮編織株式会社、仁川化学工業株式会社、新義州工場が設けられ、朝鮮における収益が同社を支えるほどになり、一九四四年には全体の三〇%を朝鮮に依存するにいたっていた。(90)戦時期の同社が、植民地工場を基盤として経営展開したことを考えれば、初期工場経営の「失敗」は、内地工場とは異なる生産組織の形成を含む朝鮮工場経営の現地化過程と見ることも可能であろう。この過程において、製糸労働者をめぐる雇用関係もまた、内地工場とは別の展開を見せていたのである。

註

(1) その意味では、内地の製糸工場で働いた朝鮮人労働者の動向も興味深い。この点については、さしあたり、金賛汀・方鮮姫『風の慟哭――在朝鮮人女工の生活と歴史――』（田畑書店、一九七七年）が当時の様相を伝えている。

(2) 藤井光男『戦間期日本繊維産業海外進出史の研究――日本製糸業資本と中国・朝鮮――』ミネルヴァ書房、一九八七年。

(3) 松村敏「書評　藤井光男著『戦間期日本繊維産業海外進出史の研究――日本製糸業資本と中国・朝鮮――』」『史学雑誌』第九八編第三号、一〇二～一一三頁。

(4) 片倉の高収益の要因に関する実証的な検討は、松村敏『戦間期日本蚕糸業史研究――片倉製糸を中心に――』（東京大学出版会、一九九二年、二八七～二九五頁）を見よ。

(5) 松村は、収益不安定性の一要因として「朝鮮農民・女工等の抵抗」をあげ、郡是朝鮮工場内の職工の抵抗について言及した（前掲「書評　藤井光男著『戦間期日本繊維産業海外進出史の研究――日本製糸業資本と中国・朝鮮――』」一一一頁）。これは、「抵抗」を看過した先行研究に対する批判として提示されているため、経営への影響をやや過大に評価している。

(6) 宣在源は、雇用システムを構成する各主体（朝鮮人労働者、日本人経営者、官僚）の内面的動機を分析し、伝統的な労働蔑視観を批判し、個人の自立を実現することで社会改造を達成しようとする実用主義的な思想が朝鮮人労働者の間にも存在したことに着目している（宣在源『近代朝鮮の雇用システムと日本――制度の移植と生成』東京大学出版会、二〇〇六年、一七～二四頁）。

(7) なお、一九三〇年代の朝鮮農村に関しては、地主制の展開をめぐる研究史を整理した蘇淳烈「一九三〇年代の植民地(朝鮮)地主制の展開をめぐって――その研究史的検討――」(荒木幹雄編『近代農史論争――経営・社会・女性――』文理閣、一九九六年、三九~五一頁)も参照。
(8) 前掲『戦間期日本繊維産業海外進出史の研究』六四四、六四五頁。長時間労働の強制を「日本製糸業資本の朝鮮進出の目的の一端」とし、その典型例として、鐘紡光州工場を例示している。
(9) 前掲『近代朝鮮の雇用システムと日本』九九~一〇二頁。厳密に言えば、片倉の場合も咸興製糸場で一九三〇年に二交代制二〇時間操業を実施したが、同年一〇月には原料不足のため中止されており、この方式は一般化しなかった(前掲『戦間期日本蚕糸業史研究』二六一頁)。
(10) 他に、山十組大邱製糸所(四六〇釜)、尾沢組朝鮮生糸株式会社(三〇〇釜)が設立された。
(11) グンゼ株式会社社史編纂室編『グンゼ株式会社八十年史』一九七八年、二六八頁
(12) 小曾戸俊男「朝鮮における原産種官営の実績」『蚕糸会報』四八九。
(13) 松村敏「大正・昭和初期における蚕品種統一政策の展開――国立蚕業試験場設立以降――」『農業経済研究』五三―四、一九八二年、一八九~一九八頁。ちなみに、国家管理運動は「原蚕種管理法」(一九三四年公布)として結実する。郡是の「特約取引」に関しては、花井俊介「繭特約取引の形成と展開――一九一〇―一九二〇年代の郡是製糸の事例に即して――」(『土地制度史学』一一八、一九八八年)。
(14) 「原蚕種国営に就ての所見」(一九三二年九月)〔グンゼ株式会社所蔵〕。
(15) 渡辺豊日子述『朝鮮総督府回顧談』財団法人友邦協会、一九八四年、一五頁。
(16) 佐々木隆爾「朝鮮における日本帝国主義の養蚕業政策――第一次大戦期を中心に――」『人文学報』一一四、一九七六年、一〇七~一三四頁。
(17) 一九二〇年代以降、移出入税の廃止が貿易を促進した。日本では、一九一二年から採用された繭及び生糸についての従価三割の移入税が一九一八年五月に廃止され、朝鮮でも従価五分の移出税は一九二〇年八月に撤廃された。
(18) 堀和生『朝鮮工業化の史的分析』有斐閣、一九九五年、七一頁。
(19) それを、植民地的特質としての朝鮮蚕糸業の「二重構造」と呼ぶ見解もある(権赫泰「日本帝国主義と植民地朝鮮の蚕糸業――

植民地特質としての『二重構造』――」『朝鮮史研究会論文集』二八、一九九一年三月、一一七～一五一頁)。日本製糸のアメリカ市場向け生糸生産に対し、在来糸生産は在来式絹織物生産と結びつき、とりわけ三〇年代に伸びを示した点が強調される。ただし、在来糸の生産や絹織物生産に関する実証は資料的限界からなされていない。

(20)「場長会録事」(一九二八年一〇月)。大田工場長は、「コレデハ良イ糸ハデキヌ、何ヨリ品種ノ改善統一ガ急務デアル」と指摘した。一九二九年度には道の方針転換で、大田工場での蚕種製造が認められたものの、内地の蚕種を用いることは出来なかった(「場長会録事」一九二九年四月)。

(21)「初秋報告並晩秋計画に関する件」(「場長会録事」一九二九年九月)。

(22) 清州工場は、忠清北道官民一致の要望をうけ、一九二八年五月に設立を決議し、一九二九年一一月四日操業を開始した(郡是製糸株式会社『郡是四十年小史』一九三六年、七二頁)。

(23)「昭和四年度監査所見」(「場長会録事」一九三〇年五月)。

(24)「昭和五年度監査所見」。

(25) 専務「注意」(「場長会録事」一九三〇年九月)。

(26)『資料選集朝鮮における農村振興運動』友邦協会、一九八三年、五一頁。

(27) 前掲『戦間期日本蚕糸業史研究』二八七～二九〇頁。

(28) 手塚たけよ編『真日本のこころ――深慮の時局に――』不二山荘、一九七三年、二二頁。ただし、宇垣一成が斉藤実に代わって朝鮮総督に就任した一九二七年には、すでに大田工場は営業していた。何らかの慫慂を受けたのは、清州工場の誘致に関してであったと推察される。いずれにせよ、宇垣が力を入れた農村振興運動においても、蚕糸業は重要な産業の一つであった。

(29) 小野蔵三『八十八年の回顧』対山荘、一九七三年、三四～三六頁。

(30)「場長会録事」(一九二六年五月)。

(31) 一九二六年末以降、養蚕奨励対象は中農以下に変わった(金静美「朝鮮農村女性に対する日帝の政策」『青丘文庫』三号、一九八〇年六月、九九頁)。

(32)「普通学校」の就学状況については、古川宣子「植民地期朝鮮における初等教育――就学状況の分析を中心に――」『日本史研究』三七〇号、三一～五六頁。「普通学校」が初等教育機関として生徒数において私立学校や書堂を上回ったのは一九二三年であり、その志願者数は一九一〇年代の停滞、一九二〇年代の急増・減少・回復という動向を経て、一九三三年以降一貫して急増した。当初「普通学校」の入学年齢は著しく高く、第一学年中最低年齢は八歳で、過半数は一二歳以上であったのに対し、一九三〇年代には、最低六歳で入学し、平均入学年齢も七、八歳台の道がほとんどで、学齢期の者に対する教育機関として定着する方向にあったという。

(33) 金富子「植民地期朝鮮における普通学校『不就学』とジェンダー――民族・階級との関連を中心に――」『歴史学研究』七六四号、二〇〇二年七月、一三～二五頁。これは、総人口から算出した六歳児推定人口に対し、「第一学年生徒数」を入学者数として入学率を試算しており、前註の事実から、入学率がやや高くなっている。詳しくは、同『植民地期朝鮮の教育とジェンダー――就学・不就学をめぐる権力関係――』世織書房、二〇〇五年。

(34) ただし、一二歳以上の者で尋常小学校を修了した者は例外となった。

(35) 大田工場長「大田工場経営一班」(「場長会録事」一九二六年八月)。ちなみに、職工の教育程度が低いとされた鐘紡の場合、一四中工程は一一〇匁であったという。

(36) 同前。なお、朝鮮人労働者に対する日本人の見解は、しばしば、怠惰・無責任・付和雷同といった言葉で示されたが、それは、民族の特質というよりも、工業化の進展における適応度の差によるものであった。近代的な労働観を有する日本人には、朝鮮人労働者の行動様式は否定的なものと映り、差別的待遇を温存させる一因ともなった(宣在源「日本人の朝鮮人労働者観――植民地の雇用制度の生成過程における植民地本国側の思想的背景」『朝鮮史研究会論文集』三四、一九九六年一〇月、一四六～一四九頁)。

(37) 当時の日本人経営者は、朝鮮人労働者の移動性を先天的と判断し、その対策として経済的なインセンティブだけを彼らに適用しようとした(前掲宣在源「日本人の朝鮮人労働者観」)。そうした風潮は、同社朝鮮工場経営にも影響を及ぼしたと考えられる。

(38) 出田正義『統制ある蚕糸業の朝鮮』明文堂、一九三四年、二三〇頁。片倉でも同様の状況が指摘されている。さらに、早婚の習慣もあり、工女の出入りが激しいため「技術の熟練の如き、全く期待するには程遠きものがあった」という(片倉製糸紡績株式会社考査課編『片倉製糸紡績株式会社二十年誌』一九四一年、一九六頁)。

(39) 大田工場「繰糸機ノ改設ニヨル製糸業承認書添付書類記載事項ノ異動概要書」(一九三七年)。

(40) 誠修学院「教婦科入学ニ関スル件」(一九三一年九月八日)。

(41) たとえば、「従業者慶弔見舞内規」の適用に関しては、朝鮮工場の職工は半分程という目安であった（「場長会録事」一九三一年一二月）。
(42) 朝鮮総督府学務局社会課『工場及鉱山に於ける労働状況調査』一九三三年、一二三頁（『植民地社会事業関係資料集朝鮮編(20)社会事業政策[防貧事業と経済保護事業]──労働調査と職業紹介1』一九九九年、三四七頁）。調査日は一九三一年六月末日現在。
(43) 操業日数X=b/(2ac)、養成工Y=3(d/X)で算出。
(44) 郡是製糸株式会社工務課「昭和六年度工務成績表」（一九三二年四月調査）。
(45) 「場長会録事」（一九三二年七月）。
(46) 前掲『戦間期日本繊維産業海外進出史の研究』六二六〜六二九頁。多条機の「積極的採用」など、特色ある経営活動によって、「最大限の直接投資による収益を上げようとしたこと」（六二六頁）が指摘されているものの、何故、朝鮮工場において多条機が積極的に採用されたのかは、問われていない。
(47) 一九二七年、京畿道の恩賜授産事業であった製糸場を買収した片倉は、「其由緒を尊重し名実共に模範工場たらしむべく、近代的設備に改修又は新築し、当時最も進歩せる御法川式繰糸機を据付け」たという（前掲『片倉製糸紡績株式会社二十年誌』一九四頁）。
(48) 「場長会録事」（一九三一年九月）。
(49) 以下、この事件に関しては、「読書する自由その他待遇改善を要求、しかし工場側は断然拒絶　清州製糸紛糾詳報」（『毎日申報』一九三二年二月二日付七面）による。なお、以下とりあげる新聞記事の収集・翻訳にあたっては、永島広紀氏（佐賀大学）の協力を得た。
(50) 「あきれる事情を列記した要求条件」（『毎日申報』一九三二年二月二日付七面）。
(51) 「大田郡是製糸六百名罷業　工場主の好意的声明により問題解決し就業」（『毎日申報』一九三二年一一月一〇日付七面）。
(52) 「完全食実施情況報告」（「場長会録事」一九二九年九月）。なお、同社における工場食改善をめぐる動きについては、成田一江「昭和初期の工場食──玄米食の実施をめぐって──」（『食生活研究』二三─二、二〇〇三年）に詳しい。
(53) 『毎日申報』一九三二年一一月一〇日付七面。このときの工場長長谷部新太郎は、創立以来大田工場長を務めた長野幸助に代わり、同年四月に赴任したばかりであった。
(54) 『毎日申報』一九三二年一一月一二日付七面。

(55) のちに、この事件は「忠南前衛同盟」の一員が職工として大田工場に入り、組織的な活動を展開したことが判明した。三三年一月には、全北警察部の手により多数の検挙者が全北に護送されることになった。その際、大田工場人事主任の談話が掲載されている。それによると、「我が工場では平素から一般職工に対して宗教を加味した精神的修養に力を入れているが、六〇〇余名にもなる大所帯であるだけに、さまざまな人間がいる。（中略）今後は、彼らを厳重に監視もするが、それらの長所を発揚せしめて、再びかような事件が生じないようにする方針である」と述べた。ここでも、精神修養を重んじる同社の方針が強調された。

(56) この事件に関しては、『毎日申報』一九三二年一二月二四日付七面、二六日付二面、二七日付七面による。

(57) 片山金太郎「所感」（「場長会録事」一九三三年二月）。

(58) 同前。

(59) 小林英夫「一九三〇年代前半期の朝鮮労働運動について――平壌ゴム工場労働者のゼネストを中心にして――」『朝鮮史研究会論文集』六、一九六九年六月、九四～一〇一頁。

(60) 池田猷「寮舎管理受講要領(師範科)」一九三三年。

(61) 「場長会録事」（一九三三年五月）。

(62) この年、春繭仕入れ時期には糸価が上がり、原料繭は高かったものの、その後糸価が同年最高値の半額（一〇〇斤五二〇円）に落ち込んだ。とくに高級糸の需要が不振に陥り、糸価の低落後に滞貨を処分したため損失はさらに膨らんだ。

(63) 鐘紡製糸四十年史編纂委員会編『鐘紡製糸四十年史』鐘淵紡績株式会社、一九六五年。原料を内地から移入する手段もとられたが、原料不足のため一九三六年に中止された。

(64) 農林省『繭糸価格安定制度六十年史』上巻、一九七七年、八八八頁。朝鮮糸の除外を求める朝鮮製糸協会、朝鮮蚕糸会会頭、朝鮮蚕種製造業組合中央会会長からの陳情を受け、「総督府ニ於ケル産業政策上ノ計画遂行ノ関係及統治関係」の観点から除外を決定した（日本中央蚕糸会『輸出生糸出荷制限実施成績報告』一九三四年、一四三、一四四頁）。

(65) 「工場職員及常備定員制施行内規」（一九三四年四月一日）により定員制が実施された。

(66) 元従業員（一九二八年入社、一九三六年退社）の回想（長井淳太郎編『私達の自分史――娘時代グンゼに勤務した業生・教婦・教育係の記録』一九八九年、九七頁）。

(67) 「昭和九年度清州工場営業成績説明書」。

(68) 同前。

(69) 「昭和九年度大田工場営業成績説明書」。

(70) 陸芝修「「製糸労働」について」(朝鮮総督府『調査月報』九―六、一九三八年六月二七～四〇頁、同九―七、一九三八年七月一～二〇頁)。

(71) 前掲『統制ある蚕糸業の朝鮮』二三〇頁。

(72) 先に見たストに際し、不良職工の淘汰を行おうとした工場側の対応を想起すれば、そうした行為が日常的に行われていたとしても不思議はない。

(73) 日本がいかに朝鮮農村女性の労働のあり方を日本的に再編成していったか、という視点から分析されたものに、前掲「朝鮮農村女性に対する日帝の政策」がある。

(74) 「機敏運動」に見られるように、この時期の工場においても、教育係の役割は極めて重要であった。しかし、各工場における教育重視の姿勢が、人格尊重の意味からではなく、経営上の利害にもとづくものであることを当の教育者自身が見抜いていた。本工場の女子寮長は、高級糸を作るために必要な施策として人格修養が重んじられる現状に対し、生産にとって必要とみなされなくなれば、教育が顧みられなくなるであろうことを危惧していた(池田猷「完全教育二十五周年記念式に際しての感想」『完全教育廿五周年記念講演集及び感想』一九三六年、一七四頁)。実際、一九四二年に操業を開始した大邱紡織工場に赴任した元教育係は、その職務を「寮舎管理」とし、内地で実施するような「教育」は行わなかったという〔筆者聞き取りによる〕。

(75) 前掲「朝鮮における原蚕種官営の実績」一〇頁。

(76) 前掲『統制ある蚕糸業の朝鮮』二三〇頁。

(77) 「昭和九年度大田工場営業成績説明書」。

(78) 一般的には、朝鮮糸は内地糸に比して約二格低位にあったという(前掲『統制ある蚕糸業の朝鮮』二三一頁)。

(79) 生産糸の中心がD、E格にあった朝鮮においても、同社工場では、相対的に糸格の向上が果たされていたとの予想(前掲『戦間期日本繊維産業海外進出史の研究』六三三頁)は的中していた。

(80) 清州工場では、「模範養蚕家」(一面に十戸、道内に一千戸)を設置するとともに、道及郡、面の当局者に優良糸に適合する原料の生産が結局養蚕家を利するものであることを理解させようと積極的に働きかけ、養蚕家の利害と製糸工場の利害とが一致するような方向を目指したという。(「昭和九年度清州工場営業成績説明書」)。
(81) 忠清南道一〇郡の他に、平安北道八郡、江原道一郡から購繭していた(「昭和九年度大田工場営業成績説明書」)。
(82) 前掲「繰糸機ノ改設ニヨル製糸業承認書添付書類記載事項ノ異動概要書」(一九三七年)。
(83) 「昭和九年度大田工場営業成績説明書」。
(84) 一九三六年に蚕業指導員となり、こうした運動の末端を担った人物の日記を分析したものに、板垣竜太「植民地の憂鬱——一農村青年の再び見出された世界」(宮嶋博史他編『植民地近代の視座——朝鮮と日本——』岩波書店、二〇〇四年、一四三~一六三頁)がある。
(85) 朝鮮総督府宛「認可申請書」(一九三七年五月一〇日)。
(86) 同前。
(87) 前掲『片倉製糸紡績株式会社二十年誌』三〇二頁。
(88) 「場長会録事」(一九三七年一一月)。
(89) 内地における製糸工と紡績工との勤続状況の比較は、猪木武徳「勤続年数と技能——戦間期の労働移動防止策について」(伊丹敬之他編『日本的経営の生成と発展』有斐閣、一九九八年、一六九~一九三頁)参照。
(90) 『グンゼ100年史』グンゼ株式会社、一九九八年、二五三~二五五頁。

終　章　雇用関係とその基盤

はじめに

雇用関係のあり方は、雇用する者とされる者のみならず、彼らをとりまく地域や家との関係のなかで広く社会的な問題として把握される必要がある。なぜなら、雇用関係は当事者の個人的な努力によって多少の修正が加えられたとしても、根本的に変更することは困難な社会的関係だからである。当事者が依拠すべきもっとも明確な規範は法令の類であり、そうした条文が雇用関係をどう律してきたのかという問いならば、答えは枚挙に暇がない。しかしながら、法規範の水面下で実体としての雇用関係が新たな段階へと移行することはあり得るし、逆に法規範が意図せざる変化を引き起こすことも想定される。また、生産過程の変化を軸に雇用関係の変化をとらえることにも限界がある。生産過程における技術選択そのものが社会的な影響を受けるものである以上、それは、経営内で完結する問題ではないからである。その意味では、現実の雇用関係がいかなる実体を有し、歴史的にどのような変遷を遂げていったのかについてはそれほど明らかになっているとはいえない。とりわけ、明確な国家の規範がない時代から継続して営業を行ってきた産業では、地域の慣行を軸に独自の雇用関係が形成された後で修正が加えられることになる。製糸工女をめぐる雇用関係は、海外市場の動向に依存しつつ急速な発展をとげた日本製糸業の盛衰と相俟って、どのように変遷したのだろうか。また、製糸工女はどのように働いてきたのであろうか。この問題を、本書は、京都府何鹿郡に成立した郡是製糸株式会社の事例を通して詳細に検討してきた。明らかとなったのは、企業内における雇用関係のあり方が農村社会で暮らす人々の規範に支えられていたという事実である。本書はそれを、農村社会を基盤とする雇用関係の形成とその変容過程としてとらえた。注意を要するのは、この過程において農村社会そのものが大きな変容を遂げつつあったことである。基盤となるべき農村社会の変容は、雇用関係の変容とどのように関わっていたのであろうか。その焦点は一九二〇年代に見られた雇用関係の再編にあるが、この評価を明確にするためにも、製糸経営の労務管理に即して検討された本論に対し、製糸工女の側からその過程をとらえ返す作業を通して、得られた知見を敷衍しておきたい。

一 雇用関係の変遷

1 農村社会を基盤とする雇用関係の形成

京都府何鹿郡において、蚕糸業組合が設立される以前、製糸工女の働き方は請負に似ていた。一日四枠を挽けば一人前と言われ、それが終わればさっさと帰宅するといった方式である。雇用主は一定量の生糸生産を命令できたが、その方法や時間は工女の側に任されていた。逆に、雇用主の家に寄宿して製糸のみならず家事雑用全般を手伝うといった働き方も見られた。この場合、繰糸作業は他の仕事と同じく雇用主によって与えられ、その方法や時間の配分も雇用主の管理下にあった。また、この地で盛んに実施されていた手挽は種々の雇用形態で営まれ、「毎戸製糸」も盛んであった。いずれにせよ、製糸労働には様々な形態が存在し、それに従事する工女にとっても繰糸労働の意味は多様でありえた。共通するのは、これが農村における女性の仕事として、数少ない雇用機会を提供するものであったという点であろう。しかし、一八八〇年代半ば以降、器械製糸への転換はこの状態に変化をもたらした。郡内座繰は器械製糸に廻されたため「毎戸製糸」は姿を消し、それまで手挽に従事していた者の多くが廃業する一方、新たに入職する若年層を中心に製糸工女が編成されたからである。このとき、比較的年配の手挽従事者が淘汰され、製糸労働の主流が若年女子を中心とする器械製糸工となった。もっとも、簡易な器械を用いた一〇釜前後の工場では、工女数は釜数に一致し、基本的な雇用形態は旧来のものとそう変わらなかったのではないかと推測される。例えば、荒木幹雄は、この地方における製糸家と工女との関係が「一方的で固定的隷属的なものであったとは結論できない」として、聞き取りの結果を記している。一八七六年何鹿郡高津生まれの元工女は、「十二の年から十八で嫁入するまで隣の観音寺村の製糸場（十二人取の器械製糸場）へ糸繰に行っていたが、行きはじめたのは友達が行きよったからで、製糸家と直接関係があったわけではない。やめようと思えばいつでもやめられた。ヒマをもらいますと言ったら製糸家は帰らさなければ仕方がなかった。しかしほかに銭になる仕事もなかったから、工女は仕事がある間は大体そこで働いた。糸繰がいやになったので宇治へ茶摘みに来たこともあるが、盆に帰ったら、製糸家がすぐに来てくれと頼みに来たのでまた行った年もある」と言う。(1)「器械」の採用それ自体は雇用のあり方に変更を迫るものではなく、製糸家との関係も一定の仕事を通じた緩やかなものであったことが窺えよう。

この間、「芸妓娼妓解放令」として知られる太政官布告第二九五号（一八七二年一一月二日発布）が、通常の年季奉公の期限を一年までとし、農工商の徒弟年季奉公の期限を七年以内とすることによって長期雇用の弊害を除去しようとした。何鹿郡蚕糸業組合規約（一八八七年）においても工女との雇用契約期間を七年までとしており、雇用関係を律する法には一定の規範的意味があったと見られる。ただし、郡是製糸株式会社の創業時、同社の工女は経験工である「甲種工女」で三年以上、未経験工をさす「乙種工女」で五年以上の雇用契約を結ぶことになっていた。このとき、新たに雇用関係を律する一八九六年民法（一八九八年七月一六日施行）が成立し、雇用契約の期間が五年を経過した場合、いつでも契約の解除ができるとしたから、この議論が影響を与えていた可能性がある。もっとも、但し書きで工業見習者についてはその期間が一〇年とされており、先の太政官布告からすれば後退ともとれる契約年限の延長が可能となっていたから、同社の雇用契約は延長することもできた。例えば、「羽前エキストラ」の産地である山形県東置賜郡漆山の多勢丸多工場の場合、一九〇一年から一九一六年にかけて使用された入場契約書において、「入場伝習期限ハ明治　年　月ヨリ明治　年　月日迄約参ヵ年トシ修業後ハ直ニ別契約書ニ書換ヘ修業証書ノ日附後更ニ七ヵ年間ノ勤続契約可致事」として計一〇年間の雇用契約を結んでいた。(2)それは、工業見習者に対して認められた契約年限の上限であり、工場労働に馴致させる費用を回収するためにも法的に認められた最長年限の雇用契約を結んでいたと考えられる。(3)この観点から言えば、郡是製糸の契約年限は複数年契約を結ぶ製糸家のなかでは比較的短く、「乙種工女」が工業見習者に当るとも考えられていなかったとすれば、工場労働に馴致させる費用は相対的に小さく見積もられていた可能性がある。この点について、同社創業に先立つ蚕糸業組合の活動が雇用関係に及ぼした影響を改めて強調しても良いだろう。当該地域においては、養蚕農家をも含む蚕糸業者を組合員とする同業組合が強力な指導力を発揮しており、その子女たる製糸工女にも影響を及ぼしていた。もっぱら不良職工の排除を意図した雇用規制は、工女から経営間移動という選択肢を奪うことによって、安定した雇用関係を実現していたのである。

もっとも、同社においても、誰もが拘束性の強い大規模工場での労働に適応できたわけではなかった。「郡是製糸株式会社工女規程」は、工場での作業に関して指定する繰糸方法を遵守することのみならず、寄宿舎への入寮、服装、髪形にいたるまで統一を図ろうとした。寄宿舎に入寮しない者や逃亡者を出したことからもわかる通り、必ずしも工女に歓迎されなかった種々の施策に、なぜこれほど雇用主が固執したのかは一考の価値がある。[4] 工女すべてを寄宿舎に入れ、同じ装いを強要することに、どのような機能を期待していたのだろうか。

手がかりとなるのは、郡是製糸の設立に影響を与えた群馬県の蚕糸業者たちの工女観である。[5] 例えば、一八七八年に結成された前橋精糸原社（改良座繰製糸の統括組織）の頭取となった深澤雄象は、受洗してキリスト教（ギリシャ正教）の布教活動を行うとともに製糸業の普及活動を行うにあたって、株主（共同組合の出資者）と工女を同等に扱い、工女への利益分配を考えるなど、工女を事業構成員と位置づける思想を有していた。また、深澤雄象が興した研業社（器械製糸場）の経営を引き継いだ娘婿の深澤利重の工女観も興味深い。彼は、信州製糸業の発展を評価していたものの、工女待遇の劣悪さには否定的であった。「実利を旨とし工女の労働率を増加せしめんと欲し、人心の弱点を利用し或は利欲に訴へ金銭を以てし或は勝敗の競争心に訴へ各種の方法を以て勧誘奨励したるの結果、一般工女の性格をして賎劣ならしめ信州工女と呼べる名称は一種の悪感を起さしむるが如き状態を現出」したと見る。金銭の誘惑や競争心によって労働に駆り立てられた工女の姿は、「賎劣」としか言いようがなく、「信州工女」のそのような性格は、製糸工女の不足をもたらす要因ともなっていた。そのため、待遇改善によって「彼等の人格的品性を認め、彼等の権利と自由を増さしめ、彼等をして節欲勤勉の自修を養成し、彼等をして其品性を尊重し工女なる者をして卑しからざる品格を有する者」とする必要を説いた。そうすれば、工女に対する評判も良くなり、「中流社会の徒食の子女をして業場に送り、工女の不足を補い比較的廉価の労金を以て善良なる工女」が雇用できるというのが経営者としての意見であった。女子教育の必要を説いた利重は、一八八八年に創設された共愛社の前橋英和女学校にも関わっている。[6] 同校は、一九〇五年に共愛女学校と改称し、校長を務めた川合信水が郡是製糸に入社し、同社の教育を指導した関係にある。

もちろん、郡是製糸との関係は、それ以前からある。例えば、一八八六年に高倉平兵衛は波多野鶴吉の勧めで深澤利重の「深澤組」に入り養蚕、製糸技術の指導を受け、蚕糸業の先進地域を視察している。その後は、波多野経営の羽室組で指導を行いながら、組合が開設した簡易養蚕伝習所で伝修生の訓練に当った。また、郡是製糸の創業当時、技術指導全般を担った新庄倉之助は、郡蚕糸業組合の書記をしていた一八八七年に深澤雄象の研業社に派遣され、技術習得を行っていた。前橋滞在中に洗礼を受け、一八八九年に帰郷した新庄によって、郡是の生産方式や工女管理の基礎が作られた点は第一章でみた通りである。(7) 同社設立に先立ち、何鹿郡内蚕糸業の指導に当ったのは、いずれも群馬県の前橋で技術習得を行い、先進蚕糸業地域の現状をよく知る人物であった。そこに共有された工女観は、「信州工女」の否定の上に成り立っていたのである。

ところで、藤田五郎は、一九〇七年に設立された福島県の共同揚返工場について、「ここに集められた工女は、即ちその多くが(中略)同族集団のコカタの子女であり、従って『日給金はみんな問題とせず、みんな親戚だというので手伝の積りでいた』といわれていた」ことを指摘していた。(8) こうした関係は、地方農村に点在した製糸経営によく見られるものであった。しかし、これがオヤカタ・コカタ関係を基礎としている点で「前代的関係」と捉えられたのに対し、株式会社として発足した郡是の場合、株主たる養蚕農家の子女が集められた点で新しい関係が付与されてはいるが、「日給金はみんな問題とせず」「手伝の積り」でいたという事情は共通していたように思われる。第一章で見たように、同社に合流した製糸家の子女が技術習得を目的に職工となるなど、必ずしも賃金を得ることが重視されておらず、その額も低かった。(9) 製糸工場は、女子に必要な技能を身につけられる場と考えられており、その技能は退社後も役立つものと期待されていたのである。いずれにせよ、当初同社に集められた工女は、経験者といえども小規模製糸経営での繰糸経験しかなく、そのような工女らを規律ある労働力とするためには、寄宿舎生活における各種の統一が必要と考えられたのであろう。製糸場を女子の修養の場とする考え方に基づき、工女の品格を端的に示すものとして統一的な装いが利用されたのである。このことは、繰糸労働が女性の仕事として確立しており、労働過程そのものに男性管理者が容易に介入できなかったことと対蹠をなすように思われる。それは、集団統制に他ならなかったが、必ずしも単純な労働強化につながるものではない。あえて言うならば、生産現場において、教婦による指揮命令権の確立に寄与するものであった。

輸出糸生産を目的とする郡是製糸の生糸生産は、厳密な選繭によって原料繭の統一を図ることに特徴があったが、原料繭の変化に応じて適切な繰糸方法を判断する教婦は繰糸労働の単なる監督者ではなく、生産責任を負う存在であり、繰糸工は教婦（当初は「検査工女」）の命ずるままに繰糸することを求められていた。この関係は、寄宿舎生活でも貫徹しており、教婦は組長として各部屋の調和を図り、工女の中から選ばれた室長をまとめる役割を担っていた。このような生産体制において、経営がまず配慮しなければならないのは教婦養成であり、それは蚕糸同業組合によって設立された蚕業講習所を利用することで達成された。多くの工女の中から選抜した者を蚕業講習所の製糸科で養成し、工場での生産管理はもちろん、寄宿舎での工女の世話をも一任できる、全生活過程を通じて工女の手本となるような優秀な教婦を確保していたのである。その意味では、明治期の諏訪に見られた「検番（見番）」制度において、検番が「生産の全人格的体現者」であった以上に教婦の役割は重かったといえよう(10)。さらに、諏訪製糸業が工女間の競争によって生産性を高めていくのに対し、そうした競争を排除しつつ「優等糸」の生産を目指した点で生糸生産のあり方は大きく異なっていた。もちろん、このこと自体はよく知られているが、近年、それは「企業特殊的熟練」に依存する遅れた生産形態と見なされてきた(11)。しかしながら、同社に見られた組織的な生産形態は、急速な経営規模の拡大を実現する中で一層明らかとなるように、個々の繰糸工女の熟練のみに依存するわけではないという点ですぐれて効率的なものであった。

　原料繭を厳選し、それぞれの原料にあった生産方針を教婦が示し、その指示通りに工女が繰糸作業を行う。こうした一連の生糸生産において、末端を担う工女の技能に経営の関心が向けられたのは、「上等工女」の賃金上昇が確認された一九一〇年前後のことであった。しかし、釜あたり繰糸量を上昇させる技能を有する「旧工女」の増加は、それまで培ってきた社風を破壊するとも考えられ、「乙種工女」にはじまる未経験者の養成制度の充実が目論まれた。まず、一九一〇年、当時女子寮長であった清水重治によって「淑女会」がつくられた。[12] 最初の会員はわずかに五人であったが、のちに教婦、室長、看護婦のほとんどが入会する組織となり、「自ら寮風を支配するところの、愛社の精神に満ちた、有力な自治的修養団体」としての自負を表明するにいたった。たとえば、「火曜会」を開いて新入社の工女らの指導と保護に当り、賛美歌、寮舎生活の心得を教え、その他奉仕的な労役を行ったという。これが女性職員を中心にボランティアとして実施されていたことは、当時の製糸工場があくまでも「女の世界」であったことを示している。この活動は、清水が衛生課長となり、会社の教育部が整備されるとともにまもなく中止された。郡是女学校の設立によって制度化されたのは、原料区域から調達した工女を社内養成制度のもとで教育し、同社の工女としての振る舞いを身につけさせたうえで工場労働に従事させ、同社を勤め上げた「郡是出ノ御嫁様」として農家に嫁がせるという方針であった。農村社会を基盤として形成されてきた同社雇用関係は、学校という新たな制度的保証を与えられたといえる。これが、農村にも女子中等教育に対する期待が醸成されてきたことに起因するのは言うまでもない。貧家の娘に教育を授けるという同社の理念は、広く受け入れられることになった。

　ところで、養蚕農家の子女を雇用する方針は、のちに、産業組合製糸の多くが実践し、営業製糸との方針の違いを浮き彫りにした点でもあった。[13] そこには、営業製糸とは異なる労働観があった。例えば、先述の前橋精糸原社をモデルとして設立された碓氷社社長の萩原鐐太郎によれば、碓氷社の工女は、自主的に自分の家庭の繭を自ら製糸するのであって、「人に雇はれ人に使役され糸を挽く」一般の工女とは全く異なっていた。利益追求のみを目的とする営業製糸は、工女を人間的に扱わない。そこでは、「礼儀の必要もなく、作法の必要もない。器械の如く只だ糸を繰くことの外には何も知らぬのが却って最良の工女であるかもしれない」と鋭く指摘する。このように「他動的」に使役されるのではなく、「自動的に自ら主となって自分の心から働く」工女によってのみ、良糸の生産が可能になるという。廃娼運動にも深くかかわっていた彼の工女観は、労働に従事する女子に新しい個としての自立を要求するものでもあった(14)。その実現のために、農村の現状から自家繰糸を奨励し、改良座繰による組合製糸を選択した萩原に対し、郡是製糸は、こうした理念を共有しながら、器械製糸による営業製糸を選択した。それは同社雇用関係の形成にも大きな影響を与えることになったのである。いずれにせよ、養蚕業と製糸業との密接なつながりを基礎とする経営においては、養蚕農家経営と直結して雇用関係が形成されていたのであり、それは一九三〇年代の日本農村においても重要な意味を持ち続けていた。しかし、その頃にはすでに多くの営業製糸がそうした関係を維持していなかった事実を鑑みれば、資本家的経営において、先に確認した農村社会を基盤とする雇用関係が一九一〇年代以降、どのように変容していったかが重要な論点となるだろう。本研究は、通年操業への移行と他地域への工場進出を含む多工場経営が製糸工女の働き方を変え、雇用関係の再編を促す契機となったことを明らかにした。これに対し、製糸工女はどのように自己の労働を位置づけていったのであろうか。

2　農村社会の変容と雇用関係の再編

第一次大戦後から一九二〇年代にかけては、農村社会が大きく変容する時期であった(15)。自給経済に多くを依拠し、教育水準や生活水準も低かった明治期に対し、第一次大戦の好景気とその後の経済変動は農民の労働と生活の構造を大きく変える契機となった。農民の多くが商品経済への依存度を高め、労働観念の発達や生活上の意識変革が促された。それは、小作農民が子供の生活や教育への関心を高めるきっかけにもなったし、青少年の都会熱を通して農民家族のあり方を変えるきっかけにもなったという。このように、農村社会が大きく変容していくこの時期、雇用関係はどう再編されたのであろうか。

まず、通年操業への移行過程を振り返っておこう。季節産業であった製糸業は、徐々に営業日数を延ばし、通年操業を開始した。日本有数の製糸地帯であった長野県諏訪郡では、通年操業といっても厳冬期に一、二ヵ月の休業期間を設けることが多かったのに対し、気候の温暖な地域では厳冬期の休業を行わずに操業を続けたため、操業日数の延長は顕著であった。京都府何鹿郡の場合、通年操業は農繁・養蚕期の帰郷ができなくなる点で農家経営および製糸労働にきわめて大きな変化をもたらす一方、日給水準に変化が見られない状況では年間稼得賃金の増大をもたらすことにもなる。購繭力を強化し、操業率を上げることによって営業上の利益を増大させる経営戦略は、工女の働き方にいかなる影響をあたえたのであろうか。

同社本工場の事例では、第一次大戦後、アメリカの消費増加に伴い生糸輸出が急激に増大する過程で営業日数は伸び、創業期において半年ほどしかなかった営業期間は一九二二年には三五六日となり、通年操業へと移行した。この間、一日当りの労働時間は工場法で規制が加えられたが、季節産業である製糸業には猶予期間があった。すなわち、一九一六年施行の工場法で通常一日一二時間とされた労働時間は、製糸業においては一九二一年八月までは一四時間、一九三一年八月までは一三時間、以後一二時間とする特例が設けられていた。(16) 同社は、工場法施行時に一三時間であった実労働時間を一九二一年には一一時間半、一九二二年には一一時間に短縮し、病気欠勤率の減少を実現したという。つまり、通年操業への移行に伴い、一日当りの労働時間を減少させつつ労働生産性を高めようとしたのである。この点は、一九二〇年恐慌に伴う操業短縮問題で、同社が養蚕期の事業継続を断行したことからも確認できる。生産を第一とする方針のもと、労働条件を整備しつつ工女に生産への貢献を求めていったのである。しかし、工女を送り出す地域社会が工場に求めていたのは農繁期・養蚕期の帰郷であり、依然として花嫁教育の充実であったから、第一次大戦期を経て、その乖離は決定的なものとなっていた。

一方、何鹿郡の「郡是」としてはじまった同社は、一九〇六年の口上林工場設置以降、多工場経営に乗り出した。工場買収は郡内にとどまらず兵庫県や府内他郡におよび、一九一四年の工場数は一一を数えた。その後も買収を重ね、一九二〇年頃には、工場設置地域は岡山、岐阜、山形、宮崎、福岡、島根へと広がりを見せていた。こうして経営規模を拡大した同社の「労働政策」は、世間の注目を集める一方で批判を受けるようにもなっていた。この混乱は、社内でも生じていた。何鹿郡以外の多くの工場では、工場労働に対する地域社会の蔑視に曝されており、その根拠となる工女の粗野な振る舞いを修正し、郡是の工女として恥ずかしくないよう教育することが工場教育の課題として認識されていた。と同時に、生産への貢献を第一とする立場からは、そうした工女らの働きぶりが必ずしも悪くなく、むしろ花嫁教育をあてにして来る工女らの働きぶりが問題視される事態も生じた。工女教育は、その意義付けをめぐって動揺し、郡是女学校設立によって制度化された職工調達方式や工女教育への疑義が生産現場から生じていたのである。

通年操業への移行と多工場経営に伴う諸問題に対し、新たな経営方針が模索されたこの時期、会社組織のあり方は一九二五年の社則改正によって定まり、教育を中心に事業を行うことが内外に示され、社会教育を含む教育部門の拡充が図られた。創業期の夜学にはじまる同社の教育制度は、農村における教育熱の高まりに呼応して、改めて戦略的な位置づけを与えられたといえよう。新たな労働力編成をめぐっては、「職工改革」が実施され、社内養成工制度の充実と採用管理の形成が見られた。これは、原料調達区域という限られた地域を超え、全国から優秀な者を採用するという意味で「革命的改革」であったが、こうした改革を要した一因には「工業労働者最低年齢法」（一九二三年三月公布、一九二六年七月一日施行）をめぐる低年齢労働者の社会問題化や、改正工場法における長期契約の禁止があった。(17) 経営内部の諸問題のみならず、労働法制の整備により、雇用方針に修正が迫られたといえる。(18)

改めて雇用関係の再編過程を整理すれば、次のとおりである。養蚕業を営む農家が娘を送り出すことによって成り立っていた製糸経営は、操業期間の延長によって利益を確保しようとし、他地域にも工場を進出させた。ある時期までは当然と考えられていた慣行、すなわち養蚕・農繁期の帰郷や家事都合による退社は経営にとって桎梏となり、工女との間に新たな関係を取り結ぶ必要に迫られた。逆に言えば、工女にとって、同社は養蚕農家経営と両立しうる職場であり、家の意思を尊重して働くことが推奨される場であった。しかし、生産への貢献を求める経営は社内養成工を中心とする新たな労働力編成により、工女に会社の一員としての身分を与え、そのように振舞うことを求めていった。具体的には、三年間の雇用契約を前提として四ヶ月間の工女養成を行い、その間は家の都合ではなく会社の都合を尊重すること、可能な限り勤続することなどを求めたのである。これは、一九三一年の賃金制度改革前に工女の賃金が概ね勤続によって上昇するものとなっていたこととも整合的である。実際には、勤続を重ねた工女の繰糸成績にかなり大きな開きが生じていたものの、賃金制度改革においては、勤続年数に応じた「原給」が支給され、平均日給は勤続によって上昇するものとなっていったことを想起されたい。勤続は、繰糸成績の向上を何ら保証するものではなかったが、そのようなものとして賃金制度に組み込まれていたのである。

同社は、社内養成工をもって必要労働力を確保する方針をとり、彼女らを自立した個人とみなすことによって、生産への貢献を求めた。そして、そうした労働に耐えうる「優良職工」を得るべく採用審査法の改善を重ね、採用管理の技法を導入することにより工女に内面的価値規範の形成を促した。経営がどのような工女を得ようとしていたかは第三章で検討したとおりであり、繰り返さない。問題は、「職工改革」の渦中にあった工女らが、経営が提示した規範をどのように受け止めていたのかという点であろう。

3　製糸工女の意識

(1)「勤　労」

まず、経営が工女に提示した労働観を確認しておこう。ここで注目されるのは、工場労働に従事することの意味をめぐって、養成初期に訓示される心得の類である。かつて、工女に求められたのは「工場の人」となることであった。それが、他経営でも参考とすべきものであったのに対し、「職工改革」後の工女には職員同様に「郡是ノ精神」を注入する必要が唱えられた[19]。修身等の学科教育を通して注入される「献身的ノ勤労ヲナス」という精神こそが工女に要求される「郡是ノ精神」であり、それは職員に行われる新入社員の講習と同様に、工女にも徹底されるべきである、と主張されたのである。そもそも、工女を一つの事業を遂行する「同胞」ととらえ、「精神の労働」と「筋肉の労働」との分業関係ととらえる視点は川合信水の労働観に早くから見られたものであった。それは、同社経営陣にも影響を与え、片山専務は一九二〇年九月の場長会で「勤労ハ苦痛ナリト云フ思想ガ最近ノ労働問題ヲ引キ起シタ重大ナ原因ニナッテオル相デアリマスガ、勤労ヲ天職トシテ楽ンデ行カナケレバナラナイノデアリマス。修養ヲ楽ムコトガデキナケレバ勤労ヲ楽ムコトハ出来マセン。天職ニ誠意ヲ尽スコトガ勤労デアリ修養デアリマス。此ノ際之ノ考ヲ徹底セシムルコトガ当社トシテハ最大ノ問題デアリマス[20]。」と自身の考えを述べていた。そして、川合の労働観を積極的に利用し、川合を教育総理に掲げることで経営体制を整えたのが一九二五年の社則改正であった。教育総理となった川合信水は、「在来のままの宗教では、今日の如き複雑した大規模の工場を宗教化することがむつかしい」として、一九二七年基督心宗を開宗した。[21] これが、同社経営陣に支持されたことは言うまでもない。

「勤労」を軸として、生産への貢献により労働者を会社の一員と位置づける構図は、会社を国家と置き換えれば、一九四〇年に入ってから政策理念として展開される国家への奉仕＝貢献としての「勤労」を想起させる。戦前期の日本の労使関係を産業民主主義の代替へゲモニーとしての人格主義の展開過程として再構成する佐口和郎によれば、第一次大戦後、個別企業における従業員としての人格承認が実現されるべきイデオロギーとして各主体によって共有されていたのに対し、戦時期に国家によって提示されるのは、労働者を個別企業の枠を超えた「勤労者」として、つまり、「勤労」を根拠にその人格を承認される存在として位置づけなおすという理念であった。[22] 重要なのは、第一次大戦後の人格主義が各主体のせめぎあいの中で合意形成に至ったのに対し、戦時期には国家によって一方的にその理念が提示されたにもかかわらず、戦争末期には賃金制度などの裏づけを得て、労働者にもある程度共有されていたことである。佐口は、労働者が能動的主体として位置づけられた戦時期の経験が、戦後の労使関係を動かす重要なモメントになっていくと展望している。

もっとも、郡是製糸における「献身的ノ勤労ヲナス」という精神は、農村社会に浸透した「勤労主義」により近いものであったと考えられる。昭和恐慌期に開始される農村経済更生運動に先駆けて、一九二〇年代末から系統農会を中心に「自力更生運動」を開始していた兵庫県について検討した庄司俊作は、この運動のベースにある論理を「勤労主義」ととらえた。[23]「勤労主義」は、戦前の自小作中農層を標準とする自営小農の発展傾向を貫く原理であり、一定の合理性を有するものではあった。しかし、ここで強調される「勤労主義」は、農民に自家労働評価を捨てて働くことを要求するものであったから、その展開には自ずと限界があった。庄司は、県下を五つの農業地帯に区分し、運動の活発化した地域が、労働市場がさほど拡大しておらず、農民層の自家労働評価も進んでいない地域に限定されたことを指摘する。これによれば、兵庫県に位置する郡是製糸の工場は、その多くが「米・養蚕・和牛生産地帯」に分布し、そこは都市労働市場と分断された「農村的労働市場支配地域」でもあった。これは、最も「勤労主義」が浸透した地域に重なる。(24)

昭和恐慌期の経済更生運動が養蚕地帯で活発化したことはよく知られている。(25)その農業内的条件として庄司が注目するのは、恐慌の打撃の大きさと、養蚕経営につきまとう農閑期の過剰労働力の存在、そして養蚕地域の多くが近畿の小作争議が激しく起こった地域ほどは労働市場が広がっていなかったことの三点である。こうした地域では、年間労働配分の不均等により、「自家労力完全燃焼」を目指して、「勤労主義」が受容される余地があったという。(26)もっとも、大門正克は、「経済更正の精神」に含まれる非合理的な勤労主義や皇国精神の発揚を通じて「皇国農民」が養成された点を重視し、この運動に合理的な経済観念を養う側面と精神主義的な要素の両面が含まれていたことに注意を喚起する。(27)この時期農村に浸透する「勤労主義」は、精神主義的な傾向を強く示すものであったが、「献身的ノ勤労ヲナス」という精神を称揚する郡是製糸は、その尖兵でもあった。

郡是製糸では、経営体制を立て直す必要から経営判断によって新しい理念が提示された。それは、社会的な労働者の人格承認要求を踏まえ、生産への貢献によって人格を承認するという考え方に立っていた。ただし、深刻な労使対立を経験していない分、新たな合意を形成する必要があったから、従業員に「献身的ノ勤労」を求めるための教育が必要と考えられた。教育総理川合信水は実在の権威として、この任に当たったのである。その教育対象は工女のみならず、関係農村にも及び、社会教育の徹底が図られた。このように見ると、「宗教」や「精神教育」によって追及されていたのは労使関係をめぐる新しい理念の徹底であり、その意味で、同時代性を有するものであった。工女に能動的主体としての位置づけを与えるこの企てを、工女自身はどう受け取っていたのであろうか。二つの事件を取り上げよう。

(2) 「八鹿事件顛末」

一九二八年八月四日朝、八鹿工場において就業時間になっても職工全員が就業しないという事件が起きた。同社にとって初めての罷業であったが、長野県ではすでに労働組合の結成をめぐり製糸工場での組織的な労働争議が起こっており、一九二七年の山一林組争議では労働組合加入の自由に加えて「食料衛生上」の改善、賃金引上げ要求を掲げて、八月三〇日から一九日間におよぶ罷業が実施されていた(28)。こうした問題とは無縁と考えられていた同社での罷業とは、いかなるものであったのか。

一九一四年兵庫県養父郡に設置された八鹿工場は、釜数三三五釜(本釜三二〇、試験釜五)、従業員六四九(職員男四五・女一九、職工五五二、常傭三三)人の工場であった(29)。第三章でみたように、勤続五年以上の職工残留率は五割を超え、長期勤続者も比較的多かった。事件の概要をまとめた資料によれば、当初繰糸係であった小林は職工の気受けも良かったものの、繰糸係として二宮が本社から赴任したため、達磨係、さらには計算係に配置替えとなった(30)。しかし、計算に不慣れな小林に仕事は与えられず、彼は工場長に辞職を願い出て、自宅待機を命じられていた。これとは別に、技量は優れていたが素行の良くない工女に対し、繰糸係の二宮が「あんな職工はやめさせねばいけない」と言っていた矢先、この工女が工場長に呼ばれた。解職を宣告されると「思い込んだ」工女は小林宅を訪問し、その日の夜、小林は寮舎に部屋長(室長)を集めて対応を協議した。その結果、工場長その他幹部に対する不満を示し、工場長の反省を促すとともに責任者の処分をせまって、翌朝職工全部の罷業を実行するに至ったという。工女らは工場長の説得に応じ午前九時頃から勤務に就き工場は始業したものの、部屋長は終日就業せず、交渉を続けた。翌五日来場した本社工務課長が小林と面談した上で調停を行い、工場長、幹部、部屋長が意見交換し、翌朝一時に双方の了解が出来たという。部屋長は疲労のため休み、七日に勤務に復帰した。

きっかけとなった工女の行動が、本当に思い込みであったかどうかは疑わしい。一九二五年三月末「職工出入調査表」によれば、一四五人の退社者を出した本工場で一人しかいなかった「成業無見込」者が、退社一三五人の八鹿工場では二五人に達しており、何らかの理由で解職を宣告される状況は日常的にあったと考えられる。また、同調査では退社者の二九・六％にあたる四〇人が「転場」を理由としていた。[31] 結婚や家事上の都合による退社が通例となっていた同社本工場に対し、同工場がやや異なる状態にあったことを示唆している。そうした工場で、工場長に突きつけられた職工達の不満は、次の五点であった。

一、人事の異動があやまっている
二、工場管理の方法があやまっている
三、品位向上策があやまっている
四、教育上に大なる疑問がある
五、養蚕家の指導があやまっている

具体的に見よう。まず、小林の異動に象徴される人事の件では、新繰糸係に批判が集中した。彼は、「場長を笠に着て横暴の振舞多く言行一致せず売名的」で職工の反感を買っていたし、工場長も「但馬人は役にたたぬ」などと放言し、地方出身者を排斥するような言動があり、「その態度は常に命令的で頗る官僚式」であったという。第二の工場管理、第三の品位向上策に関しては具体的な方法を明示しない点が批判され、「折角骨折って十四中をひいている者に対して『あの職工は精神が良くないから』といふようなことをいって廿一中の方へかはらせたりする」点が指摘された。第四の教育については、教育係が「職工に来る信書を開封するのは怪しからん」、「訓話が要領を得ない」、「男子の指導十分ならず一般に不親切であって中には不謹慎なことばづかひをして職工を蔑視するものもある」との指摘が相次いだ。第五の養蚕家の指導については、会社の言うことは立派で常々自画自賛を聞かされているにもかかわらず、実際に地方に帰ってみると、「郡是を非難する声が頗る高く我々としても実に情無い感がする」と。

こうした批判は、当時の生産現場を象徴するもののように思われる。まず、工場長をはじめ繰糸係などの男子職員・常傭が生糸生産の現場に介入していたこと、その距離の近さゆえに、彼らの横暴な言動が工女たちの怒りを増幅させた点が重要であろう。しかし何より興味深いのは、そうした怒りを集約して工場長に反省を求めた部屋長たちが、同社の経営方針を熟知している点である。工場管理の徹底や品位向上の必要を認識し、日々奮闘している自己の労働に対する誇りさえ感じるというのは、言いすぎであろうか。彼女らは、比較的年長で成績も良く、品行方正な工女として部屋長に任命された人々であり、同社の方針を受容していたと考えられる。だからこそ、地方農村での郡是批判に「実に情無い感」がするのである。(32)こうした部屋長たちの要求が、労働組合の結成を求めて立ち上がったとされる製糸労働争議とは異質であったことは明白であろう。しかしながら、この事件は同社経営陣に大きな衝撃を与えた。遠藤社長は「当社ノ歴史ニ一ノ汚点ヲ印シ私共ノ不徳ガ延イテ前社長ノ遺徳ヲモ傷ツケタノハ実ニ遺憾」と述べ、片山専務も「場長ハモトトヨリ全責任ヲ負ワネバナラヌガ本社ニモ責任ガアル」として、「思想上ノ問題ソノ他重大ナル事柄ハ大事ニ至ラザル前ニ本社ニ報告シ相談サレンコトヲ望ム」と工場長たちの注意を促した。(33)同様の問題はどの工場でも起こりうると考えられたからである。その原因を報告書は次のようにまとめている。

要するに動機となった近因は小林の一件であるが、遠因としては昨年繰糸委員会といふものを設けて工務の改良をはかったのであるがだんだん弊害が多くなって遂にはやめてしまった。その結果、教婦の勢を殺ぎ職工の気ままを増長させてしまった。場長は半沈繰糸の成績をあげんとあせった結果至る処に無理を生じた。殊に人事異動の頻繁であったといふことは従業員に不安恐怖の念を抱かせ甚しき反感を持つやうになったのである。

当時、各工場で工務成績を上げるべく様々な試みが実践され、生産管理の徹底を期して多くの係員が配置されていた。高格糸生産へ移行する一九二〇年代に多くの工場で増員されたのは、女子ではなく男子の現場監督者であったことを想起されたい。こうした状況下で実施された工務の改良策は、成果がでなければ教婦の勢を殺ぐものとなり、職工の暴走を許すことにもつながる。とすれば、その危険性はどこの工場でも想定できるものであった。このとき、「職工の気ままを増長させてしまった」責任は教婦にあると考えられていたが、この時期の教婦が置かれた立場については、もう少し立ち入った検討が必要であろう。そもそも、創業期の教婦は工場内で極めて重要な位置を占めており、その後の買収工場への積極的な配置に見られたように、教婦は同社生糸生産の要として重用されてきた。それは、教婦が生産現場のみならず寮舎においても指導者として工女を統率するのに最適と考えられたからである。しかしながら、教婦数の増加に伴い、教婦の位置づけにも変化が見られるようになる。一九一九年には、教婦の欠勤が問題となり、「教婦ノ欠勤者ニ対スル給料支給方ニ付テハ実際ノ事情ヲ調査シ、自己ノ便宜ノ為メニシタル欠勤ニ対シテハ日割ヲ以テ減給スルコト」が協議されている(34)。さらに、多くの男子職員が現場に配置された一九二〇年代以降、教婦の役割は限定される傾向にあった。別の事例から、男子職員との微妙な関係を指摘しておきたい。一九三二年から臼杵工場で勤務した元教婦は、やってもいない本社への密告を理由に解雇されそうになったことを回想し、次のように述べている。

たかが、女の一雇員にむづかしい会社の内情など、知る筈もないのに、何と軽率な人達だろうか。男の世界のみにくさを嫌と言う程見せつけられた事件だった。たかが一教婦に会社の内情など分かろう筈もなく、又分かる必要もない。(35)

すでに会社は「男の世界」となっており、一雇員に過ぎない自分は会社の内情など知るはずもないという教婦は、もはや創業期のそれとは全く異なる存在となっていた。これはまた、先の部屋長たちが工場長の反省を求めて交渉を続けた姿とも対照的である。そもそも製糸工場、とりわけその寮舎は「女の世界」であり、教婦は組長として工女と居室をともにすることが求められていた。しかし、同社は教婦を優遇すべく別室を設け、生産管理に専念させるとともに、寮舎管理を教育係に任せた。こうした管理業務の分担は、経営規模の拡大に伴う当然の措置ではあったが、それればかりではなく、多くの製糸経営が教婦を配置し、それが専門職として広く認知されたことにも関係している。繊維産業で働く工場労働者が必ずしも女子の職業として推奨されなかったのに対し、製糸教婦は婦人として望ましい職業となっていたという。(36)こうした位置づけが同社教婦の役割をきわめて限定的なものにし、工女と気脈を通ずることを不可能にしていた。会社において職員の末端に位置づけられ、現場の監督業務を担う教婦は、大正期の「検番」がそうであったように下級労務職制に過ぎなくなっていたのである。「八鹿事件」において、工女たちが部屋長を中心に統率のとれた行動を起こしたことは、この意味でも興味深いといえよう。

(3) 「山サキ工場ノ犠牲者」からの手紙

ここでは、工女自身が記した手紙を取り上げることで、工女の意識を探るための手がかりを得たいと思う。この手紙は、一九三二年に山崎工場の工女が社長宛に記したもので、経営資料の中に残されていた。社長宛に手紙を書く工女の存在自体が興味深いが、その内容もまた注目に値する。それは、工場食に関して、社長に改善を要求するものであったからである。第二章で、諏訪以下と評価された同社の工場食をめぐるやりとりを想起されたい。川合信水によれば、同社は工場食の研究に力を入れ、社長以下職員職工全員が同一の物を食しており、工女から不満が出ることは想定されていなかった。一〇年の間に工場食への対応はどう変わり、何が工女の不満をひきだしたのであろうか。まず、問題の手紙が出されるに至る経緯を概観した上で、手紙の内容について検討を加えることにしよう。

一九二九年に社長通達をもって開始された「完全食」は、単なる工場食改善にとどまらず、食習慣の変更を迫るものであった。これは、医学博士二木謙三が提唱した玄米・菜食を中心とする食事体系を指す(37)。二木の講演を聞き、強い信念を持って完全食の普及に努めた誠修学院実習部主事の鬼塚捨造は、一九二七年から誠修学院で玄米食を試行し、全社導入に際しては食事研究委員となってその指導にあたった。片山専務も、「完全食」に力を入れた一人であり、毎食工場で「完全食」を食べ、食事改善を事細かに指示した。社長通達によれば、食事改善の目的は「従業員全般積極的健康増進」を図るためとあったが、「既往ノ習慣ヲ一変セシムル事」なので「訓練ト指導」によって目的を達成するよう指示した(38)。そのため、「完全食教育」を実現すべく、教育と炊事の専門家で構成された食事研究委員が任命された(39)。研究班の作業は「完全食ニ関スル研究指導、炊事品購入及貯蔵ニ関スル研究、作業能率及勤務時間其他ニ関スル研究、炊事衛生ニ関スル研究、従業員一般ノ食事教育、職員家族ノ食事指導」となっている。注目すべきは、従業員のみならず、職員家族にまで食事指導が及んでいる点である。具体的には、玄米飯の分譲や郡是式釜の販売が行われていた。さらに、完全食実施上の注意として「外部に対しても此の精神の徹底に努むること(40)」が強調された。はたして「外部」はこの動きをどのように見たのであろうか。一つの記事に注目しよう。

泥酔徘徊、挙動不審で警察に連行され拘留幾日かを申し渡された者に給与せらるる所謂臭い飯料が一日金三〇銭であることを先づ承知しておいて下さい。喰えなくなったら御厄介になろうなんて悪い気を起こさずにですよ。福知山のある大工場の労働者が喰って居る会社の御飯が一日金三〇銭也となっています。ここで先づ臭い飯なみということが判るでしょう。所がソノ御飯が全くの玄米なのです。身体が丈夫になるといってね。だが、労働者諸君も人間なんです、イカに神様の仰せだといっても玄米が余りおいしく頂けないのは勿論で、お陰で三割だけ玄米が残っていくそうです。三日分の玄米で四日間の生命を繋がせる訳なのです。一日一人当四合の玄米を三割喰わないでいる労働者諸君の腹が満足する筈はありません。ソノ足らざる腹を満たさんがために近所の飲食物店が非常に繁盛するそうです。会社当局はキッとニヤニヤ笑っているでしょう。それで居て労資協調が完全に行はれているのですから神の国にも等しい、喰わずに働いて金を儲ける人達ばかりの集団かもしれません。(41)

一般に、玄米食は会社の経費削減策とみなされ、福知山工場で実施された「完全食」を地元新聞は面白おかしく書いた。不満が噴出してもよさそうなのに、「労資協調が完全に行はれている」事実が奇異の念を抱かせたようである。「外部」から見れば、まずい玄米を食べさせられながら、黙って働く工女は不思議な存在であり、それが「神様の御告げ」によるものとなれば、なおさら不可解である。こういった「外部」の反応に対して、同社は「会社ノ精神」の説明を怠らなかった。あくまでも「健康」に対する配慮から医学博士二木氏の説を工場食に取り入れたのであり、これは社訓の「完全」にも合致する理想的な食事であると。この構図は、先述の同社工場食が諏訪以下のものであるとの批判と類似していた。しかし、ここでは、工女らが工場付近の飲食物店を利用し、食欲を満たしていたことが知られる。玄米食を推進する会社の方針に、ささやかな抵抗も見られたのである。(42)

社長宛に匿名の意見書が提出されたのは、一九三二年九月一日のことであった。その内容は定かでないが、経営陣による緊急会議が開かれ、その模様は「玄米食実施現況」(一九三二年九月一三日報告)にまとめられた。(43)口火を切った遠藤社長は、意見書の内容から「内部ノ人ヨリ出タ」ものと確信し、次のように述べた。「最初に於て会社の方針を承知の上当社に入社し職を執らるる人々として、中途会社の方針に対して斯くの如き態度をとられることは実に意外とする所である」と。発言は各場長へと移り、各工場の状況が報告された。口上林工場では、村の有力者から玄米食を反対されたという。全社導入の通達が出たため実施に踏み切ったものの、工女が玄米食に慣れない。なぜなら、八割を占める村内出身工女が、休みには自宅で白米を食べるからであった。工場長は、「景気が好くなるにつれて食事の問題から会社を嫌うようなことになりはせぬか」と不安を表明しながらも、「会社の精神」をよく理解させるよう指導を続けると述べた。和知工場でも、遠方の工女はともかく、近隣の工女は帰宅、面会、食品の持込が増加して玄米食が進まない。そのため、家庭の理解を得るため、父兄会を開くなどの対策をとったという。多くの工場では、不平不満はないが、徹底した理解も無いという現状であった。片山専務は「健康問題、食事問題に付て私等が採り来った方針はよい加減のことではない、創立以来絶へず心配して居るのである」と強調した上で、「完全食教育」の徹底を確認してこの会議を閉じた。

やや前置きが長くなったが、同時期に社長宛に出されたのが、先述の工女による一通の手紙であった。差出人は、「山サキ工場ノ犠牲者」となっていた。「郡是分工場出」（一九三二年九月六日消印）の手紙は、拙い文章で工場食問題を訴えた。漢字・かな・カタカナが入り混じり、そのままでは文意が伝わらないほど拙い文章が、確かに、工女自身の手によるものとの確信を与える。内容を要約すると、次のようになる。

社長様万事を許して下さい。私一人の考えで一筆申し上げさして頂きます。（中略）上に立たれる方や社宅の方で玄米飯一粒もあがらず、社宅で白飯を食べていられる様子。又職員様は町に出て好きなものを食べているらしい。職員さんのようなあほたれの言うことを聞きまして糸を引かして頂いている私等、食堂で玄米飯に副食の味のないものばかり食わされて勤めているのは、まるで動物扱いのように思います。世間の人に玄米飯に野菜のおかずばかりで養ってもらっているという事は今更申すまではありませんが、あまり食堂の待遇が悪いものですから一般の人員のために犠牲になって申し上げます。（中略）西場長さんの居られる時が一番愉快に勤務しました。西さんが鳥取へ行かれてから工務の成績不良ですね。何分食事を考えて頂きとうございます。

「完全食」は、この工女にとって玄米飯と味のない野菜に過ぎなかった。しかし、それ自体は世間でも周知であったから、改めて言うまでも無い。とすれば、何が彼女を待遇改善要求へと突き動かしたのであろうか。ここで注目されるのは、玄米食への不満が、工女を直接管理する職員へ向けられている点である。会社の方針であるはずの玄米食を食べず、白米を食べる職員に対して「アホタレ」呼ばわりし、「完全食」を強いられる我が身を嘆き「ドーブツアツカイ」のようだと、改善を訴えたのである。この工女の意識には、職員も職工も同じ会社の一員であるということが前提となっている。あるいは、社宅も含めて会社に「養ってもらっている」という感覚なのかもしれない。にもかかわらず、社宅では白米を食べ、自由に町に出て好きなものを食べられる職員に対し、会社の方針である「玄米飯」を自分たちだけが強いられる矛盾を見事に突いている。また最後には、愉快に勤務できないことが、工務成績不良の一因であることを示唆し、一九三〇年一二月に赴任して来た新場長の責任をほのめかした。工場長をはじめとする職員に対する不満が、社長への直訴という手段を選ばせたのであり、この手紙に込められていたのは差別的取扱いに対する怒りであった。この怒りが、自身を会社の一員として認識することによって生じている点は言うまでもない。

以上二つの事件から、工女の内面に生じた変化を過度に読み込むことは差し控えたい。ただ、生産への貢献と引き換えに同社の一員として位置づけられた工女が、工場管理のあり方や職員との関係に矛盾を感じ、それを表明しはじめたことを確認すればよい。それは、生産に貢献する点で職員も職工も郡是の従業員として平等であるという観念を工女が文字通り受容したことを示している。こうした観念を受容できなかったのはむしろ職員層であり、「郡是ノ精神」を理解しない職員たちの振る舞いは、工女にその欺瞞を疑わせるに足るものであった。この問題は、職員との関係のみにとどまらず、例えば、工場内の社宅で暮らす「幹部の奥様方」との関係にも生じていた。一九二八年に同社熊本工場に入社した元工女は、自身に向けられた特権意識を次のように記している。

その頃は女が働くのは学校の先生か看護婦位のもので、工場などで働く者は、「女工」と言って軽蔑されていた時代だった。特に職員の上司の奥さん達は、私達に対して常に特権意識を持っていた様である。公休日にたまたま五時頃風呂に行くと、社宅の奥様方が四、五人みえているのによく出会った。当時流行の二尺もある長い袖の「ゆかた」を着て、風呂のわかない中から来て、一番風呂に入られる。首にぬりつけた「おしろい」を湯の中で洗い流して、美しく襟化粧をしてお帰りになる。お湯はおしろいで白く濁る。一番風呂に入って湯水の汚れも無頓着にやられるとやりきれない思いだった。その中に私達が入るが文句すら言う事が出来ない時代だった。当時としては当然の事として、働く者より使う者の方が権利が強く、幹部の奥様方の私達に対する特権意識は大したものだった。(44)

実際に、「幹部の奥様方」と「私達」との間に大きな身分格差があったと言うのではない。会社の用意した社宅に住み、工女と同じ風呂を利用していることからも分かるとおり、むしろ、その格差は小さかったと見るべきであろう。しかし、それゆえに日常的な接点を通して、工女は相手の「特権意識」を強烈に感じ取った。例えば、同社はおしろいを禁じていた。それは、とどまるところを知らない「私我」を抑制し、奢侈に流れるのを防ぐためであったが、その禁止は工女にのみ徹底された。(45)工女にとって、「働く者」と「使う者」との関係は如何ともしがたく、自分たちが「軽蔑」されていることは動かしようのない真実であった。教育総理となった川合信水が危惧していたのは、おそらくこうした事態であった。教育によって全従業員に「勤労」を徹底させようとする試みは、新たに能動的主体として位置づけられた工女に強く作用する一方で、職員層には十分に理解されているとは言えず、ましてやその家族の行動を規制することはできなかった。結局のところ複雑化した工場を「宗教化」することはできなかったのである。一九三五年、川合は同社から寄贈された東京の「学生修道院」を拠点として伝道に専念すべく退社した。しかしながら、同社は教育総理不在のまま、教育を中心に事業を行う方針を堅持し、ここで見た労働観をもとに雇用関係を維持しようとした。それは、戦後、「従業員の教育厚生施設を中心にする勤労管理」として、高格糸生産を実現する同社の特色とも説明されている(46)。改めて「勤労管理」の実態と工女の意識に見られる変化をとらえなおすことによって、雇用関係の展開について考察を深めることにしよう。

二　新しい雇用関係の展開

1　機械化と雇用関係

一九二〇年代に再編された社内養成工を中心とする雇用関係のあり方は、創業以来本工場で実践されてきた方針をもとに、経営規模拡大の桎梏となっていた工女と養蚕農家との関係を分離し、新たな労働力編成を試みるものであった。それは、本工場を中心とする何鹿郡で形成された諸制度がそのまま他工場へと拡大していく過程ではなく、新しい雇用関係の展開を示すものであった。生産への貢献を求める手段であったとはいえ、製糸工女が家族から切り離され、会社の一員として処遇されたことは大きな変化であった。そうした工女を対象とした労務管理の形成は、外形的な類似性にもかかわらず、それまでのものとは一線を画すものであり、近代工場制における女性の自立とも言うべきものであった。

ところで、中林真幸は一九世紀末の諏訪製糸業において、労働者の意識に変化が生じていたことを指摘し、それを「個人として自立した人格」を得ていたと評価する。(47)重視されるのは、労働者が一定の合理性、すなわち情報処理能力を備えることであり、具体的には賃金刺激に鋭敏に反応し得る競争的な意識を獲得したことを指す。それが所得の最大化を目指す競争的な意識として把握されている以上、そうした意識をもつ労働者が家父長制的な規範から相対的に「自由」であったとしても、その「人格」は経済人としてのそれに限定される。本書は、そのような意味で個人としての自立を論じているのではない。

製糸工女の「人格的成長」は、東條由紀彦『製糸同盟の女工登録制度』の中心的なテーマであった。そこでは、「大正後期には、自らの意思で労働条件等を判断し、工場を選択するという、女工の『人格』としての成長が見られ、その移動を外的・強力的に押しとどめることは不可能になった」こと、そうした「人格」を前提に、現代的な経営間移動の回避が達成されえたことが論じられた。(48)ここで兆候的に確認されたのは、「女工、『家』、経営三者」の関係が、大正期の一五年の間に、全く別のものになっていた点である。本研究は、個別経営に即して、その変化がどのように進展してきたかを確認してきた。そして経営それ自体が、工女に個としての自立を要請するに至る過程を明らかにし、職工募集の改革が果たした役割に着目しつつ採用管理の形成を論じてきた。

ただし、本論ではその変容過程に焦点を当てたため、同社創業期からの連続性を強調しすぎた嫌いがある。それは、これまでの研究が第一次大戦期以降の労資関係の変容を個別の観点から過大に評価していたと思われるからである。労働者構成の変容に伴い労働者の組織化が進み、活発化する労働争議が労資関係の再編を促したこの時期、その再編の中身はもっぱら経営を軸に論じられてきた。例えば、新技術の導入に伴う技能形成の観点から、企業特殊的熟練が求められたために社内養成制度の普及や職工の定着が進んだという具合である。そうした変化が見られたことは事実であり、かつ重要ではあるが、それ自体は、多かれ少なかれいつの時代にもおこりうるものであろう。この時期の変化は、必ずしも経営内で完結する問題ではなく、農村社会の変容とともに理解する必要があるのではないか、というのが本書の立場である。さらに、生産過程の変容が社会的な変化として雇用関係のあり方が変化しつつあったことと密接に関わっていたとすれば、その関係はどのようなものであったのか。次に考察を試みたのは、そうした問題であった。実際、製糸業の「機械化」としての多条機導入は、労働力編成の変化に伴って推進された観がある。改めて、製糸労働との関わりで、機械化の問題を見ておこう。

日本製糸業において、多条機の導入それ自体は広範に見られた現象であったが、多条機への移行は大規模工場を中心に進展した。郡是製糸の場合、いくつかの条件が全社的な多条機への移行を有利とみなす根拠を与えていた。第一に、第三者格付による品位格付の義務化が養成糸の販売を困難にし、普通繰養成のコストを引き上げた点。第二に、賃金制度改革で勤続による昇給が明確化され、年長の熟練工女を排除することが一層のコスト削減につながった点。第三に、未熟練労働力の確保をめぐって、製糸経営間ではなく紡績等他産業との競争を余儀なくされていた点。それは、製糸賃金の低下に伴う「転業」者の増加にもつながっていた。総じて、長期雇用を前提に養成を行い、安定的な雇用関係のなかで熟練度を高めていくことによって高級品の生産を行う同社の方針は転換を迫られ、一部多条機を導入した工場から多条機化が進み、多条機への移行が急速に進められたのである。このとき、前述の条件下において、勤続による熟練形成は不要との見方が工場長たちを支配し、「社内工」と「社外工」との区別を無用とする観念が広まった。もっとも、実際には、多条繰でも訓練や経験によって個々人に繰糸成績の格差が見られることは認識されていたし、後述のように、養成が不要となることはなかった。製糸業の「機械化」は、結局のところ、工場養成によって社内養成工制度をすべての職工に適用する契機として機能し、新しい雇用関係の展開を一層強固なものとするのに役立った。学校や地域社会との密接な関係を担保に社内養成工を確保する同社は、「機械化」を経て遠隔地からも未経験者を採用するようになったのである。

遠隔地募集の有力な地盤の一つは新潟県であった。一九三五年九月末現在、同社内地工場で働く一七、八五三人の職工のうち、新潟出身者は一四七九人に及んだ。(49)舞鶴工場で勤務した工女（一九二一年生／一九三五年〜一九四二年勤務）は、「その頃村では女学校へ行くより郡是へ行けと言われましてね。きちんとした会社でしつけも厳しかったけれど安心して働けました。(50)」と回想する。小学校も満足に通えなかったと言う彼女が入社前に一年間糸魚川で子守奉公をしていたことを考えれば、実際に女学校への進学という選択肢があったとは思えないが、郡是に行くことが村で肯定的にとらえられていたことが、その後八年間の勤続を支えていたように思われる。同じく一年間上路に子守奉公に出た後郡是に入社し、舞鶴工場で八年間勤務した工女（一九二一年生）も、「私は腕は真ん中ぐらいだったと思いますが、なかなか会社で退社させてくれなくてね。それに一年に一回必ず帰郷できるというわけでもなかったんです。公休日は午前中修身、裁縫などをしてね。」と回想する。(51)ほぼすべての職工が社内養成工として入社することになったこの時期、会社の都合を優先させることはもはや多くの工女にとって当然と受け取られていた。

一九三〇年代になると、親の反対を押し切って自分の意思で入社した思い出を語る者も出てくる。例えば、「その当時、二宮郡是と云えば有名な会社で、尋常高等小学校を卒業する私達の学校でも三名か四名つれがあり、大変あこがれたんです。補習科に進む様にとの親の言葉も聞かず会社に入ることがとても嬉しかったのです（一九三五年〜津山工場勤務／繰糸・教婦(52)）。」、「村の娘さんが会社に行き、親にお金を送っているのを聞き、私もその様にしたくて早く郡是に入ったのです。（中略）健康で病気もせず健康賞も頂き、よい成績であり、十一年二月に京都の誠修学院に半年間修行に行かせて戴き、八月に帰り教婦として指導にあたらせて戴きました。これで学校を早くやめて自分で進んで入社したが、親がよろこんでゆるしてくれました（一九三一年〜津山工場勤務／繰糸・教婦）。」[53]という具合である。二人が多くの工女の中から抜擢されて教婦となったことを考えれば、これを当時の平均的な工女と見なすのは問題がある。しかし、経営の求める工女像に近いものであったのは確かであろう。同社は優秀な繰糸工の性格的特徴を、「あつさりして居て、而も活動的でやらうと思つたことはどしどし片付けてぐずぐずせず自信が強い上に勝気で人に負ける事を非常に嫌がり、又決断心に富み、仕事振りは綿密、而も其態度には余裕があるが、相当神経質な処もあつて何事でもよい加減で放つておく事や自分の事を人に任せる事がきらひで其の上非常にきれい好きな人である」と見ていた。[54]こうした工女を獲得するために「職工改革期」に形成された製糸工女の「入社試験」は、採用管理システムとしてより洗練されつつ、雇用関係の安定をもたらしたのである。この新しい方針において、従業員に「勤労」を求めるための教育は、どのような意義を有していたのであろうか。

2　女子教育の意義

一九三七年の「入社のしをり」を見てみよう。ここには、「就業の模様」として就業時間、賃金退職手当等の必要事項が説明されるとともに、「入社の手続」が示されている。一九三八年四月入社の場合、申込日は一九三七年八月から一二月までで、申込方法は「小学校の先生か職業紹介所又は直接工場に申込下さい」とあり、学校、職業紹介所を通じた申込みが通常の手続きとなっていた。入社資格は、「高等小学卒業若は之と同等の学力ある方。身長一、三七以上にして近視トラホーム歯牙其の他身体に疾患なく当社の採用検査に合格された方に限る」とあり、採用検査は申し込み順に日曜日に施行され、そのために必要な本人の旅費は検査旅費として実費が支給された。注意事項として、「養成には三ヶ年の契約をします。期間が満了しても引続き勤務して頂く事を希望します」とあり、七年勤続賞として箪笥を贈呈する旨が記されているから、おおよそ七年を目安にしていたことが分かる。興味深いことに、「入社のしをり」には「郡是の教育」として社訓が掲げられ、教育を中心とした事業の方針が説明されている。

○当会社は教育に最も力を注いで居ります。全従業員は悉く社訓に基いて協力一致完全なる信仰を養ひ健全なる精神と身体とを造り、各々職務を天職と信じて、完全なる勤務、貢献をなすことに専念し以て共愛共進の実を挙ぐることを期し、此の目的のために全従業員が不断に教育を受けるものであります。
○工女さんの教育、保護慰安の任にあたる教育主任や教育係は工女さんと寝食を共にし、日常生活の中に品性の向上をはかり、休日や、其の他の日に修身、作法、裁縫、家事等を教へ三、四年の内には立派な婦人となれるやうに努めて居ります。
○常に全従業員の健康に注意し、食事の栄養、調理は勿論、寮舎設備にも十分注意を払ひ、更に強健術、瞑想、体操、遊戯等を励行して健康の増進を計っています。
○新たに入社される経験の無い方には工場の教育機関で四ヶ月工場生活の訓練をなし又必要な学科や技術を教へ当社の職工たる基礎を作ることになっています。
○このやうに会社は人格と事業との調和に力を尽し、工女さんの在社中のみならず、退社後も人として、妻として、母として、優良な人となって戴くことを最上の目的とするのでありまして、これは会社を信じてくださる御父兄方に対する当社の義務であると深く信じている次第であります。(55)

これまで見てきた同社の方針、とくに一九二五年の社則改正で強調された教育を重視する姿勢が引き継がれていることが分かる。「人格と事業との調和」に尽力する会社は、全従業員を対象に教育を実践し、各々の職務を天職として自ら全うさせることによって事業を遂行しようとした。とりわけ工女に対しては、「立派な婦人」となるための教育を行い、退社後も「人として、妻として、母として」優良な人となるようにすることが会社の「義務」であるという。このくだりは「女学会」開設時に波多野鶴吉が残した言葉との類似性が指摘できるが、これが社会的に高まる労働者の人格承認要求を踏まえて経営が提示したものであることを想起すれば、その違いは明らかであろう。同じく女子教育を謳いながら、工女にとって、両者の隔たりは思いのほか大きかったのである。

何鹿郡において「郡是出ノ御嫁様」の評判が良く、女学校を出るよりも郡是を勤め上げた方に嫁入り先が多いといった言葉が一定の真実味を帯びていた時代には、工女にとって同社を勤め上げる意義は大きく、またその女子教育も有意義なものであった。同社で働くことは単に賃金を得るだけではなく、農家の妻女としてふさわしい教育を受けることであり、工女は農村へ帰ることが約束されていた。原料区域における養蚕農家の子女を中心に集められたこの時期の工女が、同社で受けた教育を肯定的に回想するのはそのためでもある。しかしながら、「勤労」を軸に、職員も職工も郡是の従業員として平等であるという労働観を前提として、工女に生産への貢献を求めるとき、女子教育は「入社のしをり」にあるように、従業員としての人格を承認することに付随するものとなっていた。同社の従業員としての人格承認に、強固なジェンダーバイアスが組み込まれていたと言える。それは、性別役割分業が社会的な規範として定着していたことにも関係しているであろう。

一般に、家内領域と公共領域を分ける認識枠組みを前提として、各々を女と男とが分担しあう分業が成立したのは、近代になってからである。日露戦後には、言説レベルだけではなく、現実に明確な性別分業から成り立つ「新中間層」の家族が都市部に登場し、一つの社会階層としてその地位を確立していった(56)。大正期には、通勤雇用者である夫と専業主婦の妻からなる家族の形態が、工場労働者や都市下層の一部にまで波及していくことになった。千本暁子によれば、そうした家族を形成するための条件として、どの社会階層でも夫の収入で一応の生活が成り立つようになったのは昭和初期のことであった。加えて、そのことは、女性に「仕事と家庭責任」という「二重負担からの解放」を可能にするとともに、「男は仕事、女は家庭」という性別役割分業観を社会全体の規範としていったという(57)。もっとも、こうした規範が農村における家族の形態にどのような影響を及ぼしたのかは、必ずしも明らかでない。

大門正克は、一九二〇年代の都市近郊農村において、女性が農村外に結婚先を求めるようになり、そうした変化が下層農家の女性にもおよんでいたことを示している。それは、農村青年の都市熱にも影響を与えたという(58)。都市近郊農村に萌芽的にみられた女性の意識変化は、農業に従事する農村女性が「仕事と家庭責任」の「二重の負担」を強いられていたこと、都市での結婚がその負担からの解放を意味していた可能性を示している。こうした負担は、農村においても「家庭」が重視されるに及んでいっそう重くなっていったと考えられる。大門正克によれば、昭和恐慌期の農村経済更正運動は、女性の役割を強調し、農村女性の組織化を促した。女性団体の役割は、家庭生活の改善・刷新と家庭教育の振興にあり、生活・経済・社会の結節点に「家庭」を位置づけ、その担い手として「婦人」をおいたのである。加えて、「中堅婦人」の養成に際し、参加が期待されたのは、上層のみならず「中流以下の婦人」であった(59)。必ずしも「仕事」から解放されているわけではない農村女性にも、こうした家庭責任を果たすことが期待されるようになっていたといえよう。郡是製糸が実施した女子教育は、こうした農村女性の現状にも対応して、いっそうの強化が図られることになったのである。

もっとも、そうした教育を集中して実践する場であった誠修学院は教婦、教育係の養成機関に特化し、工女への教育は主として工場生活を通して実施され、「立派な婦人」となるための女子教育は工女のみに工場生活上の制限を設けたから、それは単に厳しい躾としか受け取られなくなっていた。例えば、新しく同社の工場となった豊橋（中野）工場で一時的に綾部の本工場に多条繰の見習いに行った繰糸工（繰糸／一九三五～四八年勤務）は、「今迄野放しで暮して参りました私達が、本格的な郡是人としての教養を身につけながら、馴れない仕事（中略）雪の舞い込む床での瞑想、風邪ひきの人達ばかり、とうとうスカート姿も豊橋工場の方達のみモンペ姿に許された事、お部屋へ入ってからの躾のきびしさ、食事の時の食べ方、一ヶ月間でしたが、一年くらい長かった様に思いました。」と回想する。[60] 型にはまった教育を窮屈に感じる者も多く、この頃同社に入社した工女の中には、厳しく躾けられたという印象をもつ工女たちも多い。[61] 同社の教育に対する受け取られ方の変化は、工女自身にとって、同社で働くことの意味が変わっていたことに起因するものといえよう。

もちろん、限られた教育機会の中で、とりわけ進学の機会に恵まれず、その金銭的な負担に耐えられない農村の女子にとって、同社の教育が魅力的なものであり続けたことに変わりはない。しかし、女子に対する教育が普及し、雇用機会が多様化する中で、「女学校を出るよりも……」という評判は過去のものとなりつつあった。例えば、一九一〇年の女子尋常小学校入学者の場合、その後の学歴は高等小学校卒一五％、中等・高等学校卒七％であったのに対し、一九三〇年に尋常小学校に入学した世代では、高等小学校卒四二％、中等・高等学校卒一五％となっており、女子にも学歴の上昇が見られた。[62] したがって、一般の工女にとって、工場労働に従事することと女学校を出ることとの違いは明白であり、同社で働くことは他の工場で働くことと同じく賃金を得る手段に過ぎなくなっていた。賃金の低下による転職者の増大が確認されたことは、このことを如実に物語っている。「当社の職工たる基礎」をつくる養成教育や、休日に教授される修身、作法、裁縫、家事等の教育は、同社で創業以来整備されてきたものではあったが、工女にとっては、全く異質なものとなっていたのである。

ただし、選ばれて教婦となり、誠修学院で学ぶことができた工女には、同社の女子教育を全面的に支持する人も多く、自分の娘に同社の教育を受けさせたいと願う親もいた。例えば、元工女（津山工場勤務／繰糸・教婦〈一九一四年頃〜〉）は、「私は親子二代にわたり、学院生活を味わった者です。母は教婦。娘は教育係として。娘時代に私は無学の為、教婦で残るが、女の子が授かるなら教育係として、この学院の教えを受けさすと言う望みが叶いまして、無事勤めを終わり、人の子の親として、妻として私の次の世代を育てています。（中略）人として、女として、心がけなければならない一つ一つの教育こそ、他にないのではないかと思ったから娘を学院に入学させて頂きました。時代は変わっておりますが、郡是の精神は変わることなく生きております。」と記している。[63]注意を要するのは、同社の女子教育を全面的に支持している母親が、娘を工場労働に従事しない教育係として入社させた点である。ここには、学歴による経営内の身分格差を痛感した母親の身分上昇志向が隠されている。実際、教婦の減員が進む中、工女から教婦に選ばれること自体が難しくなっていたことを想起すれば、工場労働に従事する多くの工女にとって、誠修学院での教育を受ける機会は格段に縮小していたと思われる。娘に同社の女子教育を受けさせたいと願う母にとってさえ、工場労働はできれば回避したいものとなっていたのである。

3　従業員化

工場労働に従事する工女が会社の厳しい躾に負の印象を抱きはじめたにもかかわらず、基本的にはそれに柔順に従っていた事実をどう考えるべきであろうか。地理学の立場から、地域社会において寄宿女性労働者に対する蔑視が生成されるメカニズムと、それへの対抗を意図した工場内での労務管理の強化、さらに労働者自身の対応に切り込むことを目指した研究がある。そこでは、会社の指導に従って東洋紡績の工員として恥ずかしくない態度をとっていた労働者について、「単に柔順な労働力に見えるものが実は社会からの蔑視に対する抵抗を意味していた」と指摘される。(64)女子工場労働者に対する広範な蔑視の存在を踏まえれば、繊維産業の多くの工場が労務管理に女子教育を組み込んでいたこと、多くの労働者が柔順であったことからも興味深い指摘ではあるが、これまで見てきた郡是製糸の事例からはやや首肯しがたい。厳しい躾の様相を呈する会社の労務管理に、社会への抵抗という積極的な意味を女子労働者自身が見出していたとすれば、もう少し肯定的に捉えられてよいはずだからである。不満を抱きながらもそれに従う彼女らの柔順さは、全面的に会社の教育を受容したかつての工女たちとは異なり、会社に入るとはそういうことなのだ、という了解に基づく従業員としての振る舞い以外のなにものでもないように思われる。大企業を中心に、繊維産業に従事する女子工場労働者もまた、従業員化していたのである。

最後に、一九四〇年に二一歳で郡是製糸の教育係となったある女性の回顧を紹介したい。(65)青年期の彼女が感じた農村と会社の現実を通して、これまで見てきた郡是製糸の経営と農村社会の変容について、思いをめぐらすことにしよう。

新潟の寒村出身である彼女の生い立ちは、その後の人生を大きく左右した。彼女を産んで間もなく母親が亡くなり、村長をしていた父親は後妻を迎え、彼女は里子に出された。子供ながらに自分の境遇を受け入れた彼女は、何事にも我慢をし、遠慮した。学校では、同じ村の先輩たちが卒業と同時に製糸や紡績の女工となるのが普通であった。帰郷した彼女らはよく教育され、退職時には嫁入り道具が貰えるというのも魅力であった。と同時に、あかぎれによって傷ついた手の痛々しさも、目に焼きついた。漠然と、自分もいつしかそうなると思っていたという。折りしも、女子教育が田舎にも浸透し、彼女は高等科に進んだ。多くの女子が製糸工女となるその地にあっても、高等科卒の採用を行っていたのは郡是製糸のみで、年に二人ほどしか採用されなかったから、同社に対する憧れを抱いたのもこの頃であった。しかし彼女は、さらに女学校への進学を果たす。満鉄で化学の研究に従事していた兄が、彼女の行く末を心配して大連へ呼びよせてくれたからである。大連で行儀見習いをしながら女学校を卒業した後、彼女は故郷で小学校の代用教員として一年間勤務し、六日町の小さな複式学校で二年間勤務した。しかし、村のひとたちの歓迎、なついてくれた子どもたちとの良好な関係とは裏腹に、教員たちの学閥意識、出世競争などに矛盾を感じ、本当の教育とは何かと悩み始めた。こうした彼女の悩みに対し、兄は出版されたばかりの『土に叫ぶ』を送り、松田甚次郎に相談するよう促した。これが、彼女と松田甚次郎との出会いであった。

松田甚次郎は、一九〇九年に山形県最上郡稲船村鳥越（現新庄市）で地主の長男として生まれた。一九二七年盛岡高農を卒業し、宮沢賢治の「小作人たれ、農村劇をやれ」との教えを実践し、帰郷して小作人となり、土と格闘しつつ、農村劇を書いた。水不足にあえぐ村の現状を書いた最初の脚本は、宮沢賢治によって「水涸れ」と命名され、十代の少年たちが演じたこの劇は、一〇年後、貯水池築造の基礎となった。以来、様々な活動を通じて農村の向上を目指すとともに、「最上協働村塾」を開き、多くの農村青年を集めた。その経験を赤裸々に綴った『土に叫ぶ』（羽田書房、一九三八年）を発表したことで一躍時の人となっていた(66)。一九三九年十二月、入塾の申し込みをしていた彼女の元に松田から返事が来た。「新庄駅下車、南三十町の山小屋です。吹雪になると困ります。到着時間をお知らせ下さい。」この短い葉書に、なんともいえない暖かさを感じた彼女は、冬休みを利用して一〇日ほど塾を訪ね、悩みを打ち明けた。そのさい、「働く女性の一助となりたい」という希望と、子供の頃から感じていた郡是製糸の教育に対する憧れを話したかもしれない。この辺の記憶はあいまいだが、松田の方から入社を希望するなら紹介してもよいと言い出した。前年、郡是製糸が松田を呼んで講演会を開き、郡是製糸から派遣された塾生を松田が預かるなど、農村問題を通じて多少のつながりがあったからである。ただし、松田は「積極的に勧めることを鈍る」とも言った。この真意は定かではないが、後に彼女は悟ることになる。松田の紹介で誠修学院師範科への入学を決意した彼女は、故郷の村から幼くして製糸工女に出て行く娘たちのために、献身する覚悟を決めた。本社は綾部での面接を前に、山形県の長井工場を見学するよう指示した。

長井工場を見学して、まず教育係の言葉遣いが丁寧であるのに驚いた。寮舎での瞑想を見学し、廊下に整然と並んだぞうり、微動だにしない寮生の態度に感心した。工場全体を包む静粛さに感心しながら、彼女は不自然さも感じとっていた。少し前まで部落で遊んでいた子供たちが、あんなふうになれるものであろうか、これは形式的な教育ではないかと。こうした思いを抱えながら、綾部での面接に向かうことになった彼女に、道中、松田は長井工場の感想を尋ねた。「松田先生だから言えることがあった」と彼女は言う。「すばらしい教育だと思う。感心はしたけれど不自然さを感じた。」彼女は、率直に言った。その時の反応を見て、同様の感想を松田も抱いていたに違いないと彼女は感じた。

綾部に着くと面接が行われ、早速長井工場の感想を聞かれた。彼女が正直に述べると、面接を行った人物は最後まで言い終わらないうちに席を立ち、彼女は一人取り残された。彼女の言葉が不遜であると判断した担当者は、松田を通じて彼女の入社を一度は断ったという。しかし彼女は、松田を見送って綾部に残ることになった。彼女の言動は、若さゆえの純真さとも考えられたからである。繰り返し面接を受け、入社が許された時には、新学期が始まってしばらくたっていた。しかし、年長生として誠修学院師範科に入学した彼女は数ヵ月の教育を受けただけで、最も教育困難な工場へと赴任することになる。八月、彼女は朝鮮の清州工場で寮舎管理と教育を担当することになった。寮生は、内地から来た教育係を疎み、何かにつけて反抗した。音楽の授業でただ歌うことすら拒否する寮生らに、誠修学院の教育をうけた同社の教育係はなすすべもなかったという。しかし、彼女はちがった。大声で、そんな態度をとって何か良いことがあるのかと凄んだ。これまでとは異なる教育係の態度に、寮生は驚き、少しずつ懐くようになった。そのさい、社訓の教えとともに彼女を支えたのは松田甚次郎の教えであったという。彼女は、松田に貰って来た豆を工場の片隅に播き、この豆が実るまでがんばろう、と自身を励ました。そして三年が経過した頃、寮生の態度が変わってきたという。朝鮮工場での教育に打ち込んだ彼女は、終戦を前に退社して結婚し、東京に暮らすようになった。

彼女は、現在でも松田甚次郎と川合信水を生涯の師と仰いでいる。自らも書道教室を開き、子供たちの教育に従事しながら、三〇年ほど前からは、故郷に一軒の家を買い、東京の子供たちに開放して、自然を体験させる活動を続けているという。

おわりに

郡是製糸株式会社の経営は、農村社会との密接な結びつきをその特徴としていた。京都府何鹿郡の「郡是」として発足した当初、会社が依拠したのは、株主たる養蚕農家を中心に成り立つ均質な農村であった。その利害の一致は、「共存共栄」の旗印に現実味を与えていた。しかし、全国的に工場を展開し、本社工場と同様に各工場と地方農村との関係を形成しようとした同社は、何鹿郡とは異なる農村を抱え込み、変容する農村の現実からも少しずつ乖離していた。それは、局地的な製糸労働市場から全国的な統一労働市場への展開過程でもあった。この間、同社の工女たちは、基本的には従順な労働者であり続けた。従来それは、家父長制的社会秩序に埋没した存在として、あるいは労働者意識の低さとして処理された。本研究は、郡是製糸がこの問題にいかに多くの配慮を示してきたかを明らかにし、工女たちがどのような現実の中で製糸労働に従事していたのかを注意深く見てきた。

金銭的な刺激に順応し、かつ与えられた刺激に対し正確に反応できることが近代的な労働者の条件であるとすれば、同社では、そうした労働者像とは全く異なる工女像が追求されていた。それは、農家の娘としての人格形成を念頭においたものであり、それを前提として雇用制度が形成された。そして、一九二〇年代半ばに雇用のルールが変化していたこと、それが工女自身の意識にも影響を与えていたことを確認した。この過渡期に、同社朝鮮工場で起こった出来事を想起すれば、工業化過程における雇用制度の確立において、いかに社会的基盤の形成が重要な意味を有するかが分かる。農村への社会教育が会社によって熱心に取り組まれたのも、基盤そのものをつくり変える必要が生じていたからと言えよう。

この問題は、戦後についても再検討を促しているように思われるため、若干の展望を示しておきたい。念頭にあるのは、製糸工女の意識をめぐる次のような議論である。一九五五年、一番ヶ瀬康子は製糸女子労働者の意識調査を行った。それは、戦前期に〝「過度労働」「低賃金」「強権的身分的労働関係（前借金制度、強制貯蓄制度、寄宿舎）」等の下で苦しめられたところの出稼ぎ年少労働者〟が、戦後どのような状態であるかを知り、婦人労働と家族制度の関係を把握するためであった(67)。そこでは、依然として農村出身者で占められる製糸女子労働者が、出身農家の「家族主義」を自己の意識に持ち込んでいること、逆にそれを利用した支配形態（採用方針および方法、労働条件、労務管理）が「資本」によって打ち出されていることが糾弾される。例えば、工女の多くは労働組合の会合ではなく、裁縫の授業を選んだ。労働組合の活動が活発化し、寮舎の自治が謳われる一方で、多くの製糸労働者の意識は低く、なお家父長制的家族のもとに編成されていることが示されていた。こうした把握は、前年の近江絹糸を舞台とした大争議で、センセーショナルに報道され、多くの人々の関心をひいた労務管理の実態とも呼応するものであったと推察される。「人権争議」と呼ばれた一九五四年の大争議において明るみになったのは、「宗教」を加味した教育や寄宿舎生活の管理など、当時としても時代錯誤に思われた労務管理の数々であった。しかしより深刻な問題は、それを支持する女子従業員やその家族も少なからず存在したことである。「民主化」を阻むのは、農村にいまなお存続し続ける「家族制度」である、との見解は多くの人々に共有された問題意識であった。

ただし、この場合、川島武宜が「日本社会の家族的構成」において言及した民衆の家族制度に注目する必要がある(68)。農民の家族を典型例とするそれは、「封建武士的＝儒教的家族の基本原理」とは全く異なり、「くつろいだ・なれなれしい・遠慮のない雰囲気」のなかに客観的秩序が貫徹するものであった。儒教的な縦の支配関係のかわりに、「たがいにむつみあう」横の協同関係が存在するとも指摘されている。それは、一見、近代的であるかのごとき外観を呈してはいるが、近代家族の原理とは根本的に異なっていた。民衆の家族制度において、家族的人情や情緒を決定するのは、「人間の合理的自主的反省を許さぬところの盲目的な慣習や習俗」であり、「何びともつねに、協同体的な秩序の雰囲気につつまれ、そこに支配する必然性の客体として、自らを意識しなければならない」からである。

この雰囲気に抗して自分の意識や行動を対立させることは、この牧歌的な平和の破壊を意味する。それはかたく禁止されるタブーであり、また実際何びともそれをあえてしようとする気持ちをもたぬであろう。ひとは、自分の意識や行動についていちいち自分に納得させる必要はなく、したがって、自分の行動のために合理的理由を考えたりまたそれを話題にすることは許されない。すべては雰囲気のなかでなんとなくわかっており、またわかっているように思い込まされているのである。

重要なのは、「ここでは家長でさえ親でさえ個人的な意識や行動をもちえない」という指摘である。農村社会に暮らす工女とその家族にとって、そうした雰囲気が何より重要であったことは言うまでもないが、同社が重視したのもこの雰囲気であったように思われる。つまり、工女を能動的主体として位置づけ、生産への貢献と引き換えに同社の従業員として振舞うことを求めた新しい雇用関係への移行は、こうした雰囲気のなかで、比較的円滑に進められた。採用審査法の変遷において確認された家庭への「基礎調査」に象徴されるように、工女ばかりかその親をも巻き込むことによって実現を見た雇用関係の再編は、農村の「家族制度」の延長線上に安定が図られるものであったと考えられる。それは、家父長制的家族に想定されているところの家長の権限に基づくものとは相当に異なっており、専制支配は存在しないものの、近代的人格の相互尊重に基づくものとも異なっていた。それゆえ、農村の「家族制度」を基盤とする同社の雇用関係は、戦後のある時点で全面的に否定され、「民主化」が要求されることになるのである。(69)

註

(1) 荒木幹雄『日本蚕糸業発達とその基盤――養蚕農家経営――』ミネルヴァ書房、一九九六年、八三頁。

(2) 森芳三『羽前エキストラ格製糸業の生成』御茶の水書房、一九九八年、九四頁。

(3) 一九世紀末の労働市場の混乱は、労働者を募集するための費用や工場労働へ馴致させるための費用などの先行投資が、労働者と事業者との二者間契約では有効に保護されえなかったことから生じたと考えられている(神林龍「等級賃金制度と工女登録制度――製糸工女労働市場の形成――」岡崎哲二編『取引制度の経済史』東京大学出版会、二〇〇一年、一六一~二三五頁)。

(4) 幕末から明治二〇年代にかけて、多くの紡績工場では通勤圏内から女工を調達しており、職工不足から遠隔地募集を開始した明治三〇年代に入っても、寄宿女工比率は五〇%を少し上回る程度であった(千本暁子「明治期紡績業における通勤女工から寄宿女工への転換」『阪南論集社会科学編』三四―二、一九九八年九月、一三~二六頁)。なお、紡績業における寄宿女工の急増は、供給側の変化、すなわち農家に嫁ぐことを前提とした就業行動をとっていた農村女性が都市での結婚を視野に入れ、工場生活を敬遠しなくなったことによるとの指摘もある(同「二〇世紀初頭における紡績業の寄宿女工と社宅制度の導入」『阪南論集』三四―三、一九九九年一月、五七~六七頁)。

(5) 製糸業における寄宿制は、一八七〇年の前橋製糸場を先駆とし、富岡製糸場において一応の確立をみたと考えられており、群馬県はその発祥の地といえる(隅谷三喜男『隅谷三喜男著作集』第一巻、岩波書店、二〇〇三年、一六五頁)。群馬県、とりわけ前橋を中心とする地域の営業製糸については、藤井光男・治枝「前橋営業製糸における産業資本の形成過程」(『歴史学研究』二七一号、一九六二年十二月、三二～四四頁）に詳しい。
（6）深澤雄象・利重の工女観については、宮澤邦一郎『近代地方民衆の諸相』上毛民衆史刊行会、一九八〇年、八一～八四頁。
（7）グンゼ株式会社社史編纂室『グンゼ株式会社八十年史』一九七八年、四〇・四一頁。
（8）もっとも、その評価は、「この前代的関係のうちに見られるところの農民の勤勉主義及びそういう意味での生産主義を、前期的資本家が『利用』したわけなのである。そして、この農民の勤勉主義・生産主義がそれ以後も続いて今日に至り、種々の日本的な特性を示すわけである。」となる（藤田五郎『日本近代産業の生成』御茶の水書房、一九七〇年、一二二頁）。
（9）実際には、同社で習得した技術が生かせる場は他になかったから、経営も対応を迫られたのであろう。臨時株主総会（一九〇〇年四月）では、「製糸の職工なるもの製糸場に雇はるる間は相当の賃金を受くるも、満期後製糸場を離るるときは折角の習ひたる技術は少しも生計を助けることなし」との観点から、羽二重生産の開始が説明されている（前掲『グンゼ株式会社八十年史』九九頁）。原料の供給、製品の販売、技術の伝習等を担う中央機関として同社を位置づけ、各戸で機業を行う計画は、採算が取れずまもなく廃止された。
（10）東條由紀彦『近代・労働・市民社会――近代日本の歴史認識Ⅰ――』ミネルヴァ書房、二〇〇五年、二九八・二九九頁。なお、大正期の検番が下級労務職制に近いものとなっていたのに対し、明治期のそれは募集人を兼務し、いわば「村」における市民社会の序列を工場に移しこむ人格的存在であることが期待され、実際の繰糸作業においても、同郷の工女で編成された「組」を率い、その成績に人格的な責任があるものと考えられていたという。
（11）例えば、中林真幸『近代資本主義の組織――製糸業の発展における取引の統治と生産の構造――』東京大学出版会、二〇〇三年、四〇八～四二〇頁。
（12）以下、淑女会の沿革については、「淑女会の沿革」（『淑女の友』一九三五年五月号）による。
（13）例えば長野県では、糸価下落時の操業短縮・出荷制限をめぐって営業製糸と組合製糸との利害対立が深刻化し、産業組合製糸の同業組合脱退問題がおきている（『信濃蚕糸業史』下巻、一九三七年、九〇二～九〇四頁）。組合製糸は年度内に原料繭を消化し、一次年度の養蚕労働力を確保する必要から冬季休業に反対し、一九一四年上伊那の組合製糸が同業組合を脱退したのを皮切りに、一九二八年頃にはほとんどの組合製糸が分離した。また、群馬県の事例でも、製糸労働は基本的に養蚕労働と結合されていたことが指摘され、製糸を養蚕の副業とみなす村では、女子労働力の余剰など存在せず、操業日数の延長により器械設備の稼働率を上げようとする発想自体がなかったことが指摘されている（清川雪彦「村の経済構造からみた組合製糸の意義——大正期の群馬県の事例を中心に」『社会経済史学』五九—五、一九九四年一月、一～三二頁）。

(14) 前掲『近代地方民衆の諸相』八六・八七頁。原資料は、「当社組織の本領と女子の境遇」（『社業余談』一九一四年）、宮澤「組合製糸形成の思想」参照となっている。なお、碓氷社については、江波戸昭『蚕糸業地域の経済地理学的研究』（古今書院、一九六九年、二〇九～二六八頁）も参照。碓氷社内のある組では、一九一七年には繰糸工すべてが組合員の子女であったが、その後、非組合員の占める割合が増大し、一九三〇年には従来の養蚕=製糸農家が製糸工程を自家労働から切り離していたことが指摘されている。

(15) 農村社会の変容については、さしあたり、大門正克『近代日本と農村社会——農民世界の変容と国家』日本経済評論社、一九九七年参照。

(16) 実際には、一九二三年の改正工場法により一日一二時間となり、一九三一年八月以降一一時間に短縮されることになった。

(17) 工業労働者最低年齢法の審議過程に見る労働政策と教育政策の相互規定的な関係については、高瀬正弘「一九二〇年代における少年労働保護政策の転換——工場法から少年職業紹介へ——」（『東京大学大学院教育学研究科紀要』四二、二〇〇三年三月、一四九～一五七頁）。ここでは、〈教育〉による少年労働保護の制度化として、政策の「転換」が指摘されている。

(18) 加えて、同業組合による職工取締規定の削除が全国で進んだ。例えば、今治織物同業組合は、一九二四年に愛媛県工場課の説得に応じ、定款にある「職工ノ自由ヲ束縛スベキ規定」を削除した。工場課長は「公権性質を有する同業組合が法規の如き性質を有する定款によって局外者たる職工にまで影響を及ぼすべき規則を定め、同業組合単独の意見によって職工の取締りを為すが如きことは、同業組合の性質上穏当を欠く」と指摘した（成田一江「工場法施行と愛媛県工場研究会」『九州史学』一三〇、二〇〇二年二月、二五～五一頁）。なお、長野県で諏訪製糸同盟の職工登録制度廃止が「慫慂」されたのも一九二四年であり、紆余曲折の結果、一九二六年三月一日をもって製糸同盟は登録制度全廃を決定する。

(19) 例えば、教務課長は「第一歩ノ出発ニ於テ真剣ノ力ヲ注イデ郡是ノ精神ヲ注入スルコトガ肝要デアル、職員ハ入社当時ニ於テ新入社員ノ講習ヲスルガ、コレトテモ入社早々ニスルコトガ大切デ、日ヲ経テ気分ガダレテカラ力ヲ入テモ駄目デアル。職工モ同様後カラデハイカヌ」と主張した（教務課長「職工養成ニ関スル件」「場長会録事」一九三一年七月）。

(20) 「場長会録事」（一九二〇年九月）。

(21) 川合信水「工場の宗教化」（『大阪毎日新聞』一九二八年三月一五日付）。ここでは、「宗教化とは、信者をつくることではない。

その宗教の精神が、人々の心に働き、その知情意を聖化し真理に合ひ、道義に合った言行をなし、人に対し、業に対し、国家世界に対して、正義の貢献をなすに至ることである。ゆえに演説をして信者を多くつくるといふやり方に比べると隠れた地味な仕事で、忍耐を要する仕事である」と説明されている。なお、この基督心宗教団については、Mark R.Mullins, *Christianity Made in Japan: A Study of Indigenous Movements*, University of Hawai'i Press, 1998, pp.81-94.を参照。

(22) 佐口和郎『日本における産業民主主義の前提――労使懇談制度から産業報国会へ――』東京大学出版会、一九九一年、一九二頁。

(23) 以下、兵庫県の事例については、庄司俊作『近代日本農村社会の展開』ミネルヴァ書房、一九九一年、四七五～五六一頁参照。

(24) なお自家労働評価の形成をめぐってはその時期と契機について、様々な議論がある。一般的には、戦間期の農民に農外労働との機会費用的な自家労働評価の形成が見られたと考えられている。例えば、農業日雇の賃金水準や都市の工場で働いた場合の賃金との比較によって、農民は自身の労働の価値意識を高めたという具合である。それが、個人の一日当たりの日当で意識されていたとする点については、個人主義的、経済合理的な観念の形成を早期に想定しすぎではないかとの批判がある。坂根嘉弘は、この時期の自家労働評価が、家父長制的原理に支配された「いえ」単位の家計費との関連で意識されたものと見る（坂根嘉弘『戦間期農地政策史研究』一九九〇年、九州大学出版会、一九九頁）。分析に当っては、農外投下労働分に対する労賃俸給部分を除いた家計費を基準に、対自的に自家労働評価が決まると想定されている。この点に着目すれば、工女を送り出すことによって得られた賃金収入は、その家の農業に対する自家労働評価を引き下げる効果を持つ。

(25) 養蚕地帯における複雑な社会状況については、西田美昭編著『昭和恐慌下の農村社会運動』（御茶の水書房、一九七八年）、安田常雄『日本ファシズムと民衆運動』（れんが書房新社、一九七九年）を参照。

(26) 注意を要するのは、ここでは、労働市場の展開が男子に限定されて議論されている点である。養蚕地域においては、郡是製糸の展開に見られるように、繊維産業の女子労働市場が展開していることが多い。そのことが自家労働評価の形成にどのような影響を及ぼしたのかは議論の余地があるように思われる。

(27) 前掲『近代日本と農村社会』三一〇頁。

(28) 詳しくは、松本衛士『製糸労働争議の研究――岡谷・山一林組争議の一考察――』柏書房、一九九一年。

(29) 郡是製糸株式会社工務課「昭和参年度工務成績表」（一九二九年四月）。

(30) 以下は、「八鹿事件顛末」（一九二八年九月）による。

(31) 工務課「三月末職工出入調査表」(一九二五年四月二八日)。
(32) 蚕糸業の合理化を目論む片倉、郡是が特約組合を設け原料繭生産者の組織化を進め、原料調達コストの削減を実現する過程は、農村に多くの批判を惹起した。例えば、郡是製糸が特約組合を設けた福島県では、県会において「片倉、郡是は養蚕家を小作人化している」との批判があがっていた(栗原るみ『一九二〇年代の金融恐慌――福島県蚕糸業を事例として――』日本経済評論社、二〇〇〇年、二四四頁)。
(33) 「場長会録事」(一九二八年九月)。片山専務は「イカニ努力シテモ成績ガアガラナイカラトイッテ素リニ人ヲ替エルノハヨクナイコトデ当社ノ精神ニモ副ワヌヤリ方デアル、人ニハソレゾレ適当ナ地位ヲ与エテ満足シテ仕事をサセルヨウニセネバナルヌ」と工場長の責任を指摘した。
(34) 「場長会録事」(一九一九年三月)。
(35) 長井淳太郎編『私達の自分史――娘時代グンゼに勤務した業生・教婦・教育係の記録』一九八九年、五六〇頁。
(36) 三好信浩『日本の女性と産業教育――近代産業社会における女性の役割――』東信堂、二〇〇〇年、七〇~七二頁。ここでは、『現代婦人職業案内』(主婦之友社、一九二六年)などで取り上げられた製糸教婦の記事を紹介している。
(37) 完全食の特徴は、玄米の主食、素材の味を大切にした野菜の副食にある。二木博士によれば、人間に必要な塩は一日二gとされたから、かなり薄味となる。さらに、咀嚼の奨励がなされた。なお、こうした食事体系を全社導入した一因として、イカによる食中毒の発生で本工場に二〇〇人の患者を出した苦い経験もある(「場長会録事」一九二七年一〇月)。
(38) 「完全食実施ニ関スル件」(一九二九年六月一七日付社長通達)。
(39) 「発第三一八号 食事研究ニ関スル件」(一九二九年一二月一九日社長遠藤三郎兵衛→各工場長殿)。
(40) 「完全食教育に就て」(一九二九年六月七日)。
(41) 『丹波毎日新聞』(一九二九年七月一七日)。
(42) 「人として粗衣粗食に甘んずるように教育することが大切である」という片山専務の発言に見られるように、「完全食教育」は「粗衣粗食」の奨励であったから、その徹底は各自の自覚にかかっていた(「場長会録事」一九三一年一〇月)。
(43) 「場長会録事」(一九三二年九月)。
(44) 前掲『私達の自分史』五五六・五五七頁。

(45)「郡是ではなぜおしろいを禁じたか」『淑女の友』二月号、一九二九年。これは、同社でおしろいをつけた看護婦数名が出現したことに対して、清水重治が寄せた一文である。郡是の教育は、「私我」をなくすことがその特色であり、おしろいの禁止はその一環であると説かれている。

(46)一九四八年、証券処理調整協議会に提出された同社の「会社調査資料」には、特記事項として「会社の特色」が次のように説明されている。「農村を基盤にして原料繭、製糸用水の利は蚕糸業の一般的な立地条件であるが、郡の為の正しい方針を意味する「郡是」の名の示す設立動機が、従業員の教育厚生施設を中心にする勤労管理を通じて〔中略〕能率、品位共に上格繰糸の特色を示している。特三A格総合点平均九三は、同業界に於て片倉の蚕種、郡是の技術として内外共に許されているが、それは有利な労務条件を控え、早くから研究所を設置してその研究成果を応用してきた結果である。」(郡是製糸株式会社「会社調査資料」一九四八年一二月一五日〔東京大学経済学部図書館所蔵証券処理調整協議会資料〕)。

(47)前掲『近代資本主義の組織』四〇七～四二〇頁。

(48)東條由紀彦『製糸同盟の女工登録制度――日本近代の変容と女工の「人格」――』東京大学出版会、一九九〇年、三六一頁。

(49)郡是製糸株式会社『郡是四十年小史』一九三六年、一二九～一三一頁。

(50)鏡泰征『越後女工史再発見』高志書院、一九九七年、九四頁。

(51)同前九三頁。

(52)郡是津山工場糸風会『女子寮のうた』一九八〇年、四〇頁。

(53)同前二八頁。

(54)東京地方職業紹介事務局『職業の解説及適性』第七輯、一九三三年、九〇・九一頁。

(55)郡是製糸株式会社高知工場『入社のしおり』一九三七年。

(56)小山静子『家庭の生成と女性の国民化』勁草書房、一九九九年。

(57)千本暁子「日本における性別役割分業の形成――家計調査をとおして――」『制度としての〈女〉――性・産・家族の比較社会史――』平凡社、一九九〇年。

(58)前掲『近代日本と農村社会』七四～七六頁。

(59)同前、三〇三～三五七頁。

(60) 前掲『私達の自分史』二〇三頁。
(61) 石井寛治も、郡是の「精神修養」に対する受け取り方が工女の世代により異なることを指摘し、一九三〇年代半ばに同社で勤務した人には「教婦さんが厳しくて奴隷のように仕込まれた、という思い出しか残っていない」といった聞取りの結果を記している(石井寛治『日本蚕糸業史分析――日本産業革命研究序論――』東京大学出版会、一九七二年、三五五頁)。
(62) 吉田文「昭和初期における初等教育後の進路分化」吉田文・広田照幸編『職業と選抜の歴史社会学――国鉄と社会諸階層』世織書房、二〇〇四年、六一頁。
(63) 前掲『私達の自分史』四八四頁。
(64) 松井美枝「紡績工場の女性寄宿労働者と地域社会との関わり」『人文地理』五二―五、二〇〇〇年、五九～七二頁。なお、紡績工場と地域社会との関係については、筒井正夫による一連の研究がある(同「工場の出現と地域社会(一)～(四)――産業革命期における富士紡績会社と静岡県小山地域――」『彦根論叢』三〇五、一九九七年一月、一〇九～一二九頁、『滋賀大学経済学部研究年報』五、一九九八年、九九～一二八頁、『彦根論叢』三一六、一九九八年一二月、七五～九八頁、『彦根論叢』三一八、一九九九年二月、二一～四八頁)。
(65) 以下の回想は、一九四十年に誠修学院師範科に入った本人へのインタビューによる。なお、彼女の回想は、伊藤万喜子他編『わが父の家』(基督心宗教団東京教会、二〇〇三年、一三七～一三九頁)にも記されている。
(66) 松田甚次郎『土に叫ぶ』羽田書店、一九三八年。なお、農村更生の行脚では京都にも何度か訪れていた。
(67) 一番ヶ瀬康子「婦人労働と家族制度――特に製糸女子労働者の問題を例として」『生産性向上と社会政策(社会政策学会年報6)』有斐閣、一九五八年、二一七～二四八頁。なお、ここでは具体的な調査の他に、郡是労組婦人懇談会などの資料も利用されている。
(68) 川島武宜『日本社会の家族的構成』岩波書店、二〇〇〇年、二～三〇頁。初出は、『中央公論』六一―六、一九四六年。
(69) なお、フェミニスト女性史がこれまで十分検討してこなかった農村家族の近代化について、「農村型近代家族理念の受容」という論点を提出した古久保さくら「近代農村家族再考」(荒木幹雄編『近代農史論争――経営・社会・女性』文理閣、一九九六年、一八九～二〇二頁)が興味深い。

あとがき

近代日本の経済発展を底辺で支えた製糸工女の存在は、研究史上、多くの人々の関心を集めてきた。しかし、私が彼女たちに惹かれる理由は、別にある。私の生まれた愛媛県南予地方は、本書でとりあげた「関西エキストラ」産地の一角をなす。幼少時には、近所に蚕を飼っている家がまだあったと記憶している。時代が違えば、当然のように私も製糸工女となって一生懸命働いたに違いない。あるいは、頑張って教婦になったかもしれない。妙な確信を抱く私にとって、製糸工女に関する膨大な研究蓄積は、どこかリアリティを欠くように思えた。工場で働く労働者としてだけでなく、家族をもち、地域社会や学校との間で生きた彼女たちの存在をリアルに描きたいという思いが、この研究の原点にある。

本書は、二〇〇五年に九州大学に提出した学位論文「日本製糸業における雇用関係とその基盤」を加筆修正したものである。またその第二章のもととなった『日本歴史』掲載論文が、第四回日本歴史学会賞（二〇〇三年七月）を受賞したことが機縁となって出版されるものである。各章の基礎になった論文の初出は次のとおりである。

第二章　「寄宿舎制度と製糸工女——郡是の事例（一九二〇—一九二二）」（『比較社会文化研究』八、二〇〇〇年一〇月）

「『模範的工場』の労働史的研究——江口章子の『女工解放』を手がかりとして」（『日本歴史』六五一、二〇〇二年八月）

第三章 「製糸業における採用管理の形成――郡是の『職工改革』を通して」(『経営史学』三六―二、二〇〇一年九月)
第四章 「日本製糸業の多条機導入に関する一考察」(『社会経済史学』七一―二、二〇〇五年七月)

学位論文をまとめるに当たって新たに執筆した部分も多いが、本書はいずれも院生時代の論考がもとになっている。そのため、お世話になった指導教官のお名前をあげ、感謝の意を表したい。地元の大学に進学し、成り行きで日本経済史のゼミに入ってしまった私に、歴史研究の面白さを教えてくれたのは井川克彦先生であった。先生のお勧めがなければ、大学院への進学すら覚束なかった。一年間の教員生活を経て進学した九州大学大学院比較社会文化研究科は、新しいものを生み出そうとするエネルギーに満ち、とにかく面白かった。諸先生・先輩方から学んだことは多いが、とりわけ有馬学先生には「世話人教官」として、一方ならぬお世話になった。先生のご指導なくしては本書の出版にはいたらなかったであろう。加えて、当時の九州大学には、石炭研究資料センターに東定宣昌先生、経済学研究科に荻野喜弘先生、花井俊介先生がおられ、それぞれに適切なご指導を仰ぐことができた。それは、製糸業の労働をテーマに研究を進める私にとって、この上ない幸運であった。

そもそも、郡是製糸とのかかわりは、花井俊介、公文蔵人両氏の調査に同行させていただき、グンゼ株式会社大阪本社を訪ねたことに端を発する。以来、お二人には収集史料の利用をお許しいただくとともに、同社に関する研究から多くを学ばせていただいた。一人で調査を行うようになってからも、京都府綾部市にあるグンゼ株式会社本社工場では、訪れる度にあたたかく迎えていただいた。元従業員の方々にも、お世話になった。貴重なお話を聞かせていただいた伊藤万喜子、岩崎節、鬼塚正二、二口操、畑聴吉、長森三千江氏はじめ基督心宗教団関係者の皆様にも御礼申し上げたい。なお、研究を進める過程で、財団法人味の素食の文化センター食文化研究助成(平成一三年度)、科学研究費補助金特別研究員奨励費（平成一五～一八年度）の交付を受けたことを付記しておく。

日本学術振興会特別研究員PDへの採用に伴い、東京大学に移ってから、五年目を迎える。現在は、研究員として経済学研究科で研究に従事している。この間、ゼミや研究会への参加を通して、実に多くの方々から刺激を受け、また指導を仰ぐ機会を得た。とくに、中村尚史先生、武田晴人先生には受入れをお願いするとともに、学位論文の審査にも加わっていただいた。改めて、審査の労をとっていただいた有馬学、荻野喜弘、三輪宗弘、武田晴人、中村尚史の先生方に感謝したい。審査の際に賜った有益なご教示を、本書で十分に活かしきれたとは思わない。真の意味で学恩に報いることは、今後の研究生活を通して実践するほかないであろう。

それにしても、研究と育児との両立は困難である。学位取得後、出産・育児のために一時、研究を中断した。日々変化する我が子の成長は何物にも代えがたく、つい子育てに没頭しがちであった。幸いなことに、恵まれた研究環境と適度なプレッシャーを与えられて、研究を再開するにいたっている。周囲の方々のご協力に感謝するとともに、今後も変わらぬご支援をお願いするばかりである。

最後に、不完全な原稿に目を通してくれた「博論会」のメンバーと藤田理子氏に御礼申し上げる。同世代の研究者による厳しい批判にさらされることで、本書がより良いものになったなら幸いである。

二〇〇七年一〇月

榎　一江
（旧姓、成田）

索　　引

〈事　　項〉

あ　行

か　行

さ　行

た　行

な　行

は　行

ま　行

や　行

ら　行

わ　行

〈人　名〉

あ　行

か　行

さ　行

た　行

な　行

は　行

ま　行

や　行

ら　行

わ　行

著者略歴

一九七三年　愛媛県に生まれる
一九九六年　愛媛大学法文学部経済学科卒業
二〇〇三年　九州大学大学院比較社会文化研究科博士課程単位取得退学
日本学術振興会特別研究員（ＰＤ）を経て、
現在　東京大学研究拠点形成特任研究員、博士（比較社会文化）

近代製糸業の雇用と経営

二〇〇八年（平成二十）三月一日　第一刷発行

著　者　榎《えのき》　一《かず》　江《え》

発行者　前　田　求　恭

発行所　株式会社　吉　川　弘　文　館
郵便番号一一三―〇〇三三
東京都文京区本郷七丁目二番八号
電話〇三―三八一三―九一五一（代）
振替口座〇〇一〇〇―五―二四四番
http://www.yoshikawa-k.co.jp/

印刷＝株式会社 ディグ
製本＝誠製本株式会社
装幀＝山崎　登

近代製糸業の雇用と経営（オンデマンド版）

Digital Publishing

2019年9月1日　発行

著　者　榎《えのき》　一江《かずえ》

発行者　吉川道郎

発行所　株式会社 吉川弘文館

〒113-0033 東京都文京区本郷7丁目2番8号

TEL 03(3813)9151(代表)

URL http://www.yoshikawa-k.co.jp/

印刷・製本　株式会社 デジタルパブリッシングサービス

URL http://www.d-pub.co.jp/

榎　一江（1973～）

ISBN978-4-642-73783-8